STINGL/ZINELL

Gemeindeordnung für Baden-Württemberg

Gemeindeordnung für Baden-Württemberg

Gemeindehaushaltsverordnung
Gesetz über kommunale Zusammenarbeit

Textausgabe mit Einleitung, ergänzenden Bestimmungen, Verweisungen und Sachregister

Johannes Stingl
Beigeordneter a. D.
des Gemeindetags Baden-Württemberg

Senator E. h. Dr. Herbert O. Zinell
Ministerialdirektor a. D., Oberbürgermeister a. D.,
ehemals Amtschef des Innenministeriums
Baden-Württemberg

8., aktualisierte Auflage, 2019

BOORBERG

Bibliografische Information der Deutschen Nationalbibliothek | Die Deutsche Nationalbibliothek verzeichnet diese Publikation in der Deutschen Nationalbibliografie; detaillierte bibliografische Daten sind im Internet über www.dnb.de abrufbar.

8. Auflage, 2019
ISBN 978-3-415-06436-2

Titelfoto: © Daniel Coulmann – Fotolia | Satz: Thomas Schäfer, www.schaefer-buchsatz.de | Druck und Bindung: CPI books GmbH, Eberhard-Finckh-Str. 61, 89075 Ulm

Richard Boorberg Verlag GmbH & Co KG | Scharrstraße 2 | 70563 Stuttgart
Stuttgart | München | Hannover | Berlin | Weimar | Dresden
www.boorberg.de

Vorwort

Artikel 28 Absatz 2 GG garantiert den Gemeinden das Recht, „alle Angelegenheiten der örtlichen Gemeinschaft im Rahmen der Gesetze in eigener Verantwortung zu regeln" und spricht auch den Gemeindeverbänden (z. B. Landkreisen) dieses Recht der Selbstverwaltung zu. Nach ständiger Rechtsprechung des Bundesverfassungsgerichtes und der Landesverfassungsgerichte bedeutet kommunale Selbstverwaltung ihrem Wesen und ihrer Intention nach Aktivierung der Beteiligten für ihre eigenen Angelegenheiten, also demokratische Partizipation. Die Eigenständigkeit der Gemeinden soll die einzelnen Bürger und Bürgerinnen als Glied der Gemeinschaft aktivieren und integrieren. Dadurch soll der Gegensatz zwischen Gesellschaft und Staat überbrückt und die innere Identifikation zwischen Staatsvolk und Staatsgewalt gefördert werden.

Das kommunale Demokratiegebot ist somit eine wesentliche Grundlage für eine funktionsfähige und lebendige Demokratie. Es kann im Sinne der Politisierung der Bürgerschaft in unterschiedlicher Form der Bürgerbeteiligung gelebt und mit Inhalt gefüllt werden, was zusammenfassend auch als „produktive Einmischung" umschrieben wird. Politikwissenschaftler weisen in diesem Kontext zu Recht daraufhin, dass es auf kommunaler Ebene die meisten Beteiligungsmöglichkeiten für Bürgerinnen und Bürger gibt und sich dort Politik „von der Pike auf lernen" lässt. Treffend wird deshalb die Kommunalpolitik auch als „Schule der Demokratie" bezeichnet. Politik kann vor Ort eben am unmittelbarsten erlebt und mitgestaltet werden.

Hieran soll im baden-württembergischen Kommunalwahljahr 2019 angesichts der offensichtlich zunehmenden Probleme mit der Rekrutierung von Kandidatinnen und Kandidaten für die Kommunalwahlen ganz bewusst erinnert werden.

Die kommunale Selbstverwaltung kann aber den verfassungsrechtlichen Vorgaben, insbesondere dem Demokratiegebot, nur genügen, soweit sie im Rahmen eines vorgegeben Regelwerkes stattfindet. Normativ wird dieses auf der Ebene der Städte und Gemeinden durch die Gemeindeordnung für Baden-Württemberg, auch als „Verfassung der Kommunen" bezeichnet, und der dazugehörigen Nebengesetze gebildet, deren aktuelle Fassungen in dieser 8. Auflage dieser Textausgabe wiedergeben werden. Die seit dem Erscheinen der Vorauflage im Jahre 2016 beschlossenen überschaubaren Änderungen der Gemeindeordnung werden in der Einleitung zu dieser Textsammlung dargestellt.

In der Einleitung werden die wesentlichen Regelungen der Gemeindeordnung in kompakter Form zusammengefasst. Diese Auflage der Gemeindeordnung für Baden-Württemberg wird erstmalig um die Rubrik „Fit für den Start – Tipps für neugewählte Mandatsträgerinnen und -träger" ergänzt. Damit sollen diesem Personenkreis einige praktische Anregungen und Tipps für deren Arbeit in den kommunalen Gremien mit auf den Weg gegeben werden. In diesem Zusammenhang soll auch auf die Publikation „Ade/Zinell, Taschenbuch für Gemeinde- und Stadträte in Baden-Württemberg, 16. Auflage", verwiesen werden.

April 2019

Johannes Stingl
Dr. Herbert O. Zinell

Inhalt

Einleitung

Inhaltsübersicht

„Die Gemeinde ist Grundlage und Glied des demokratischen Staates", so wird das Wesen der Gemeinde und ihre Bedeutung in § 1 der Gemeindeordnung für Baden-Württemberg beschrieben. Am 1. April 1956 ist die Gemeindeordnung für das neu gebildete Land Baden-Württemberg in Kraft getreten und bildet seither die normative Grundlage für die „Verfassung" der Kommunen und für eine starke kommunale Selbstverwaltung.

Das in Artikel 28 Abs. 2 Grundgesetz und in Artikel 71 Abs. 1 der Landesverfassung Baden-Württemberg formulierte Recht der kommunalen Selbstverwaltung gibt 1.101 Gemeinden in Baden-Württemberg, davon neun Stadtkreise und 94 Große Kreisstädte, die Befugnis, alle Angelegenheiten der örtlichen Gemeinschaft im Rahmen der Gesetze eigenverantwortlich, mit eigenen Mitteln und unter Beteiligung einer demokratisch gewählten Volksvertretung zu regeln. Art und Umfang der gemeindlichen Aufgaben als „Angelegenheiten der örtlichen Gemeinschaft" sind dabei nicht auf Dauer festgeschrieben, sondern entwickeln sich auf Grund von geänderten gesellschaftlichen und politischen Herausforderungen ständig weiter. So führen beispielsweise steigende Einwohnerzahlen, technische Neuerungen, höhere Erwartungen an die Bildung und Betreuung von Kindern und gestiegene Anforderungen an den Umweltschutz bei Städten und Gemeinden sowohl zahlenmäßig als auch von der Intensität her zu ständig wachsenden Aufgaben. Dieses Aufgabenwachstum zieht entsprechende finanzielle Belastungen nach sich. Neben den klassischen Verwaltungsaufgaben wie Einwohnermeldeamt, Standesamt und Ortspolizeibehörde gehört ein breites Spektrum von Dienstleistungen wie Wasserversorgung, Abwasserbeseitigung, Bäder, Museen, Büchereien und Kinderbetreuung zu den Aufgaben der Städte und Gemeinden. Für die Bewältigung der quantitativ und qualitativ wachsenden Aufgaben sind umfängliche Planungen unverzichtbar. Hierzu gehören die Finanz- und Haushaltsplanung, die Bauleitplanung, der Gemeindeentwicklungsplan, aber auch fachliche Planungen wie Verkehrsplanungen, Bedarfsplan für die Kinderbetreuung und Schulentwicklungsplan. Aktuell stellen die Aufgaben im Zusammenhang mit der Zuwanderung, die Schaffung von bezahlbarem Wohnraum, die Digitalisierung und der Verkehr mit neuen Mobilitätsformen die Städte und

Gemeinden vor große Herausforderungen. Trotz insgesamt verbesserter öffentlicher Finanzlage bleiben darüber hinaus für viele Städte und Gemeinden die Haushaltskonsolidierung sowie der Aus- und Umbau der Infrastruktur schwierige Daueraufgaben. Gestiegene Erwartungen an Art und Qualität kommunaler Leistungen und notwendige Neustrukturierungen führen zu einem komplexen kommunalen Aufgabenspektrum, für dessen erfolgreiche Bewältigung auch die Interkommunale Zusammenarbeit einen wichtigen Beitrag leisten kann. Die Zusammenarbeit zwischen Kommunen ist eine erfolgreiche Methode, um sich gemeinsam für versorgungstechnische und finanzielle Problemlagen aufzustellen. Ziel sollte es dabei sein, gemeinsam den passgenauen und aufgabenbezogenen Einsatz laufender kommunaler Mittel oder kommunaler Investitionen über die Gemeindegrenzen hinweg langfristig so zu koordinieren, dass damit eine dauerhafte Aufgabenerledigung für die beteiligten Kommunen gesichert werden kann. Ein ganz wesentlicher Baustein für die von der Verfassung garantierte kommunale Selbstverwaltung ist das ehrenamtliche Engagement. Dies gilt vor allem für die ehrenamtliche Mitwirkung in den Hauptorganen der Gemeinden und Kreise. Nach dem Stand der Kommunalwahlen von 2014 gibt es in Baden-Württemberg 18.753 ehrenamtliche Gemeinderäte, 13.138 Ortschaftsräte, 2.228 Kreisräte und 87 Mitglieder der Regionalversammlung des Verbands Region Stuttgart. Unverzichtbar für das Funktionieren des örtlichen Gemeinwesens sind die ehrenamtlich Engagierten in den örtlichen Vereinen, Kirchen, Verbänden und Organisationen.

Mit Bekanntmachung vom 24. Juli 2000 (GBl. S. 581) erfolgte die bislang letzte Neufassung der Gemeindeordnung (GBl. S. 582, berichtigt S. 698). Diese Neufassung berücksichtigt die zuvor ergangenen Rechtsänderungen. Seitdem wurde die Gemeindeordnung durch mehrere Änderungsgesetze novelliert.

A. Rechtliche Änderungen ab 2017

Der rechtliche Rahmen für das „Gemeinderecht“ wurde durch Artikel 7 der Verordnung vom 23. Februar 2017 (GBl. S. 99, 100), durch Artikel 8 des Gesetzes vom 6. März 2018 (GBl. S. 65, 73) und durch Artikel 1 des Gesetzes vom 19. Juni 2018 (GBl. S. 221) geändert.

I. Verordnung vom 23. Februar 2017 (GBl. S. 99, 100)

Nach Artikel 7 der Neunten Verordnung des Innenministeriums zur Anpassung des Landesrechts an die geänderten Geschäftsbereiche und Bezeichnungen der Ministerien (9. Anpassungsverordnung) vom 23. Februar 2017 wird die Gemeindeordnung in der Fassung vom 24. Juli 2000 (GBl. S. 582, ber. S. 698), die zuletzt durch Artikel 1 des Gesetzes vom 17. Dezember 2015 (GBl. 2016 S. 1) geändert worden ist, wie folgt geändert:

In § 144 Satz 2 und § 145 Satz 2 werden jeweils die Wörter „Finanz- und Wirtschaftsministerium“ durch das Wort „Finanzministerium“ ersetzt.

II. Gesetz vom 6. März 2018 (GBl. S. 65, 73)

Nach Artikel 8 des Gesetzes zur Änderung des ADV-Zusammenarbeitsgesetzes und anderer Vorschriften vom 6. März 2018 (GBl. S. 65, 73) wird § 114 a Absatz 1 Satz 2 der Gemeindeordnung für Baden-Württemberg in der Fassung vom 24. Juli 2000 (GBl. S. 582, ber. S. 698), die zuletzt durch Artikel 7 der Verordnung vom 23. Februar 2017 (GBl. S. 99, 100) geändert worden ist, wie folgt gefasst:

„Die Prüfung ist von der ITEOS und ihren Unternehmen für die von ihnen angebotenen Programme, sonst von der Gemeinde, die das Programm einsetzt, zu veranlassen.“

III. Gesetz vom 19. Juni 2018 (GBl. S. 221)

Die Gemeindeordnung in der Fassung vom 24. Juli 2000 (GBl. S. 582, ber. S. 698), wurde zuletzt durch Artikel 8 des Gesetzes vom 6. März

2018 (GBl. S. 65, 73) und durch Artikel 1 des Gesetzes zur Änderung kommunalwahlrechtlicher Vorschriften vom 19. Juni 2018 (GBl. S. 221) geändert. Es werden die Inhaltsübersicht der Gemeindeordnung sowie §§ 26, 27 und 65 geändert und § 31a neu eingefügt. Wesentlicher Inhalt dieser Änderungen:

1. In Gemeinden mit bis zu 3.000 Einwohnern, in denen keine unechte Teilortswahl stattfindet, dürfen die Wahlvorschläge doppelt so viele Bewerber enthalten, wie Gemeinderäte zu wählen sind.
2. Personen, die bei der Bürgermeisterwahl erst für die Neuwahl wahlberechtigt sind, wird die Wahlteilnahme erleichtert, indem sie in das Wählerverzeichnis aufgenommen werden.
3. Die für Kommunalwahlen maßgebliche Einwohnerzahl von Gemeindeteilen wird gesetzlich definiert.
4. Es wird gesetzlich bestimmt, dass Mandatsträger einer vom Bundesverfassungsgericht verbotenen Partei oder einer auf Grundlage des Vereinsgesetzes verbotenen Wählervereinigung automatisch aus dem kommunalen Gremium ausscheiden.

B. Die Gemeindeordnung im Überblick

I. Erster Teil: **Wesen und Aufgaben der Gemeinde**

Das Grundgesetz (Artikel 28[1]) und die Landesverfassung (Artikel 71[2]) weisen die Gemeinden grundsätzlich als *Aufgabenträger aller öffentlichen Aufgaben in ihrem Gebiet* aus. Die Formulierung „alle“ Angelegenheiten der örtlichen Gemeinschaft gibt den Gemeinden die Allzuständigkeit für die öffentlichen Aufgaben in ihrem Gebiet (Universalität). Die Allzuständigkeit ist grundsätzlich nicht sachlich, sondern nur örtlich begrenzt. Diese Regelzuständigkeit gilt nicht ohne gesetzlich bestimmte Ausnahmen. Innerhalb des örtlich begrenzten Betätigungsfeldes ist den Gemeinden auch das Recht der *Selbstverwal-*

1 Siehe Artikel 28 Grundgesetz.
2 Siehe Artikel 71 Landesverfassung Baden-Württemberg.

tung gewährleistet. Sie entscheiden also über die Aufgabenerfüllung mit eigenen Organen und in eigener Verantwortung.

Den Gemeinden kann durch Gesetz die Erfüllung bestimmter öffentlicher Aufgaben vorgeschrieben werden *(Pflichtaufgaben);* der Kreis der Pflichtaufgaben bildet einen Schwerpunkt kommunaler Aufgabenerfüllung. Werden den Gemeinden neue Pflichtaufgaben übertragen, muss für einen finanziellen Ausgleich gesorgt werden (§§ 1, 2[3]).

Die Aufgaben der Verwaltung auf Gemeindeebene werden als Einheit angesehen. Die Gemeindeordnung rechnet auch die Pflichtaufgaben, bei denen sich der Staat ein Weisungsrecht bei der Aufgabenerfüllung vorbehalten hat *(Weisungsaufgaben),* zu den Gemeindeaufgaben. Im Gegensatz zu den freiwilligen Aufgaben und den weisungsfreien Pflichtaufgaben hat bei den Weisungsaufgaben grundsätzlich der Bürgermeister die Sachentscheidungskompetenz; der Gemeinderat ist nur dann zuständig, wenn dies gesetzlich besonders bestimmt ist. Hierzu zählt die grundsätzliche Zuständigkeit des Gemeinderats für den Erlass von Satzungen und Rechtsverordnungen auch für Weisungsaufgaben (§§ 2 Abs. 3, 44 Abs. 3).

Die Gemeindeordnung gilt dem Grundsatz nach für die Gemeinden aller Größenordnungen. Die Eigenschaft als Stadtkreis oder Große Kreisstadt, die durch Staatsakt Gemeinden mit mehr als 100.000 bzw. 20.000 Einwohnern verliehen werden kann (§§ 3, 131), führt nur zu einzelnen Abweichungen in der Rechtsstellung (Amtsbezeichnung Oberbürgermeister, Rechnungsprüfungsamt als Pflichteinrichtung, Regierungspräsidium als Rechtsaufsichtsbehörde). In der Aufgabenstellung dagegen tritt bei diesen Gemeinden ein weiterer Schwerpunkt hinzu, nämlich die Zuerkennung der Aufgaben der unteren Verwaltungsbehörde nach dem Landesverwaltungsgesetz vom 14. Oktober 2008 (verkündet als Artikel 4 des Verwaltungsstrukturreform- und Weiterentwicklungsgesetzes vom 14. Oktober 2008, GBl. S. 313, 314), zuletzt geändert durch Gesetz vom 12. Juni 2018 (GBl. S. 173, 185). Die Bezeichnung „Stadt“ ändert die Rechtsstellung als Gemeinde nicht; sie kann an Gemeinden mit städtischem Gepräge verliehen werden (§§ 5, 133).

---

3 Die Paragraphenangaben ohne weitere Gesetzesbezeichnung beziehen sich auf die Gemeindeordnung.

Die Gemeinde ist eine Gebietskörperschaft (§ 1 Abs. 4). Innerhalb ihres Gebietes stehen ihr Hoheitsrechte (Gebiets-, Personal-, Abgaben-, Finanz-, Planungs-, Rechtssetzungs- und Organisationshoheit) zu. In weisungsfreien Angelegenheiten haben die Gemeinden grundsätzlich ein uneingeschränktes *Satzungsrecht.* Wichtige organisatorische Grundlagen für die Gemeindeverfassung sind in einer *Hauptsatzung* festzulegen. Neben der Gemeindeordnung enthalten u. a. das Kommunalabgabengesetz vom 17. März 2005 (GBl. S. 206) und das Baugesetzbuch i. d. F. der Bekanntmachung vom 3. November 2017 (BGBl. I S. 3634) Rechtsgrundlagen für den Erlass gemeindlicher Satzungen.

In Weisungsangelegenheiten bedarf der Erlass einer Satzung durch die Gemeinde einer Ermächtigung in dem maßgeblichen Einzelgesetz (§ 4); zur grundsätzlichen Zuständigkeit des Gemeinderates auch bei Weisungsaufgaben siehe § 44 Abs. 3. Das Recht der Gemeinde bzw. des Bürgermeisters als Ortspolizeibehörde zum Erlass von Polizeiverordnungen ist in §§ 10 bis 18 des Polizeigesetzes i. d. F. vom 13. Januar 1992 (GBl. S. 1, ber. S. 596, ber. 1993 S. 155 mit Änderungen) geregelt.

Das *Gebiet* der Gemeinde besteht aus den Grundstücken, die nach geltendem Recht zu ihr gehören (§ 7). Eingriffe in den Gebietsbestand einer Gemeinde gegen ihren Willen bedürfen, soweit sie nicht nur unbedeutende Gebietsteile betreffen, eines Gesetzes. Vor jeder Grenzänderung müssen die Bürger, die in dem unmittelbar betroffenen Gebiet wohnen, gehört werden. Für den Fall, dass die Gebietsänderung durch Gesetz erfolgt, sind auch die beteiligten Gemeinden zu hören.

Einwohner der Gemeinde ist, wer in der Gemeinde wohnt (§ 10 Abs. 1). Die Daseinsvorsorge der Gemeinde bezieht sich auch auf den Einwohner, nicht nur auf den Bürger. Einwohner dürfen die öffentlichen Einrichtungen der Gemeinde nach gleichen Grundsätzen benutzen, müssen aber andererseits die Gemeindelasten, also vor allem die Steuern, Beiträge und Gebühren tragen. Der so genannte Anschluss- und Benutzungszwang für die Wasserversorgung, Abwasserbeseitigung, Straßenreinigung usw. erstreckt sich ebenfalls auf die Einwohner ohne Rücksicht auf das Bürgerrecht (§§ 10, 11).

Bürger der Gemeinde sind über 16 Jahre alte Deutsche sowie Unionsbürger, die seit mindestens drei Monaten in der Gemeinde wohnen (§§ 12–19).

Das Bürgerrecht vermittelt das aktive Wahlrecht zu den Wahlen des Bürgermeisters, der Gemeinderäte und der Ortschaftsräte sowie das *Stimmrecht* beim Bürgerantrag, Bürgerbegehren und Bürgerentscheid. Mit dem Wahlrecht korrespondiert die Verpflichtung des Bürgers zur Annahme einer *ehrenamtlichen Tätigkeit* (Wahl in den Gemeinderat, Ortschaftsrat oder Bezirksbeirat, gemeindliches Ehrenamt, ehrenamtliche Mitwirkung). Es können aber auch Einwohner, die nicht Bürger sind, in Ausschüsse des Gemeinderats berufen werden (§§ 40, 41).

Eine ehrenamtliche Tätigkeit kann nur aus wichtigen Gründen, so bei Inanspruchnahme durch ein anderes Amt oder nach bisheriger langjähriger Tätigkeit in der Gemeinde oder wegen persönlicher Verhältnisse, wie berufliche Abwesenheit oder Krankheit oder Alter (62 Jahre), abgelehnt bzw. beendet werden. Bei unbegründeter Ablehnung kann ein Ordnungsgeld bis zu 1.000 Euro auferlegt werden (§ 16).

Eine ehrenamtliche Tätigkeit muss uneigennützig und verantwortungsvoll wahrgenommen werden. Vor allem besteht eine Verschwiegenheitspflicht auch über das Ende der Tätigkeit hinaus für alle Angelegenheiten, deren Geheimhaltung gesetzlich vorgeschrieben, besonders angeordnet oder ihrer Natur nach erforderlich ist. Ein ehrenamtlich Tätiger darf Ansprüche oder Interessen anderer gegen die Gemeinde nicht geltend machen. Er darf nicht mitwirken, wenn die Entscheidung ihm selbst, seinem Ehegatten bzw. Lebenspartner nach § 1 des Lebenspartnerschaftsgesetzes, nahen Verwandten, Verschwägerten, seinem Arbeitgeber, einem Unternehmen oder einer Körperschaft, dessen Gesellschafter er ist oder deren Organen er angehört, einen unmittelbaren Vor- oder Nachteil bringen kann (§§ 17, 18).

Um wirtschaftliche Nachteile zu vermeiden, haben ehrenamtlich Tätige Anspruch auf Ersatz der Auslagen, des Verdienstausfalls und der Aufwendungen für die entgeltliche Betreuung von pflege- und betreuungsbedürftigen Angehörigen (§ 19).

Um das Interesse an der Gemeindeverwaltung zu fördern, hat der Gemeinderat die ausdrückliche Pflicht zur Unterrichtung der Einwohner über allgemeine bedeutsame Angelegenheiten und wichtige Planungen und Vorhaben. Bei besonderem Bedürfnis soll dabei den Einwohnern Gelegenheit zur Äußerung gegeben werden. Zur Unterrichtung der Einwohner können die Fraktionen das gemeindliche Amtsblatt nutzen (§ 20). Unabhängig davon sollen wichtige Gemeindeangelegenheiten in Einwohnerversammlungen in der Regel jährlich erörtert werden. Um die Einwohnerbeteiligung zu fördern, können die Einwohnerversammlungen in größeren Gemeinden und in solchen mit Ortschaftsverfassung bzw. Bezirksverfassung auch in den Ortsteilen/ Ortschaften bzw. Gemeindebezirken abgehalten werden. Die Einwohnerschaft der Gesamtgemeinde oder einer Ortschaft bzw. eines Ortsteils oder eines Gemeindebezirks kann ihrerseits mit der im Gesetz festgelegten Mindeststimmenzahl eine Einwohnerversammlung durchsetzen, wenn die betreffende Angelegenheit nicht schon innerhalb der letzten sechs Monate Gegenstand einer Einwohnerversammlung war (§ 20 a). Eine bislang kaum geübte Form der Bürgerbeteiligung ist der Einwohnerantrag. Mit ihm kann die Einwohnerschaft die Behandlung einer bestimmten Angelegenheit des Wirkungskreises des Gemeinderats bzw. des Ortschaftsrats/Bezirksbeirats beantragen. Eine bestimmte Anzahl von Unterschriften gestaffelt nach der Einwohnerzahl der Gemeinde muss für den Einwohnerantrag vorliegen (§ 20 b).

Der Gemeinderat kann mit einer Mehrheit von zwei Dritteln der Stimmen aller Mitglieder beschließen, dass eine Angelegenheit des Wirkungskreises der Gemeinde, für die der Gemeinderat zuständig ist, der Entscheidung der Bürger unterstellt wird (Bürgerentscheid). Über ein *Bürgerbegehren* können auch die Bürger selbst einen Bürgerentscheid beantragen. Der Antrag muss von mindestens sieben v. H. der Bürger bzw. von der im Gesetz festgesetzten besonderen Höchstbürgerzahl (20.000) unterzeichnet sein.

Der Antrag muss auch eine Begründung und einen durchführbaren Vorschlag für die Deckung der Kosten enthalten. Ein Bürgerbegehren ist nicht zulässig, wenn über die gleiche Angelegenheit bereits in den letzten drei Jahren ein Bürgerentscheid auf Grund eines Bürgerbegehrens durchgeführt worden war. Ist der Antrag zulässig, so muss ein Bürgerentscheid durchgeführt werden, falls nicht der Gemeinderat selbst die beantragte Maßnahme beschließt. Eine Reihe wichtiger, in einem Negativkatalog zusammengefasster Gemeindeangelegenheiten ist nicht bürgerentscheidsfähig, so vor allem die Haushaltssatzung, die innere Organisation der Gemeinde, die Rechtsverhältnisse der Gemeinderäte, des Bürgermeisters und der Gemeindebediensteten, die Gemeindeabgaben und die Tarife der Versorgungs- und Verkehrsbetriebe der Gemeinde (§ 21).

II. Zweiter Teil: **Verfassung und Verwaltung der Gemeinde**

1. 1. Abschnitt: Organe (§ 23)

Die Gemeindeordnung für Baden-Württemberg kennt zwei Gemeindeorgane: den *Gemeinderat* als Hauptorgan und Vertretung der Bürger sowie den *Bürgermeister* als weiteres Verwaltungsorgan. Die Volkswahl des Bürgermeisters und damit einerseits seine Unabhängigkeit vom Gemeinderat sowie seine Eigenschaft als Vorsitzender des Hauptorgans und andererseits die enge Verzahnung der beiden Gemeindeorgane kennzeichnen die sogenannte Süddeutsche Ratsverfassung.

2. 2. Abschnitt: Gemeinderat (§§ 24–41 b)

Der Gemeinderat legt als Hauptorgan der Gemeinde die Grundsätze für ihre Verwaltung fest und entscheidet über alle Angelegenheiten, soweit nicht der Bürgermeister zuständig ist. Dem Bürgermeister obliegen die Geschäfte der laufenden Verwaltung, die Weisungsaufgaben, die Leitung der Gemeindeverwaltung sowie die gesetzliche Vertretung der Gemeinde; außerdem kann ihm der Gemeinderat aus seiner Zuständigkeit bestimmte Aufgaben übertragen (§§ 24, 44).

Wesentliche *personalrechtliche Entscheidungen* trifft der Gemeinderat im Einvernehmen mit dem Bürgermeister; kommt es zu keinem Einvernehmen, kann der Bürgermeister mit Zweidrittelmehrheit der Stimmen der Anwesenden überstimmt werden. Im Rahmen der laufenden Verwaltung entscheidet der Bürgermeister auch in Personalsachen selbständig; außerdem kann ihm der Gemeinderat die Entscheidung übertragen (§ 24 Abs. 2).

Der Gemeinderat hat einen Anspruch auf *Unterrichtung* durch den Bürgermeister; bei wichtigen Planungen muss dies frühzeitig und fortlaufend entsprechend dem Stand der Planungsarbeiten geschehen (§ 43 Abs. 5). Auch über den wesentlichen Inhalt des Prüfungsberichts der Jahresrechnung durch die überörtliche Prüfung (§ 114 Abs. 4) ist der Gemeinderat zu unterrichten; darüber hinaus ist jedem Gemeinderat auf Verlangen Einsicht in den Prüfungsbericht zu gewähren. Der Gemeinderat kann auch seinerseits *Auskunft* über alle Angelegenheiten der Gemeinde und ihrer Verwaltung verlangen, ebenso Akteneinsicht. Zum Schutz von Minderheiten kann auch eine Fraktion oder ein Sechstel der Gemeinderäte diese Auskunft begehren (§ 24 Abs. 3). Der einzelne Gemeinderat kann nur Fragen stellen, die der Bürgermeister in angemessener Frist beantworten muss (§ 24 Abs. 4). Das Auskunftsrecht dient auch der Überwachungsfunktion des Gemeinderats. In geheimzuhaltenden Angelegenheiten darf nur der Beirat informiert werden (§ 24 Abs. 5, § 43 Abs. 5, § 55).

Die Zahl der Gemeinderäte ist bezogen auf einzelne Gemeindegrößengruppen gesetzlich festgelegt; maßgebend ist dabei das auf den 30. September des zweiten der Wahl vorhergehenden Jahres fortgeschriebene Ergebnis der jeweils letzten allgemeinen Zählung der Bevölkerung (§ 57 Abs. 1 Satz 1 KomWG; vgl. auch 143 Abs. 1 Satz 2). Durch Hauptsatzung kann bestimmt werden, dass für die Zahl der Gemeinderäte die nächstniedrigere Gemeindegrößengruppe maßgebend ist (§§ 25, 143).

Des Weiteren kann durch Hauptsatzung bestimmt werden, dass die Sitze im Gemeinderat nach einem bestimmten Zahlenverhältnis mit Vertretern verschiedener Wohnbezirke zu besetzen sind, wobei die Bewerber im Wohnbezirk selbst wohnen müssen. Da nur unechte Teilortswahl möglich ist, werden die Vertreter nicht von den Bürgern der Wohnbezirke alleine, sondern von allen Bürgern gewählt. In Gemeinden mit unechter Teilortswahl kann die Zahl der Gemeinderäte durch Hauptsatzung bis zu derjenigen der nächsthöheren Gemeindegrößengruppe erhöht oder bis zur nächstniedrigeren abgesenkt oder eine dazwischenliegende Anzahl an Gemeinderäten festgelegt werden. Eine weitere Erhöhung kann sich durch Zuteilung von Ausgleichsitzen im System des Verhältnisausgleichs ergeben (§§ 25–27).

Wählbar in den Gemeinderat sind – vorbehaltlich gesetzlicher Wahlausschlussgründe – alle Bürger, die das 18. Lebensjahr vollendet haben (§ 28). Wählbar, aber am Eintritt in den Gemeinderat gehindert sind Beamte und Arbeitnehmer der Gemeinde, ebenso Beamte und Arbeitnehmer eines Gemeindeverwaltungsverbands, eines Nachbarschafts- oder Zweckverbands, welchem die Gemeinde angehört; ferner leitende Beamte und leitende Arbeitnehmer einer sonstigen Körperschaft des öffentlichen Rechts, wenn die Gemeinde in einem beschließenden Kollegialorgan der Körperschaft mehr als die Hälfte der Stimmen hat, oder eines Unternehmens in der Rechtsform des privaten Rechts oder einer Kommunalanstalt, wenn die Gemeinde mit mehr als 50 v. H. an dem Unternehmen bzw. der Kommunalanstalt beteiligt ist. Ein gesetzlicher Hinderungsgrund besteht auch für Beamte und Arbeitnehmer der Rechtsaufsichtsbehörden, die unmittelbar mit der Ausübung der Rechtsaufsicht befasst sind, sowie für leitende Beamte und Arbeitnehmer der Gemeindeprüfungsanstalt (§ 29). Arbeitnehmer, die überwiegend körperliche Arbeit verrichten, sind nicht betroffen (§ 29 Abs. 1 Satz 2, BVerwG vom 14.10.2017, 10 C 216).

Grundsätzlich sollte auf Grund von Wahlvorschlägen gewählt werden können; ihre Verbindung ist unzulässig. Die Wahlvorschläge dürfen höchstens so viele Bewerber enthalten, wie Gemeinderäte zu wählen sind. In Gemeinden mit nicht mehr als 3.000 Einwohnern dürfen die Wahlvorschläge höchstens doppelt so viele Bewerber enthalten, wie Gemeinderäte zu wählen sind. Die Verdoppelung der Wahlbewerber bei Gemeinden mit nicht mehr als 3.000 Einwohnern gilt nicht für den Fall der unechten Teilortswahl (§ 27 Abs. 3 Satz 2 2. HS).

Der Wähler kann Bewerber aus anderen Wahlvorschlägen übernehmen und anderen Bewerbern bis zu drei Stimmen geben (Panaschieren und Kumulieren). Gewählt wird nach dem Grundsatz der Verhältniswahl, wenn zwei oder mehr Wahlvorschläge eingereicht sind, sonst findet Mehrheitswahl ohne Bindung an die vorgeschlagenen Bewerber, aber auch ohne das Recht der Stimmenhäufung statt. Die Gemeinderäte werden jeweils auf fünf Jahre gewählt. Kommunale Mandatsträger einer vom Bundesverfassungsgericht verbotenen Partei oder einer auf Grundlage des Vereinsgesetzes verbotenen Wählervereinigung scheiden automatisch aus dem kommunalen Gremium aus (§§ 26, 30, 31, 31 a).[4]

Um die Tätigkeit in der Gemeindevertretung zu sichern, darf niemand gehindert werden, das Amt eines Gemeinderats auszuüben. Mandatsträger genießen insofern Kündigungsschutz. Weiter besteht die Pflicht des Arbeitgebers, dem Gemeinderat die erforderliche freie Zeit zu gewähren (§ 32 Abs. 2).

Die Gemeinderäte entscheiden nach ihrer freien, nur durch das öffentliche Wohl bestimmten Überzeugung. Sie müssen ihr Amt uneigennützig und verantwortungsbewusst ausüben; an Aufträge von Parteien oder Wählervereinigungen sind sie nicht gebunden (§§ 17, 32). Bei Dienstunfällen haben sie den gleichen Schutz wie Ehrenbeamte, zu denen sie im Übrigen nicht gerechnet werden. Bei Pflichtverletzung unterliegen sie deshalb nicht den disziplinarrechtlichen Vorschriften des Beamtenrechts, sondern den allgemeinen Bestimmungen für ehrenamtlich Tätige gemäß §§ 16 Abs. 3, 17 Abs. 4 – Auferlegung eines Ordnungsgeldes.

Die Einberufung der Sitzungen ist Aufgabe des Bürgermeisters. Mindestens einmal im Monat soll eine Sitzung stattfinden; ebenso muss der Gemeinderat unverzüglich einberufen werden, wenn es ein Viertel aller Mitglieder unter Angabe des Verhandlungsgegenstandes beantragt und dieser zum Aufgabengebiet des Gemeinderats gehört. Eine Fraktion oder ein Sechstel der Gemeinderäte kann verlangen, dass ein solcher Verhandlungsgegenstand auf die Tagesordnung spätestens der übernächsten Sitzung gesetzt wird. Gemeinderäte können sich zu Fraktionen zusammenschließen (§ 32 a).

Zur Unterstützung des Bürgermeisters in Fragen der Tagesordnung und des Gangs der Verhandlungen des Gemeinderats kann durch die Hauptsatzung ein *Ältestenrat* gebildet werden (§ 33 a).

Die Sitzungen des Gemeinderates sind öffentlich, soweit nicht das öffentliche Wohl oder berechtigte Interessen Einzelner eine nichtöffentliche Verhandlung erfordern (§§ 34, 35). Die Gemeinderäte sind zur Verschwiegenheit über die in nichtöffentlichen Sitzungen behan-

4 Das Nähere über die Wahl ist im Kommunalwahlgesetz i. d. F. vom 1.9.1983 (GBl. S. 429 mit Änderungen) und in der Kommunalwahlordnung vom 2.9.1983 (GBl. S. 459 mit Änderungen) geregelt.

delten Angelegenheiten auch nach ihrem Ausscheiden aus dem Amt so lange verpflichtet, bis der Bürgermeister sie von der Schweigepflicht entbindet (§ 35). Kraft seines Ordnungsrechts als Vorsitzender kann der Bürgermeister einen Gemeinderat bei grober Ungebühr oder wiederholten Verstößen gegen die Ordnung aus dem Beratungsraum verweisen. Bei wiederholten Ordnungsverstößen kann der Gemeinderat ein Mitglied für höchstens sechs Sitzungen ausschließen (§ 36).

Beschlussfähig ist der Gemeinderat in einer Sitzung, in der mindestens die Hälfte aller Mitglieder anwesend und stimmberechtigt ist (§ 37 Abs. 2). An der Beratung und Beschlussfassung darf ein Mitglied nicht teilnehmen, wenn die Entscheidung ihm selbst oder ihm nahestehenden Personen einen unmittelbaren Vor- oder Nachteil bringen kann. Das Gleiche gilt, wenn sonst die Gefahr besteht, dass ein Mitglied wegen bestimmter persönlicher oder beruflicher Bindungen nicht objektiv entscheiden könnte, es sei denn, es würde sich um gemeinsame Angelegenheiten einer Berufs- oder Bevölkerungsgruppe handeln, der das Mitglied angehört – ein Sportvereinsmitglied, das nicht gleichzeitig Vorsitzender ist, darf also in Angelegenheiten, die seinen Verein betreffen, mit beraten und beschließen. Die Befangenheitsregelung gilt ferner nicht für Wahlen des Gemeinderats zu einer ehrenamtlichen Tätigkeit (§ 18).

Ist der Gemeinderat wegen Abwesenheit oder Befangenheit beschlussunfähig, wird eine zweite Sitzung anberaumt, in der für die Beschlussfähigkeit die Anwesenheit und Stimmberechtigung von drei Mitgliedern genügt; die zweite Sitzung entfällt, wenn weniger als drei Mitglieder stimmberechtigt sind. Ist keine Beschlussfähigkeit des Gemeinderats gegeben, entscheidet der Bürgermeister nach Anhörung der nichtbefangenen Gemeinderäte (§ 37).

Abstimmungen trifft der Gemeinderat in der Regel offen, und zwar mit Stimmenmehrheit; Stimmenthaltungen bleiben somit unberücksichtigt. Bei Stimmengleichheit ist ein Antrag abgelehnt. Wahlen werden geheim mit Stimmzetteln vorgenommen; offen kann gewählt werden, wenn kein Mitglied widerspricht.

Auch der Bürgermeister ist stimm- und wahlberechtigt (§ 37 Abs. 6, 7).

Zur Strukturierung seiner Arbeit kann der Gemeinderat beratende und beschließende Ausschüsse bilden.

Angelegenheiten beschließender Ausschüsse kann der Gemeinderat, sofern in der Hauptsatzung vorgesehen, an sich ziehen und ihre noch nicht vollzogenen Beschlüsse ändern, ferner allgemein oder im Einzelfall Weisungen erteilen. In der Hauptsatzung kann weiter bestimmt werden, dass ein Viertel der Mitglieder eines beschließenden Ausschusses eine Angelegenheit dem Gemeinderat zur Entscheidung übertragen kann. Den Vorsitz in den beschließenden und beratenden Ausschüssen führt der Bürgermeister. Er kann den Vorsitz jedoch einem Stellvertreter oder Beigeordneten oder einem Gemeinderat als Ausschussmitglied übertragen; bei beschließenden Ausschüssen gilt Letzteres nur, wenn alle Stellvertreter des Bürgermeisters und alle Beigeordneten verhindert sind. In die Ausschüsse können auch sachkundige Einwohner mit beratender Stimme berufen werden; deren Zahl muss jedoch geringer als die der Gemeinderäte im Ausschuss sein. Beschließende Ausschüsse verhandeln, unter gleichen Voraussetzungen wie der Gemeinderat, öffentlich bzw. nichtöffentlich, beratende Ausschüsse und beschließende Ausschüsse, soweit sie vorberatend tätig sind, können öffentlich oder nichtöffentlich tagen (§§ 39–41). Für die Beteiligung von Kindern soll und für die Beteiligung von Jugendlichen muss die Gemeinde geeignete Beteiligungsverfahren entwickeln (§ 41 a). Zu den Veröffentlichungen von Informationen über Gemeinderats- und Ausschuss-Sitzungen im Internet, wie Termine, Tagesordnungen, Beratungsunterlagen und Beschlüsse von öffentlichen Sitzungen, ergeben sich neue Bestimmungen (§ 41 b Abs. 1, 2, 5).

3. 3. Abschnitt: Bürgermeister (§§ 42–55)

Der Bürgermeister ist Vorsitzender des Gemeinderats und Leiter der Gemeindeverwaltung; er vertritt die Gemeinde (§§ 42–44). Wählbar zum Bürgermeister sind Deutsche und Unionsbürger, die vor der Zulassung der Bewerbungen in der Bundesrepublik Deutschland wohnen; die Bewerber müssen am Wahltag das 25., dürfen aber noch nicht das 68. Lebensjahr vollendet haben. Der Bürgermeister wird in allen Gemeinden von den Bürgern gewählt. Gewählt ist, wer mehr als die

Hälfte der gültigen Stimmen erhalten hat. Wird diese Stimmenzahl nicht erreicht, findet eine Neuwahl statt, bei der der Bewerber mit der höchsten Stimmenzahl gewählt ist (§§ 45–47). In Gemeinden unter 2.000 Einwohnern ist der Bürgermeister grundsätzlich Ehrenbeamter auf Zeit; in Gemeinden mit mehr als 500 Einwohnern kann er jedoch auch hauptamtlich bestellt werden (§ 42). Die Amtszeit des ehrenamtlichen wie des hauptamtlichen Bürgermeisters beträgt acht Jahre; dies gilt auch im Falle der unmittelbaren Wiederwahl. Kraft seiner Stellung als Vorsitzender des Gemeinderats hat der Bürgermeister dessen Sitzungen sowie die seiner Ausschüsse vorzubereiten und die dabei gefassten Beschlüsse zu vollziehen (§ 43 Abs. 1). Gesetzwidrigen Beschlüssen des Gemeinderats muss, für die Gemeinde nachteiligen Beschlüssen kann der Bürgermeister widersprechen. Der *Widerspruch* hat aufschiebende Wirkung. Besteht der Gemeinderat auf einem gesetzwidrigen Beschluss, hat ihm der Bürgermeister erneut zu widersprechen und die Entscheidung der Rechtsaufsichtsbehörde einzuholen. Bestätigt der Gemeinderat einen aus der Sicht des Bürgermeisters für die Gemeinde nachteiligen Beschluss, muss er ihn ausführen (§ 43 Abs. 2, 3).

In dringenden Fällen, deren Erledigung auch nicht bis zu einer formlos einzuberufenden Sitzung aufschiebbar ist, kann der Bürgermeister an Stelle des Gemeinderats entscheiden; die aufgrund dieses Eilentscheidungsrechts getroffenen Maßnahmen sind zwar dem Gemeinderat zur Kenntnis zu bringen, bedürfen aber nicht seiner nachträglichen Zustimmung (§ 43 Abs. 4).

In Gemeinden über 10.000 Einwohner können und in Stadtkreisen müssen als Stellvertreter des Bürgermeisters Beigeordnete bestellt werden. Der Erste Beigeordnete ist der ständige allgemeine Stellvertreter des Bürgermeisters; im Übrigen vertreten die Beigeordneten den Bürgermeister ständig in ihrem Geschäftskreis. Bei Verpflichtungserklärungen richtet sich die Stellvertretung nach § 54 Abs. 2. Auch die Beigeordneten werden auf acht Jahre gewählt. In Gemeinden ohne Beigeordnete müssen, in Gemeinden mit Beigeordneten können zusätzlich ehrenamtliche Stellvertreter aus der Mitte des Gemeinderats gewählt werden, die den Bürgermeister im Falle der Verhinderung aller Beigeordneten vertreten (§§ 49–52).

Bei längerer Verhinderung des Bürgermeisters oder wenn in Gemeinden ohne Beigeordnete die Bürgermeisterstelle voraussichtlich längere Zeit unbesetzt bleibt, kann vom Gemeinderat ein Amtsverweser bestellt werden, der jedoch nicht dem Gemeinderat anzugehören braucht und auch nicht Gemeindebürger sein muss (§ 48 Abs. 1, 2).

Ist die Wahl eines zum Bürgermeister Gewählten angefochten, kann er vom Gemeinderat trotzdem zum Amtsverweser bestellt werden, wenn die Wahlprüfungsbehörde die Gültigkeit der Wahl festgestellt hat oder die Wahlprüfungsfrist ungenutzt abgelaufen ist. Dieser Amtsverweser führt die Bezeichnung Bürgermeister und erhält dessen Bezüge. Stimmrecht im Gemeinderat hat er nicht (§ 48 Abs. 3).

4. 4. Abschnitt: Gemeindebedienstete (§§ 56–58)

Jede Gemeinde muss die zur Aufgabenerfüllung erforderlichen geeigneten Beamten und Arbeitnehmer einstellen (§ 56). Grundlage für die Personalwirtschaft ist der Stellenplan (§ 57).

Um eine sachgemäße Erledigung der Geschäfte sicherzustellen, muss in jeder Gemeinde mindestens ein Gemeindefachbediensteter mit der Befähigung zum gehobenen oder höheren Verwaltungsdienst tätig sein, es sei denn, die Verwaltungsgemeinschaft, der die Gemeinde angehört, stellt der Gemeinde einen Gemeindefachbediensteten zur Erledigung der Verwaltungsgeschäfte zur Verfügung (§ 58).

In jeder Gemeinde muss ein Kassenverwalter und ein Stellvertreter vorhanden sein, falls die Kassengeschäfte nicht einer Stelle außerhalb der Gemeindeverwaltung übertragen werden (§ 93 Abs. 2).

Die allgemeine Rechtsstellung der Gemeindebeamten entspricht derjenigen der Landesbeamten (Landesbeamtengesetz i. d. F. vom 9. November 2010, GBl. S. 793, 794, zuletzt geändert durch Gesetz vom 28. November 2018, GBl. S. 437); bei der Beamtenbesoldung sind die Gemeinden an die bundes- bzw. landesrechtlichen Bestimmungen gebunden. Ob die allgemeinen tarifrechtlichen Regelungen für Arbeitnehmer anzuwenden sind, hängt davon ab, ob die Gemeinde dem Kommunalen Arbeitgeberverband beigetreten ist oder durch Gemeinderatsbeschluss bzw. im Einzelarbeitsvertrag zur Tarifanwendung verpflichtet wird.

5. 5. Abschnitt: Besondere Verwaltungsformen (§§ 59–73)

In diesem Abschnitt sind die Gestaltungsformen zusammengefasst, die der Stärkung der Verwaltungskraft kleinerer Gemeinden und der Förderung des Eigenlebens in Gemeindeteilen dienen sollen. Dazu gehört die Verwaltungsgemeinschaft, mit der, sei es in der Verbandsform oder der vereinbarten Form, eine Zusammenfassung der Verwaltung insbesondere im Planungs- und technischen Bereich erreicht werden soll. Des Weiteren kann durch die Wahl derselben Person zum Bürgermeister eine gewisse Verbindung mehrerer Gemeinden erreicht werden. Großstädte und Gemeinden mit räumlich getrennten Ortsteilen können die Bezirksverfassung mit Bezirksbeiräten und örtlicher Verwaltung, Gemeinden mit räumlich getrennten Ortsteilen auch die Ortschaftsverfassung, die ein gewisses Eigenleben der Ortsteile gewährleisten soll, einführen.

a) Verwaltungsgemeinschaft (§§ 59–62)

Sie sichert die rechtliche Selbständigkeit der einzelnen Gemeinden, bestimmte Aufgaben werden jedoch durch die Verwaltungsgemeinschaft wahrgenommen. Sie ist, obwohl als eigene Verbandsform ausgewiesen, weitgehend dem Zweckverband nachgebildet; rechtlich kommt dies darin zum Ausdruck, dass das Zweckverbandsrecht auf die Verwaltungsgemeinschaft anzuwenden ist, soweit die Gemeindeordnung nicht eigene Bestimmungen enthält. Größere Verwaltungsgemeinschaften mit mehr als 20.000 Einwohnern können auf ihren Antrag nach § 17 des Landesverwaltungsgesetzes zur unteren Verwaltungsbehörde und nach § 46 der Landesbauordnung zur unteren Baurechtsbehörde erklärt werden. Über die Zuständigkeitsverteilung in der Gemeindeordnung hinaus greift die Ermächtigung in § 95 des Landesverwaltungsverfahrensgesetzes vom 12. April 2005 (GBl. S. 350 mit Änderungen), wonach bestimmte, den Gemeinden durch Gesetz übertragene Aufgaben durch Rechtsverordnung den Verwaltungsgemeinschaften zur Erfüllung zugewiesen werden können. Die Gemeindeordnung sieht mit dem Gemeindeverwaltungsverband und der vereinbarten Verwaltungsgemeinschaft zwei Formen der Verwaltungsgemeinschaft vor.

Benachbarte Gemeinden desselben Landkreises können einen *Gemeindeverwaltungsverband* bilden. Der Verband hat gemäß dem Zweckverbandsrecht eine Verbandsversammlung, in der jede Gemeinde mit ihrem Bürgermeister und – über das Zweckverbandsrecht hinausgehend – noch mit mindestens einem Gemeinderat vertreten ist, und einen Verbandsvorsitzenden. Der Verband stellt die erforderlichen Dienstkräfte an; er kann den Mitgliedsgemeinden Gemeindefachbedienstete und sonstige Dienstkräfte für ihre eigenen Aufgaben zur Verfügung stellen.

Benachbarte Gemeinden können aber auch vereinbaren, dass eine Gemeinde, die so genannte erfüllende Gemeinde, die sonst einem Gemeindeverwaltungsverband gestellten Aufgaben wahrnimmt (vereinbarte Verwaltungsgemeinschaft).

Sachentscheidungen über Erfüllungsaufgaben trifft ein eigens gebildeter gemeinsamer Ausschuss; im Übrigen sind die Organe und Dienstkräfte der erfüllenden Gemeinde zuständig.

Die Verwaltungsgemeinschaft muss einen Mindestkatalog von Aufgaben verwaltungsmäßig für die angeschlossenen Gemeinden bzw. als eigene Aufgaben anstelle der Gemeinden wahrnehmen (Erledigungs- bzw. Erfüllungsaufgaben). Darüber hinaus können sich die Gemeinden durch Übertragung weiterer Aufgaben auf die Gemeinschaft entlasten, ohne jedoch ihre Selbständigkeit und Finanzhoheit völlig aufgeben zu müssen.

b) Bürgermeister in mehreren Gemeinden (§ 63)

Ebenfalls als Form der gemeinsamen Aufgabenerledigung können benachbarte kreisangehörige Gemeinden dieselbe Person zum Bürgermeister wählen, wobei es nicht erforderlich ist, dass die Gemeinden demselben Landkreis angehören. Der Bürgermeister ist in jeder Gemeinde getrennt zu wählen, sodass die Amtszeiten verschieden sein können.

c) Bezirksverfassung (§§ 64–66)

Um das örtliche Eigenleben in Stadtkreisen, in Großen Kreisstädten und in Gemeinden mit räumlich getrennten Ortsteilen zu stärken, können für sie besondere Gemeindebezirke und örtliche Verwaltungen eingerichtet und vom Gemeinderat Bezirksbeiräte aus den im Gemeindebezirk wohnenden Bürgern mit beratender Aufgabe bestellt werden. In Gemeinden mit mehr als 100.000 Einwohnern kann der Gemeinderat durch Hauptsatzung bestimmen, dass die Bezirksbeiräte nach den für die Wahl der Gemeinderäte geltenden Vorschriften gewählt werden, mit der Maßgabe, dass dann die Bestimmungen über die Ortschaftsverfassung entsprechend gelten. Der Bezirksbeirat kann ein Mitglied mit beratender Stimme zu Ausschusssitzungen des Gemeinderats entsenden, wenn dort über wichtige Angelegenheiten verhandelt wird, die den Gemeindebezirk betreffen.

d) Ortschaftsverfassung (§§ 67–73)

Einen stärkeren Einfluss auf die Erledigung örtlicher Angelegenheiten räumt die Ortschaftsverfassung den Bürgern räumlich getrennter Ortsteile ein. Die Einrichtung von Ortschaften muss in der Hauptsatzung der Gemeinde festgelegt und geregelt werden. Die in der Ortschaft wohnenden Bürger wählen dann aus ihrer Mitte gleichzeitig mit den Gemeinderäten – im Falle einer Eingemeindung unmittelbar nach Einrichtung der Ortschaft – den Ortschaftsrat. Er berät die örtliche Verwaltung, soweit eine solche eingerichtet wird; er ist zu wichtigen Angelegenheiten zu hören, die die Ortschaft betreffen, und er hat in allen örtlichen Angelegenheiten ein Vorschlagsrecht. Außerdem können ihm bestimmte Angelegenheiten zur Entscheidung übertragen werden.

Für jede Ortschaft wählt der Gemeinderat auf Vorschlag des Ortschaftsrats aus dem Kreis der zum Ortschaftsrat wählbaren Bürger (wählbar sind auch Gemeindebedienstete als Ortschaftsbürger) den Ortsvorsteher und aus der Mitte des Ortschaftsrates dessen Stellvertreter. Der Gemeinderat kann über den Vorschlag des Ortschaftsrats hinaus mit zwei Dritteln der Stimmen aller Mitglieder andere Personen aus der Mitte des Ortschaftsrats in die Wahl des Ortsvorstehers einbeziehen; vor der Wahl ist der Ortschaftsrat zu der Erweiterung anzuhören. Ein Ortsvorsteher, der nicht Mitglied des Ortschaftsrats ist, hat dort kein Stimmrecht. Der Ortsvorsteher ist Ehrenbeamter auf Zeit, hat den Vorsitz im Ortschaftsrat und vertritt den Bürgermeister ständig bei dem Vollzug der Beschlüsse des Ortschaftsrats und bei der Leitung der örtlichen Verwaltung. Ein Weisungsrecht des Bürgermeisters besteht nur, soweit ihn der Ortsvorsteher vertritt, ferner in Bezug auf die Beanstandung von Beschlüssen des Ortschaftsrats und auf die Ausübung des Eilentscheidungsrechts. Der Ortsvorsteher kann an den Verhandlungen des Gemeinderats und seiner Ausschüsse mit beratender Stimme teilnehmen. Andererseits kann der Bürgermeister an den Sitzungen des Ortschaftsrats teilnehmen. Das Recht zu beratender Teilnahme steht auch den in der Ortschaft wohnenden Gemeinderäten zu, die nicht gleichzeitig Ortschaftsräte sind, in Gemeinden mit unechter Teilortswahl den als Vertretern eines Wohnbezirks gewählten Gemeinderäten.

Ist in der Ortschaft eine örtliche Verwaltung der Gemeinde eingerichtet, kann ein Gemeindebeamter vom Gemeinderat zum hauptamtlichen Ortsvorsteher auf die Amtszeitdauer der Ortschaftsräte bestellt werden. Allgemeine Voraussetzung ist, dass dies die Hauptsatzung bestimmt; die Bestellung im Einzelfall kann nur im Einvernehmen mit dem Ortschaftsrat erfolgen. Dieser Ortsvorsteher hat im Ortschaftsrat kein Stimmrecht.

In Eingemeindungsverträgen wurde häufig festgelegt, dass dem bisherigen Bürgermeister bis zum Ablauf seiner Amtszeit das Amt des Ortsvorstehers unter Beibehaltung seiner beamten- und besoldungsrechtlichen Verhältnisse übertragen wird. Er kann jeweils nach Ablauf seiner Amtszeit vom Gemeinderat erneut als Ortsvorsteher für die Amtszeit der Ortschaftsräte gewählt werden.

Im Zusammenhang mit der Stärkung der Verwaltungskraft der Gemeinden sind schließlich die zahlreichen Zweckverbände zu erwähnen, mit denen schon bisher auf kommunaler Ebene größere Aufgaben erfüllt worden sind, die über die Kräfte der einzelnen Gemeinden hinausgehen; maßgebend ist das Gesetz über kommunale Zusammenarbeit (GKZ)[5]. Für Schul- und Feuerlöschverbände gelten einzelne Sonderbestimmungen.

---

5 Abgedruckt auf Seite 306 ff.

Für das bedeutsame Gebiet der *Planung* ist auf das Abstimmungsgebot für Bauleitpläne benachbarter Gemeinden, die Bestimmungen über gemeinsame Bauleitpläne und die Bildung von Planungsverbänden in den §§ 2 Abs. 2, 204 und 205 des Baugesetzbuches hinzuweisen; einem Planungsverband oder entsprechenden Zweckverband können nach § 205 Baugesetzbuch die Aufgaben der Gemeinde nach dem Baugesetzbuch übertragen werden.

III. Dritter Teil: **Gemeindewirtschaft (§§ 77–117)**

Die Vorschriften der Gemeindeordnung und die *Gemeindehaushaltsverordnung*[6] vom 11. Dezember 2009 (GBl. S. 770), zuletzt geändert durch Verordnung vom 8. Februar 2019 (GBl. S. 54), bilden die Rechtsgrundlagen für die kommunale Haushaltswirtschaft. Sie basieren auf den Ergebnissen mehrjähriger Reformüberlegungen, die im Jahr 2009 schließlich durch das Gesetz zur Reform des Gemeindehaushaltsrechts vom 4. Mai 2009 (GBl. S. 185) in den genannten gesetzlichen und verordnungsrechtlichen Bestimmungen ihren Niederschlag gefunden haben. § 64 Abs. 2 und 3 GemHVO bestimmen als Übergangsfristen für die Umstellung des Haushalts-, Kassen- und Rechnungswesens auf den neuen Rechtsrahmen das Haushaltsjahr 2020 und für den kommunalen Gesamtabschluss das Haushaltsjahr 2022. Ergänzende Bestimmungen über die Kassenführung der Gemeinden sind in der *Gemeindekassenverordnung* vom 11. Dezember 2009 (GBl. S. 791), zuletzt geändert durch Gesetz vom 17. Dezember 2015 (GBl. S. 1191, 1200), enthalten. Der erste kommunale Gesamtabschluss wird somit zum Haushaltsjahr 2022 notwendig.

Grundlage der Erhebung von Steuern, Beiträgen und Gebühren der Gemeinde ist das *Kommunalabgabengesetz* vom 17. März 2005 (GBl. S. 206 mit Änderungen). Die einzelnen Steuerarten sind in Sondergesetzen geregelt. Im Übrigen beruht die Finanzwirtschaft der Gemeinde weitgehend auf den Zuweisungen, die sie im *Finanzausgleich* aus dem kommunalen Anteil am Steueraufkommen des Landes (Einkommen-

---

6 Abgedruckt auf Seite 255 ff.

und Körperschaftsteuer, Umsatzsteuer, Gewerbesteuerumlage, Kraftfahrzeugsteuer) sowie aus dem Gemeindeanteil an der Einkommensteuer erhält.

Wirtschaftliche Unternehmen darf die Gemeinde nur dann errichten, übernehmen, wesentlich erweitern oder sich daran beteiligen, wenn der öffentliche Zweck das Unternehmen rechtfertigt und das Unternehmen in einem angemessenen Verhältnis zu ihrer Leistungsfähigkeit sowie zum voraussichtlichen Bedarf steht; das Tätigwerden wirtschaftlicher Unternehmen außerhalb der kommunalen Daseinsvorsorge ist nur zulässig, wenn der Unternehmenszweck nicht ebenso gut und wirtschaftlich durch Private erfüllt wird oder erfüllt werden kann. Für rechtlich unselbständige wirtschaftliche Unternehmen von Gemeinden ist das Eigenbetriebsgesetz i. d. F. vom 8. Januar 1992 (GBl. S. 21 mit Änderungen) maßgebend. Selbständige Kommunalanstalten in der Rechtsform einer rechtsfähigen Anstalt des öffentlichen Rechts können von den Gemeinden durch Satzung errichtet werden (§§ 102 a bis 102 d). Rechtlich selbständige Unternehmen haben nach §§ 103 ff. GemO die Vorschriften des Handelsrechts zu beachten.

Bei den *Krediten* ist der Gesamtbetrag für Investitionen und Investitionsfördermaßnahmen – ausgenommen sind die Kredite für Umschuldungen – in der Haushaltssatzung genehmigungspflichtig; auf die Einzelgenehmigung wird, allerdings nur dem Grundsatz nach, weitgehend verzichtet (§§ 87 ff.).

Die *örtliche Prüfung* des Jahresabschlusses und des Gesamtabschlusses ist Sache des Rechnungsprüfungsamtes, das in Stadtkreisen sowie in Großen Kreisstädten eingerichtet werden muss, in anderen Gemeinden eingerichtet werden kann. Der Jahresabschluss ist innerhalb von sechs Monaten und der Gesamtabschluss innerhalb von neun Monaten nach Ende des Haushaltsjahres aufzustellen. Der Jahresabschluss ist vom Gemeinderat innerhalb eines Jahres, der Gesamtabschluss innerhalb von 15 Monaten nach Ende des Haushaltsjahres festzustellen. Das Rechnungsprüfungsamt hat die Prüfung innerhalb von 4 Monaten nach Aufstellung des Jahresabschlusses und des Gesamtabschlusses durchzuführen (§§ 95, 95 a, 95 b und §§ 109–112).

IV. Vierter Teil: **Aufsicht (§§ 118–129)**

In weisungsfreien Angelegenheiten, also bei den weisungsfreien Pflichtaufgaben und den freiwilligen Aufgaben, beschränkt sich die Aufsicht darauf, die Gesetzmäßigkeit der Verwaltung sicherzustellen; Zweckmäßigkeitsanordnungen sind in diesen Bereichen nicht möglich. Bei Weisungsaufgaben richtet sich der Umfang der Aufsichtsbefugnisse nach den Bestimmungen der maßgeblichen Einzelgesetze (§ 118). Untere Rechtsaufsichtsbehörde ist das Landratsamt, bei Stadtkreisen und Großen Kreisstädten das Regierungspräsidium, obere Rechtsaufsichtsbehörde für alle Gemeinden das Regierungspräsidium, oberste Rechtsaufsichtsbehörde für alle Gemeinden das Innenministerium (§ 119).

Das *Informationsrecht* der Rechtsaufsichtsbehörde darf nur ausgeübt werden, soweit es zur Erfüllung ihrer Aufgaben jeweils erforderlich ist. Die Rechtsaufsichtsbehörde kann gesetzwidrige Beschlüsse und Anordnungen der Gemeinde *beanstanden* und verlangen, dass sie aufgehoben werden. Erfüllt die Gemeinde eine Pflichtaufgabe nicht, so kann die Rechtsaufsichtsbehörde anordnen, dass die Gemeinde die notwendigen Maßnahmen trifft. Kommt die Gemeinde den Anordnungen nicht nach, so kann die Rechtsaufsichtsbehörde die Maßnahmen selbst durchführen *(Ersatzvornahme)*. Äußerstes Mittel der Aufsicht ist die *Bestellung eines Beauftragten* für einzelne oder alle Aufgaben der Gemeinde (§§ 120–124).

Gegen Verfügungen der Rechtsaufsichtsbehörde kann die Gemeinde *Widerspruch* erheben und, sofern dem Widerspruch nicht abgeholfen wird, gegen den Widerspruchsbescheid innerhalb eines Monats gemäß §§ 68 ff. der Verwaltungsgerichtsordnung vom 19. März 1991 (BGBl. S. 686) *Anfechtungs- oder Verpflichtungsklage* erheben (§ 125).

Die Aufsichtsbefugnisse der *Fachaufsichtsbehörden* in Weisungsangelegenheiten gehen weniger weit. Sie haben zwar ebenfalls ein Informationsrecht, müssen sich aber an die Rechtsaufsichtsbehörde wenden, wenn sie weitere Aufsichtsmaßnahmen für erforderlich halten (§ 129). Die Einzelgesetze geben ihnen allerdings meist ein unmittelbares Weisungsrecht. Ein Einzelweisungsrecht besteht auch bei Ausführung von Bundesgesetzen nach Artikel 84 Abs. 5 und 85 Grundgesetz (§ 129 Abs. 3 und 4).

Ausdrücklich bestimmt ist, dass Kosten, die einer Gemeinde durch eine *fehlerhafte Weisung* des Landes entstehen, vom Land erstattet werden müssen (§ 129 Abs. 5).

Exkurs: Fit für den Start – Tipps für neugewählte Mandatsträgerinnen und -träger

Insbesondere für neugewählte Gemeinderatsmitglieder sind mit der Mandatsübernahme neue Herausforderungen verbunden. Deshalb wollen wir Ihnen für Ihre wichtige Tätigkeit einige praktische Anregungen und Tipps mit auf den Weg geben. Wir wollen Sie damit zur aktiven Mitarbeit in den Gemeinderäten ermutigen.

1. Machen Sie sich mit dem Regelwerk der Gemeinderatsarbeit vertraut. Dieses besteht in erster Linie aus der Gemeindeordnung und dem jeweiligen Ortsrecht, insbesondere der Hauptsatzung und der Geschäftsordnung für den Gemeinderat. Die Kenntnis der Geschäftsordnung erleichtert Ihnen die Wahrnehmung Ihrer Rechte in der Gemeinderatssitzung und Beachtung Ihrer Verpflichtungen. Die Bestimmungen des Ortsrechtes sind heutzutage regelmäßig auf der Homepage der jeweiligen Stadt oder Gemeinde eingestellt. Den Text der Gemeindeordnung und anderer wichtiger Vorschriften finden Sie nachfolgend in dieser Textausgabe. In vielen Kommunen werden diese den Gemeinderäten von der Verwaltung zur Verfügung gestellt.
2. Der Besuch einer Schulungsveranstaltung zum Kommunalrecht bzw. zur Gemeinderatsarbeit kann Ihnen ebenfalls den Start erleichtern. Solche Veranstaltungen werden von unterschiedlichen Institutionen gratis oder gegen ein Entgelt angeboten. Zur Übernahme etwaiger Kosten haben einige Kommunen entsprechende Positionen im Haushalt vorgesehen. Zu verweisen ist darauf, dass Beschäftigte in Baden-Württemberg durch das Bildungszeitgesetz vom 17. März 2015[7] unter bestimmten Bedingungen für die politi-

7 https://rp.baden-wuerttemberg.de/Themen/Bildung/Bildungszeit/04_bildungszeit_gesetzestxt.pdf.

sche Weiterbildung oder die Qualifizierung zur Wahrnehmung bestimmter ehrenamtlicher Tätigkeiten einen Freistellungsanspruch gegenüber ihrem Arbeitgeber von bis zu fünf Tagen im Jahr haben.

3. Empfehlenswert sind zumindest gute Grundkenntnisse im Gemeindewirtschaftsrecht, um das „Königsrecht des Gemeinderates“, die Verabschiedung des Haushalts sachkundig wahrnehmen zu können. Sie sollten einen Haushaltsplan, der auch als politisches Steuerungsinstrument dient, verstehen und lesen können. Insbesondere die Einführung des Neuen Kommunalen Haushaltsrechtes macht auch noch „Altgedienten“ oft Probleme. Auch hier empfehlen sich entsprechende Schulungsmaßnahmen, die auch vor Ort von den Fachleuten der Kämmereien angeboten werden können. Fordern Sie dies ggf. ein.
4. Als ehrenamtlich tätige Mandatsträger haben Sie einen Anspruch auf Ersatz Ihrer Auslagen. Wichtig ist in diesem Zusammenhang der Hinweis, dass in Baden-Württemberg auch die Kosten für die entgeltliche Betreuung von pflege- oder betreuungsbedürftigen Angehörigen während der Ausübung der Gemeinderatstätigkeit erstattet werden. Die konkrete Ausgestaltung dieses Anspruches können Sie der örtlichen „Satzung über die Entschädigung für ehrenamtliche Tätigkeit“ entnehmen.
5. Abhängig von der Größe und Struktur einer Gemeinde sind zu Beginn der Amtszeit eine Reihe von Gemeinderatsausschüssen, Beiräten, Aufsichtsräten, Kommissionen etc. zu besetzen. Achten Sie darauf, dass Sie dabei Ihren Kenntnissen, Interessen und Ihren politischen Schwerpunkten entsprechend berücksichtigt werden. Die damit verbundenen Aufgaben haben durchaus unterschiedliche Möglichkeiten der eigenen Profilbildung in der Öffentlichkeit.
6. Sofern Sie einer Gemeinderatsfraktion angehören, unterliegen Sie zwar keinem Fraktionszwang, sollten aber dennoch dazu beitragen, ein Höchstmaß an Übereinstimmung zu erzielen, um wirkungsvoll an der Willensbildung im Gemeinderat mitzuwirken. Tragen Sie dazu bei, dass zu Beginn der Amtszeit die Aufgaben der Mitglieder der Fraktion klar geregelt sind und durch Leitlinien die innere Ordnung der Fraktion nach demokratischen und rechts-

staatlichen Grundsätzen gestaltet wird. Halten Sie sich an einmal getroffene Vereinbarungen (z. B. bei der Wahrnehmung des Rederechts). Machen Sie sich das Erfahrungswissen langjähriger Mandatsträgerinnen und Mandatsträger zunutze. Scheuen Sie sich auch nicht bei Fragen zur Geschäftsordnung oder der Formulierung von Anträgen und Anfragen darauf zurückzugreifen.

7. Bereiten Sie sich intensiv auf die Sitzungen vor. Dazu gehört natürlich in erster Linie das Studium der Sitzungsunterlagen. Das immer noch zu beobachtende Öffnen des Versandumschlags der Unterlagen (sofern nicht digital gearbeitet wird) in der Sitzung macht nicht nur einen schlechten Eindruck, sondern hindert Sie auch an einer intensiven Teilnahme an den anstehenden Diskussionen im Gemeinderat. Mit einer guten Vorbereitung können Sie Vorschläge der Verwaltung auch hinterfragen und eigene Vorstellungen einbringen.
8. Nutzen Sie das kollektive Recht, inhaltliche Anträge zu stellen und das individuelle Recht, Fragen an den Bürgermeister zu richten. Mit diesen Möglichkeiten können Sie auch sehr gut Bürgeranliegen transportieren, transparent machen und einer Klärung zuführen. Oft empfiehlt sich für solche Vorgänge die Schriftform (Brief, E-Mail), um diese gut dokumentieren und auch weiterleiten zu können. Achten Sie darauf, dass Ihre Anträge und Anfragen auch zeitnah behandelt werden.
9. Zur Transparenz gehört bei der Aufstellung der Tagesordnung der Gemeinderatsitzung auch die Einhaltung der Verpflichtung zur Wahrung der Sitzungsöffentlichkeit, wonach nichtöffentlich nur verhandelt werden darf, soweit dies gesetzlich vorgeschrieben ist. Achten Sie im Interesse der Bürgerinnen und Bürger darauf, dass diese Verpflichtung auch eingehalten wird.[8]
10. Bleiben Sie auch während Ihrer Amtszeit bürgernah und pflegen Sie die Vernetzung mit Vereinen und Verbänden. Nutzen Sie im Rahmen des Ihnen zeitlich Möglichen Veranstaltungen aller Art, um die Lebenswirklichkeit der Bürgerinnen und Bürger im Blick zu behalten. Stehen Sie der Bürgerschaft als Ansprechpartner zur

8 Ggf. Hinweis auf Verwaltungsgerichtshof Baden-Württemberg, Beschluss v. 13.9.2018 – 3 S 1465/18.

Verfügung und nehmen Sie deren Anliegen ernst. D. h. nicht, dass deren Vorstellungen immer umgesetzt werden müssen, aber eines dürfen Bürgerinnen und Bürger erwarten: Nämlich eine Antwort auf an Sie herangetragene Anliegen.

11. Bestimmte Vorgänge im Gemeinderat unterliegen der Geheimhaltung. Nehmen Sie die damit verbundene Verschwiegenheitspflicht ernst. Eine Verletzung dieser Verpflichtung kann nicht nur Ordnungsmaßnahmen auslösen, sondern im Einzelfall sogar als Straftatbestand gewertet werden.[9]
12. Als kommunale Mandatsträgerin oder kommunaler Mandatsträger werden Sie im Gemeinderat und bei anderen Gelegenheiten Reden halten müssen. Sofern Sie hierin noch keine Übung haben, empfiehlt sich auch hier eine Schulung oder die Nutzung eines einschlägigen Redehandbuches.[10] Erfahrene Praktiker empfehlen für die Redebeiträge im Gemeinderat die Tagesordnungspunkte zu gewichten und nicht zu jedem Thema eine Stellungnahme abzugeben.[11] So erreichen Sie mehr Aufmerksamkeit und können Ihr Profil schärfen.
13. Auch in der Kommunalpolitik haben Sie es mit unterschiedlichen Interessen und Meinungen zu tun. Sorgen Sie mit Ihrer Haltung sowohl in als auch außerhalb der kommunalen Gremien für eine positive Streitkultur. Äußern Sie sich respektvoll gegenüber Andersdenkenden und schließen Sie nie aus, dass auch der andere recht haben könnte.
14. Im Zuge einer veränderten Kommunikationskultur gewinnen die sogenannten sozialen Medien auch für die kommunalpolitische Arbeit eine immer größere Bedeutung.[12] Wer wissen will, was die Bürgerinnen und Bürger, nicht zuletzt die jüngeren, am Ort bewegt, kommt um eine Beobachtung dieser Medien nicht herum. So werden an manchen Orten bspw. nur noch 20 % der Haushalte

---

9 https://publicus.boorberg.de/verschwiegenheitspflichten-im-kommunalbereich/

10 Bspw. *Bachofer/Frasch*, Kommunales Redehandbuch, Richard Boorberg Verlag.

11 Vgl. StAnz. v. 12.10.2018.

12 Vgl. u. a. *Fehringer/Solmecke*, Der Social-Media-Leitfaden für Kommunen, 2017, und StAnz. v. 16.11.2018.

von einer Tageszeitung erreicht. Setzen Sie sich auch mit der Frage auseinander, ob Sie die neuen Medien auch aktiv als Handwerkszeug für Ihre Öffentlichkeitsarbeit einsetzen können und welcher Aufwand damit für Sie verbunden ist.

15. Sie werden sehr schnell von den tagespolitischen Anliegen vereinnahmt werden. Dabei sollten Sie aber strategisch nicht versäumen, die Entwicklung Ihrer Kommune auch über die aktuelle Amtszeit hinaus zu reflektieren und in „langen Linien" zu denken. Dazu können Sie auch Strategiesitzungen des Gemeinderates im Laufe der Legislaturperiode anregen und auch bürgerschaftliche Beteiligungsmodelle unterstützen. Ganz nach dem Motto: „Aus Betroffenen Beteiligte machen." Ferner nützt auch der Blick über den Tellerrand der eigenen Stadt oder Gemeinde hinaus und gibt ggf. sogar Anregungen für weitere Möglichkeiten der interkommunalen Zusammenarbeit,[13] um Synergien zu heben.
16. Werden Sie sich immer bewusst, dass Sie als kommunale Mandatsträgerin oder kommunaler Mandatsträger wichtige Entscheidungen für das Gemeinwohl zu treffen haben und somit ein gerüttelt Maß an Verantwortung tragen. Bleiben Sie gerade deshalb bei der Ausübung des Mandats authentisch und gestalten Sie Ihre kommunalpolitische Tätigkeit während der gesamten Amtszeit transparent für die Bürgerschaft. Nach Auffassung langjähriger Kommunalpolitiker gehört hierzu der schlichte Rat: „Einfach zeigen, was man vorhat".

13 Vgl. hierzu *Aker/Zinell*, Gesetz über kommunale Zusammenarbeit, Baden-Württemberg, Kurzkommentar, 2017.

1.
Gemeindeordnung für Baden-Württemberg (Gemeindeordnung – GemO)

in der Fassung der Bekanntmachung vom 24. Juli 2000 (GBl. S. 581, ber. S. 698), zuletzt geändert durch Gesetz vom 19. Juni 2018 (GBl. S. 221)

Inhaltsübersicht

Erster Teil
Wesen und Aufgaben der Gemeinde

1. Abschnitt
Rechtsstellung

§ 1 Begriff der Gemeinde[1]

(1) Die Gemeinde ist Grundlage und Glied des demokratischen Staates.
(2) Die Gemeinde fördert in bürgerschaftlicher Selbstverwaltung das gemeinsame Wohl ihrer Einwohner und erfüllt die ihr von Land und Bund zugewiesenen Aufgaben.
(3) Die verantwortliche Teilnahme an der bürgerschaftlichen Verwaltung der Gemeinde ist Recht und Pflicht des Bürgers.
(4) Die Gemeinde ist Gebietskörperschaft.

§ 2 Wirkungskreis[2]

(1) Die Gemeinden verwalten in ihrem Gebiet alle öffentlichen Aufgaben allein und unter eigener Verantwortung, soweit die Gesetze nichts anderes bestimmen.
(2) [1]Die Gemeinden können durch Gesetz zur Erfüllung bestimmter öffentlicher Aufgaben verpflichtet werden (Pflichtaufgaben). [2]Werden neue Pflichtaufgaben auferlegt, sind dabei Bestimmungen über die Deckung der Kosten zu treffen. [3]Führen diese Aufgaben zu einer Mehr-

---

1 § 1: Zu den verfassungsrechtlichen Grundlagen der gemeindlichen Selbstverwaltung s. Artikel 28 Grundgesetz und Artikel 69–76 Landesverfassung.

2 Zu § 2 vgl. auch § 94 des Landesverwaltungsverfahrensgesetzes:
„§ 94 Pflichten der Gemeinden gegenüber den Bürgern
(1) Die Gemeinden sind im Rahmen ihrer Verwaltungskraft ihren Einwohnern bei der Einleitung von Verwaltungsverfahren behilflich, auch wenn für deren Durchführung eine andere Behörde zuständig ist. Zur Rechtsberatung sind die Gemeinden nicht verpflichtet.
(2) Die Gemeinden haben Vordrucke aller Art, die ihnen von anderen Behörden überlassen werden, bereitzuhalten.
(3) Die Gemeinden haben Anzeigen, Anträge und Erklärungen, die beim Landratsamt oder beim Regierungspräsidium einzureichen sind, entgegenzunehmen und unverzüglich an diese Behörden weiterzuleiten. Die Einreichung bei der Gemeinde gilt als bei der zuständigen Behörde vorgenommen, soweit Bundesrecht nicht entgegensteht.“

belastung der Gemeinden, ist ein entsprechender finanzieller Ausgleich zu schaffen.
(3) Pflichtaufgaben können den Gemeinden zur Erfüllung nach Weisung auferlegt werden (Weisungsaufgaben); das Gesetz bestimmt den Umfang des Weisungsrechts.[3]
(4) [1]In die Rechte der Gemeinden kann nur durch Gesetz eingegriffen werden. [2]Verordnungen zur Durchführung solcher Gesetze bedürfen, sofern sie nicht von der Landesregierung oder dem Innenministerium erlassen werden, der Zustimmung des Innenministeriums.

§ 3 Stadtkreise, Große Kreisstädte[4]

(1) Durch Gesetz können Gemeinden auf ihren Antrag zu Stadtkreisen erklärt werden.
(2) [1]Gemeinden mit mehr als 20 000 Einwohnern können auf ihren Antrag von der Landesregierung zu Großen Kreisstädten erklärt werden. [2]Die Erklärung zur Großen Kreisstadt ist im Gesetzblatt bekannt zu machen.

§ 4 Satzungen[5]

(1) [1]Die Gemeinden können die weisungsfreien Angelegenheiten durch Satzung regeln, soweit die Gesetze keine Vorschriften enthalten. [2]Bei Weisungsaufgaben können Satzungen nur erlassen werden, wenn dies im Gesetz vorgesehen ist.
(2) Wenn nach den Vorschriften dieses Gesetzes eine Hauptsatzung zu erlassen ist, muss sie mit der Mehrheit der Stimmen aller Mitglieder des Gemeinderats beschlossen werden.
(3) [1]Satzungen sind öffentlich bekannt zu machen. [2]Sie treten am Tage nach der Bekanntmachung in Kraft, wenn kein anderer Zeitpunkt bestimmt ist. [3]Satzungen sind der Rechtsaufsichtsbehörde anzuzeigen.
(4) [1]Satzungen, die unter Verletzung von Verfahrens- oder Formvorschriften dieses Gesetzes oder auf Grund dieses Gesetzes zu Stande

---

3 Zu § 2 Abs. 3 vgl. die Übergangsregelung in § 130.
4 Zu § 3 vgl. die Überleitungsregelung in § 131.
5 Zu § 4 vgl. für Abgabensatzungen den § 2 des Kommunalabgabengesetzes. Zur Ahndung von Zuwiderhandlungen gegen Satzungen nach § 4 Abs. 1 über die Benutzung einer öffentlichen Einrichtung s. § 142.

gekommen sind, gelten ein Jahr nach der Bekanntmachung als von Anfang an gültig zu Stande gekommen. [2]Dies gilt nicht, wenn

1. die Vorschriften über die Öffentlichkeit der Sitzung, die Genehmigung oder die Bekanntmachung der Satzung verletzt worden sind,
2. der Bürgermeister dem Beschluss nach § 43 wegen Gesetzwidrigkeit widersprochen hat oder wenn vor Ablauf der in Satz 1 genannten Frist die Rechtsaufsichtsbehörde den Beschluss beanstandet hat oder die Verletzung der Verfahrens- oder Formvorschrift gegenüber der Gemeinde unter Bezeichnung des Sachverhalts, der die Verletzung begründen soll, schriftlich geltend gemacht worden ist.

[3]Ist eine Verletzung nach Satz 2 Nr. 2 geltend gemacht worden, so kann auch nach Ablauf der in Satz 1 genannten Frist jedermann diese Verletzung geltend machen. [4]Bei der Bekanntmachung der Satzung ist auf die Voraussetzungen für die Geltendmachung der Verletzung von Verfahrens- oder Formvorschriften und die Rechtsfolgen hinzuweisen.

(5) Absatz 4 gilt für anderes Ortsrecht und Flächennutzungspläne entsprechend.

§ 5 Name und Bezeichnung[6]

(1) [1]Die Gemeinden führen ihre bisherigen Namen. [2]Die Bestimmung, Feststellung oder Änderung des Namens einer Gemeinde bedarf der Zustimmung des Regierungspräsidiums.

(2) [1]Die Bezeichnung „Stadt“ führen die Gemeinden, denen diese Bezeichnung nach bisherigem Recht zusteht. [2]Die Landesregierung kann auf Antrag die Bezeichnung „Stadt“ an Gemeinden verleihen, die nach Einwohnerzahl, Siedlungsform und ihren kulturellen und wirtschaftlichen Verhältnissen städtisches Gepräge tragen. [3]Wird eine Gemeinde mit der Bezeichnung „Stadt“ in eine andere Gemeinde eingegliedert oder mit anderen Gemeinden zu einer neuen Gemeinde vereinigt, kann die aufnehmende oder neugebildete Gemeinde diese Bezeichnung als eigene Bezeichnung weiterführen.

6 Zu § 5 Abs. 3 vgl. auch das Gesetz über die Anerkennung von Kurorten und Erholungsorten (KurortG) vom 14.3.1972 (GBl. S. 70) mit Änderungen und die VO des Ministeriums für Ländlichen Raum und Verbraucherschutz über die Zuständigkeit der Regierungspräsidien zur Anerkennung der Artbezeichnungen „Luftkurort“ und „Erholungsort“ vom 4.7.1973 (GBl. S. 275) mit Änderungen.

(3) [1]Die Gemeinden können auch sonstige überkommene Bezeichnungen weiterführen. [2]Die Landesregierung kann auf Antrag an Gemeinden für diese selbst oder für einzelne Ortsteile (Absatz 4) sonstige Bezeichnungen verleihen, die auf der geschichtlichen Vergangenheit, der Eigenart oder der heutigen Bedeutung der Gemeinden oder der Ortsteile beruhen. [3]Wird eine Gemeinde mit einer sonstigen Bezeichnung in eine andere Gemeinde eingegliedert oder mit anderen Gemeinden zu einer neuen Gemeinde vereinigt, kann diese Bezeichnung für den entsprechenden Ortsteil der aufnehmenden oder neugebildeten Gemeinde weitergeführt werden.
(4) [1]Die Benennung von bewohnten Gemeindeteilen (Ortsteile) sowie der innerhalb dieser dem öffentlichen Verkehr dienenden Straßen, Wege, Plätze und Brücken ist Angelegenheit der Gemeinden. [2]Gleich lautende Benennungen innerhalb derselben Gemeinde sind unzulässig.

§ 6 Wappen, Flaggen, Dienstsiegel[7]

(1) [1]Die Gemeinden haben ein Recht auf ihre bisherigen Wappen und Flaggen. [2]Die Rechtsaufsichtsbehörde kann einer Gemeinde auf ihren Antrag das Recht verleihen, ein neues Wappen und eine neue Flagge zu führen.
(2) [1]Die Gemeinden führen Dienstsiegel. [2]Gemeinden mit eigenen Wappen führen dieses, die übrigen Gemeinden das kleine Landeswappen mit der Bezeichnung und dem Namen der Gemeinde als Umschrift in ihrem Dienstsiegel.

2. Abschnitt
Gemeindegebiet

§ 7 Gebietsbestand

(1) [1]Das Gebiet der Gemeinde bilden die Grundstücke, die nach geltendem Recht zu ihr gehören. [2]Grenzstreitigkeiten entscheidet die Rechtsaufsichtsbehörde.

---

7 Zu § 6 vgl. das Gesetz über die Hoheitszeichen des Landes Baden-Württemberg (Landeshoheitszeichen-Gesetz-LHzG) vom 27.10.2015 (GBl. S. 865).

(2) [1]Das Gebiet der Gemeinden soll so bemessen sein, dass die örtliche Verbundenheit der Einwohner und die Leistungsfähigkeit der Gemeinde zur Erfüllung ihrer Aufgaben gesichert ist.
(3) [1]Jedes Grundstück soll zu einer Gemeinde gehören. [2]Aus besonderen Gründen können Grundstücke außerhalb einer Gemeinde verbleiben (gemeindefreie Grundstücke).

§ 8 Gebietsänderungen[8]

(1) Gemeindegrenzen können aus Gründen des öffentlichen Wohls geändert werden.
(2) [1]Gemeindegrenzen können freiwillig durch Vereinbarung der beteiligten Gemeinden mit Genehmigung der zuständigen Rechtsaufsichtsbehörde geändert werden. [2]Die Vereinbarung muss von den Gemeinderäten der beteiligten Gemeinden mit der Mehrheit der Stimmen aller Mitglieder beschlossen werden. [3]Vor der Beschlussfassung sind die Bürger zu hören, die in dem unmittelbar betroffenen Gebiet wohnen; dies gilt nicht, wenn über die Eingliederung einer Gemeinde in eine andere Gemeinde oder die Neubildung einer Gemeinde durch Vereinigung von Gemeinden ein Bürgerentscheid (§ 21) durchgeführt wird.
(3) [1]Gegen den Willen der beteiligten Gemeinden können Gemeindegrenzen nur durch Gesetz geändert werden. [2]Das Gleiche gilt für die Neubildung einer Gemeinde aus Teilen einer oder mehrerer Gemeinden. [3]Vor Erlass des Gesetzes müssen die beteiligten Gemeinden und die Bürger gehört werden, die in dem unmittelbar betroffenen Gebiet wohnen. [4]Die Durchführung der Anhörung der Bürger obliegt den Gemeinden als Pflichtaufgabe.
(4) Wird durch die Änderung von Gemeindegrenzen das Gebiet von Landkreisen betroffen, sind diese zu hören.
(5) Das Nähere über die Anhörung der Bürger, die in dem unmittelbar betroffenen Gebiet wohnen, wird durch das Kommunalwahlgesetz[9] geregelt.

---

8 Zur Behördenzuständigkeit s. § 6 DVO GemO (abgedruckt auf S. 157) und zur Änderung von Gemeindegrenzen im Flurbereinigungsverfahren § 58 Abs. 2 und 3 des Flurbereinigungsgesetzes vom 16.3.1976 (BGBl. S. 546) mit Änderungen.

9 Zu § 8 Abs. 5 vgl. § 40 Kommunalwahlgesetz und § 52 Kommunalwahlordnung.

(6) [1]Grenzänderungen nach Absatz 3 Satz 1, die nur Gebietsteile betreffen, durch deren Umgliederung der Bestand der beteiligten Gemeinden nicht gefährdet wird, können durch Rechtsverordnung des Innenministeriums erfolgen. [2]Absatz 3 Sätze 3 und 4 sowie Absatz 4 gelten entsprechend.

§ 9 Rechtsfolgen, Auseinandersetzung[10]

(1) [1]In der Vereinbarung nach § 8 Abs. 2 ist der Umfang der Grenzänderung zu regeln und sind Bestimmungen über den Tag der Rechtswirksamkeit und, soweit erforderlich, über das neue Ortsrecht, die neue Verwaltung sowie die Rechtsnachfolge und Auseinandersetzung zu treffen. [2]Wird eine neue Gemeinde gebildet, muss die Vereinbarung auch Bestimmungen über den Namen und die vorläufige Wahrnehmung der Aufgaben der Verwaltungsorgane der neuen Gemeinde enthalten. [3]Wird eine Gemeinde in eine andere Gemeinde eingegliedert, muss die Vereinbarung auch Bestimmungen über die vorläufige Vertretung der Bevölkerung der eingegliederten Gemeinde durch Gemeinderäte der eingegliederten Gemeinde im Gemeinderat der aufnehmenden Gemeinde bis zur nächsten regelmäßigen Wahl oder einer Neuwahl nach § 34 Abs. 2 des Kommunalwahlgesetzes treffen; dem Gemeinderat der aufnehmenden Gemeinde muss mindestens ein Gemeinderat der eingegliederten Gemeinde angehören, im Übrigen sind bei der Bestimmung der Zahl der Gemeinderäte der eingegliederten Gemeinde im Gemeinderat der aufnehmenden Gemeinde die örtlichen Verhältnisse und der Bevölkerungsanteil zu berücksichtigen. [4]Im Fall des Satzes 3 muss die Vereinbarung ferner Bestimmungen über eine befristete Vertretung der eingegliederten Gemeinde bei Streitigkeiten über die Vereinbarung treffen.

(2) [1]Sollen nicht alle Gemeinderäte der einzugliedernden Gemeinde dem Gemeinderat der aufnehmenden Gemeinde angehören, werden die Mitglieder vor Eintritt der Rechtswirksamkeit der Vereinbarung vom Gemeinderat der einzugliedernden Gemeinde bestimmt. [2]Sind mehrere Gemeinderäte zu bestimmen, gelten hierfür die Vorschriften über die Wahl der Mitglieder der beschließenden Ausschüsse des

---

10 Zur Behördenzuständigkeit s. § 6 DVO GemO, abgedruckt auf S. 157).

Gemeinderats mit der Maßgabe entsprechend, dass die nicht gewählten Bewerber in der Reihenfolge der Benennung als Ersatzpersonen festzustellen sind. [3]Scheidet ein Gemeinderat der eingegliederten Gemeinde vorzeitig aus dem Gemeinderat der aufnehmenden Gemeinde aus, gilt § 31 Abs. 2 entsprechend; gehören nicht alle Gemeinderäte der eingegliederten Gemeinde dem Gemeinderat der aufnehmenden Gemeinde an, sind außer den im Wahlergebnis festgestellten Ersatzpersonen auch die anderen Gemeinderäte Ersatzpersonen im Sinne von § 31 Abs. 2. [4]Für die Bestimmung der Vertreter nach Absatz 1 Satz 4 gilt Satz 1 entsprechend.

(3) [1]Enthält die Vereinbarung keine erschöpfende Regelung oder kann wegen einzelner Bestimmungen die Genehmigung nicht erteilt werden, ersucht die zuständige Rechtsaufsichtsbehörde die Gemeinden, die Mängel binnen angemessener Frist zu beseitigen. [2]Kommen die Gemeinden einem solchen Ersuchen nicht nach, trifft die zuständige Rechtsaufsichtsbehörde die im Interesse des öffentlichen Wohls erforderlichen Bestimmungen.

(4) [1]Bei einer Änderung der Gemeindegrenzen durch Gesetz werden die Rechtsfolgen und die Auseinandersetzung im Gesetz oder durch Rechtsverordnung geregelt. [2]Das Gesetz kann dies auch der Regelung durch Vereinbarung überlassen, die der Genehmigung der zuständigen Rechtsaufsichtsbehörde bedarf. [3]Kommt diese Vereinbarung nicht zu Stande, gilt Absatz 3 entsprechend. [4]Wird die Grenzänderung durch Rechtsverordnung ausgesprochen, sind gleichzeitig die Rechtsfolgen und die Auseinandersetzung zu regeln; Sätze 2 und 3 gelten entsprechend.

(5) [1]Die Regelung nach den Absätzen 1, 3 und 4 begründet Rechte und Pflichten der Beteiligten und bewirkt den Übergang, die Beschränkung oder die Aufhebung von dinglichen Rechten. [2]Die Rechtsaufsichtsbehörde ersucht die zuständigen Behörden um die Berichtigung der öffentlichen Bücher. [3]Sie kann Unschädlichkeitszeugnisse ausstellen.

(6) [1]Für Rechtshandlungen, die aus Anlass der Änderung des Gemeindegebiets erforderlich sind, werden öffentliche Abgaben, die auf Landesrecht beruhen, nicht erhoben; ausgenommen sind Vermessungsgebühren und -entgelte. [2]Auslagen werden nicht ersetzt.

3. Abschnitt
Einwohner und Bürger

§ 10 Rechtsstellung des Einwohners

(1) Einwohner der Gemeinde ist, wer in der Gemeinde wohnt.

(2) [1]Die Gemeinde schafft in den Grenzen ihrer Leistungsfähigkeit die für das wirtschaftliche, soziale und kulturelle Wohl ihrer Einwohner erforderlichen öffentlichen Einrichtungen. [2]Die Einwohner sind im Rahmen des geltenden Rechts berechtigt, die öffentlichen Einrichtungen der Gemeinde nach gleichen Grundsätzen zu benutzen. [3]Sie sind verpflichtet, die Gemeindelasten zu tragen.

(3) Personen, die in der Gemeinde ein Grundstück besitzen oder ein Gewerbe betreiben und nicht in der Gemeinde wohnen, sind in derselben Weise berechtigt, die öffentlichen Einrichtungen zu benutzen, die in der Gemeinde für Grundbesitzer oder Gewerbetreibende bestehen, und verpflichtet, für ihren Grundbesitz oder Gewerbebetrieb zu den Gemeindelasten beizutragen.

(4) Für juristische Personen und nicht rechtsfähige Personenvereinigungen gelten Absätze 2 und 3 entsprechend.

(5) [1]Durch Satzung[11] können die Gemeinden ihre Einwohner und die ihnen gleichgestellten Personen und Personenvereinigungen (Absätze 3 und 4) für eine bestimmte Zeit zur Mitwirkung bei der Erfüllung vordringlicher Pflichtaufgaben und für Notfälle zu Gemeindediensten (Hand- und Spanndienste) verpflichten. [2]Der Kreis der Verpflichteten, die Art, der Umfang und die Dauer der Dienstleistung sowie die etwa zu gewährende Vergütung oder die Zahlung einer Ablösung sind durch die Satzung zu bestimmen.

§ 11 Anschluss- und Benutzungszwang[12]

(1) [1]Die Gemeinde kann bei öffentlichem Bedürfnis durch Satzung für die Grundstücke ihres Gebiets den Anschluss an Wasserleitung, Abwasserbeseitigung, Straßenreinigung, die Versorgung mit Nah- und

---

11 Zur Ahndung von Zuwiderhandlungen gegen Satzungen nach Absatz 5 als Ordnungswidrigkeiten vgl. § 142.

12 Zur Ahndung von Zuwiderhandlungen gegen Satzungen nach § 11 Abs. 1 und 2 vgl. § 142.

Fernwärme und ähnliche der Volksgesundheit oder dem Schutz der natürlichen Grundlagen des Lebens einschließlich des Klima- und Ressourcenschutzes dienende Einrichtungen (Anschlusszwang) und die Benutzung dieser Einrichtungen sowie der Schlachthöfe (Benutzungszwang) vorschreiben. [2]In gleicher Weise kann die Benutzung der Bestattungseinrichtungen vorgeschrieben werden.

(2) [1]Die Satzung kann bestimmte Ausnahmen vom Anschluss- und Benutzungszwang zulassen. [2]Sie kann den Zwang auf bestimmte Teile des Gemeindegebiets oder auf bestimmte Gruppen von Grundstücken, Gewerbebetrieben oder Personen beschränken.

§ 12 Bürgerrecht

(1) [1]Bürger der Gemeinde ist, wer Deutscher im Sinne von Artikel 116 des Grundgesetzes ist oder die Staatsangehörigkeit eines anderen Mitgliedstaates der Europäischen Union besitzt (Unionsbürger), das 16. Lebensjahr vollendet hat und seit mindestens drei Monaten in der Gemeinde wohnt. [2]Wer das Bürgerrecht in einer Gemeinde durch Wegzug oder Verlegung der Hauptwohnung verloren hat und vor Ablauf von drei Jahren seit dieser Veränderung wieder in die Gemeinde zuzieht oder dort seine Hauptwohnung begründet, ist mit der Rückkehr Bürger. [3]Bürgermeister und Beigeordnete erwerben das Bürgerrecht mit dem Amtsantritt in der Gemeinde.

(2) [1]Wer innerhalb der Bundesrepublik Deutschland in mehreren Gemeinden wohnt, ist in Baden-Württemberg Bürger nur in der Gemeinde, in der er seit mindestens drei Monaten seine Hauptwohnung hat. [2]War in der Gemeinde, in der sich die Hauptwohnung befindet, die bisherige einzige Wohnung, wird die bisherige Wohndauer in dieser Gemeinde angerechnet.

(3) Bei einer Grenzänderung werden Bürger, die in dem betroffenen Gebiet wohnen, Bürger der aufnehmenden Gemeinde; im Übrigen gilt für Einwohner, die in dem betroffenen Gebiet wohnen, das Wohnen in der Gemeinde als Wohnen in der aufnehmenden Gemeinde.

(4) Bei der Berechnung der Dreimonatsfrist nach Absatz 1 Satz 1 und Absatz 2 Satz 1 ist der Tag der Wohnungsnahme in die Frist einzubeziehen.

§ 13 Verlust des Bürgerrechts

Das Bürgerrecht verliert, wer aus der Gemeinde wegzieht, seine Hauptwohnung in eine andere Gemeinde innerhalb der Bundesrepublik Deutschland verlegt oder nicht mehr Deutscher im Sinne von Artikel 116 des Grundgesetzes oder Unionsbürger ist.

§ 14 Wahlrecht

(1) Die Bürger sind im Rahmen der Gesetze zu den Gemeindewahlen wahlberechtigt und haben das Stimmrecht in sonstigen Gemeindeangelegenheiten.

(2) Ausgeschlossen vom Wahlrecht und vom Stimmrecht sind Bürger,

1. die infolge Richterspruchs in der Bundesrepublik Deutschland das Wahlrecht oder Stimmrecht nicht besitzen,
2. für die zur Besorgung aller ihrer Angelegenheiten ein Betreuer nicht nur durch einstweilige Anordnung bestellt ist; dies gilt auch, wenn der Aufgabenkreis des Betreuers die in § 1896 Abs. 4 und § 1905 des Bürgerlichen Gesetzbuchs bezeichneten Angelegenheiten nicht erfasst.

§ 15 Bestellung zu ehrenamtlicher Tätigkeit

(1) Die Bürger haben die Pflicht, eine ehrenamtliche Tätigkeit in der Gemeinde (eine Wahl in den Gemeinderat oder Ortschaftsrat, ein gemeindliches Ehrenamt und eine Bestellung zu ehrenamtlicher Mitwirkung) anzunehmen und diese Tätigkeit während der bestimmten Dauer auszuüben.

(2) [1]Der Gemeinderat bestellt die Bürger zu ehrenamtlicher Tätigkeit; die Bestellung kann jederzeit zurückgenommen werden. [2]Mit dem Verlust des Bürgerrechts endet jede ehrenamtliche Tätigkeit.

§ 16 Ablehnung ehrenamtlicher Tätigkeit

(1) [1]Der Bürger kann eine ehrenamtliche Tätigkeit aus wichtigen Gründen ablehnen oder sein Ausscheiden verlangen. [2]Als wichtiger Grund gilt insbesondere, wenn der Bürger

1. ein geistliches Amt verwaltet,

2. ein öffentliches Amt verwaltet und die oberste Dienstbehörde feststellt, dass die ehrenamtliche Tätigkeit mit seinen Dienstpflichten nicht vereinbar ist,
3. zehn Jahre lang dem Gemeinderat oder Ortschaftsrat angehört oder ein öffentliches Ehrenamt verwaltet hat,
4. häufig oder lang dauernd von der Gemeinde beruflich abwesend ist,
5. anhaltend krank ist,
6. mehr als 62 Jahre alt ist oder
7. durch die Ausübung der ehrenamtlichen Tätigkeit in der Fürsorge für die Familie erheblich behindert wird.

[3]Ferner kann ein Bürger sein Ausscheiden aus dem Gemeinderat oder Ortschaftsrat verlangen, wenn er aus der Partei oder Wählervereinigung ausscheidet, auf deren Wahlvorschlag er in den Gemeinderat oder Ortschaftsrat gewählt wurde.

(2) Ob ein wichtiger Grund vorliegt, entscheidet bei Gemeinderäten der Gemeinderat, bei Ortschaftsräten der Ortschaftsrat.

(3) [1]Der Gemeinderat kann einem Bürger, der ohne wichtigen Grund eine ehrenamtliche Tätigkeit ablehnt oder aufgibt, ein Ordnungsgeld bis zu 1 000 Euro auferlegen. [2]Das Ordnungsgeld wird nach den Vorschriften des Landesverwaltungsvollstreckungsgesetzes beigetrieben. [3]Diese Bestimmung findet keine Anwendung auf ehrenamtliche Bürgermeister und ehrenamtliche Ortsvorsteher.

§ 17 Pflichten ehrenamtlich tätiger Bürger

(1) Wer zu ehrenamtlicher Tätigkeit bestellt wird, muss die ihm übertragenen Geschäfte uneigennützig und verantwortungsbewusst führen.

(2) [1]Der ehrenamtlich tätige Bürger ist zur Verschwiegenheit verpflichtet über alle Angelegenheiten, deren Geheimhaltung gesetzlich vorgeschrieben, besonders angeordnet oder ihrer Natur nach erforderlich ist. [2]Er darf die Kenntnis von geheim zu haltenden Angelegenheiten nicht unbefugt verwerten. [3]Diese Verpflichtungen bestehen auch nach Beendigung der ehrenamtlichen Tätigkeit fort. [4]Die Geheimhaltung kann nur aus Gründen des öffentlichen Wohls oder zum Schutz berechtigter Interessen Einzelner besonders angeordnet werden. [5]Die Anordnung ist aufzuheben, sobald sie nicht mehr gerechtfertigt ist.

(3) [1]Der ehrenamtlich tätige Bürger darf Ansprüche und Interessen eines andern gegen die Gemeinde nicht geltend machen, soweit er nicht als gesetzlicher Vertreter handelt. [2]Dies gilt für einen ehrenamtlich mitwirkenden Bürger nur, wenn die vertretenen Ansprüche oder Interessen mit der ehrenamtlichen Tätigkeit in Zusammenhang stehen. [3]Ob die Voraussetzungen dieses Verbots vorliegen, entscheidet bei Gemeinderäten und Ortschaftsräten der Gemeinderat, im Übrigen der Bürgermeister.

(4) Übt ein zu ehrenamtlicher Tätigkeit bestellter Bürger diese Tätigkeit nicht aus oder verletzt er seine Pflichten nach Absatz 1 gröblich oder handelt er seiner Verpflichtung nach Absatz 2 zuwider oder übt er entgegen der Entscheidung des Gemeinderats oder Bürgermeisters eine Vertretung nach Absatz 3 aus, gilt § 16 Abs. 3.

§ 18 Ausschluss wegen Befangenheit

(1) Der ehrenamtlich tätige Bürger darf weder beratend noch entscheidend mitwirken, wenn die Entscheidung einer Angelegenheit ihm selbst oder folgenden Personen einen unmittelbaren Vorteil oder Nachteil bringen kann:

1. dem Ehegatten oder dem Lebenspartner nach § 1 des Lebenspartnerschaftsgesetzes,
2. einem in gerader Linie oder in der Seitenlinie bis zum dritten Grad Verwandten,
3. einem in gerader Linie oder in der Seitenlinie bis zum zweiten Grad Verschwägerten oder als verschwägert Geltenden, solange die die Schwägerschaft begründende Ehe oder Lebenspartnerschaft nach § 1 des Lebenspartnerschaftsgesetzes besteht, oder
4. einer von ihm kraft Gesetzes oder Vollmacht vertretenen Person.

(2) Dies gilt auch, wenn der Bürger, im Fall der Nummer 2 auch Ehegatten, Lebenspartner nach § 1 des Lebenspartnerschaftsgesetzes oder Verwandte ersten Grades,

1. gegen Entgelt bei jemand beschäftigt ist, dem die Entscheidung der Angelegenheit einen unmittelbaren Vorteil oder Nachteil bringen kann, es sei denn, dass nach den tatsächlichen Umständen der Beschäftigung anzunehmen ist, dass sich der Bürger deswegen nicht in einem Interessenwiderstreit befindet,

2. Gesellschafter einer Handelsgesellschaft oder Mitglied des Vorstands, des Aufsichtsrats oder eines gleichartigen Organs eines rechtlich selbstständigen Unternehmens ist, denen die Entscheidung der Angelegenheit einen unmittelbaren Vorteil oder Nachteil bringen kann, sofern er diesem Organ nicht als Vertreter oder auf Vorschlag der Gemeinde angehört,
3. Mitglied eines Organs einer juristischen Person des öffentlichen Rechts ist, der die Entscheidung der Angelegenheit einen unmittelbaren Vorteil oder Nachteil bringen kann und die nicht Gebietskörperschaft ist, sofern er diesem Organ nicht als Vertreter oder auf Vorschlag der Gemeinde angehört, oder
4. in der Angelegenheit in anderer als öffentlicher Eigenschaft ein Gutachten abgegeben hat oder sonst tätig geworden ist.

(3) [1]Diese Vorschriften gelten nicht, wenn die Entscheidung nur die gemeinsamen Interessen einer Berufs- oder Bevölkerungsgruppe berührt. [2]Sie gelten ferner nicht für Wahlen zu einer ehrenamtlichen Tätigkeit.

(4) [1]Der ehrenamtlich tätige Bürger, bei dem ein Tatbestand vorliegt, der Befangenheit zur Folge haben kann, hat dies vor Beginn der Beratung über diesen Gegenstand dem Vorsitzenden, sonst dem Bürgermeister mitzuteilen. [2]Ob ein Ausschließungsgrund vorliegt, entscheidet in Zweifelsfällen in Abwesenheit des Betroffenen bei Gemeinderäten und bei Ehrenbeamten der Gemeinderat, bei Ortschaftsräten der Ortschaftsrat, bei Mitgliedern von Ausschüssen der Ausschuss, sonst der Bürgermeister.

(5) Wer an der Beratung und Entscheidung nicht mitwirken darf, muss die Sitzung verlassen.

(6) [1]Ein Beschluss ist rechtswidrig, wenn bei der Beratung oder Beschlussfassung die Bestimmungen der Absätze 1, 2 oder 5 verletzt worden sind oder ein ehrenamtlich tätiger Bürger ohne einen der Gründe der Absätze 1 und 2 ausgeschlossen war. [2]Der Beschluss gilt jedoch ein Jahr nach der Beschlussfassung oder, wenn eine öffentliche Bekanntmachung erforderlich ist, ein Jahr nach dieser als von Anfang an gültig zu Stande gekommen, es sei denn, dass der Bürgermeister dem Beschluss nach § 43 wegen Gesetzwidrigkeit widersprochen oder die Rechtsaufsichtsbehörde den Beschluss vor Ablauf der Frist

beanstandet hat. [3]Die Rechtsfolge nach Satz 2 tritt nicht gegenüber demjenigen ein, der vor Ablauf der Jahresfrist einen förmlichen Rechtsbehelf eingelegt hat, wenn in dem Verfahren die Rechtsverletzung festgestellt wird. [4]Für Beschlüsse über Satzungen, anderes Ortsrecht und Flächennutzungspläne bleibt § 4 Abs. 4 und 5 unberührt.

§ 19 Entschädigung für ehrenamtliche Tätigkeit[13]

(1) [1]Ehrenamtlich Tätige haben Anspruch auf Ersatz ihrer Auslagen und ihres Verdienstausfalls; durch Satzung können Höchstbeträge festgesetzt werden. [2]Bei Personen, die keinen Verdienst haben und den Haushalt führen, gilt als Verdienstausfall das entstandene Zeitversäumnis; durch Satzung ist hierfür ein bestimmter Stundensatz festzusetzen.

(2) Durch Satzung können Durchschnittssätze festgesetzt werden.

(3) Durch Satzung kann bestimmt werden, dass Gemeinderäten, Ortschaftsräten, sonstigen Mitgliedern der Ausschüsse des Gemeinderats und Ortschaftsrats und Ehrenbeamten eine Aufwandsentschädigung gewährt wird.

(4) [1]Aufwendungen für die entgeltliche Betreuung von pflege- oder betreuungsbedürftigen Angehörigen während der Ausübung der ehrenamtlichen Tätigkeit werden erstattet. [2]Das Nähere wird durch Satzung geregelt.

(5) Durch Satzung kann bestimmt werden, dass neben einem Durchschnittssatz für Auslagen oder einer Aufwandsentschädigung Reisekostenvergütung nach den für Beamte geltenden Bestimmungen gewährt wird.

(6) Ehrenamtlich Tätigen kann Ersatz für Sachschäden nach den für Beamte geltenden Bestimmungen gewährt werden.

(7) Die Ansprüche nach den Absätzen 1 bis 6 sind nicht übertragbar.

§ 20 Unterrichtung der Einwohner

(1) Der Gemeinderat unterrichtet die Einwohner durch den Bürgermeister über die allgemein bedeutsamen Angelegenheiten der

---

13 Vgl. hierzu das Gesetz über die Aufwandsentschädigung der ehrenamtlichen Bürgermeister und der ehrenamtlichen Ortsvorsteher i. d. F. vom 19.6.1987 (GBl. S. 281) mit Änderungen.

Gemeinde und sorgt für die Förderung des allgemeinen Interesses an der Verwaltung der Gemeinde.

(2) [1]Bei wichtigen Planungen und Vorhaben der Gemeinde, die unmittelbar raum- oder entwicklungsbedeutsam sind oder das wirtschaftliche, soziale und kulturelle Wohl ihrer Einwohner nachhaltig berühren, sollen die Einwohner möglichst frühzeitig über die Grundlagen sowie die Ziele, Zwecke und Auswirkungen unterrichtet werden. [2]Sofern dafür ein besonderes Bedürfnis besteht, soll den Einwohnern allgemein Gelegenheit zur Äußerung gegeben werden. [3]Vorschriften über eine förmliche Beteiligung oder Anhörung bleiben unberührt.

(3) [1]Gibt die Gemeinde ein eigenes Amtsblatt heraus, das sie zur regelmäßigen Unterrichtung der Einwohner über die allgemein bedeutsamen Angelegenheiten der Gemeinde nutzt, ist den Fraktionen des Gemeinderats Gelegenheit zu geben, ihre Auffassungen zu Angelegenheiten der Gemeinde im Amtsblatt darzulegen. [2]Der Gemeinderat regelt in einem Redaktionsstatut für das Amtsblatt das Nähere, insbesondere den angemessenen Umfang der Beiträge der Fraktionen. [3]Er hat die Veröffentlichung von Beiträgen der Fraktionen innerhalb eines bestimmten Zeitraums von höchstens sechs Monaten vor Wahlen auszuschließen.

§ 20 a Einwohnerversammlung

(1) [1]Wichtige Gemeindeangelegenheiten sollen mit den Einwohnern erörtert werden. [2]Zu diesem Zweck soll der Gemeinderat in der Regel einmal im Jahr, im Übrigen nach Bedarf eine Einwohnerversammlung anberaumen. [3]Einwohnerversammlungen können in größeren Gemeinden und in Gemeinden mit Bezirksverfassung oder Ortschaftsverfassung auf Ortsteile, Gemeindebezirke und Ortschaften beschränkt werden. [4]Die Teilnahme an der Einwohnerversammlung kann auf die Einwohner beschränkt werden. [5]Die Einwohnerversammlung wird vom Bürgermeister unter rechtzeitiger ortsüblicher Bekanntgabe von Zeit, Ort und Tagesordnung einberufen. [6]Den Vorsitz führt der Bürgermeister oder ein von ihm bestimmter Vertreter. [7]In Ortschaften können Einwohnerversammlungen auch vom Ortschaftsrat anberaumt werden, die entsprechend den Sätzen 5 und 6 vom Ortsvorsteher einberufen und geleitet werden; die Tagesordnung muss sich auf die Ort-

schaft beziehen; die Teilnahme kann auf die in der Ortschaft wohnenden Einwohner beschränkt werden; der Bürgermeister ist in jedem Fall teilnahmeberechtigt; bei Teilnahme ist dem Bürgermeister vom Vorsitzenden auf Verlangen jederzeit das Wort zu erteilen.

(2) [1]Der Gemeinderat hat eine Einwohnerversammlung anzuberaumen, wenn dies von der Einwohnerschaft beantragt wird. [2]Der Antrag muss schriftlich eingereicht werden und die zu erörternden Angelegenheiten angeben, dabei findet § 3 a des Landesverwaltungsverfahrensgesetzes (LVwVfG) keine Anwendung; der Antrag darf nur Angelegenheiten angeben, die innerhalb der letzten sechs Monate nicht bereits Gegenstand einer Einwohnerversammlung waren. [3]Er muss in Gemeinden mit nicht mehr als 10 000 Einwohnern von mindestens 5 vom Hundert der antragsberechtigten Einwohner der Gemeinde, höchstens jedoch von 350 Einwohnern unterzeichnet sein. [4]In Gemeinden mit mehr als 10 000 Einwohnern muss er von mindestens 2,5 vom Hundert der antragsberechtigten Einwohner der Gemeinde, mindestens jedoch von 350 Einwohnern und höchstens von 2 500 Einwohnern unterzeichnet sein. [5]Er soll bis zu drei Vertrauenspersonen mit Namen und Anschrift benennen, die berechtigt sind, die Unterzeichnenden zu vertreten. [6]Sind keine Vertrauenspersonen benannt, gelten die beiden ersten Unterzeichner als Vertrauenspersonen. [7]Nur die Vertrauenspersonen sind, jede für sich, berechtigt, verbindliche Erklärungen zum Antrag abzugeben und entgegenzunehmen. [8]Das Nähere wird durch das Kommunalwahlgesetz geregelt. [9]Über die Zulässigkeit des Antrags entscheidet der Gemeinderat. [10]Ist der Antrag zulässig, muss die Einwohnerversammlung innerhalb von drei Monaten nach Eingang des Antrags abgehalten werden. [11]Sätze 1 bis 10 gelten entsprechend für Ortsteile, Gemeindebezirke und Ortschaften; für die erforderliche Zahl der Unterschriften sind in diesem Fall die Zahlen der dort wohnenden Einwohner maßgebend; die zu erörternden Angelegenheiten müssen sich auf den Ortsteil, Gemeindebezirk oder die Ortschaft beziehen.

(3) [1]In der Einwohnerversammlung können nur Einwohner das Wort erhalten. [2]Der Vorsitzende kann auch anderen Personen das Wort erteilen.

(4) Die Vorschläge und Anregungen der Einwohnerversammlung sollen innerhalb einer Frist von drei Monaten von dem für die Angelegenheit zuständigen Organ der Gemeinde behandelt werden.

§ 20 b Einwohnerantrag[14]

(1) [1]Die Einwohnerschaft kann beantragen, dass der Gemeinderat eine bestimmte Angelegenheit behandelt (Einwohnerantrag). [2]Ein Einwohnerantrag darf nur Angelegenheiten des Wirkungskreises der Gemeinde zum Gegenstand haben, für die der Gemeinderat zuständig ist und in denen innerhalb der letzten sechs Monate nicht bereits ein Einwohnerantrag gestellt worden ist. [3]Ein Einwohnerantrag ist in den in § 21 Absatz 2 genannten Angelegenheiten ausgeschlossen; das Gleiche gilt bei Angelegenheiten, über die der Gemeinderat oder ein beschließender Ausschuss nach Durchführung eines gesetzlich bestimmten Beteiligungs- oder Anhörungsverfahrens beschlossen hat.
(2) [1]Der Einwohnerantrag muss schriftlich eingereicht werden; richtet er sich gegen einen Beschluss des Gemeinderats oder eines beschließenden Ausschusses, muss er innerhalb von drei Monaten nach der Bekanntgabe des Beschlusses eingereicht sein. [2]§ 3 a LVwVfG findet keine Anwendung. [3]Der Einwohnerantrag muss hinreichend bestimmt sein und eine Begründung enthalten. [4]Er muss in Gemeinden mit nicht mehr als 10 000 Einwohnern von mindestens 3 vom Hundert der antragsberechtigten Einwohner der Gemeinde, höchstens jedoch von 200 Einwohnern unterzeichnet sein. [5]In Gemeinden mit mehr als 10 000 Einwohnern muss er von mindestens 1,5 vom Hundert der antragsberechtigten Einwohner der Gemeinde, mindestens jedoch von 200 Einwohnern und höchstens von 2 500 Einwohnern unterzeichnet sein. [6]Er soll bis zu drei Vertrauenspersonen mit Namen und Anschrift benennen, die berechtigt sind, die Unterzeichnenden zu vertreten. [7]Sind keine Vertrauenspersonen benannt, gelten die beiden ersten Unterzeichner als Vertrauenspersonen. [8]Nur die Vertrauenspersonen sind, jede für sich, berechtigt, verbindliche Erklärungen zum Antrag abzugeben und entgegenzunehmen. [9]Das Nähere wird durch das Kommunalwahlgesetz geregelt.

---

14 Zu § 20 a und § 20 b vgl. § 41 Kommunalwahlgesetz.

(3) [1]Über die Zulässigkeit des Einwohnerantrags entscheidet der Gemeinderat. [2]Ist der Einwohnerantrag zulässig, hat der Gemeinderat oder der zuständige beschließende Ausschuss innerhalb von drei Monaten nach seinem Eingang die Angelegenheit zu behandeln; er hat hierbei die Vertrauenspersonen des Einwohnerantrags zu hören.

(4) [1]Die Absätze 1 bis 3 gelten entsprechend in einer Ortschaft für eine Behandlung im Ortschaftsrat. [2]Für die erforderliche Zahl der Unterschriften ist in diesem Fall die Zahl der in der Ortschaft wohnenden Einwohner maßgebend. [3]Über die Zulässigkeit des Einwohnerantrags entscheidet der Ortschaftsrat. [4]Die Sätze 1 bis 3 gelten entsprechend für Gemeindebezirke in Gemeinden mit Bezirksverfassung.

§ 21 Bürgerentscheid, Bürgerbegehren

(1) Der Gemeinderat kann mit einer Mehrheit von zwei Dritteln der Stimmen aller Mitglieder beschließen, dass eine Angelegenheit des Wirkungskreises der Gemeinde, für die der Gemeinderat zuständig ist, der Entscheidung der Bürger unterstellt wird (Bürgerentscheid).

(2) Ein Bürgerentscheid findet nicht statt über

1. Weisungsaufgaben und Angelegenheiten, die kraft Gesetzes dem Bürgermeister obliegen,
2. Fragen der inneren Organisation der Gemeindeverwaltung,
3. die Rechtsverhältnisse der Gemeinderäte, des Bürgermeisters und der Gemeindebediensteten,
4. die Haushaltssatzung einschließlich der Wirtschaftspläne der Eigenbetriebe sowie die Kommunalabgaben, Tarife und Entgelte,
5. die Feststellung des Jahresabschlusses und des Gesamtabschlusses der Gemeinde und der Jahresabschlüsse der Eigenbetriebe,
6. Bauleitpläne und örtliche Bauvorschriften mit Ausnahme des verfahrenseinleitenden Beschlusses sowie über
7. Entscheidungen in Rechtsmittelverfahren.

(3) [1]Über eine Angelegenheit des Wirkungskreises der Gemeinde, für die der Gemeinderat zuständig ist, kann die Bürgerschaft einen Bürgerentscheid beantragen (Bürgerbegehren). [2]Ein Bürgerbegehren darf nur Angelegenheiten zum Gegenstand haben, über die innerhalb der letzten drei Jahre nicht bereits ein Bürgerentscheid auf Grund eines Bürgerbegehrens durchgeführt worden ist. [3]Das Bürgerbegehren muss

schriftlich eingereicht werden, dabei findet § 3 a LVwVfG keine Anwendung; richtet es sich gegen einen Beschluss des Gemeinderats, muss es innerhalb von drei Monaten nach der Bekanntgabe des Beschlusses eingereicht sein. [4]Das Bürgerbegehren muss die zur Entscheidung zu bringende Frage, eine Begründung und einen nach den gesetzlichen Bestimmungen durchführbaren Vorschlag für die Deckung der Kosten der verlangten Maßnahme enthalten. [5]Die Gemeinde erteilt zur Erstellung des Kostendeckungsvorschlags Auskünfte zur Sach- und Rechtslage. [6]Das Bürgerbegehren muss von mindestens 7 vom Hundert der Bürger unterzeichnet sein, höchstens jedoch von 20 000 Bürgern. [7]Es soll bis zu drei Vertrauenspersonen mit Namen und Anschrift benennen, die berechtigt sind, die Unterzeichnenden zu vertreten. [8]Sind keine Vertrauenspersonen benannt, gelten die beiden ersten Unterzeichner als Vertrauenspersonen. [9]Nur die Vertrauenspersonen sind, jede für sich, berechtigt, verbindliche Erklärungen zum Antrag abzugeben und entgegenzunehmen.

(4) [1]Über die Zulässigkeit eines Bürgerbegehrens entscheidet der Gemeinderat nach Anhörung der Vertrauenspersonen unverzüglich, spätestens innerhalb von zwei Monaten nach Eingang des Antrags. [2]Nach Feststellung der Zulässigkeit des Bürgerbegehrens dürfen die Gemeindeorgane bis zur Durchführung des Bürgerentscheids keine dem Bürgerbegehren entgegenstehende Entscheidung treffen oder vollziehen, es sei denn, zum Zeitpunkt der Einreichung des Bürgerbegehrens haben rechtliche Verpflichtungen hierzu bestanden. [3]Der Bürgerentscheid entfällt, wenn der Gemeinderat die Durchführung der mit dem Bürgerbegehren verlangten Maßnahme beschließt.

(5) [1]Wird ein Bürgerentscheid durchgeführt, muss den Bürgern die innerhalb der Gemeindeorgane vertretene Auffassung durch Veröffentlichung oder Zusendung einer schriftlichen Information bis zum 20. Tag vor dem Bürgerentscheid dargelegt werden. [2]In dieser Veröffentlichung oder schriftlichen Information der Gemeinde zum Bürgerentscheid dürfen die Vertrauenspersonen eines Bürgerbegehrens ihre Auffassung zum Gegenstand des Bürgerentscheids in gleichem Umfang darstellen wie die Gemeindeorgane.

(6) Der Bürgerentscheid ist innerhalb von vier Monaten nach der Entscheidung über die Zulässigkeit durchzuführen, es sei denn, die Vertrauenspersonen stimmen einer Verschiebung zu.
(7) [1]Bei einem Bürgerentscheid ist die gestellte Frage in dem Sinne entschieden, in dem sie von der Mehrheit der gültigen Stimmen beantwortet wurde, sofern diese Mehrheit mindestens 20 vom Hundert der Stimmberechtigten beträgt. [2]Bei Stimmengleichheit gilt die Frage als mit Nein beantwortet. [3]Ist die nach Satz 1 erforderliche Mehrheit nicht erreicht worden, hat der Gemeinderat die Angelegenheit zu entscheiden.
(8) [1]Der Bürgerentscheid hat die Wirkung eines Gemeinderatsbeschlusses. [2]Er kann innerhalb von drei Jahren nur durch einen neuen Bürgerentscheid abgeändert werden.
(9) Das Nähere wird durch das Kommunalwahlgesetz[15] geregelt.

§ 22 Ehrenbürgerrecht[16]

(1) Die Gemeinde kann Personen, die sich besonders verdient gemacht haben, das Ehrenbürgerrecht verleihen.
(2) Das Ehrenbürgerrecht kann wegen unwürdigen Verhaltens entzogen werden.

Zweiter Teil
Verfassung und Verwaltung der Gemeinde

1. Abschnitt
Organe

§ 23 (Organe)

Verwaltungsorgane der Gemeinde sind der Gemeinderat und der Bürgermeister.

---

15 Vgl. § 41 Kommunalwahlgesetz, § 53 Kommunalwahlordnung.
16 § 22: Als Ehrung Verstorbener kann das Ehrenbürgerrecht nicht verliehen werden. Zu § 22 vgl. zum Ehrenbürgerrecht u. a. auch *Zinell,* Rechtsprobleme des Ehrenbürgerrechts, Verwaltungsblätter für Baden-Württemberg 2014, S. 216.

2. Abschnitt
Gemeinderat

§ 24 Rechtsstellung und Aufgaben

(1) [1]Der Gemeinderat ist die Vertretung der Bürger und das Hauptorgan der Gemeinde. [2]Er legt die Grundsätze für die Verwaltung der Gemeinde fest und entscheidet über alle Angelegenheiten der Gemeinde, soweit nicht der Bürgermeister kraft Gesetzes zuständig ist oder ihm der Gemeinderat bestimmte Angelegenheiten überträgt. [3]Der Gemeinderat überwacht die Ausführung seiner Beschlüsse und sorgt beim Auftreten von Missständen in der Gemeindeverwaltung für deren Beseitigung durch den Bürgermeister.

(2) [1]Der Gemeinderat entscheidet im Einvernehmen mit dem Bürgermeister über die Ernennung, Einstellung und Entlassung der Gemeindebediensteten; das Gleiche gilt für die nicht nur vorübergehende Übertragung einer anders bewerteten Tätigkeit bei einem Arbeitnehmer sowie für die Festsetzung des Entgelts, sofern kein Anspruch auf Grund eines Tarifvertrags besteht. [2]Kommt es zu keinem Einvernehmen, entscheidet der Gemeinderat mit einer Mehrheit von zwei Dritteln der Stimmen der Anwesenden allein. [3]Der Bürgermeister ist zuständig, soweit der Gemeinderat ihm die Entscheidung überträgt oder diese zur laufenden Verwaltung gehört. [4]Rechte des Staates bei der Ernennung und Entlassung von Gemeindebediensteten, die sich aus anderen Gesetzen ergeben, bleiben unberührt.

(3) [1]Eine Fraktion oder ein Sechstel der Gemeinderäte kann in allen Angelegenheiten der Gemeinde und ihrer Verwaltung verlangen, dass der Bürgermeister den Gemeinderat unterrichtet. [2]Ein Viertel der Gemeinderäte kann in Angelegenheiten im Sinne von Satz 1 verlangen, dass dem Gemeinderat oder einem von ihm bestellten Ausschuss Akteneinsicht gewährt wird. [3]In dem Ausschuss müssen die Antragsteller vertreten sein.

(4) [1]Jeder Gemeinderat kann an den Bürgermeister schriftliche, elektronische oder in einer Sitzung des Gemeinderats mündliche Anfragen über einzelne Angelegenheiten im Sinne von Absatz 3 Satz 1 richten, die binnen angemessener Frist zu beantworten sind. [2]Das Nähere ist in der Geschäftsordnung des Gemeinderats zu regeln.

(5) Absätze 3 und 4 gelten nicht bei den nach § 44 Abs. 3 Satz 3 geheim zu haltenden Angelegenheiten.

§ 25 Zusammensetzung

(1) Der Gemeinderat besteht aus dem Bürgermeister als Vorsitzendem und den ehrenamtlichen Mitgliedern (Gemeinderäte). In Städten führen die Gemeinderäte die Bezeichnung Stadtrat.

(2) [1]Die Zahl der Gemeinderäte beträgt

in Gemeinden mit nicht mehr als	1 000 Einwohnern	8,
in Gemeinden mit mehr als	1 000 Einwohnern	
aber nicht mehr als	2 000 Einwohnern	10,
in Gemeinden mit mehr als	2 000 Einwohnern	
aber nicht mehr als	3 000 Einwohnern	12,
in Gemeinden mit mehr als	3 000 Einwohnern	
aber nicht mehr als	5 000 Einwohnern	14,
in Gemeinden mit mehr als	5 000 Einwohnern	
aber nicht mehr als	10 000 Einwohnern	18,
in Gemeinden mit mehr als	10 000 Einwohnern	
aber nicht mehr als	20 000 Einwohnern	22,
in Gemeinden mit mehr als	20 000 Einwohnern	
aber nicht mehr als	30 000 Einwohnern	26,
in Gemeinden mit mehr als	30 000 Einwohnern	
aber nicht mehr als	50 000 Einwohnern	32,
in Gemeinden mit mehr als	50 000 Einwohnern	
aber nicht mehr als	150 000 Einwohnern	40,
in Gemeinden mit mehr als	150 000 Einwohnern	
aber nicht mehr als	400 000 Einwohnern	48,
in Gemeinden mit mehr als	400 000 Einwohnern	60;

durch die Hauptsatzung kann bestimmt werden, dass für die Zahl der Gemeinderäte die nächstniedrigere Gemeindegrößengruppe maßgebend ist. [2]In Gemeinden mit unechter Teilortswahl kann durch die Hauptsatzung bestimmt werden, dass für die Zahl der Gemeinderäte die nächstniedrigere oder die nächsthöhere Gemeindegrößengruppe maßgebend ist; durch die Hauptsatzung kann auch eine dazwischenliegende Zahl der Gemeinderäte festgelegt werden. [3]Ergibt sich aus der Verteilung der Sitze im Verhältnis der auf die Wahlvorschläge gefallenen Gesamtstimmenzahlen innerhalb des Wahlgebiets, dass einem Wahlvorschlag außer den in den Wohnbezirken bereits zugewiesenen Sitzen weitere zustehen, erhöht sich die Zahl der Gemeinderäte für die auf die Wahl folgende Amtszeit entsprechend. [4]Wird die unechte Teilortswahl aufgehoben, kann bis zum Ende der laufenden Amtszeit der Gemeinderäte durch die Hauptsatzung bestimmt werden, dass die bisherige oder eine andere nach Satz 2 festzulegende Sitzzahl längstens bis zum Ablauf der zweiten auf die Aufhebung der unechten Teilortswahl folgenden Amtszeit der Gemeinderäte maßgebend ist.

(3) Änderungen der für die Zusammensetzung des Gemeinderats maßgebenden Einwohnerzahl sind erst bei der nächsten regelmäßigen Wahl zu berücksichtigen.

§ 26 Wahlgrundsätze[17]

(1) Die Gemeinderäte werden in allgemeiner, unmittelbarer, freier, gleicher und geheimer Wahl von den Bürgern gewählt.

(2) [1]Gewählt wird auf Grund von Wahlvorschlägen unter Berücksichtigung der Grundsätze der Verhältniswahl. [2]Die Verbindung von Wahlvorschlägen ist unzulässig. [3]Jeder Wahlberechtigte hat so viel Stimmen, wie Gemeinderäte zu wählen sind. [4]Der Wahlberechtigte kann Bewerber aus anderen Wahlvorschlägen übernehmen und einem Bewerber bis zu drei Stimmen geben.

(3) [1]Wird nur ein gültiger oder kein Wahlvorschlag eingereicht, findet Mehrheitswahl ohne Bindung an die vorgeschlagenen Bewerber und ohne das Recht der Stimmenhäufung auf einen Bewerber statt. [2]Der Wahlberechtigte kann dabei nur so vielen Personen eine Stimme geben, wie Gemeinderäte zu wählen sind.

(4) [1]Die Wahlvorschläge dürfen höchstens so viele Bewerber enthalten, wie Gemeinderäte zu wählen sind. [2]In Gemeinden mit nicht mehr als 3 000 Einwohnern dürfen die Wahlvorschläge höchstens doppelt so viele Bewerber enthalten, wie Gemeinderäte zu wählen sind.

---

17 Zu den §§ 26 ff. vgl. das Kommunalwahlgesetz vom 1.9.1983 (GBl. S. 385 mit Änderungen) und die Kommunalwahlordnung vom 2.9.1983 (GBl. S. 459 mit Änderungen).

§ 27 Wahlgebiet, Unechte Teilortswahl

(1) Die Gemeinde bildet das Wahlgebiet.

(2) [1]In Gemeinden mit räumlich getrennten Ortsteilen können durch die Hauptsatzung aus jeweils einem oder mehreren benachbarten Ortsteilen bestehende Wohnbezirke mit der Bestimmung gebildet werden, dass die Sitze im Gemeinderat nach einem bestimmten Zahlenverhältnis mit Vertretern der verschiedenen Wohnbezirke zu besetzen sind (unechte Teilortswahl). [2]Die Bewerber müssen im Wohnbezirk wohnen. [3]Das Recht der Bürger zur gleichmäßigen Teilnahme an der Wahl sämtlicher Gemeinderäte wird hierdurch nicht berührt. [4]Bei der Bestimmung der auf die einzelnen Wohnbezirke entfallenden Anzahl der Sitze sind die örtlichen Verhältnisse und der Bevölkerungsanteil zu berücksichtigen.

(3) [1]Bei unechter Teilortswahl sind die Bewerber in den Wahlvorschlägen getrennt nach Wohnbezirken aufzuführen. [2]Die Wahlvorschläge dürfen für jeden Wohnbezirk, für den nicht mehr als drei Vertreter zu wählen sind, einen Bewerber mehr und für jeden Wohnbezirk, für den mehr als drei Vertreter zu wählen sind, höchstens so viele Bewerber enthalten, wie Vertreter zu wählen sind; § 26 Absatz 4 Satz 2 findet keine Anwendung.

(4) [1]Findet bei unechter Teilortswahl Verhältniswahl statt, kann der Wahlberechtigte für den einzelnen Wohnbezirk Bewerber, die auf anderen Wahlvorschlägen als Vertreter für den gleichen Wohnbezirk vorgeschlagen sind, übernehmen und einem Bewerber bis zu drei Stimmen geben. [2]Der Wahlberechtigte kann dabei nur so vielen Bewerbern im Wohnbezirk Stimmen geben, wie für den Wohnbezirk Vertreter zu wählen sind.

(5) Findet bei unechter Teilortswahl Mehrheitswahl statt, muss der Stimmzettel erkennen lassen, welche Personen der Wahlberechtigte als Vertreter der einzelnen Wohnbezirke in den Gemeinderat wählen wollte; Absatz 4 Satz 2 gilt entsprechend.

(6) Ist die unechte Teilortswahl auf Grund einer Vereinbarung nach § 8 Abs. 2 und § 9 Abs. 4 auf unbestimmte Zeit eingeführt worden, kann sie durch Änderung der Hauptsatzung aufgehoben werden, frühestens jedoch zur übernächsten regelmäßigen Wahl der Gemeinderäte nach ihrer erstmaligen Anwendung.

§ 28 Wählbarkeit

(1) Wählbar in den Gemeinderat sind Bürger der Gemeinde, die das 18. Lebensjahr vollendet haben.

(2) [1]Nicht wählbar sind Bürger,

1. die vom Wahlrecht ausgeschlossen sind (§ 14 Abs. 2),
2. die infolge Richterspruchs in der Bundesrepublik Deutschland die Wählbarkeit oder die Fähigkeit zur Bekleidung öffentlicher Ämter nicht besitzen.

[2]Unionsbürger sind auch dann nicht wählbar, wenn sie infolge einer zivilrechtlichen Einzelfallentscheidung oder einer strafrechtlichen Entscheidung des Mitgliedstaates, dessen Staatsangehörige sie sind, die Wählbarkeit nicht besitzen.

§ 29 Hinderungsgründe

(1) [1]Gemeinderäte können nicht sein

1. a) Beamte und Arbeitnehmer der Gemeinde,
   b) Beamte und Arbeitnehmer eines Gemeindeverwaltungsverbands, eines Nachbarschaftsverbands und eines Zweckverbands, dessen Mitglied die Gemeinde ist, sowie der erfüllenden Gemeinde einer vereinbarten Verwaltungsgemeinschaft, der die Gemeinde angehört,
   c) leitende Beamte und leitende Arbeitnehmer einer sonstigen Körperschaft des öffentlichen Rechts, wenn die Gemeinde in einem beschließenden Kollegialorgan der Körperschaft mehr als die Hälfte der Stimmen hat, oder eines Unternehmens in der Rechtsform des privaten Rechts, wenn die Gemeinde mit mehr als 50 vom Hundert an dem Unternehmen beteiligt ist, oder einer selbstständigen Kommunalanstalt der Gemeinde oder einer gemeinsamen selbstständigen Kommunalanstalt, an der die Gemeinde mit mehr als 50 vom Hundert beteiligt ist,
   d) Beamte und Arbeitnehmer einer Stiftung des öffentlichen Rechts, die von der Gemeinde verwaltet wird,
2. Beamte und Arbeitnehmer der Rechtsaufsichtsbehörde, der oberen und der obersten Rechtsaufsichtsbehörde, die unmittelbar mit der Ausübung der Rechtsaufsicht befasst sind, sowie leitende Beamte und leitende Arbeitnehmer der Gemeindeprüfungsanstalt.

[2]Satz 1 findet keine Anwendung auf Arbeitnehmer, die überwiegend körperliche Arbeit verrichten.

(2) weggefallen[18]

(3) weggefallen[18]

(4) weggefallen[18]

(5) Der Gemeinderat stellt fest, ob ein Hinderungsgrund nach Absatz 1 gegeben ist; nach regelmäßigen Wahlen erfolgt die Feststellung vor der Einberufung der ersten Sitzung des neuen Gemeinderats.

§ 30 Amtszeit[19]

(1) Die Amtszeit der Gemeinderäte beträgt fünf Jahre.

(2) [1]Die Amtszeit endet mit Ablauf des Tages, an dem die regelmäßigen Wahlen der Gemeinderäte stattfinden. [2]Wenn die Wahl von der Wahlprüfungsbehörde nicht beanstandet wurde, ist die erste Sitzung des

---

18 Gemäß Artikel 10 § 4 des Gesetzes vom 28.10.2015 (GBl. S. 870) gilt folgende Übergangsbestimmung:
„Für die auf Grund der Kommunalwahlen am 25. Mai 2014 gewählten Gemeinderäte und Ortschaftsräte und festgestellten Ersatzpersonen für den Gemeinderat und den Ortschaftsrat finden bis zum Ende der laufenden Amtszeit § 29 Absätze 2 bis 4 und § 31 Absatz 1 Satz 2 der Gemeindeordnung in den vor Inkrafttreten dieses Gesetzes geltenden Fassungen Anwendung."
§ 29 Abs. 2–4 alte Fassung:
„(2) Personen, die als persönlich haftende Gesellschafter an derselben Handelsgesellschaft beteiligt sind, und in Gemeinden mit nicht mehr als 10 000 Einwohnern auch Personen, die zueinander in einem die Befangenheit begründenden Verhältnis nach § 18 Abs. 1 Nr. 1 bis 3 stehen, können nicht gleichzeitig Gemeinderäte sein. Werden solche Personen gleichzeitig gewählt, tritt der Bewerber mit der höheren Stimmenzahl in den Gemeinderat ein. Bei gleicher Stimmenzahl entscheidet das Los.
(3) Wer mit einem Gemeinderat in einem ein Hindernis begründenden Verhältnis nach Absatz 2 steht, kann nicht nachträglich in den Gemeinderat eintreten.
(4) Personen, die mit dem Bürgermeister oder einem Beigeordneten in einem die Befangenheit begründenden Verhältnis nach § 18 Abs. 1 Nr. 1 bis 3 stehen oder als persönlich haftende Gesellschafter an derselben Handelsgesellschaft beteiligt sind, können nicht in den Gemeinderat eintreten. Gemeinderäte haben auszuscheiden, wenn ein solches Verhältnis zwischen ihnen und dem Bürgermeister oder einem Beigeordneten entsteht."

19 Zu § 30 Abs. 3: § 32 Kommunalwahlgesetz enthält die Tatbestände, bei deren Vorliegen eine Wahl für ungültig zu erklären ist. Zur teilweisen Ungültigkeit vgl. § 33 Kommunalwahlgesetz.

Gemeinderats unverzüglich nach der Zustellung des Wahlprüfungsbescheids oder nach ungenutztem Ablauf der Wahlprüfungsfrist, sonst nach Eintritt der Rechtskraft der Wahl anzuberaumen; dies gilt auch, wenn eine Entscheidung nach § 29 Abs. 5 Halbsatz 2 noch nicht rechtskräftig ist. [3]Bis zum Zusammentreten des neu gebildeten Gemeinderats führt der bisherige Gemeinderat die Geschäfte weiter. [4]Wesentliche Entscheidungen, die bis zum Zusammentreten des neu gebildeten Gemeinderats aufgeschoben werden können, bleiben dem neu gebildeten Gemeinderat vorbehalten.

(3) [1]Ist die Wahl von Gemeinderäten, die ihr Amt bereits angetreten haben, rechtskräftig für ungültig erklärt worden, so führen diese im Fall des § 32 Abs. 1 des Kommunalwahlgesetzes die Geschäfte bis zum Zusammentreten des auf Grund einer Wiederholungs- oder Neuwahl neu gebildeten Gemeinderats, in den Fällen des § 32 Abs. 2 und 3 des Kommunalwahlgesetzes bis zum Ablauf des Tages weiter, an dem das berichtigte Wahlergebnis öffentlich bekannt gemacht wird. [2]Die Rechtswirksamkeit der Tätigkeit dieser Gemeinderäte wird durch die Ungültigkeit ihrer Wahl nicht berührt.

§ 31 Ausscheiden, Nachrücken, Ergänzungswahl

(1) [1]Aus dem Gemeinderat scheiden die Mitglieder aus, die die Wählbarkeit (§ 28) verlieren. [2]Das Gleiche gilt für Mitglieder, bei denen ein Hinderungsgrund (§ 29)[20] im Laufe der Amtszeit entsteht.

[3]Die Bestimmungen über das Ausscheiden aus einem wichtigen Grund bleiben unberührt. [4]Der Gemeinderat stellt fest, ob eine dieser Voraussetzungen gegeben ist. [5]Für Beschlüsse, die unter Mitwirkung von Personen nach Satz 1 oder nach § 29 zu Stande gekommen sind, gilt § 18 Abs. 6 entsprechend. [6]Ergibt sich nachträglich, dass eine in den Gemeinderat gewählte Person im Zeitpunkt der Wahl nicht wählbar war, ist dies vom Gemeinderat festzustellen.

(2) [1]Tritt eine gewählte Person nicht in den Gemeinderat ein, scheidet sie im Laufe der Amtszeit aus oder wird festgestellt, dass sie nicht wählbar war, rückt die als nächste Ersatzperson festgestellte Person nach. [2]Satz 1 gilt entsprechend, wenn eine gewählte Person, der ein

20 Siehe Fußnote 18.

Sitz nach § 26 Abs. 2 Satz 4 des Kommunalwahlgesetzes zugeteilt worden war, als Ersatzperson nach Satz 1 nachrückt.

(3) Ist die Zahl der Gemeinderäte dadurch, dass nicht eintretende oder ausgeschiedene Gemeinderäte nicht durch Nachrücken ersetzt oder bei einer Wahl Sitze nicht besetzt werden konnten, auf weniger als zwei Drittel der gesetzlichen Mitgliederzahl herabgesunken, ist eine Ergänzungswahl für den Rest der Amtszeit nach den für die Hauptwahl geltenden Vorschriften durchzuführen.

§ 31 a Folgen des Verbots einer Partei oder Wählervereinigung

(1) [1]Stellt das Bundesverfassungsgericht nach Artikel 21 Absatz 4 des Grundgesetzes fest, dass eine Partei oder die Teilorganisation einer Partei verfassungswidrig ist, scheiden Gemeinderäte,

1. die aufgrund eines Wahlvorschlags dieser Partei oder Teilorganisation gewählt worden sind, oder
2. die dieser Partei oder Teilorganisation zu einem Zeitpunkt zwischen der Antragstellung nach § 43 des Bundesverfassungsgerichtsgesetzes und der Verkündung der Entscheidung nach § 46 des Bundesverfassungsgerichtsgesetzes angehört haben,

mit der Verkündung der Entscheidung des Bundesverfassungsgerichts aus dem Gemeinderat aus. [2]Für unanfechtbar verbotene Ersatzorganisationen (§ 33 des Parteiengesetzes) gilt Satz 1 entsprechend.

(2) Wird eine Wählervereinigung nach dem Vereinsgesetz verboten, scheiden Gemeinderäte, die aufgrund eines Wahlvorschlags dieser Wählervereinigung gewählt worden sind, mit der Unanfechtbarkeit des Verbots aus dem Gemeinderat aus.

(3) In den Fällen des Absatzes 1 Satz 1 Nummer 1 und des Absatzes 2 bleiben die freigewordenen Sitze unbesetzt.

(4) [1]Scheidet ein Gemeinderat ausschließlich nach Absatz 1 Satz 1 Nummer 2 aus dem Gemeinderat aus, rückt die als nächste Ersatzperson festgestellte Person nach. [2]§ 31 Absatz 2 Satz 2 gilt entsprechend. [3]Ersatzpersonen, die die Voraussetzungen des Absatzes 1 Satz 1 Nummer 2 erfüllen, sind vom Nachrücken ausgeschlossen.

(5) [1]Der Gemeinderat stellt das Ausscheiden aus dem Gemeinderat und den Ausschluss vom Nachrücken fest. [2]Für Beschlüsse, die unter Mit-

wirkung von Personen nach den Absätzen 1 und 2 zu Stande gekommen sind, gilt § 18 Absatz 6 entsprechend.

§ 32 Rechtsstellung der Gemeinderäte[21, 22, 23]

(1) [1]Die Gemeinderäte sind ehrenamtlich tätig. [2]Der Bürgermeister verpflichtet die Gemeinderäte in der ersten Sitzung öffentlich auf die gewissenhafte Erfüllung ihrer Amtspflichten.

(2) [1]Niemand darf gehindert werden, das Amt eines Gemeinderats zu übernehmen und auszuüben. [2]Eine Kündigung oder Entlassung aus einem Dienst- oder Arbeitsverhältnis, eine Versetzung an einen anderen Beschäftigungsort und jede sonstige berufliche Benachteiligung aus diesem Grund sind unzulässig. [3]Steht der Gemeinderat in einem Dienst- oder Arbeitsverhältnis, ist ihm die für seine Tätigkeit erforderliche freie Zeit zu gewähren.

(3) [1]Die Gemeinderäte entscheiden im Rahmen der Gesetze nach ihrer freien, nur durch das öffentliche Wohl bestimmten Überzeugung. [2]An Verpflichtungen und Aufträge, durch die diese Freiheit beschränkt wird, sind sie nicht gebunden.

(4) Erleidet ein Gemeinderat einen Dienstunfall, hat er dieselben Rechte wie ein Ehrenbeamter.

(5) Auf Gemeinderäte, die als Vertreter der Gemeinden in Organen eines Unternehmens (§ 104) Vergütungen erhalten, finden die für den Bürgermeister der Gemeinde geltenden Vorschriften über die Ablieferungspflicht entsprechende Anwendung.

§ 32 a Fraktionen

(1) [1]Gemeinderäte können sich zu Fraktionen zusammenschließen. [2]Das Nähere über die Bildung der Fraktionen, die Mindestzahl ihrer Mitglieder sowie die Rechte und Pflichten der Fraktionen regelt die Geschäftsordnung.

---

21 Zu den Pflichten ehrenamtlich tätiger Bürger vgl. allgemein § 17 Gemeindeordnung.

22 § 32 Abs. 2 Satz 2 beschränkt die Kündigung oder Entlassung, eine Versetzung und sonstige berufliche Benachteiligung aus anderen Gründen nicht.

23 Zu § 32 Abs. 4 vgl. auch die gesetzliche Unfallversicherung nach § 2 Abs. 1 Nr. 10 Sozialgesetzbuch (SGB) Siebtes Buch (VII).

(2) [1]Die Fraktionen wirken bei der Willensbildung und Entscheidungsfindung des Gemeinderats mit. [2]Sie dürfen insoweit ihre Auffassungen öffentlich darstellen. [3]Ihre innere Ordnung muss demokratischen und rechtsstaatlichen Grundsätzen entsprechen.

(3) [1]Die Gemeinde kann den Fraktionen Mittel aus ihrem Haushalt für die sächlichen und personellen Aufwendungen der Fraktionsarbeit gewähren. [2]Über die Verwendung der Mittel ist ein Nachweis in einfacher Form zu führen.

§ 33 Mitwirkung im Gemeinderat

(1) Die Beigeordneten nehmen an den Sitzungen des Gemeinderats mit beratender Stimme teil.

(2) Der Vorsitzende kann den Vortrag in den Sitzungen des Gemeinderats einem Gemeindebediensteten übertragen; auf Verlangen des Gemeinderats muss er einen solchen Bediensteten zu sachverständigen Auskünften zuziehen.

(3) Der Gemeinderat kann sachkundige Einwohner und Sachverständige zu den Beratungen einzelner Angelegenheiten zuziehen.

(4) [1]Der Gemeinderat kann bei öffentlichen Sitzungen Einwohnern und den ihnen gleichgestellten Personen und Personenvereinigungen nach § 10 Abs. 3 und 4 die Möglichkeit einräumen, Fragen zu Gemeindeangelegenheiten zu stellen oder Anregungen und Vorschläge zu unterbreiten (Fragestunde); zu den Fragen nimmt der Vorsitzende Stellung. [2]Der Gemeinderat kann betroffenen Personen und Personengruppen Gelegenheit geben, ihre Auffassung im Gemeinderat vorzutragen (Anhörung); das Gleiche gilt für die Ausschüsse. [3]Das Nähere regelt die Geschäftsordnung.

§ 33 a Ältestenrat

(1) [1]Durch die Hauptsatzung kann bestimmt werden, dass der Gemeinderat einen Ältestenrat bildet, der den Bürgermeister in Fragen der Tagesordnung und des Gangs der Verhandlungen des Gemeinderats berät. Vorsitzender des Ältestenrats ist der Bürgermeister.

(2) Das Nähere über die Zusammensetzung, den Geschäftsgang und die Aufgaben des Ältestenrats ist in der Geschäftsordnung des Gemeinde-

rats zu regeln; zu der Regelung der Aufgaben ist das Einvernehmen des Bürgermeisters erforderlich.

§ 34 Einberufung der Sitzungen, Teilnahmepflicht[24]

(1) [1]Der Bürgermeister beruft den Gemeinderat schriftlich oder elektronisch mit angemessener Frist ein und teilt rechtzeitig, in der Regel mindestens sieben Tage vor dem Sitzungstag, die Verhandlungsgegenstände mit; dabei sind die für die Verhandlung erforderlichen Unterlagen beizufügen, soweit nicht das öffentliche Wohl oder berechtigte Interessen Einzelner entgegenstehen. [2]Der Gemeinderat ist einzuberufen, wenn es die Geschäftslage erfordert; er soll jedoch mindestens einmal im Monat einberufen werden. [3]Der Gemeinderat ist unverzüglich einzuberufen, wenn es ein Viertel der Gemeinderäte unter Angabe des Verhandlungsgegenstands beantragt. [4]Auf Antrag einer Fraktion oder eines Sechstels der Gemeinderäte ist ein Verhandlungsgegenstand auf die Tagesordnung spätestens der übernächsten Sitzung des Gemeinderats zu setzen. [5]Die Verhandlungsgegenstände müssen zum Aufgabengebiet des Gemeinderats gehören. [6]Sätze 3 und 4 gelten nicht, wenn der Gemeinderat den gleichen Verhandlungsgegenstand innerhalb der letzten sechs Monate bereits behandelt hat. [7]Zeit, Ort und Tagesordnung der öffentlichen Sitzungen sind rechtzeitig ortsüblich bekannt zu geben.

(2) In Notfällen kann der Gemeinderat ohne Frist, formlos und nur unter Angabe der Verhandlungsgegenstände einberufen werden; Absatz 1 Satz 7 findet keine Anwendung.

(3) Die Gemeinderäte sind verpflichtet, an den Sitzungen teilzunehmen.

§ 35 Öffentlichkeit der Sitzungen

(1) [1]Die Sitzungen des Gemeinderats sind öffentlich. [2]Nichtöffentlich darf nur verhandelt werden, wenn es das öffentliche Wohl oder berechtigte Interessen Einzelner erfordern; über Gegenstände, bei denen diese Voraussetzungen vorliegen, muss nichtöffentlich verhan-

---

24 Zu § 34 Abs. 3 vgl. § 17 Abs. 4 Gemeindeordnung; dagegen ist § 36 Abs. 3 Gemeindeordnung lediglich wegen Nichtteilnahme an Sitzungen nicht anwendbar.

delt werden. [3]Über Anträge aus der Mitte des Gemeinderats, einen Verhandlungsgegenstand entgegen der Tagesordnung in öffentlicher oder nichtöffentlicher Sitzung zu behandeln, wird in nichtöffentlicher Sitzung beraten und entschieden. [4]In nichtöffentlicher Sitzung nach Satz 2 gefasste Beschlüsse sind nach Wiederherstellung der Öffentlichkeit oder, wenn dies ungeeignet ist, in der nächsten öffentlichen Sitzung im Wortlaut bekannt zu geben, soweit nicht das öffentliche Wohl oder berechtigte Interessen Einzelner entgegenstehen.

(2) Die Gemeinderäte sind zur Verschwiegenheit über alle in nichtöffentlicher Sitzung behandelten Angelegenheiten so lange verpflichtet, bis sie der Bürgermeister von der Schweigepflicht entbindet; dies gilt nicht für Beschlüsse, soweit sie nach Absatz 1 Satz 4 bekannt gegeben worden sind.

§ 36 Verhandlungsleitung, Geschäftsgang

(1) [1]Der Vorsitzende eröffnet, leitet und schließt die Verhandlungen des Gemeinderats. [2]Er handhabt die Ordnung und übt das Hausrecht aus.

(2) Der Gemeinderat regelt seine inneren Angelegenheiten, insbesondere den Gang seiner Verhandlungen, im Rahmen der gesetzlichen Vorschriften durch eine Geschäftsordnung.

(3) [1]Bei grober Ungebühr oder wiederholten Verstößen gegen die Ordnung kann ein Gemeinderat vom Vorsitzenden aus dem Beratungsraum verwiesen werden; mit dieser Anordnung ist der Verlust des Anspruchs auf die auf den Sitzungstag entfallende Entschädigung verbunden. [2]Bei wiederholten Ordnungswidrigkeiten nach Satz 1 kann der Gemeinderat ein Mitglied für mehrere, höchstens jedoch für sechs Sitzungen ausschließen. [3]Entsprechendes gilt für sachkundige Einwohner, die zu den Beratungen zugezogen sind.

§ 37 Beschlussfassung[25]

(1) [1]Der Gemeinderat kann nur in einer ordnungsmäßig einberufenen und geleiteten Sitzung beraten und beschließen. [2]Über Gegenstände einfacher Art kann im Wege der Offenlegung oder im schriftlichen

25 Zu § 37 Abs. 6: Stimmenthaltungen werden nicht berücksichtigt; sie gelten also nicht als Ablehnung.

oder elektronischen Verfahren beschlossen werden; ein hierbei gestellter Antrag ist angenommen, wenn kein Mitglied widerspricht.

(2) [1]Der Gemeinderat ist beschlussfähig, wenn mindestens die Hälfte aller Mitglieder anwesend und stimmberechtigt ist. [2]Bei Befangenheit von mehr als der Hälfte aller Mitglieder ist der Gemeinderat beschlussfähig, wenn mindestens ein Viertel aller Mitglieder anwesend und stimmberechtigt ist.

(3) [1]Ist der Gemeinderat wegen Abwesenheit oder Befangenheit von Mitgliedern nicht beschlussfähig, muss eine zweite Sitzung stattfinden, in der er beschlussfähig ist, wenn mindestens drei Mitglieder anwesend und stimmberechtigt sind; bei der Einberufung der zweiten Sitzung ist hierauf hinzuweisen. [2]Die zweite Sitzung entfällt, wenn weniger als drei Mitglieder stimmberechtigt sind.

(4) [1]Ist keine Beschlussfähigkeit des Gemeinderats gegeben, entscheidet der Bürgermeister an Stelle des Gemeinderats nach Anhörung der nicht befangenen Gemeinderäte. [2]Ist auch der Bürgermeister befangen, findet § 124 entsprechende Anwendung; dies gilt nicht, wenn der Gemeinderat ein stimmberechtigtes Mitglied für die Entscheidung zum Stellvertreter des Bürgermeisters bestellt.

(5) Der Gemeinderat beschließt durch Abstimmungen und Wahlen.

(6) [1]Der Gemeinderat stimmt in der Regel offen ab. [2]Die Beschlüsse werden mit Stimmenmehrheit gefasst. [3]Der Bürgermeister hat Stimmrecht; bei Stimmengleichheit ist der Antrag abgelehnt.

(7) [1]Wahlen werden geheim mit Stimmzetteln vorgenommen; es kann offen gewählt werden, wenn kein Mitglied widerspricht. [2]Der Bürgermeister hat Stimmrecht. [3]Gewählt ist, wer mehr als die Hälfte der Stimmen der anwesenden Stimmberechtigten erhalten hat. [4]Wird eine solche Mehrheit bei der Wahl nicht erreicht, findet zwischen den beiden Bewerbern mit den meisten Stimmen Stichwahl statt, bei der die einfache Stimmenmehrheit entscheidet. [5]Bei Stimmengleichheit entscheidet das Los. [6]Steht nur ein Bewerber zur Wahl und erreicht dieser nicht mehr als die Hälfte der Stimmen der anwesenden Stimmberechtigten, findet ein zweiter Wahlgang statt; auch im zweiten Wahlgang ist mehr als die Hälfte der Stimmen der anwesenden Stimmberechtigten erforderlich. [7]Der zweite Wahlgang soll frühestens eine Woche nach dem ersten Wahlgang durchgeführt werden. [8]Über die Ernennung und Ein-

stellung von Gemeindebediensteten ist durch Wahl Beschluss zu fassen; das Gleiche gilt für die nicht nur vorübergehende Übertragung einer höher bewerteten Tätigkeit bei einem Arbeitnehmer.

§ 38 Niederschrift

(1) [1]Über den wesentlichen Inhalt der Verhandlungen des Gemeinderats ist eine Niederschrift zu fertigen, dabei findet § 3 a LVwVfG keine Anwendung; sie muss insbesondere den Namen des Vorsitzenden, die Zahl der anwesenden und die Namen der abwesenden Gemeinderäte unter Angabe des Grundes der Abwesenheit, die Gegenstände der Verhandlung, die Anträge, die Abstimmungs- und Wahlergebnisse und den Wortlaut der Beschlüsse enthalten. [2]Der Vorsitzende und jedes Mitglied können verlangen, dass ihre Erklärung oder Abstimmung in der Niederschrift festgehalten wird.
(2) [1]Die Niederschrift ist vom Vorsitzenden, zwei Gemeinderäten, die an der Verhandlung teilgenommen haben, und dem Schriftführer zu unterzeichnen. [2]Sie ist innerhalb eines Monats zur Kenntnis des Gemeinderats zu bringen; Mehrfertigungen von Niederschriften über nichtöffentliche Sitzungen dürfen nicht ausgehändigt werden. [3]Über die gegen die Niederschrift vorgebrachten Einwendungen entscheidet der Gemeinderat. [4]Die Einsichtnahme in die Niederschriften über die öffentlichen Sitzungen ist den Einwohnern gestattet.

§ 39 Beschließende Ausschüsse

(1) [1]Durch die Hauptsatzung kann der Gemeinderat beschließende Ausschüsse bilden und ihnen bestimmte Aufgabengebiete zur dauernden Erledigung übertragen. [2]Durch Beschluss kann der Gemeinderat einzelne Angelegenheiten auf bestehende beschließende Ausschüsse übertragen oder für ihre Erledigung beschließende Ausschüsse bilden.
(2) Auf beschließende Ausschüsse kann nicht übertragen werden die Beschlussfassung über

1. die Bestellung der Mitglieder von Ausschüssen des Gemeinderats, der Stellvertreter des Bürgermeisters, der Beigeordneten sowie Angelegenheiten nach § 24 Abs. 2 Satz 1 bei leitenden Gemeindebediensteten,
2. die Übernahme freiwilliger Aufgaben,

3. den Erlass von Satzungen und Rechtsverordnungen,
4. die Änderung des Gemeindegebiets,
5. die Entscheidung über die Durchführung eines Bürgerentscheids oder die Zulässigkeit eines Bürgerbegehrens,
6. die Verleihung und den Entzug des Ehrenbürgerrechts,
7. die Regelung der allgemeinen Rechtsverhältnisse der Gemeindebediensteten,
8. die Übertragung von Aufgaben auf den Bürgermeister,
9. das Einvernehmen zur Abgrenzung der Geschäftskreise der Beigeordneten,
10. die Verfügung über Gemeindevermögen, die für die Gemeinde von erheblicher wirtschaftlicher Bedeutung ist,
11. die Errichtung, wesentliche Erweiterung und Aufhebung von öffentlichen Einrichtungen und von Unternehmen sowie die Beteiligung an solchen,
12. die Umwandlung der Rechtsform von öffentlichen Einrichtungen und von Unternehmen der Gemeinde und von solchen, an denen die Gemeinde beteiligt ist,
13. die Bestellung von Sicherheiten, die Übernahme von Bürgschaften und von Verpflichtungen aus Gewährverträgen und den Abschluss der ihnen wirtschaftlich gleichkommenden Rechtsgeschäfte, soweit sie für die Gemeinde von erheblicher wirtschaftlicher Bedeutung sind,
14. den Erlass der Haushaltssatzung und der Nachtragshaushaltssatzungen, die Feststellung des Jahresabschlusses und des Gesamtabschlusses, die Wirtschaftspläne und die Feststellung des Jahresabschlusses von Sondervermögen,
15. die allgemeine Festsetzung von Abgaben,
16. den Verzicht auf Ansprüche der Gemeinde und die Niederschlagung solcher Ansprüche, die Führung von Rechtsstreiten und den Abschluss von Vergleichen, soweit sie für die Gemeinde von erheblicher wirtschaftlicher Bedeutung sind,
17. den Beitritt zu Zweckverbänden und den Austritt aus diesen und
18. die Übertragung von Aufgaben auf das Rechnungsprüfungsamt.

(3) [1]Im Rahmen ihrer Zuständigkeit entscheiden die beschließenden Ausschüsse selbstständig an Stelle des Gemeinderats. [2]Ergibt sich,

dass eine Angelegenheit für die Gemeinde von besonderer Bedeutung ist, können die beschließenden Ausschüsse die Angelegenheit dem Gemeinderat zur Beschlussfassung unterbreiten. [3]In der Hauptsatzung kann bestimmt werden, dass ein Viertel aller Mitglieder eines beschließenden Ausschusses eine Angelegenheit dem Gemeinderat zur Beschlussfassung unterbreiten kann, wenn sie für die Gemeinde von besonderer Bedeutung ist. [4]Lehnt der Gemeinderat eine Behandlung ab, weil er die Voraussetzungen für die Verweisung als nicht gegeben ansieht, entscheidet der zuständige beschließende Ausschuss. [5]In der Hauptsatzung kann weiter bestimmt werden, dass der Gemeinderat allgemein oder im Einzelfall Weisungen erteilen, jede Angelegenheit an sich ziehen und Beschlüsse der beschließenden Ausschüsse, solange sie noch nicht vollzogen sind, ändern oder aufheben kann.

(4) [1]Angelegenheiten, deren Entscheidung dem Gemeinderat vorbehalten ist, sollen den beschließenden Ausschüssen innerhalb ihres Aufgabengebiets zur Vorberatung zugewiesen werden. [2]Durch die Hauptsatzung kann bestimmt werden, dass Anträge, die nicht vorberaten worden sind, auf Antrag des Vorsitzenden oder einer Fraktion oder eines Sechstels aller Mitglieder des Gemeinderats den zuständigen beschließenden Ausschüssen zur Vorberatung überwiesen werden müssen.

(5) [1]Für den Geschäftsgang der beschließenden Ausschüsse gelten die §§ 33 und 34 bis 38 entsprechend. [2]Vorberatungen nach Absatz 4 können in öffentlicher oder nichtöffentlicher Sitzung erfolgen; bei Vorliegen der Voraussetzungen des § 35 Absatz 1 Satz 2 muss nichtöffentlich verhandelt werden. [3]Ist ein beschließender Ausschuss wegen Befangenheit von Mitgliedern nicht beschlussfähig im Sinne von § 37 Abs. 2 Satz 1, entscheidet der Gemeinderat an seiner Stelle ohne Vorberatung.

§ 40 Zusammensetzung der beschließenden Ausschüsse[26, 27]

(1) [1]Die beschließenden Ausschüsse bestehen aus dem Vorsitzenden und mindestens vier Mitgliedern. [2]Der Gemeinderat bestellt die Mitglieder und Stellvertreter widerruflich aus seiner Mitte. [3]Nach jeder Wahl der Gemeinderäte sind die beschließenden Ausschüsse neu zu bilden. [4]In die beschließenden Ausschüsse können durch den Gemeinderat sachkundige Einwohner widerruflich als beratende Mitglieder berufen werden; ihre Zahl darf die der Gemeinderäte in den einzelnen Ausschüssen nicht erreichen; sie sind ehrenamtlich tätig; § 32 Abs. 2 gilt entsprechend.

(2) [1]Kommt eine Einigung über die Zusammensetzung eines beschließenden Ausschusses nicht zu Stande, werden die Mitglieder von den Gemeinderäten auf Grund von Wahlvorschlägen nach den Grundsätzen der Verhältniswahl unter Bindung an die Wahlvorschläge gewählt. [2]Wird nur ein gültiger oder kein Wahlvorschlag eingereicht, findet Mehrheitswahl ohne Bindung an die vorgeschlagenen Bewerber statt.

(3) Vorsitzender der beschließenden Ausschüsse ist der Bürgermeister; er kann einen seiner Stellvertreter, einen Beigeordneten oder, wenn alle Stellvertreter oder Beigeordneten verhindert sind, ein Mitglied des Ausschusses, das Gemeinderat ist, mit seiner Vertretung beauftragen.

§ 41 Beratende Ausschüsse

(1) [1]Zur Vorberatung seiner Verhandlungen oder einzelner Verhandlungsgegenstände kann der Gemeinderat beratende Ausschüsse bestellen. [2]Sie werden aus der Mitte des Gemeinderats gebildet. [3]In die beratenden Ausschüsse können durch den Gemeinderat sachkundige

---

26 Zu § 40 Abs. 1: Sachkundige Einwohner im Sinne des Satzes 4 können in geeigneten Fällen auch Ausländer sein.

27 Zu § 40 Abs. 2: Die hier und in § 10 Durchführungsverordnung zur Gemeindeordnung getroffenen Bestimmungen über die Wahl der Mitglieder beschließender Ausschüsse sind in § 13 Abs. 4 letzter Satz des Gesetzes über kommunale Zusammenarbeit für die Wahl weiterer Vertreter zur Verbandsversammlung eines Zweckverbands (siehe Seite 315) und in § 6 Abs. 1 letzter Satz des Nachbarschaftsverbandsgesetzes (siehe Seite 333) für die Wahl weiterer Vertreter zur Verbandsversammlung eines Nachbarschaftsverbandes als anwendbar erklärt.

Einwohner widerruflich als Mitglieder berufen werden; ihre Zahl darf die der Gemeinderäte in den einzelnen Ausschüssen nicht erreichen; sie sind ehrenamtlich tätig; § 32 Abs. 2 gilt entsprechend.

(2) [1]Den Vorsitz in den beratenden Ausschüssen führt der Bürgermeister. [2]Er kann einen seiner Stellvertreter, einen Beigeordneten oder ein Mitglied des Ausschusses, das Gemeinderat ist, mit seiner Vertretung beauftragen; ein Beigeordneter hat als Vorsitzender Stimmrecht.

(3) Für den Geschäftsgang der beratenden Ausschüsse gelten die Vorschriften der §§ 33, 34, 36 bis 38 und § 39 Abs. 5 Satz 2 und 3 entsprechend.

§ 41 a Beteiligung von Kindern und Jugendlichen

(1) [1]Die Gemeinde soll Kinder und muss Jugendliche bei Planungen und Vorhaben, die ihre Interessen berühren, in angemessener Weise beteiligen. [2]Dafür sind von der Gemeinde geeignete Beteiligungsverfahren zu entwickeln. [3]Insbesondere kann die Gemeinde einen Jugendgemeinderat oder eine andere Jugendvertretung einrichten. [4]Die Mitglieder der Jugendvertretung sind ehrenamtlich tätig.

(2) [1]Jugendliche können die Einrichtung einer Jugendvertretung beantragen. [2]Der Antrag muss

in Gemeinden mit bis zu 20 000 Einwohnern	von 20,
in Gemeinden mit bis zu 50 000 Einwohnern	von 50,
in Gemeinden mit bis zu 200 000 Einwohnern	von 150,
in Gemeinden mit über 200 000 Einwohnern	von 250

in der Gemeinde wohnenden Jugendlichen unterzeichnet sein. [3]Der Gemeinderat hat innerhalb von drei Monaten nach Eingang des Antrags über die Einrichtung der Jugendvertretung zu entscheiden; er hat hierbei Vertreter der Jugendlichen zu hören.

(3) In der Geschäftsordnung ist die Beteiligung von Mitgliedern der Jugendvertretung an den Sitzungen des Gemeinderats in Jugendangelegenheiten zu regeln; insbesondere sind ein Rederecht, ein Anhörungsrecht und ein Antragsrecht vorzusehen.

(4) [1]Der Jugendvertretung sind angemessene finanzielle Mittel zur Verfügung zu stellen. [2]Über den Umfang entscheidet der Gemeinderat im Rahmen des Haushaltsplans. [3]Über die Verwendung der Mittel ist ein Nachweis in einfacher Form zu führen.

§ 41 b Veröffentlichung von Informationen

(1) [1]Die Gemeinde veröffentlicht auf ihrer Internetseite Zeit, Ort und Tagesordnung der öffentlichen Sitzungen des Gemeinderats und seiner Ausschüsse. [2]Absatz 2 Satz 2 gilt entsprechend.

(2) [1]Die der Tagesordnung beigefügten Beratungsunterlagen für öffentliche Sitzungen sind auf der Internetseite der Gemeinde zu veröffentlichen, nachdem sie den Mitgliedern des Gemeinderats zugegangen sind. [2]Durch geeignete Maßnahmen ist sicherzustellen, dass hierdurch keine personenbezogenen Daten oder Betriebs- und Geschäftsgeheimnisse unbefugt offenbart werden. [3]Sind Maßnahmen nach Satz 2 nicht ohne erheblichen Aufwand oder erhebliche Veränderungen der Beratungsunterlage möglich, kann im Einzelfall von der Veröffentlichung abgesehen werden.

(3) [1]In öffentlichen Sitzungen sind die Beratungsunterlagen im Sitzungsraum für die Zuhörer auszulegen. [2]Absatz 2 Sätze 2 und 3 gelten entsprechend. [3]Die ausgelegten Beratungsunterlagen dürfen vervielfältigt werden.

(4) Die Mitglieder des Gemeinderats dürfen den Inhalt von Beratungsunterlagen für öffentliche Sitzungen, ausgenommen personenbezogene Daten oder Betriebs- und Geschäftsgeheimnisse, zur Wahrnehmung ihres Amtes gegenüber Dritten und der Öffentlichkeit bekannt geben.

(5) Die in öffentlicher Sitzung des Gemeinderats oder des Ausschusses gefassten oder bekannt gegebenen Beschlüsse sind im Wortlaut oder in Form eines zusammenfassenden Berichts innerhalb einer Woche nach der Sitzung auf der Internetseite der Gemeinde zu veröffentlichen.

(6) Die Beachtung der Absätze 1 bis 5 ist nicht Voraussetzung für die Ordnungsmäßigkeit der Einberufung und Leitung der Sitzung.

3. Abschnitt
Bürgermeister

§ 42 Rechtsstellung des Bürgermeisters[28]

(1) [1]Der Bürgermeister ist Vorsitzender des Gemeinderats und Leiter der Gemeindeverwaltung. [2]Er vertritt die Gemeinde.

(2) [1]In Gemeinden mit weniger als 2000 Einwohnern ist der Bürgermeister Ehrenbeamter auf Zeit; in Gemeinden mit mehr als 500 Einwohnern kann durch die Hauptsatzung bestimmt werden, dass er hauptamtlicher Beamter auf Zeit ist. [2]In den übrigen Gemeinden ist der Bürgermeister hauptamtlicher Beamter auf Zeit.

(3) [1]Die Amtszeit des Bürgermeisters beträgt acht Jahre. [2]Die Amtszeit beginnt mit dem Amtsantritt, im Fall der Wiederwahl schließt sich die neue Amtszeit an das Ende der vorangegangenen Amtszeit an.

(4) In Stadtkreisen und Großen Kreisstädten führt der Bürgermeister die Amtsbezeichnung Oberbürgermeister.

(5) [1]Der Bürgermeister führt nach Freiwerden seiner Stelle die Geschäfte bis zum Amtsantritt des neu gewählten Bürgermeisters weiter; sein Dienstverhältnis besteht so lange weiter. [2]Satz 1 gilt nicht, wenn der Bürgermeister

1. vor dem Freiwerden seiner Stelle der Gemeinde schriftlich oder elektronisch mitgeteilt hat, dass er die Weiterführung der Geschäfte ablehne,
2. des Dienstes vorläufig enthoben ist, oder wenn gegen ihn öffentliche Klage wegen eines Verbrechens erhoben ist, oder
3. ohne Rücksicht auf Wahlprüfung und Wahlanfechtung nach Feststellung des Gemeindewahlausschusses nicht wiedergewählt ist; ist im ersten Wahlgang kein Bewerber gewählt worden, so ist das Ergebnis der Neuwahl (§ 45 Abs. 2) entscheidend.

(6) Ein vom Gemeinderat gewähltes Mitglied vereidigt und verpflichtet den Bürgermeister in öffentlicher Sitzung im Namen des Gemeinderats.

---

28 Zu § 42 Abs. 2 vgl. §§ 91, 92 des Landesbeamtengesetzes. Zur Besoldung des Bürgermeisters vgl. das Landeskommunalbesoldungsgesetz vom 9.11.2010 (GBl. S. 793, 962). Für die ehrenamtlichen Bürgermeister vgl. die Anmerkung zu § 19.

§ 43 Stellung im Gemeinderat

(1) Der Bürgermeister bereitet die Sitzungen des Gemeinderats und der Ausschüsse vor und vollzieht die Beschlüsse.

(2) [1]Der Bürgermeister muss Beschlüssen des Gemeinderats widersprechen, wenn er der Auffassung ist, dass sie gesetzwidrig sind; er kann widersprechen, wenn er der Auffassung ist, dass sie für die Gemeinde nachteilig sind. [2]Der Widerspruch muss unverzüglich, spätestens jedoch binnen einer Woche nach Beschlussfassung gegenüber den Gemeinderäten ausgesprochen werden. [3]Der Widerspruch hat aufschiebende Wirkung. [4]Gleichzeitig ist unter Angabe der Widerspruchsgründe eine Sitzung einzuberufen, in der erneut über die Angelegenheit zu beschließen ist; diese Sitzung hat spätestens drei Wochen nach der ersten Sitzung stattzufinden. [5]Ist nach Ansicht des Bürgermeisters auch der neue Beschluss gesetzwidrig, muss er ihm erneut widersprechen und unverzüglich die Entscheidung der Rechtsaufsichtsbehörde herbeiführen.

(3) [1]Absatz 2 gilt entsprechend für Beschlüsse, die durch beschließende Ausschüsse gefasst werden. [2]In diesen Fällen hat der Gemeinderat auf den Widerspruch zu entscheiden.

(4) [1]In dringenden Angelegenheiten des Gemeinderats, deren Erledigung auch nicht bis zu einer ohne Frist und formlos einberufenen Gemeinderatssitzung (§ 34 Abs. 2) aufgeschoben werden kann, entscheidet der Bürgermeister an Stelle des Gemeinderats. [2]Die Gründe für die Eilentscheidung und die Art der Erledigung sind den Gemeinderäten unverzüglich mitzuteilen. [3]Das Gleiche gilt für Angelegenheiten, für deren Entscheidung ein beschließender Ausschuss zuständig ist.

(5) [1]Der Bürgermeister hat den Gemeinderat über alle wichtigen die Gemeinde und ihre Verwaltung betreffenden Angelegenheiten zu unterrichten; bei wichtigen Planungen ist der Gemeinderat möglichst frühzeitig über die Absichten und Vorstellungen der Gemeindeverwaltung und laufend über den Stand und den Inhalt der Planungsarbeiten zu unterrichten. [2]Über wichtige Angelegenheiten, die nach § 44 Abs. 3 Satz 3 geheim zu halten sind, ist der nach § 55 gebildete Beirat zu unterrichten. [3]Die Unterrichtung des Gemeinderats über die in Satz 2 genannten Angelegenheiten ist ausgeschlossen.

§ 44 Leitung der Gemeindeverwaltung

(1) [1]Der Bürgermeister leitet die Gemeindeverwaltung. [2]Er ist für die sachgemäße Erledigung der Aufgaben und den ordnungsmäßigen Gang der Verwaltung verantwortlich, regelt die innere Organisation der Gemeindeverwaltung und grenzt im Einvernehmen mit dem Gemeinderat die Geschäftskreise der Beigeordneten ab.

(2) [1]Der Bürgermeister erledigt in eigener Zuständigkeit die Geschäfte der laufenden Verwaltung und die ihm sonst durch Gesetz oder vom Gemeinderat übertragenen Aufgaben. [2]Die dauernde Übertragung der Erledigung bestimmter Aufgaben auf den Bürgermeister ist durch die Hauptsatzung zu regeln. [3]Der Gemeinderat kann die Erledigung von Angelegenheiten, die er nicht auf beschließende Ausschüsse übertragen kann (§ 39 Abs. 2), auch nicht dem Bürgermeister übertragen.

(3) [1]Weisungsaufgaben erledigt der Bürgermeister in eigener Zuständigkeit, soweit gesetzlich nichts anderes bestimmt ist; abweichend hiervon ist der Gemeinderat für den Erlass von Satzungen und Rechtsverordnungen zuständig, soweit Vorschriften anderer Gesetze nicht entgegenstehen. [2]Dies gilt auch, wenn die Gemeinde in einer Angelegenheit angehört wird, die auf Grund einer Anordnung der zuständigen Behörde geheim zu halten ist. [3]Bei der Erledigung von Weisungsaufgaben, die auf Grund einer Anordnung der zuständigen Behörde geheim zu halten sind, sowie in den Fällen des Satzes 2 hat der Bürgermeister die für die Behörden des Landes geltenden Geheimhaltungsvorschriften zu beachten.

(4) Der Bürgermeister ist Vorgesetzter, Dienstvorgesetzter und oberste Dienstbehörde der Gemeindebediensteten.

§ 45 Wahlgrundsätze

(1) [1]Der Bürgermeister wird von den Bürgern in allgemeiner, unmittelbarer, freier, gleicher und geheimer Wahl gewählt. [2]Die Wahl ist nach den Grundsätzen der Mehrheitswahl durchzuführen. [3]Gewählt ist, wer mehr als die Hälfte der gültigen Stimmen erhalten hat.

(2) [1]Entfällt auf keinen Bewerber mehr als die Hälfte der gültigen Stimmen, findet frühestens am zweiten und spätestens am vierten Sonntag nach der Wahl Neuwahl statt. [2]Für die Neuwahl gelten die Grundsätze der ersten Wahl; es entscheidet die höchste Stimmenzahl und bei

Stimmengleichheit das Los. [3]Eine nochmalige Stellenausschreibung ist nicht erforderlich.

§ 46 Wählbarkeit, Hinderungsgründe

(1) Wählbar zum Bürgermeister sind Deutsche im Sinne von Artikel 116 des Grundgesetzes und Unionsbürger, die vor der Zulassung der Bewerbungen in der Bundesrepublik Deutschland wohnen; die Bewerber müssen am Wahltag das 25., dürfen aber noch nicht das 68. Lebensjahr vollendet haben und müssen die Gewähr dafür bieten, dass sie jederzeit für die freiheitliche demokratische Grundordnung im Sinne des Grundgesetzes eintreten.

(2) [1]Nicht wählbar ist, wer von der Wählbarkeit in den Gemeinderat ausgeschlossen ist (§ 28 Abs. 2). [2]Nicht wählbar ist ferner,

1. wer aus dem Beamtenverhältnis entfernt, wem das Ruhegehalt aberkannt oder gegen wen in einem dem Disziplinarverfahren entsprechenden Verfahren durch die Europäische Gemeinschaft, in einem anderen Mitgliedstaat der Europäischen Gemeinschaft oder in einem anderen Vertragsstaat des Abkommens über den Europäischen Wirtschaftsraum eine entsprechende Maßnahme verhängt worden ist oder
2. wer wegen einer vorsätzlichen Tat durch ein deutsches Gericht oder durch die rechtsprechende Gewalt eines anderen Mitgliedstaats der Europäischen Gemeinschaft oder eines anderen Vertragsstaats des Abkommens über den Europäischen Wirtschaftsraum zu einer Freiheitsstrafe verurteilt worden ist, die bei einem Beamten den Verlust der Beamtenrechte zur Folge hat,

in den auf die Unanfechtbarkeit der Maßnahme oder Entscheidung folgenden fünf Jahren.

(3) [1]Bedienstete der Rechtsaufsichtsbehörde, der oberen und obersten Rechtsaufsichtsbehörde, des Landratsamts und des Landkreises können nicht gleichzeitig Bürgermeister sein. [2]Für ehrenamtliche Bürgermeister findet Satz 1 nur Anwendung, wenn sie unmittelbar mit der Ausübung der Rechtsaufsicht befasst sind.

(4) Der Bürgermeister kann nicht gleichzeitig eine andere Planstelle in der Gemeinde innehaben oder deren sonstiger Bediensteter sein.

§ 47 Zeitpunkt der Wahl, Stellenausschreibung[29]

(1) [1]Wird die Wahl des Bürgermeisters wegen Ablaufs der Amtszeit oder wegen Eintritts in den Ruhestand oder Verabschiedung infolge Erreichens der Altersgrenze notwendig, ist sie frühestens drei Monate und spätestens einen Monat vor Freiwerden der Stelle, in anderen Fällen spätestens drei Monate nach Freiwerden der Stelle durchzuführen. [2]Die Wahl kann bis zu einem Jahr nach Freiwerden der Stelle aufgeschoben werden, wenn die Auflösung der Gemeinde bevorsteht.

(2) [1]Die Stelle des hauptamtlichen Bürgermeisters ist spätestens zwei Monate vor dem Wahltag öffentlich auszuschreiben. [2]Die Gemeinde kann den Bewerbern, deren Bewerbungen zugelassen worden sind, Gelegenheit geben, sich den Bürgern in einer öffentlichen Versammlung vorzustellen.

§ 48 Stellvertreter des Bürgermeisters

(1) [1]In Gemeinden ohne Beigeordnete (§ 49) bestellt der Gemeinderat aus seiner Mitte einen oder mehrere Stellvertreter des Bürgermeisters. [2]§ 46 Abs. 3 findet keine Anwendung. [3]Die Stellvertretung beschränkt sich auf die Fälle der Verhinderung. [4]Die Stellvertreter werden nach jeder Wahl der Gemeinderäte neu bestellt. [5]Sie werden in der Reihenfolge der Stellvertretung je in einem besonderen Wahlgang gewählt. [6]Sind alle bestellten Stellvertreter vorzeitig ausgeschieden oder sind im Fall der Verhinderung des Bürgermeisters auch alle Stellvertreter verhindert, hat der Gemeinderat unverzüglich einen oder mehrere Stellvertreter neu oder für die Dauer der Verhinderung zusätzlich zu bestellen; § 37 Abs. 4 Satz 2 bleibt unberührt. [7]Bis zu dieser Bestellung nimmt das an Lebensjahren älteste, nicht verhinderte Mitglied des Gemeinderats die Aufgaben des Stellvertreters des Bürgermeisters wahr.

(2) [1]Ist in Gemeinden ohne Beigeordnete die Stelle des Bürgermeisters voraussichtlich längere Zeit unbesetzt oder der Bürgermeister voraussichtlich längere Zeit an der Ausübung seines Amts verhindert, kann

29 Zu § 47 Abs. 2: Zur Einreichung von Bewerbungen siehe § 10 Kommunalwahlgesetz, § 20 Kommunalwahlordnung, abgedruckt im Anhang (siehe Seite 364 f. und 375 f.).

der Gemeinderat mit der Mehrheit der Stimmen aller Mitglieder einen Amtsverweser bestellen. [2]Der Amtsverweser muss zum Bürgermeister wählbar sein; § 46 Abs. 3 findet keine Anwendung. [3]Der Amtsverweser muss zum Beamten der Gemeinde bestellt werden.

(3) [1]Ein zum Bürgermeister der Gemeinde gewählter Bewerber kann vom Gemeinderat mit der Mehrheit der Stimmen aller Mitglieder nach Feststellung der Gültigkeit der Wahl durch die Wahlprüfungsbehörde oder nach ungenutztem Ablauf der Wahlprüfungsfrist im Fall der Anfechtung der Wahl vor der rechtskräftigen Entscheidung über die Gültigkeit der Wahl zum Amtsverweser bestellt werden. [2]Der Amtsverweser ist in Gemeinden mit hauptamtlichem Bürgermeister als hauptamtlicher Beamter auf Zeit, in Gemeinden mit ehrenamtlichem Bürgermeister als Ehrenbeamter auf Zeit zu bestellen. [3]Seine Amtszeit beträgt zwei Jahre; Wiederbestellung ist zulässig. [4]Die Amtszeit endet vorzeitig mit der Rechtskraft der Entscheidung über die Gültigkeit der Wahl zum Bürgermeister. [5]Der Amtsverweser führt die Bezeichnung Bürgermeister (Oberbürgermeister). [6]Er erhält in einer Gemeinde mit ehrenamtlichem Bürgermeister dessen Aufwandsentschädigung. [7]Die Amtszeit als Bürgermeister verkürzt sich um die Amtszeit als Amtsverweser.

§ 49 Beigeordnete

(1) [1]In Gemeinden mit mehr als 10 000 Einwohnern können, in Stadtkreisen müssen als Stellvertreter des Bürgermeisters ein oder mehrere hauptamtliche Beigeordnete bestellt werden. [2]Ihre Zahl wird entsprechend den Erfordernissen der Gemeindeverwaltung durch die Hauptsatzung bestimmt. [3]Außerdem können Stellvertreter des Bürgermeisters nach § 48 Abs. 1 bestellt werden, die den Bürgermeister im Fall seiner Verhinderung vertreten, wenn auch alle Beigeordneten verhindert sind.

(2) [1]Die Beigeordneten vertreten den Bürgermeister ständig in ihrem Geschäftskreis. [2]Der Bürgermeister kann ihnen allgemein oder im Einzelfall Weisungen erteilen.

(3) [1]Der Erste Beigeordnete ist der ständige allgemeine Stellvertreter des Bürgermeisters. [2]Er führt in Stadtkreisen und Großen Kreisstädten die Amtsbezeichnung Bürgermeister. [3]Die weiteren Beigeordneten

sind nur allgemeine Stellvertreter des Bürgermeisters, wenn der Bürgermeister und der Erste Beigeordnete verhindert sind; die Reihenfolge der allgemeinen Stellvertretung bestimmt der Gemeinderat. [4]In Stadtkreisen und Großen Kreisstädten kann der Gemeinderat den weiteren Beigeordneten die Amtsbezeichnung Bürgermeister verleihen.

§ 50 Rechtsstellung und Bestellung der Beigeordneten[30]

(1) [1]Die Beigeordneten sind als hauptamtliche Beamte auf Zeit zu bestellen. [2]Ihre Amtszeit beträgt acht Jahre.

(1 a) Zum Beigeordneten kann bestellt werden, wer am Tag der Wahl das 68. Lebensjahr noch nicht vollendet hat.

(2) [1]Die Beigeordneten werden vom Gemeinderat je in einem besonderen Wahlgang gewählt. [2]Der Gemeinderat kann beschließen, dass der Erste Beigeordnete gewählt wird, nachdem für jede zu besetzende Beigeordnetenstelle ein Bewerber gewählt ist. [3]Sieht die Hauptsatzung mehrere Beigeordnete vor, sollen die Parteien und Wählervereinigungen gemäß ihren Vorschlägen nach dem Verhältnis ihrer Sitze im Gemeinderat berücksichtigt werden.

(3) [1]Für den Zeitpunkt der Bestellung gilt § 47 Abs. 1 entsprechend. [2]Die Stellen der Beigeordneten sind spätestens zwei Monate vor der Besetzung öffentlich auszuschreiben.

(4) Wird bei der Eingliederung einer Gemeinde in eine andere Gemeinde oder bei der Neubildung einer Gemeinde durch Vereinigung von Gemeinden in der Vereinbarung nach § 9 bestimmt, dass der Bürgermeister oder ein Beigeordneter der eingegliederten oder einer vereinigten Gemeinde zum Beigeordneten der aufnehmenden oder neugebildeten Gemeinde bestellt wird, finden Absätze 2 und 3 keine Anwendung.

§ 51 Hinderungsgründe

(1) [1]Beigeordnete können nicht gleichzeitig andere Planstellen der Gemeinde innehaben oder deren Bedienstete sein. [2]Sie können auch nicht Bedienstete der Rechtsaufsichtsbehörde, der oberen oder obersten Rechtsaufsichtsbehörde sowie des Landratsamts und des Landkreises sein.

---

30 Zu § 50 Abs. 1 vgl. § 7 des Landesbeamtengesetzes.

(2) [1]Beigeordnete dürfen weder miteinander noch mit dem Bürgermeister in einem die Befangenheit begründenden Verhältnis nach § 18 Abs. 1 Nr. 1 bis 3 stehen oder als persönlich haftende Gesellschafter an derselben Handelsgesellschaft beteiligt sein. [2]Entsteht ein solches Verhältnis zwischen dem Bürgermeister und einem Beigeordneten, ist der Beigeordnete, im Übrigen der an Dienstjahren Jüngere in den einstweiligen Ruhestand zu versetzen.

§ 52 Besondere Dienstpflichten

Für den Bürgermeister und die Beigeordneten gelten die Bestimmungen des § 17 Abs. 1 bis 3 und des § 18 entsprechend.

§ 53 Beauftragung, rechtsgeschäftliche Vollmacht

(1) [1]Der Bürgermeister kann Gemeindebedienstete mit seiner Vertretung auf bestimmten Aufgabengebieten oder in einzelnen Angelegenheiten der Gemeindeverwaltung beauftragen. [2]Er kann diese Befugnis auf Beigeordnete für deren Geschäftskreis übertragen.
(2) [1]Der Bürgermeister kann in einzelnen Angelegenheiten rechtsgeschäftliche Vollmacht erteilen. [2]Absatz 1 Satz 2 gilt entsprechend.

§ 54 Verpflichtungserklärungen

(1) [1]Erklärungen, durch welche die Gemeinde verpflichtet werden soll, bedürfen der Schriftform oder müssen in elektronischer Form mit einer dauerhaft überprüfbaren Signatur versehen sein. [2]Sie sind vom Bürgermeister zu unterzeichnen.
(2) Im Fall der Vertretung des Bürgermeisters müssen Erklärungen durch dessen Stellvertreter, den vertretungsberechtigten Beigeordneten oder durch zwei vertretungsberechtigte Gemeindebedienstete unterzeichnet werden.
(3) [1]Den Unterschriften soll die Amtsbezeichnung und im Fall des Absatzes 2 ein das Vertretungsverhältnis kennzeichnender Zusatz beigefügt werden.
(4) Die Formvorschriften der Absätze 1 bis 3 gelten nicht für Erklärungen in Geschäften der laufenden Verwaltung oder auf Grund einer in der Form der Absätze 1 bis 3 ausgestellten Vollmacht.

§ 55 Beirat für geheim zu haltende Angelegenheiten[31]

(1) Der Gemeinderat kann einen Beirat bilden, der den Bürgermeister in allen Angelegenheiten des § 44 Abs. 3 Satz 2 berät.

(2) [1]Der Beirat besteht in Gemeinden mit nicht mehr als 1 000 Einwohnern aus den Stellvertretern des Bürgermeisters nach § 48 Abs. 1 Satz 1. [2]Er besteht

in Gemeinden mit mehr als 1 000,
aber nicht mehr als 10 000 Einwohnern aus zwei,
in Gemeinden mit mehr als 10 000,
aber nicht mehr als 30 000 Einwohnern aus zwei oder drei,

in Gemeinden mit mehr als 30 000 Einwohnern aus mindestens drei und höchstens fünf Mitgliedern,

die vom Gemeinderat aus seiner Mitte bestellt werden. [3]Dem Beirat können nur Mitglieder des Gemeinderats angehören, die auf die für die Behörde des Landes geltenden Geheimhaltungsvorschriften verpflichtet sind.

(3) [1]Vorsitzender des Beirats ist der Bürgermeister. [2]Er beruft den Beirat ein, wenn es die Geschäftslage erfordert. [3]Fällt die Angelegenheit in den Geschäftskreis eines Beigeordneten, nimmt dieser an der Sitzung teil. [4]Die Sitzungen des Beirats sind nichtöffentlich. [5]Für die Beratungen des Beirats gelten § 34 Abs. 3, § 36 Abs. 1 und 3, § 37 Abs. 1 Satz 1 und Abs. 2 und § 38 entsprechend.

31 Zur maßgeblichen Einwohnerzahl vgl. § 143 Gemeindeordnung.

4. Abschnitt
Gemeindebedienstete[32]

§ 56 Einstellung, Ausbildung[33]

(1) Die Gemeinde ist verpflichtet, die zur Erfüllung ihrer Aufgaben erforderlichen geeigneten Beamten und Arbeitnehmer einzustellen.
(2) [1]Bei der Ausbildung der im Vorbereitungsdienst befindlichen Beamten für den Dienst in der Verwaltung des Landes und der Träger der Selbstverwaltung wirken die Gemeinden mit den zuständigen Stellen zusammen. [2]Für den persönlichen Aufwand, der den Gemeinden entsteht, ist unter ihnen ein entsprechender finanzieller Ausgleich zu schaffen.
(3) Die Gemeinde fördert die Fortbildung ihrer Bediensteten.

§ 57 Stellenplan[34]

[1]Die Gemeinde bestimmt im Stellenplan die Stellen ihrer Beamten sowie ihrer nicht nur vorübergehend beschäftigten Arbeitnehmer, die für die Erfüllung der Aufgaben im Haushaltsjahr erforderlich sind. [2]Für Sondervermögen, für die Sonderrechnungen geführt werden, sind besondere Stellenpläne aufzustellen. [3]Beamte in Einrichtungen solcher Sondervermögen sind auch im Stellenplan nach Satz 1 aufzuführen und dort besonders zu kennzeichnen.

---

32 Zum Recht der Beamten vgl. neben dem einschlägigen Bundesrecht das Landesbeamtengesetz vom 9.11.2010 (GBl. S. 793, 794 mit Änderungen).
Für die Besoldung der Gemeindebeamten sind das Landesbesoldungsgesetz vom 9.11.2010 (GBl. 2010 S. 793) mit Änderungen und die Stellenobergrenzenverordnung vom 22.6.2004 (GBl. S. 365) mit Änderungen maßgebend.
Für die Arbeitnehmer gelten bei den tarifgebundenen Gemeinden die tarifrechtlichen Vereinbarungen.

33 Zu § 56 Abs. 2 vgl. § 29 des Finanzausgleichsgesetzes, der eine Erstattung der für Anwärter des gehobenen Dienstes zu zahlenden Anwärterbezüge sowie die zu zahlenden Entschädigungen nach dem Landesreisekostengesetz aus der Finanzausgleichsmasse an das Land vorsieht.

34 Zu § 57 Stellenplan vgl. die Stellenobergrenzenverordnung vom 22.6.2004 mit Änderungen.

§ 58 Gemeindefachbediensteter

[1]Zur fachgemäßen Erledigung der Verwaltungsgeschäfte müssen die Gemeinden mindestens einen Bediensteten mit der Befähigung zum gehobenen oder höheren Verwaltungsdienst (Gemeindefachbediensteter) haben. [2]Satz 1 findet keine Anwendung auf Gemeinden, die einer Verwaltungsgemeinschaft angehören, wenn diese der Gemeinde einen Gemeindefachbediensteten zur Erledigung der Verwaltungsgeschäfte zur Verfügung stellt.

5. Abschnitt
Besondere Verwaltungsformen

1. Verwaltungsgemeinschaft[35]

§ 59 Rechtsformen der Verwaltungsgemeinschaft

[1]Benachbarte Gemeinden desselben Landkreises können eine Verwaltungsgemeinschaft als Gemeindeverwaltungsverband bilden oder vereinbaren, dass eine Gemeinde (erfüllende Gemeinde) die Aufgaben eines Gemeindeverwaltungsverbands erfüllt (vereinbarte Verwaltungsgemeinschaft). [2]Eine Gemeinde kann nur einer Verwaltungsgemeinschaft angehören. [3]Die Verwaltungsgemeinschaft soll nach der Zahl der Gemeinden und ihrer Einwohner sowie nach der räumlichen Ausdehnung unter Berücksichtigung der örtlichen Verhältnisse und landesplanerischen Gesichtspunkte so abgegrenzt werden, dass sie ihre Aufgaben zweckmäßig und wirtschaftlich erfüllen kann.

§ 60 Anwendung von Rechtsvorschriften und besondere Bestimmungen für die Verwaltungsgemeinschaft

(1) Für die Verwaltungsgemeinschaft gelten die Vorschriften des Gesetzes über kommunale Zusammenarbeit, soweit nichts anderes bestimmt ist.

(2) [1]Der Genehmigung bedürfen auch Änderungen der Verbandssatzung und der Vereinbarung wegen der Aufnahme einer Gemeinde. [2]Die

---

35 Zu § 59: Zu der Rechtsstellung der Verwaltungsgemeinschaft als untere Verwaltungsbehörde vgl. insbesondere die §§ 17 bis 19 des Landesverwaltungsgesetzes vom 14.10.2008 (GBl. S. 313 mit Änderungen).

Rechtsaufsichtsbehörde entscheidet über alle erforderlichen Genehmigungen nach pflichtgemäßem Ermessen.

(3) [1]Die Verbandsversammlung des Gemeindeverwaltungsverbands besteht nach näherer Bestimmung der Verbandssatzung aus dem Bürgermeister und mindestens einem weiteren Vertreter einer jeden Mitgliedsgemeinde. [2]Die weiteren Vertreter werden nach jeder regelmäßigen Wahl der Gemeinderäte vom Gemeinderat aus seiner Mitte gewählt; scheidet ein weiterer Vertreter vorzeitig aus dem Gemeinderat oder der Verbandsversammlung aus, wird für den Rest der Amtszeit ein neuer weiterer Vertreter gewählt. [3]Für jeden weiteren Vertreter ist mindestens ein Stellvertreter zu bestellen, der diesen im Verhinderungsfall vertritt.

(4) [1]Bei der vereinbarten Verwaltungsgemeinschaft ist ein gemeinsamer Ausschuss aus Vertretern der beteiligten Gemeinden zu bilden. [2]Der gemeinsame Ausschuss entscheidet an Stelle des Gemeinderats der erfüllenden Gemeinde über die Erfüllungsaufgaben (§ 61), soweit nicht der Bürgermeister der erfüllenden Gemeinde kraft Gesetzes zuständig ist oder ihm der gemeinsame Ausschuss bestimmte Angelegenheiten überträgt; eine dauernde Übertragung ist abweichend von § 44 Abs. 2 Satz 2 durch Satzung zu regeln. [3]Für den gemeinsamen Ausschuss gelten die Vorschriften über die Verbandsversammlung des Gemeindeverwaltungsverbands entsprechend; keine Gemeinde darf mehr als 60 vom Hundert aller Stimmen haben; Vorsitzender ist der Bürgermeister der erfüllenden Gemeinde.

(5) [1]Gegen Beschlüsse des gemeinsamen Ausschusses kann eine beteiligte Gemeinde binnen zwei Wochen nach der Beschlussfassung Einspruch einlegen, wenn der Beschluss für sie von besonderer Wichtigkeit oder erheblicher wirtschaftlicher Bedeutung ist. [2]Der Einspruch hat aufschiebende Wirkung. [3]Auf einen Einspruch hat der gemeinsame Ausschuss erneut zu beschließen. [4]Der Einspruch ist zurückgewiesen, wenn der neue Beschluss mit einer Mehrheit von zwei Dritteln der Stimmen der vertretenen Gemeinden, mindestens jedoch mit der Mehrheit aller Stimmen, gefasst wird.

§ 61 Aufgaben der Verwaltungsgemeinschaft[36]

(1) [1]Der Gemeindeverwaltungsverband berät seine Mitgliedsgemeinden bei der Wahrnehmung ihrer Aufgaben. [2]Bei Angelegenheiten, die andere Mitgliedsgemeinden berühren und eine gemeinsame Abstimmung erfordern, haben sich die Mitgliedsgemeinden der Beratung durch den Gemeindeverwaltungsverband zu bedienen.

(2) [1]Der Gemeindeverwaltungsverband kann seinen Mitgliedsgemeinden Gemeindefachbedienstete und sonstige Bedienstete zur Wahrnehmung ihrer Aufgaben zur Verfügung stellen. [2]Die Gemeindefachbediensteten gelten als solche der Mitgliedsgemeinden im Sinne von § 58 Abs. 1 und 2. [3]Der Bürgermeister einer jeden Gemeinde kann die zur Verfügung gestellten Bediensteten nach § 53 Abs. 1 Satz 1 mit seiner Vertretung beauftragen.

(3) [1]Der Gemeindeverwaltungsverband erledigt für seine Mitgliedsgemeinden in deren Namen die folgenden Angelegenheiten und Geschäfte der Gemeindeverwaltung nach den Beschlüssen und Anordnungen der Gemeindeorgane (Erledigungsaufgaben):

1. die technischen Angelegenheiten bei der verbindlichen Bauleitplanung und der Durchführung von Bodenordnungsmaßnahmen sowie von Maßnahmen nach dem Städtebauförderungsgesetz,
2. die Planung, Bauleitung und örtliche Bauaufsicht bei den Vorhaben des Hoch- und Tiefbaus,
3. die Unterhaltung und den Ausbau der Gewässer zweiter Ordnung,
4. die Abgaben-, Kassen- und Rechnungsgeschäfte.

[2]Die Rechtsaufsichtsbehörde kann von Satz 1 Ausnahmen zulassen, soweit dies, insbesondere bei den Abgaben-, Kassen- und Rechnungsgeschäften, zweckmäßig ist.

(4) [1]Der Gemeindeverwaltungsverband erfüllt an Stelle seiner Mitgliedsgemeinden in eigener Zuständigkeit die folgenden Aufgaben (Erfüllungsaufgaben):

1. die vorbereitende Bauleitplanung und

---

36 Zur Erklärung größerer Verwaltungsgemeinschaften zur unteren Verwaltungsbehörde vgl. die Anmerkung zu § 59; vgl. ferner § 95 des Landesverwaltungsverfahrensgesetzes i. d. F. vom 12.4.2005 (GBl. S. 350 mit Änderungen) wegen der Übertragung bestimmter Gemeindeaufgaben zur Erfüllung auf die Verwaltungsgemeinschaften.

2. die Aufgaben des Trägers der Straßenbaulast für die Gemeindeverbindungsstraßen.

[2]Die Rechtsaufsichtsbehörde kann in besonderen Fällen von Satz 1 Nr. 2 Ausnahmen zulassen.

(5) [1]Die Mitgliedsgemeinden können einzeln oder gemeinsam weitere Aufgaben als Erledigungs- und Erfüllungsaufgaben auf den Gemeindeverwaltungsverband übertragen; dazu bedarf es der Änderung der Verbandssatzung. [2]Erledigungs- und Erfüllungsaufgaben können auch alle Weisungsaufgaben sein, soweit Bundesrecht nicht entgegensteht.

(6) [1]Soweit für die Wahrnehmung von Erfüllungsaufgaben bereits Zweckverbände bestehen oder öffentlich-rechtliche Vereinbarungen gelten, tritt der Gemeindeverwaltungsverband in die Rechtsstellung seiner daran beteiligten Mitgliedsgemeinden ein. [2]§ 23 Abs. 2 des Gesetzes über kommunale Zusammenarbeit gilt entsprechend.

(7) Absätze 1 bis 6 gelten entsprechend für die vereinbarte Verwaltungsgemeinschaft.

§ 62 Auflösung der Verwaltungsgemeinschaft und Ausscheiden beteiligter Gemeinden

(1) [1]Verwaltungsgemeinschaften können aus Gründen des öffentlichen Wohls aufgelöst werden. [2]Die Auflösung bedarf einer Rechtsverordnung des Innenministeriums, wenn alle beteiligten Gemeinden, bei einem Gemeindeverwaltungsverband auch dieser, zustimmen. [3]Gegen den Willen eines der Beteiligten kann die Auflösung nur durch Gesetz nach Anhörung der Beteiligten erfolgen. [4]Das Gleiche gilt für das Ausscheiden von Gemeinden aus einer Verwaltungsgemeinschaft. [5]§ 8 bleibt unberührt.

(2) [1]Im Fall der Auflösung einer Verwaltungsgemeinschaft oder des Ausscheidens einer beteiligten Gemeinde regeln die Beteiligten die dadurch erforderliche Auseinandersetzung durch Vereinbarung. [2]Diese bedarf der Genehmigung der Rechtsaufsichtsbehörde. [3]Kommt eine Vereinbarung nicht zu Stande, trifft die Rechtsaufsichtsbehörde auf Antrag eines Beteiligten nach Anhörung der Beteiligten die im Interesse des öffentlichen Wohls erforderlichen Bestimmungen. [4]§ 9 Abs. 5 gilt entsprechend.

2. Bürgermeister in mehreren Gemeinden

§ 63 (Bürgermeister in mehreren Gemeinden)

[1]Benachbarte kreisangehörige Gemeinden können dieselbe Person zum Bürgermeister wählen. [2]Die Wahl des Bürgermeisters ist in jeder Gemeinde getrennt durchzuführen. [3]Die Amtszeit bestimmt sich für jede Gemeinde nach den hierfür geltenden Vorschriften.

3. Bezirksverfassung

§ 64 Gemeindebezirk

(1) [1]Durch die Hauptsatzung können in Stadtkreisen und Großen Kreisstädten und in Gemeinden mit räumlich getrennten Ortsteilen Gemeindebezirke (Stadtbezirke) eingerichtet werden. [2]Mehrere benachbarte Ortsteile können zu einem Gemeindebezirk zusammengefasst werden.

(2) In den Gemeindebezirken können Bezirksbeiräte gebildet werden.

(3) In den Gemeindebezirken kann eine örtliche Verwaltung eingerichtet werden.

§ 65 Bezirksbeirat

(1) [1]Die Mitglieder des Bezirksbeirats (Bezirksbeiräte) werden vom Gemeinderat aus dem Kreis der im Gemeindebezirk wohnenden wählbaren Bürger nach jeder regelmäßigen Wahl der Gemeinderäte bestellt. [2]Die Zahl der Bezirksbeiräte wird durch die Hauptsatzung bestimmt. [3]Bei der Bestellung der Bezirksbeiräte soll das von den im Gemeinderat vertretenen Parteien und Wählervereinigungen bei der letzten regelmäßigen Wahl der Gemeinderäte im Gemeindebezirk erzielte Wahlergebnis berücksichtigt werden; bei unechter Teilortswahl ist das Wahlergebnis für die Besetzung der Sitze aller Wohnbezirke zu Grunde zu legen. [4]Stellt das Bundesverfassungsgericht nach Artikel 21 Absatz 4 des Grundgesetzes fest, dass eine Partei oder die Teilorganisation einer Partei verfassungswidrig ist, oder wird eine Wählervereinigung nach dem Vereinsgesetz unanfechtbar verboten, gilt § 31 a entsprechend; die Feststellung nach § 31 a Absatz 5 Satz 1 trifft der Gemeinderat. [5]In die Bezirksbeiräte können durch den Gemeinderat

sachkundige Einwohner widerruflich als beratende Mitglieder berufen werden; ihre Zahl darf die der Mitglieder in den einzelnen Bezirksbeiräten nicht erreichen; sie sind ehrenamtlich tätig.

(2) [1]Der Bezirksbeirat ist zu wichtigen Angelegenheiten, die den Gemeindebezirk betreffen, zu hören. [2]Der Bezirksbeirat hat ferner die Aufgabe, die örtliche Verwaltung des Gemeindebezirks in allen wichtigen Angelegenheiten zu beraten. [3]Sofern in den Ausschüssen des Gemeinderats wichtige Angelegenheiten, die den Gemeindebezirk betreffen, auf der Tagesordnung stehen, kann der Bezirksbeirat eines seiner Mitglieder zu den Ausschusssitzungen entsenden. [4]Das entsandte Mitglied nimmt an den Ausschusssitzungen mit beratender Stimme teil. [5]Der Termin, an dem sich der Ausschuss des Gemeinderats mit der Angelegenheit befasst, ist dem Bezirksbeirat über dessen Vorsitzenden rechtzeitig bekannt zu geben.

(3) [1]Vorsitzender des Bezirksbeirats ist der Bürgermeister oder ein von ihm Beauftragter. [2]Innerhalb eines Jahres sind mindestens drei Sitzungen des Bezirksbeirats durchzuführen. [3]Im Übrigen finden auf den Geschäftsgang die für beratende Ausschüsse geltenden Vorschriften entsprechende Anwendung.

(4) [1]In Gemeinden mit mehr als 100 000 Einwohnern kann der Gemeinderat durch die Hauptsatzung bestimmen, dass die Bezirksbeiräte nach den für die Wahl der Gemeinderäte geltenden Vorschriften gewählt werden. [2]In diesem Fall werden für die Gemeindebezirke Bezirksvorsteher gewählt; die Vorschriften über die Ortschaftsverfassung, den Ortschaftsrat, die Ortschaftsräte und den Ortsvorsteher gelten entsprechend. [3]Die Entscheidung über den Haushaltsplan bleibt dem Gemeinderat vorbehalten.

§ 66 Aufhebung der Bezirksverfassung

Für die Aufhebung der Bezirksverfassung gilt § 73 entsprechend.

4. Ortschaftsverfassung

§ 67 Einführung der Ortschaftsverfassung

[1]In Gemeinden mit räumlich getrennten Ortsteilen kann die Ortschaftsverfassung eingeführt werden. [2]Für die Ortschaftsverfassung gelten die §§ 68 bis 73.

§ 68 Ortschaften

(1) [1]Durch die Hauptsatzung werden Ortschaften eingerichtet. [2]Mehrere benachbarte Ortsteile können zu einer Ortschaft zusammengefasst werden.
(2) In den Ortschaften werden Ortschaftsräte gebildet.
(3) Für die Ortschaften werden Ortsvorsteher bestellt.
(4) In den Ortschaften kann eine örtliche Verwaltung eingerichtet werden.

§ 69 Ortschaftsrat

(1) [1]Die Mitglieder des Ortschaftsrats (Ortschaftsräte) werden nach den für die Wahl der Gemeinderäte geltenden Vorschriften gewählt. [2]Wird eine Ortschaft während der laufenden Amtszeit der Gemeinderäte neu eingerichtet, werden die Ortschaftsräte erstmals nach der Einrichtung der Ortschaft für die Dauer der restlichen Amtszeit der Gemeinderäte, im Übrigen gleichzeitig mit den Gemeinderäten gewählt. [3]Wahlgebiet ist die Ortschaft. [4]Wahlberechtigt sind die in der Ortschaft wohnenden Bürger. [5]Wählbar sind in der Ortschaft wohnende Bürger, die das 18. Lebensjahr vollendet haben. [6]Im Fall einer Eingemeindung kann in der Hauptsatzung bestimmt werden, dass erstmals nach Einrichtung der Ortschaft die bisherigen Gemeinderäte der eingegliederten Gemeinde die Ortschaftsräte sind; scheidet ein Ortschaftsrat vorzeitig aus, gilt § 31 Abs. 2 entsprechend.
(2) [1]Die Zahl der Ortschaftsräte wird durch die Hauptsatzung bestimmt. [2]Ihre Amtszeit richtet sich nach der der Gemeinderäte. [3]§ 25 Abs. 2 Satz 3 gilt entsprechend.
(3) Vorsitzender des Ortschaftsrats ist der Ortsvorsteher.
(4) [1]Nimmt der Bürgermeister an der Sitzung des Ortschaftsrats teil, ist ihm vom Vorsitzenden auf Verlangen jederzeit das Wort zu erteilen.

[2]Gemeinderäte, die in der Ortschaft wohnen und nicht Ortschaftsräte sind, können an den Verhandlungen des Ortschaftsrats mit beratender Stimme teilnehmen. [3]In Gemeinden mit unechter Teilortswahl können die als Vertreter eines Wohnbezirks gewählten Gemeinderäte an den Verhandlungen des Ortschaftsrats der Ortschaften im Wohnbezirk mit beratender Stimme teilnehmen.

§ 70 Aufgaben des Ortschaftsrats

(1) [1]Der Ortschaftsrat hat die örtliche Verwaltung zu beraten. [2]Er ist zu wichtigen Angelegenheiten, die die Ortschaft betreffen, zu hören. [3]Er hat ein Vorschlagsrecht in allen Angelegenheiten, die die Ortschaft betreffen.
(2) [1]Der Gemeinderat kann durch die Hauptsatzung dem Ortschaftsrat bestimmte Angelegenheiten, die die Ortschaft betreffen, zur Entscheidung übertragen. [2]Dies gilt nicht für vorlage- und genehmigungspflichtige Beschlüsse und für die in § 39 Abs. 2 genannten Angelegenheiten.

§ 71 Ortsvorsteher

(1) [1]Der Ortsvorsteher und ein oder mehrere Stellvertreter werden nach der Wahl der Ortschaftsräte (§ 69 Abs. 1) vom Gemeinderat auf Vorschlag des Ortschaftsrats aus dem Kreis der zum Ortschaftsrat wählbaren Bürger, die Stellvertreter aus der Mitte des Ortschaftsrats gewählt. [2]Der Gemeinderat kann mit einer Mehrheit von zwei Dritteln der Stimmen aller Mitglieder beschließen, dass weitere Bewerber aus der Mitte des Ortschaftsrats in die Wahl einbezogen werden; in diesem Fall ist der Ortschaftsrat vor der Wahl anzuhören. [3]Der Ortsvorsteher ist zum Ehrenbeamten auf Zeit zu ernennen. [4]Seine Amtszeit endet mit der der Ortschaftsräte. [5]Er ist zu verabschieden, wenn er die Wählbarkeit verliert. [6]Bis zur Ernennung des gewählten Ortsvorstehers nimmt das an Lebensjahren älteste Mitglied des Ortschaftsrats die Aufgaben des Ortsvorstehers wahr, wenn nicht der Ortsvorsteher nach Freiwerden seiner Stelle die Geschäfte in entsprechender Anwendung des § 42 Abs. 5 weiterführt.
(2) Für Ortschaften mit einer örtlichen Verwaltung kann die Hauptsatzung bestimmen, dass ein Gemeindebeamter vom Gemeinderat im Ein-

vernehmen mit dem Ortschaftsrat für die Dauer der Amtszeit der Ortschaftsräte zum Ortsvorsteher bestellt wird.

(3) [1]Der Ortsvorsteher vertritt den Bürgermeister, in Gemeinden mit Beigeordneten auch den Beigeordneten ständig bei dem Vollzug der Beschlüsse des Ortschaftsrats und bei der Leitung der örtlichen Verwaltung. [2]Der Bürgermeister und die Beigeordneten können dem Ortsvorsteher allgemein oder im Einzelfall Weisungen erteilen, soweit er sie vertritt. [3]Der Bürgermeister kann dem Ortsvorsteher ferner in den Fällen des § 43 Abs. 2 und 4 Weisungen erteilen.

(4) Ortsvorsteher können an den Verhandlungen des Gemeinderats und seiner Ausschüsse mit beratender Stimme teilnehmen.

§ 72 Anwendung von Rechtsvorschriften

[1]Soweit in den §§ 67 bis 71 nichts Abweichendes bestimmt ist, finden die Vorschriften des 2. und 3. Abschnitts des Zweiten Teils und § 126 auf den Ortschaftsrat und den Ortsvorsteher entsprechende Anwendung mit folgenden Maßgaben:

1. § 33 a findet keine Anwendung;
2. bei Beschlussfassungen nach § 37 hat der Ortsvorsteher, der nicht Mitglied des Ortschaftsrats ist, im Ortschaftsrat kein Stimmrecht;
3. die Altersgrenzen nach § 46 Abs. 1 bestehen nicht für Ortsvorsteher;
4. die Hinderungsgründe nach § 46 Abs. 3 gelten nur für leitende Bedienstete und
5. das Verbot eines weiteren Beschäftigungsverhältnisses nach § 46 Abs. 4 gilt nicht für Ortsvorsteher nach § 71 Abs. 1.

[2]§ 20 Absatz 3 findet für Fraktionen des Ortschaftsrats Anwendung, soweit dies der Gemeinderat bestimmt hat.

§ 73 Aufhebung der Ortschaftsverfassung

(1) Die Ortschaftsverfassung kann durch Änderung der Hauptsatzung zur nächsten regelmäßigen Wahl der Gemeinderäte aufgehoben werden.

(2) Ist die Ortschaftsverfassung auf Grund einer Vereinbarung nach § 8 Abs. 2 und § 9 Abs. 4 für eine bestimmte Zeit eingeführt worden, ohne

dass die vereinbarte Befristung in die Hauptsatzung übernommen wurde, bedarf die Aufhebung der Ortschaftsverfassung einer Änderung der Hauptsatzung.

(3) [1]Ist die Ortschaftsverfassung auf Grund einer Vereinbarung nach § 8 Abs. 2 und § 9 Abs. 4 auf unbestimmte Zeit eingeführt worden, kann sie durch Änderung der Hauptsatzung mit Zustimmung des Ortschaftsrats aufgehoben werden, frühestens jedoch zur übernächsten regelmäßigen Wahl der Gemeinderäte nach Einführung der Ortschaftsverfassung. [2]Der Beschluss des Ortschaftsrats bedarf der Mehrheit der Stimmen aller Mitglieder.

§§ 74–76 *(weggefallen)*

Dritter Teil
Gemeindewirtschaft[37]

1. Abschnitt
Haushaltswirtschaft[38]

§ 77 Allgemeine Haushaltsgrundsätze

(1) [1]Die Gemeinde hat ihre Haushaltswirtschaft so zu planen und zu führen, dass die stetige Erfüllung ihrer Aufgaben gesichert ist. [2]Dabei ist den Erfordernissen des gesamtwirtschaftlichen Gleichgewichts grundsätzlich Rechnung zu tragen.

(2) Die Haushaltswirtschaft ist sparsam und wirtschaftlich zu führen.

(3) Die Gemeinde hat Bücher zu führen, in denen nach Maßgabe dieses Gesetzes und nach den Grundsätzen ordnungsmäßiger Buchführung

---

37 Vgl. zum Dritten Teil die Gemeindehaushaltsverordnung (vom 11.12.2009 (GBl. S. 770) abgedruckt auf S. 255 ff. mit den dort angeführten Verwaltungsvorschriften und die Gemeindekassenverordnung vom 11.12.2009 (GBl. S. 791).

38 Durch Artikel 5 und 6 des Gesetzes zur Änderung kommunalwahlrechtlicher und gemeindehaushaltsrechtlicher Vorschriften vom 16. April 2013 (GBl. S. 55) wurden die in Artikel 13 des Gesetzes zur Reform des Gemeindehaushaltsrechts und die in § 64 Abs. 2 und 3 GemHVO vorgesehenen Übergangsfristen für die Umstellung des Haushalts-, Kassen- und Rechnungswesens auf den neuen Rechtsrahmen vom Haushaltsjahr 2016 auf 2020 und für den kommunalen Gesamtabschluss vom Haushaltsjahr 2018 auf 2022 verlängert.

unter Berücksichtigung der besonderen gemeindehaushaltsrechtlichen Bestimmungen die Verwaltungsvorfälle und die Vermögens-, Ertrags- und Finanzlage in der Form der doppelten Buchführung (Kommunale Doppik) ersichtlich zu machen sind.

§ 78 Grundsätze der Erzielung von Erträgen und Einzahlungen[39]

(1) Die Gemeinde erhebt Abgaben nach den gesetzlichen Vorschriften.

(2) [1]Die Gemeinde hat die zur Erfüllung ihrer Aufgaben erforderlichen Erträge und Einzahlungen

1. soweit vertretbar und geboten aus Entgelten für ihre Leistungen,
2. im Übrigen aus Steuern

zu beschaffen, soweit die sonstigen Erträge und Einzahlungen nicht ausreichen.

[2]Sie hat dabei auf die wirtschaftlichen Kräfte ihrer Abgabepflichtigen Rücksicht zu nehmen.

(3) Die Gemeinde darf Kredite nur aufnehmen, wenn eine andere Finanzierung nicht möglich ist oder wirtschaftlich unzweckmäßig wäre.

(4) [1]Die Gemeinde darf zur Erfüllung ihrer Aufgaben nach § 1 Abs. 2 Spenden, Schenkungen und ähnliche Zuwendungen einwerben und annehmen oder an Dritte vermitteln, die sich an der Erfüllung von Aufgaben nach § 1 Abs. 2 beteiligen. [2]Die Einwerbung und die Entgegennahme des Angebots einer Zuwendung obliegen ausschließlich dem Bürgermeister sowie den Beigeordneten. [3]Über die Annahme oder Vermittlung entscheidet der Gemeinderat. [4]Die Gemeinde erstellt jährlich einen Bericht, in welchem die Geber, die Zuwendungen und die Zuwendungszwecke anzugeben sind, und übersendet ihn der Rechtsaufsichtsbehörde.

39 Zu § 78: Gewerbesteuer und Grundsteuer als bundesrechtlich geregelte Realsteuern. Im Übrigen vgl. für Gemeindesteuern, -gebühren und -beiträge das Kommunalabgabengesetz vom 17.3.2005 (GBl. S. 206 mit Änderungen). Bestimmungen über die als Pflichtsteuer zu erhebende Hundesteuer enthält § 9 Abs. 3 des Kommunalabgabengesetzes. Zum Finanzausgleich s. das Gesetz über den kommunalen Finanzausgleich vom 1.1.2000 (GBl. S. 14) mit Änderungen.

§ 79 Haushaltssatzung[40]

(1) [1]Die Gemeinde hat für jedes Haushaltsjahr eine Haushaltssatzung zu erlassen. [2]Die Haushaltssatzung kann für zwei Haushaltsjahre, nach Jahren getrennt, erlassen werden.

(2) [1]Die Haushaltssatzung enthält die Festsetzung

1. des Ergebnishaushalts unter Angabe des Gesamtbetrags
   a) der ordentlichen Erträge und Aufwendungen und deren Saldo als veranschlagtes ordentliches Ergebnis,
   b) der außerordentlichen Erträge und Aufwendungen und deren Saldo als veranschlagtes Sonderergebnis,
   c) des veranschlagten ordentlichen Ergebnisses und des veranschlagten Sonderergebnisses als veranschlagtes Gesamtergebnis,
2. des Finanzhaushalts unter Angabe des Gesamtbetrags
   a) der Einzahlungen und Auszahlungen aus laufender Verwaltungstätigkeit sowie deren Saldo als Zahlungsmittelüberschuss oder -bedarf des Ergebnishaushalts,
   b) der Einzahlungen und Auszahlungen aus Investitionstätigkeit und deren Saldo,
   c) aus den Salden nach Buchstaben a und b als Finanzierungsmittelüberschuss oder -bedarf,
   d) der Einzahlungen und Auszahlungen aus Finanzierungstätigkeit und deren Saldo,
   e) aus den Salden nach Buchstaben c und d als Saldo des Finanzhaushalts,
3. des Gesamtbetrags
   a) der vorgesehenen Kreditaufnahmen für Investitionen und Investitionsförderungsmaßnahmen (Kreditermächtigung) und
   b) der vorgesehenen Ermächtigungen zum Eingehen von Verpflichtungen, die künftige Haushaltsjahre mit Auszahlungen für Investitionen und Investitionsförderungsmaßnahmen belasten (Verpflichtungsermächtigungen),
4. des Höchstbetrags der Kassenkredite und
5. der Steuersätze für die Grundsteuer und die Gewerbesteuer, soweit diese nicht in einer gesonderten Satzung festgesetzt werden.

---

40 Zu § 79 vgl. § 7 GemHVO (Haushaltsplan für zwei Jahre).

[2]Sie kann weitere Vorschriften enthalten, die sich auf die Erträge, Aufwendungen, Einzahlungen und Auszahlungen und den Stellenplan für das Haushaltsjahr beziehen.

(3) Die Haushaltssatzung tritt mit Beginn des Haushaltsjahres in Kraft und gilt für das Haushaltsjahr.

(4) Haushaltsjahr ist das Kalenderjahr.

§ 80 Haushaltsplan[41]

(1) [1]Der Haushaltsplan ist Teil der Haushaltssatzung. [2]Er enthält alle im Haushaltsjahr für die Erfüllung der Aufgaben der Gemeinde voraussichtlich

1. anfallenden Erträge und entstehenden Aufwendungen,
2. eingehenden ergebnis- und vermögenswirksamen Einzahlungen und zu leistenden ergebnis- und vermögenswirksamen Auszahlungen und
3. notwendigen Verpflichtungsermächtigungen.

[3]Zusätzlich sollen Schlüsselpositionen und die bei diesen zu erbringenden Leistungsziele dargestellt werden. [4]Der Haushaltsplan enthält ferner den Stellenplan nach § 57 Satz 1. [5]Die Vorschriften über die Haushaltswirtschaft der Sondervermögen der Gemeinde bleiben unberührt.

(2) [1]Der Haushaltsplan ist in einen Ergebnishaushalt und einen Finanzhaushalt zu gliedern. [2]Das Ergebnis aus ordentlichen Erträgen und ordentlichen Aufwendungen (ordentliches Ergebnis) soll unter Berücksichtigung von Fehlbeträgen aus Vorjahren ausgeglichen werden; Absatz 3 bleibt unberührt.

(3) [1]Ist ein Ausgleich des ordentlichen Ergebnisses unter Berücksichtigung von Fehlbeträgen aus Vorjahren trotz Ausnutzung aller Sparmöglichkeiten und Ausschöpfung aller Ertragsmöglichkeiten sowie Verwendung des Sonderergebnisses und von Überschussrücklagen nicht möglich, kann ein Fehlbetrag in die drei folgenden Haushaltsjahre vorgetragen werden. [2]Ein danach verbleibender Fehlbetrag ist mit dem Basiskapital zu verrechnen. [3]Das Basiskapital darf nicht negativ sein.

---

41 Zu § 80 vgl. aus der Gemeindehaushaltsverordnung die §§ 1–9 (Haushaltsplan, Finanzplan), 10–17 (Planungsgrundsätze), 18–21 (Deckungsgrundsätze), 24, 25 (Haushaltsausgleich).

(4) [1]Der Haushaltsplan ist nach Maßgabe dieses Gesetzes und der auf Grund dieses Gesetzes erlassenen Vorschriften für die Führung der Haushaltswirtschaft verbindlich. [2]Ansprüche und Verbindlichkeiten werden durch ihn weder begründet noch aufgehoben.

§ 81 Erlass der Haushaltssatzung

(1) Die Haushaltssatzung ist vom Gemeinderat in öffentlicher Sitzung zu beraten und zu beschließen.
(2) Die vom Gemeinderat beschlossene Haushaltssatzung ist der Rechtsaufsichtsbehörde vorzulegen; sie soll ihr spätestens einen Monat vor Beginn des Haushaltsjahres vorliegen.
(3) [1]Mit der öffentlichen Bekanntmachung der Haushaltssatzung ist der Haushaltsplan an sieben Tagen öffentlich auszulegen; in der Bekanntmachung ist auf die Auslegung hinzuweisen. [2]Enthält die Haushaltssatzung genehmigungspflichtige Teile, kann sie erst nach der Genehmigung öffentlich bekannt gemacht werden.

§ 82 Nachtragshaushaltssatzung[42]

(1) [1]Die Haushaltssatzung kann nur bis zum Ablauf des Haushaltsjahres durch Nachtragshaushaltssatzung geändert werden. [2]Für die Nachtragshaushaltssatzung gelten die Vorschriften für die Haushaltssatzung entsprechend.
(2) Die Gemeinde hat unverzüglich eine Nachtragshaushaltssatzung zu erlassen, wenn
1. sich zeigt, dass im Ergebnishaushalt beim ordentlichen Ergebnis oder beim Sonderergebnis ein erheblicher Fehlbetrag entsteht oder ein veranschlagter Fehlbetrag sich erheblich vergrößert und dies sich nicht durch andere Maßnahmen vermeiden lässt,
2. bisher nicht veranschlagte oder zusätzliche einzelne Aufwendungen oder Auszahlungen in einem im Verhältnis zu den Gesamtaufwendungen oder Gesamtauszahlungen des Haushaltsplans erheblichen Umfang geleistet werden müssen,

42 Zu § 82 vgl. § 8 Gemeindehaushaltsverordnung (Nachtragshaushaltsplan).

3. Auszahlungen des Finanzhaushalts für bisher nicht veranschlagte Investitionen und Investitionsförderungsmaßnahmen geleistet werden sollen oder
4. Gemeindebedienstete eingestellt, angestellt, befördert oder höher eingestuft werden sollen und der Stellenplan die entsprechenden Stellen nicht enthält.

(3) Absatz 2 Nr. 2 bis 4 findet keine Anwendung auf

1. unbedeutende Investitionen und Investitionsförderungsmaßnahmen sowie unabweisbare Aufwendungen und Auszahlungen,
2. die Umschuldung von Krediten,
3. Abweichungen vom Stellenplan und die Leistung höherer Personalaufwendungen, die sich unmittelbar aus einer Änderung des Besoldungs- oder Tarifrechts ergeben und
4. eine Vermehrung oder Hebung von Stellen für Beamte und für Arbeitnehmer, wenn sie im Verhältnis zur Gesamtzahl der Stellen für diese Bediensteten unerheblich ist.

§ 83 Vorläufige Haushaltsführung

(1) Ist die Haushaltssatzung bei Beginn des Haushaltsjahres noch nicht erlassen, darf die Gemeinde

1. finanzielle Leistungen nur erbringen, zu denen sie rechtlich verpflichtet ist oder die für die Weiterführung notwendiger Aufgaben unaufschiebbar sind; sie darf insbesondere Bauten, Beschaffungen und sonstige Leistungen des Finanzhaushalts, für die im Haushaltsplan eines Vorjahres Beträge vorgesehen waren, fortsetzen,
2. Steuern, deren Sätze nach § 79 Abs. 2 Nr. 5 festgesetzt werden, vorläufig nach den Sätzen des Vorjahres erheben und
3. Kredite umschulden.

(2) [1]Reichen die Finanzierungsmittel für die Fortsetzung von Bauten, Beschaffungen und sonstigen Leistungen des Finanzhaushalts nach Absatz 1 Nr. 1 nicht aus, darf die Gemeinde mit Genehmigung der Rechtsaufsichtsbehörde Kredite für Investitionen und Investitionsförderungsmaßnahmen bis zu einem Viertel des durchschnittlichen Betrags der Kreditermächtigungen für die beiden Vorjahre aufnehmen. [2]§ 87 Abs. 2 Satz 2 gilt entsprechend.

(3) [1]Der Stellenplan des Vorjahres gilt weiter, bis die Haushaltssatzung für das neue Jahr erlassen ist.

§ 84 Planabweichungen

(1) [1]Überplanmäßige und außerplanmäßige Aufwendungen sind nur zulässig, wenn ein dringendes Bedürfnis besteht und die Deckung gewährleistet ist oder wenn sie unabweisbar sind und kein erheblicher Fehlbetrag entsteht oder ein geplanter Fehlbetrag sich nur unerheblich erhöht. [2]Überplanmäßige und außerplanmäßige Auszahlungen sind nur zulässig, wenn ein dringendes Bedürfnis besteht und die Finanzierung gewährleistet ist oder wenn sie unabweisbar sind. [3]Sind die Aufwendungen oder Auszahlungen nach Umfang und Bedeutung erheblich, bedürfen sie der Zustimmung des Gemeinderats; dies gilt nicht für überplanmäßige oder außerplanmäßige Aufwendungen aufgrund einer erforderlichen Anpassung des Werts von Vermögensgegenständen, Sonderposten, Schulden und Rückstellungen. [4]§ 82 Abs. 2 bleibt unberührt.

(2) Für Investitionen, die im folgenden Jahr fortgesetzt werden, sind überplanmäßige Auszahlungen auch dann zulässig, wenn ihre Finanzierung im folgenden Jahr gewährleistet ist; sie bedürfen der Zustimmung des Gemeinderats.

(3) Absätze 1 und 2 gelten entsprechend für Maßnahmen, durch die überplanmäßige oder außerplanmäßige Aufwendungen oder Auszahlungen entstehen können.

§ 85 Finanzplanung[43]

(1) [1]Die Gemeinde hat ihrer Haushaltswirtschaft eine fünfjährige Finanzplanung zu Grunde zu legen. [2]Das erste Planungsjahr der Finanzplanung ist das laufende Haushaltsjahr.

(2) In der Finanzplanung sind Umfang und Zusammensetzung der voraussichtlichen Aufwendungen und Auszahlungen und die Finanzierungsmöglichkeiten darzustellen.

(3) Als Grundlage für die Finanzplanung ist ein Investitionsprogramm aufzustellen.

---

43 Zu § 85 vgl. § 9 Gemeindehaushaltsverordnung (Finanzplanung) und § 12 Gemeindehaushaltsverordnung (Investitionen).

(4) Der Finanzplan ist mit dem Investitionsprogramm dem Gemeinderat spätestens mit dem Entwurf der Haushaltssatzung vorzulegen und vom Gemeinderat spätestens mit der Haushaltssatzung zu beschließen.
(5) Der Finanzplan und das Investitionsprogramm sind jährlich der Entwicklung anzupassen und fortzuführen.

§ 86 Verpflichtungsermächtigungen[44]

(1) Verpflichtungen zur Leistung von Auszahlungen für Investitionen und Investitionsförderungsmaßnahmen in künftigen Jahren dürfen unbeschadet des Absatzes 5 nur eingegangen werden, wenn der Haushaltsplan hierzu ermächtigt.
(2) Die Verpflichtungsermächtigungen dürfen zu Lasten der dem Haushaltsjahr folgenden drei Jahre veranschlagt werden, erforderlichenfalls bis zum Abschluss einer Maßnahme; sie sind nur zulässig, wenn ihre Finanzierung in künftigen Haushalten möglich ist.
(3) [1]Die Verpflichtungsermächtigungen gelten weiter, bis die Haushaltssatzung für das folgende Jahr erlassen ist. [2]In einer Haushaltssatzung für zwei Haushaltsjahre kann bestimmt werden, dass nicht in Anspruch genommene Verpflichtungsermächtigungen des ersten Haushaltsjahres weiter bis zum Erlass der nächsten Haushaltssatzung gelten.
(4) Der Gesamtbetrag der Verpflichtungsermächtigungen bedarf im Rahmen der Haushaltssatzung insoweit der Genehmigung der Rechtsaufsichtsbehörde, als in den Jahren, zu deren Lasten sie veranschlagt sind, Kreditaufnahmen vorgesehen sind.
(5) Verpflichtungen im Sinne des Absatzes 1 dürfen überplanmäßig oder außerplanmäßig eingegangen werden, wenn ein dringendes Bedürfnis besteht und der in der Haushaltssatzung festgesetzte Gesamtbetrag der Verpflichtungsermächtigungen nicht überschritten wird.

§ 87 Kreditaufnahmen

(1) [1]Kredite dürfen unter den Voraussetzungen des § 78 Abs. 3 nur im Finanzhaushalt und nur für Investitionen, Investitionsförderungsmaßnahmen und zur Umschuldung aufgenommen werden.

44 Zu § 86 vgl. § 11 Gemeindehaushaltsverordnung (Verpflichtungsermächtigungen).

Kredite dürfen unter den Voraussetzungen des Satzes 1 auch aufgenommen werden zur Ablösung von inneren Darlehen aus Mitteln, die für Rückstellungen für die Stilllegung und Nachsorge von Abfalldeponien erwirtschaftet wurden, wenn die Mittel des inneren Darlehens für investive Zwecke verwendet worden sind.

(2) [1]Der Gesamtbetrag der vorgesehenen Kreditaufnahmen für Investitionen und Investitionsförderungsmaßnahmen sowie für die Ablösung von inneren Darlehen nach Absatz 1 Satz 2 bedarf im Rahmen der Haushaltssatzung der Genehmigung der Rechtsaufsichtsbehörde (Gesamtgenehmigung). [2]Die Genehmigung soll unter dem Gesichtspunkt einer geordneten Haushaltswirtschaft erteilt oder versagt werden; sie kann unter Bedingungen erteilt und mit Auflagen verbunden werden. [3]Sie ist in der Regel zu versagen, wenn die Kreditverpflichtungen mit der dauernden Leistungsfähigkeit der Gemeinde nicht im Einklang stehen.

(3) Die Kreditermächtigung gilt weiter, bis die Haushaltssatzung für das übernächste Jahr erlassen ist.

(4) [1]Die Aufnahme der einzelnen Kredite, deren Gesamtbetrag nach Absatz 2 genehmigt worden ist, bedarf der Genehmigung der Rechtsaufsichtsbehörde (Einzelgenehmigung), sobald nach § 19 des Gesetzes zur Förderung der Stabilität und des Wachstums der Wirtschaft die Kreditaufnahmen beschränkt worden sind. [2]Die Einzelgenehmigung kann nach Maßgabe der Kreditbeschränkungen versagt werden.

(5) [1]Die Begründung einer Zahlungsverpflichtung, die wirtschaftlich einer Kreditaufnahme gleichkommt, bedarf der Genehmigung der Rechtsaufsichtsbehörde. [2]Absatz 2 Satz 2 und 3 gilt entsprechend. [3]Eine Genehmigung ist nicht erforderlich für die Begründung von Zahlungsverpflichtungen im Rahmen der laufenden Verwaltung. [4]Das Innenministerium kann die Genehmigung für Rechtsgeschäfte, die zur Erfüllung bestimmter Aufgaben dienen oder den Haushalt der Gemeinde nicht besonders belasten, allgemein erteilen.

(6) [1]Die Gemeinde darf zur Sicherung des Kredits keine Sicherheiten bestellen. [2]Die Rechtsaufsichtsbehörde kann Ausnahmen zulassen, wenn die Bestellung von Sicherheiten der Verkehrsübung entspricht.

§ 88 Sicherheiten und Gewährleistung für Dritte

(1) [1]Die Gemeinde darf keine Sicherheiten zu Gunsten Dritter bestellen. [2]Die Rechtsaufsichtsbehörde kann Ausnahmen zulassen.

(2) [1]Die Gemeinde darf Bürgschaften und Verpflichtungen aus Gewährverträgen nur zur Erfüllung ihrer Aufgaben übernehmen. [2]Die Rechtsgeschäfte bedürfen der Genehmigung der Rechtsaufsichtsbehörde, wenn sie nicht im Rahmen der laufenden Verwaltung abgeschlossen werden. [3]§ 87 Abs. 2 Satz 2 und 3 gilt entsprechend.

(3) Absatz 2 gilt entsprechend für Rechtsgeschäfte, die den in Absatz 2 genannten Rechtsgeschäften wirtschaftlich gleichkommen, insbesondere für die Zustimmung zu Rechtsgeschäften Dritter, aus denen der Gemeinde in künftigen Haushaltsjahren Verpflichtungen zu finanziellen Leistungen erwachsen können.

(4) Das Innenministerium kann die Genehmigung allgemein erteilen für Rechtsgeschäfte, die

1. von der Gemeinde zur Förderung des Städte- und Wohnungsbaus eingegangen werden,
2. den Haushalt der Gemeinde nicht besonders belasten.

(5) weggefallen

§ 89 Liquiditätssicherung

(1) Die Gemeinde hat durch eine Liquiditätsplanung die Verfügbarkeit liquider Mittel für eine rechtzeitige Leistung der Auszahlungen sicherzustellen.

(2) [1]Zur rechtzeitigen Leistung der Auszahlungen kann die Gemeinde Kassenkredite bis zu dem in der Haushaltssatzung festgesetzten Höchstbetrag aufnehmen, soweit für die Kasse keine anderen Mittel zur Verfügung stehen. [2]Die Ermächtigung gilt weiter, bis die Haushaltssatzung für das folgende Jahr erlassen ist.

(3) Der Höchstbetrag der Kassenkredite bedarf im Rahmen der Haushaltssatzung der Genehmigung der Rechtsaufsichtsbehörde, wenn er ein Fünftel der im Ergebnishaushalt veranschlagten ordentlichen Aufwendungen übersteigt.

§ 90 Rücklagen, Rückstellungen[45]

(1) Überschüsse der Ergebnisrechnung sind den Rücklagen zuzuführen.

(2) [1]Für ungewisse Verbindlichkeiten und für hinsichtlich ihrer Höhe oder des Zeitpunkts ihres Eintritts unbestimmte Aufwendungen sind Rückstellungen zu bilden. [2]Rückstellungen dürfen nur aufgelöst werden, soweit der Grund hierfür entfallen ist.

§ 91 Erwerb und Verwaltung von Vermögen, Wertansätze

(1) Die Gemeinde soll Vermögensgegenstände nur erwerben, wenn dies zur Erfüllung ihrer Aufgaben erforderlich ist.

(2) [1]Die Vermögensgegenstände sind pfleglich und wirtschaftlich zu verwalten und ordnungsgemäß nachzuweisen. [2]Bei Geldanlagen ist auf eine ausreichende Sicherheit zu achten; sie sollen einen angemessenen Ertrag bringen.

(3) Besondere Rechtsvorschriften für die Bewirtschaftung des Gemeindewalds bleiben unberührt.

(4) [1]Vermögensgegenstände sind mit den Anschaffungs- oder Herstellungskosten, vermindert um Abschreibungen, anzusetzen. [2]Verbindlichkeiten sind zu ihrem Rückzahlungsbetrag und Rückstellungen in Höhe des Betrags anzusetzen, der nach vernünftiger Beurteilung notwendig ist.

§ 92 Veräußerung von Vermögen[46]

(1) [1]Die Gemeinde darf Vermögensgegenstände, die sie zur Erfüllung ihrer Aufgaben nicht braucht, veräußern. [2]Vermögensgegenstände dürfen in der Regel nur zu ihrem vollen Wert veräußert werden.

(2) Für die Überlassung der Nutzung eines Vermögensgegenstands gilt Absatz 1 entsprechend.

(3) [1]Will die Gemeinde einen Vermögensgegenstand unter seinem vollen Wert veräußern, hat sie den Beschluss der Rechtsaufsichtsbehörde vorzulegen. [2]Das Innenministerium kann von der Vorlagepflicht allge-

45 Zu § 90 vgl. § 23 Gemeindehaushaltsverordnung (Rücklagen).

46 Zu § 91 vgl. §§ 37, 38, 55 Gemeindehaushaltsverordnung (Inventar, Inventur, Vermögensübersicht, Schuldenübersicht).

mein freistellen, wenn die Rechtsgeschäfte zur Erfüllung bestimmter Aufgaben dienen oder ihrer Natur nach regelmäßig wiederkehren oder wenn bestimmte Wertgrenzen oder Grundstücksgrößen nicht überschritten werden.

§ 93 Gemeindekasse[47]

(1) [1]Die Gemeindekasse erledigt alle Kassengeschäfte der Gemeinde; § 98 bleibt unberührt. [2]Die Buchführung kann von den Kassengeschäften abgetrennt werden.

(2) [1]Die Gemeinde hat, wenn sie ihre Kassengeschäfte nicht durch eine Stelle außerhalb der Gemeindeverwaltung besorgen lässt, einen Kassenverwalter und einen Stellvertreter zu bestellen. [2]Der Leiter und die Prüfer des Rechnungsprüfungsamts sowie ein Rechnungsprüfer können nicht gleichzeitig Kassenverwalter oder dessen Stellvertreter sein.

(3) [1]Der Kassenverwalter, sein Stellvertreter und andere Bedienstete der Gemeindekasse dürfen untereinander, zum Bürgermeister, zu einem Beigeordneten, einem Stellvertreter des Bürgermeisters, zum Fachbediensteten für das Finanzwesen, zum Leiter und zu den Prüfern des Rechnungsprüfungsamts sowie zu einem Rechnungsprüfer nicht in einem die Befangenheit begründenden Verhältnis nach § 18 Abs. 1 Nr. 1 bis 3 stehen. [2]In Gemeinden mit nicht mehr als 2000 Einwohnern kann der Gemeinderat bei Vorliegen besonderer Umstände mit den Stimmen aller Mitglieder, die nicht befangen sind, Ausnahmen vom Verbot des Satzes 1 zulassen.

§ 94 Übertragung von Kassengeschäften

[1]Die Gemeinde kann die Kassengeschäfte ganz oder zum Teil von einer Stelle außerhalb der Gemeindeverwaltung besorgen lassen, wenn die ordnungsmäßige Erledigung und die Prüfung nach den für die Gemeinde geltenden Vorschriften gewährleistet sind. [2]Der Beschluss hierüber ist der Rechtsaufsichtsbehörde anzuzeigen. [3]Die Vorschriften des Gesetzes über kommunale Zusammenarbeit bleiben unberührt.

---

47 Zu den §§ 93 und 94 vgl. Gemeindekassenverordnung vom 11.12.2009 (GBl. S. 791) mit Änderungen.

§ 95 Jahresabschluss[48]

(1) [1]Die Gemeinde hat zum Schluss eines jeden Haushaltsjahres einen Jahresabschluss aufzustellen. [2]Der Jahresabschluss ist nach den Grundsätzen ordnungsmäßiger Buchführung unter Berücksichtigung der besonderen gemeindehaushaltsrechtlichen Bestimmungen aufzustellen und muss klar und übersichtlich sein. [3]Der Jahresabschluss hat sämtliche Vermögensgegenstände, Schulden, Rückstellungen, Rechnungsabgrenzungsposten, Erträge, Aufwendungen, Einzahlungen und Auszahlungen zu enthalten, soweit nichts anderes bestimmt ist. [4]Er hat die tatsächliche Vermögens-, Ertrags- und Finanzlage der Gemeinde darzustellen.

(2) [1]Der Jahresabschluss besteht aus

1. der Ergebnisrechnung,
2. der Finanzrechnung und
3. der Bilanz.

[2]Der Jahresabschluss ist um einen Anhang zu erweitern, der mit den Rechnungen nach Satz 1 eine Einheit bildet, und durch einen Rechenschaftsbericht zu erläutern.

(3) Dem Anhang sind als Anlagen beizufügen

1. die Vermögensübersicht,
2. die Schuldenübersicht und
3. eine Übersicht über die in das folgende Jahr zu übertragenden Haushaltsermächtigungen.

§ 95 a Gesamtabschluss

(1) [1]Mit dem Jahresabschluss der Gemeinde sind die Jahresabschlüsse

1. der verselbständigten Organisationseinheiten und Vermögensmassen, die mit der Gemeinde eine Rechtseinheit bilden, ausgenommen das Sondervermögen nach § 96 Abs. 1 Nr. 5,
2. der rechtlich selbständigen Organisationseinheiten und Vermögensmassen mit Nennkapital, ausgenommen die Sparkassen, an denen die Gemeinde eine Beteiligung hält; für mittelbare Beteiligungen gilt § 290 des Handelsgesetzbuchs (HGB), und
3. der Zweckverbände und Verwaltungsgemeinschaften

---

48 Zu § 95 vgl. §§ 47–55 Gemeindehaushaltsverordnung (Jahresabschluss).

zu konsolidieren. [2]Der Gesamtabschluss hat unter Beachtung der Grundsätze ordnungsmäßiger Buchführung unter Berücksichtigung der besonderen gemeindehaushaltsrechtlichen Bestimmungen ein den tatsächlichen Verhältnissen entsprechendes Bild der Vermögens-, Ertrags- und Finanzlage der Gemeinde einschließlich ihrer ausgegliederten Aufgabenträger zu vermitteln. [3]Ein Aufgabenträger nach Satz 1 braucht in den Gesamtabschluss nicht einbezogen zu werden, wenn er für die Verpflichtung, ein den tatsächlichen Verhältnissen entsprechendes Bild der Vermögens-, Ertrags- und Finanzlage der Gemeinde zu vermitteln, von untergeordneter Bedeutung ist.

(2) Die Gemeinde ist von der Pflicht zur Aufstellung eines Gesamtabschlusses befreit, wenn die nach Absatz 1 Satz 1 zu konsolidierenden Aufgabenträger für die Verpflichtung, ein den tatsächlichen Verhältnissen entsprechendes Bild der Vermögens-, Ertrags- und Finanzlage der Gemeinde zu vermitteln, in ihrer Gesamtheit von untergeordneter Bedeutung sind.

(3) Aufgabenträger nach Absatz 1 Satz 1 unter beherrschendem Einfluss der Gemeinde sind entsprechend §§ 300 bis 309 HGB mit der Maßgabe, dass die Vermögenskonsolidierung zu den jeweiligen Buchwerten in den Abschlüssen dieser Aufgabenträger erfolgt, zu konsolidieren (Vollkonsolidierung), solche unter maßgeblichem Einfluss der Gemeinde werden entsprechend §§ 311 und 312 HGB konsolidiert (Eigenkapitalmethode).

(4) [1]Der Gesamtabschluss ist durch eine Kapitalflussrechnung zu ergänzen und durch einen Konsolidierungsbericht zu erläutern. [2]Dem Konsolidierungsbericht sind Angaben nach § 105 Abs. 2 Satz 3 zum nicht konsolidierten Beteiligungsbesitz anzufügen. [3]Der nach den Sätzen 1 und 2 aufgestellte Gesamtabschluss ersetzt den Beteiligungsbericht nach § 105.

(5) [1]Die Gemeinde hat bei den nach Absatz 1 zu konsolidierenden Aufgabenträgern darauf hinzuwirken, dass ihr das Recht eingeräumt wird, von diesen alle Unterlagen und Auskünfte zu verlangen, die für die Aufstellung des Gesamtabschlusses erforderlich sind. [2]§ 103 Abs. 1 Satz 1 Nr. 5 Buchst. f bleibt unberührt.

§ 95 b Aufstellung und ortsübliche Bekanntgabe der Abschlüsse

(1) [1]Der Jahresabschluss ist innerhalb von sechs Monaten und der Gesamtabschluss innerhalb von neun Monaten nach Ende des Haushaltsjahres aufzustellen und vom Bürgermeister unter Angabe des Datums zu unterzeichnen. [2]Der Jahresabschluss ist vom Gemeinderat innerhalb eines Jahres, der Gesamtabschluss innerhalb von 15 Monaten nach Ende des Haushaltsjahres festzustellen.
(2) [1]Der Beschluss über die Feststellung nach Absatz 1 ist der Rechtsaufsichtsbehörde sowie der Prüfungsbehörde (§ 113) unverzüglich mitzuteilen und ortsüblich bekannt zu geben. [2]Gleichzeitig ist der Jahresabschluss mit dem Rechenschaftsbericht und der Gesamtabschluss mit dem Konsolidierungsbericht an sieben Tagen öffentlich auszulegen; in der Bekanntgabe ist auf die Auslegung hinzuweisen.

2. Abschnitt
Sondervermögen, Treuhandvermögen[49]

§ 96 Sondervermögen

(1) Sondervermögen der Gemeinde sind
1. das Gemeindegliedervermögen,
2. das Vermögen der rechtlich unselbstständigen örtlichen Stiftungen,
3. das Vermögen der Eigenbetriebe,
4. rechtlich unselbstständige Versorgungs- und Versicherungseinrichtungen für Bedienstete der Gemeinde,
5. das Sondervermögen für die Kameradschaftspflege nach § 18 des Feuerwehrgesetzes.

(2) [1]Sondervermögen nach Absatz 1 Nr. 1 und 2 unterliegen den Vorschriften über die Haushaltswirtschaft. [2]Sie sind im Haushalt der Gemeinde gesondert nachzuweisen.
(3) [1]Für Sondervermögen nach Absatz 1 Nr. 4 sind besondere Haushaltspläne aufzustellen und Sonderrechnungen zu führen. [2]Die Vorschriften über die Haushaltswirtschaft gelten entsprechend mit der Maßgabe, dass an die Stelle der Haushaltssatzung der Beschluss über

---

49 Zum 2. Abschnitt vgl. § 60 Gemeindehaushaltsverordnung (Sondervermögen, Treuhandvermögen).

den Haushaltsplan tritt und von der ortsüblichen Bekanntgabe und Auslegung nach § 95 b Absatz 2 abgesehen werden kann. [3]An Stelle eines Haushaltsplans können ein Wirtschaftsplan aufgestellt und die für die Wirtschaftsführung und das Rechnungswesen der Eigenbetriebe geltenden Vorschriften entsprechend angewendet werden; in diesem Fall gelten § 77 Abs. 1 und 2, §§ 78, 81 Absatz 2 sowie §§ 85 bis 89, 91 und 92 entsprechend.

§ 97 Treuhandvermögen

(1) [1]Für rechtlich selbstständige örtliche Stiftungen sowie für Vermögen, die die Gemeinde nach besonderem Recht treuhänderisch zu verwalten hat, sind besondere Haushaltspläne aufzustellen und Sonderrechnungen zu führen. [2]§ 96 Abs. 3 Satz 2 und 3 gilt entsprechend.
(2) Unbedeutendes Treuhandvermögen kann im Haushalt der Gemeinde gesondert nachgewiesen werden; es unterliegt den Vorschriften über die Haushaltswirtschaft.
(3) Mündelvermögen sind abweichend von den Absätzen 1 und 2 nur im Jahresabschluss gesondert nachzuweisen.
Bestimmungen gelten die bisherigen Regelungen für die Haushaltswirtschaft weiter; dabei ist an Stelle des bisherigen § 95 Abs. 3 GemO der neue § 95 b Abs. 2 GemO sinngemäß anzuwenden.
(4) Für rechtlich selbstständige örtliche Stiftungen bleiben Bestimmungen des Stifters, für andere Treuhandvermögen besondere gesetzliche Vorschriften unberührt.

§ 98 Sonderkassen

[1]Für Sondervermögen und Treuhandvermögen, für die Sonderrechnungen geführt werden, sind Sonderkassen einzurichten. [2]Sie sollen mit der Gemeindekasse verbunden werden. [3]§ 94 gilt entsprechend.

§ 99 Freistellung von der Finanzplanung

Das Innenministerium kann durch Rechtsverordnung Sondervermögen und Treuhandvermögen von den Verpflichtungen des § 85 freistellen, soweit die Finanzplanung weder für die Haushalts- oder Wirtschaftsführung noch für die Finanzstatistik benötigt wird.

§ 100 Gemeindegliedervermögen

(1) [1]Gemeindegliedervermögen darf nicht in Privatvermögen der Nutzungsberechtigten, Gemeindevermögen nicht in Gemeindegliedervermögen umgewandelt werden. [2]Bei aufgeteilten Nutzungsrechten, die mit dem Eigentum an bestimmten Grundstücken verbunden sind, kann der Nutzungsberechtigte gegen angemessenes Entgelt die Übereignung der mit dem Nutzungsrecht belasteten landwirtschaftlichen Grundstücke verlangen, es sei denn, dass die Grundstücke unmittelbar oder mittelbar für öffentliche Aufgaben benötigt werden oder nach der Bauleitplanung der Gemeinde nicht zur landwirtschaftlichen Nutzung bestimmt sind.

(2) [1]Eine Aufnahme in das Nutzbürgerrecht und eine Zulassung zur Teilnahme an den Gemeindenutzungen finden nicht mehr statt. [2]Die Rechte der Nutzungsberechtigten bleiben erhalten; auf diese Rechte ist das bisherige Recht weiter anzuwenden. [3]Der Wert des einzelnen Nutzungsanteils darf nicht erhöht werden; ein Vorrücken in höhere Nutzungsklassen unterbleibt. [4]Freiwerdende Lose fallen der Gemeinde zu.

(3) [1]Die Nutzungsberechtigten sind zur ordnungsgemäßen Nutzung verpflichtet. [2]Verletzt ein Nutzungsberechtigter trotz schriftlicher Mahnung gröblich seine Pflicht zur ordnungsgemäßen Nutzung, so kann ihm sein Nutzungsrecht entschädigungslos entzogen werden.

(4) [1]Gemeindegliedervermögen kann gegen angemessene Entschädigung in Geld in freies Gemeindevermögen umgewandelt werden, wenn es zum Wohl der Allgemeinheit, insbesondere zur Erfüllung von Aufgaben der Gemeinde oder zur Verbesserung der Agrarstruktur erforderlich ist. [2]In ein Verfahren nach dem Flurbereinigungsgesetz einbezogenes Gemeindegliedervermögen ist unter den Voraussetzungen des Satzes 1 in freies Gemeindevermögen umzuwandeln.

(5) [1]Bisher landwirtschaftlich genutztes Gemeindegliedervermögen, das freies Gemeindevermögen wird, ist gegen angemessenes Entgelt der privaten landwirtschaftlichen Nutzung zu überlassen; Gemeinschaftsweiden sind als öffentliche Einrichtungen fortzuführen, solange hierfür ein Bedürfnis besteht. [2]Dies gilt nicht, soweit die Grundstücke unmittelbar oder mittelbar für öffentliche Aufgaben benötigt werden oder ihre landwirtschaftliche Nutzung die Durchführung der Bauleitplanung der Gemeinde behindert.

§ 101 Örtliche Stiftungen[50]

(1) [1]Die Gemeinde verwaltet die örtlichen Stiftungen nach den Vorschriften dieses Gesetzes, soweit durch Gesetz oder Stifter nichts anderes bestimmt ist. [2]§ 96 Abs. 1 Nr. 2 und Abs. 2 und § 97 Abs. 1, 2 und 4 bleiben unberührt.

(2) Bei nichtrechtsfähigen Stiftungen kann die Gemeinde unter den Voraussetzungen des § 87 Abs. 1 des Bürgerlichen Gesetzbuchs den Stiftungszweck ändern, die Stiftung mit einer anderen nichtrechtsfähigen örtlichen Stiftung zusammenlegen oder sie aufheben, wenn der Stifter nichts anderes bestimmt hat.

(3) [1]Enthält das Stiftungsgeschäft keine Bestimmung über den Vermögensanfall, fällt das Vermögen nichtrechtsfähiger Stiftungen an die Gemeinde. [2]Die Gemeinde hat bei der Verwendung des Vermögens den Stiftungszweck tunlichst zu berücksichtigen.

(4) Gemeindevermögen darf nur im Rahmen der Aufgabenerfüllung der Gemeinde und nur dann in Stiftungsvermögen eingebracht werden, wenn der mit der Stiftung verfolgte Zweck auf andere Weise nicht erreicht werden kann.

3. Abschnitt
Unternehmen und Beteiligungen

§ 102 Zulässigkeit wirtschaftlicher Unternehmen[51]

(1) Die Gemeinde darf ungeachtet der Rechtsform wirtschaftliche Unternehmen nur errichten, übernehmen, wesentlich erweitern oder sich daran beteiligen, wenn

1. der öffentliche Zweck das Unternehmen rechtfertigt,
2. das Unternehmen nach Art und Umfang in einem angemessenen Verhältnis zur Leistungsfähigkeit der Gemeinde und zum voraussichtlichen Bedarf steht und

---

50 Vgl. § 31 Stiftungsgesetz vom 4.10.1977 (GBl. S. 408 mit Änderungen), das auch für die rechtsfähigen kommunalen Stiftungen gilt, sodass die Regelung über die Änderung des Stiftungszwecks und die Aufhebung von Stiftungen in der Gemeindeordnung auf nichtrechtsfähige Stiftungen zu beschränken war.

51 Siehe hierzu auch das Eigenbetriebsgesetz vom 8.1.1992 (GBl. S. 21) mit Änderungen.

3. bei einem Tätigwerden außerhalb der kommunalen Daseinsvorsorge der Zweck nicht ebenso gut und wirtschaftlich durch einen privaten Anbieter erfüllt wird oder erfüllt werden kann.

(2) Über ein Tätigwerden der Gemeinde nach Absatz 1 Nr. 3 entscheidet der Gemeinderat nach Anhörung der örtlichen Selbstverwaltungsorganisationen von Handwerk, Industrie und Handel.

(3) Wirtschaftliche Unternehmen der Gemeinde sind so zu führen, dass der öffentliche Zweck erfüllt wird; sie sollen einen Ertrag für den Haushalt der Gemeinde abwerfen.

(4) [1]Wirtschaftliche Unternehmen im Sinne der Absätze 1 und 2 sind nicht

1. Unternehmen, zu deren Betrieb die Gemeinde gesetzlich verpflichtet ist,
2. Einrichtungen des Unterrichts-, Erziehungs- und Bildungswesens, der Kunstpflege, der körperlichen Ertüchtigung, der Gesundheits- und Wohlfahrtspflege sowie öffentliche Einrichtungen ähnlicher Art und
3. Hilfsbetriebe, die ausschließlich zur Deckung des Eigenbedarfs der Gemeinde dienen.

[2]Auch diese Unternehmen, Einrichtungen und Hilfsbetriebe sind nach wirtschaftlichen Gesichtspunkten zu führen.

(5) [1]Bankunternehmen darf die Gemeinde nicht betreiben, soweit gesetzlich nichts anderes bestimmt ist. [2]Für das öffentliche Sparkassenwesen verbleibt es bei den besonderen Vorschriften.

(6) Bei Unternehmen, für die kein Wettbewerb gleichartiger Privatunternehmen besteht, dürfen der Anschluss und die Belieferung nicht davon abhängig gemacht werden, dass auch andere Leistungen oder Lieferungen abgenommen werden.

(7) [1]Die Betätigung außerhalb des Gemeindegebiets ist zulässig, wenn bei wirtschaftlicher Betätigung die Voraussetzungen des Absatzes 1 vorliegen und die berechtigten Interessen der betroffenen Gemeinden gewahrt sind. [2]Bei der Versorgung mit Strom und Gas gelten nur die Interessen als berechtigt, die nach den maßgeblichen Vorschriften eine Einschränkung des Wettbewerbs zulassen.

§ 102 a Selbständige Kommunalanstalt

(1) [1]Die Gemeinde kann durch Satzung (Anstaltssatzung) eine selbständige Kommunalanstalt in der Rechtsform einer rechtsfähigen Anstalt des öffentlichen Rechts errichten oder bestehende Eigenbetriebe durch Ausgliederung und Kapitalgesellschaften durch Formwechsel im Wege der Gesamtrechtsnachfolge in selbständige Kommunalanstalten umwandeln. [2]Sofern mit der selbständigen Kommunalanstalt eine wirtschaftliche Betätigung verbunden ist, ist dies nur unter Beachtung der Vorgaben des § 102 zulässig. [3]Die selbständige Kommunalanstalt kann sich nach Maßgabe der Anstaltssatzung und in entsprechender Anwendung der für die Gemeinde geltenden Vorschriften an anderen Unternehmen beteiligen, wenn das dem Anstaltszweck dient.

(2) [1]Die Gemeinde kann der selbständigen Kommunalanstalt einzelne oder alle mit einem bestimmten Zweck zusammenhängenden Aufgaben ganz oder teilweise übertragen. [2]Sie kann nach Maßgabe des § 11 durch gesonderte Satzung einen Anschluss- und Benutzungszwang zugunsten der selbstständigen Kommunalanstalt festlegen.

(3) [1]Die Gemeinde regelt die Rechtsverhältnisse der selbständigen Kommunalanstalt durch die Anstaltssatzung. [2]Diese muss Bestimmungen über den Namen, den Sitz und die Aufgaben der selbständigen Kommunalanstalt, die Zahl der Mitglieder des Vorstands und des Verwaltungsrats, die Höhe des Stammkapitals und die Abwicklung im Falle der Auflösung der selbständigen Kommunalanstalt enthalten.

(4) [1]Die Anstaltssatzung, Änderungen der Aufgaben der selbständigen Kommunalanstalt und die Auflösung der selbständigen Kommunalanstalt bedürfen der Genehmigung der Rechtsaufsichtsbehörde. [2]Die Genehmigung ist zu erteilen, wenn die Errichtung der selbständigen Kommunalanstalt zulässig ist und die Anstaltssatzung den gesetzlichen Vorgaben entspricht. [3]Die Genehmigung der Anstaltssatzung ist mit der Anstaltssatzung von der Gemeinde öffentlich bekannt zu machen. [4]Die selbständige Kommunalanstalt entsteht am Tag nach der Bekanntmachung, wenn nicht in der Anstaltssatzung ein späterer Zeitpunkt bestimmt ist. [5]§ 4 Absatz 4 findet Anwendung.

(5) [1]Die Gemeinde kann der selbständigen Kommunalanstalt in der Anstaltssatzung auch das Recht einräumen, an ihrer Stelle Satzungen zu erlassen. [2]§ 4 Absätze 3 und 4 gelten entsprechend. [3]Die öffent-

lichen Bekanntmachungen der selbständigen Kommunalanstalten erfolgen in der für die öffentliche Bekanntmachung der Gemeinde vorgeschriebenen Form. [4]Die Gemeinde kann der selbständigen Kommunalanstalt zur Finanzierung der von ihr wahrzunehmenden Aufgaben durch die Anstaltssatzung das Recht übertragen, Gebühren, Beiträge, Kostenersätze und sonstige Abgaben nach den kommunalabgabenrechtlichen Vorschriften festzusetzen, zu erheben und zu vollstrecken.

(6) [1]Für die Wirtschaftsführung und das Rechnungswesen der selbstständigen Kommunalanstalt gelten die Vorschriften des Handelsgesetzbuchs sinngemäß, sofern nicht die Vorschriften des Handelsgesetzbuchs bereits unmittelbar oder weitergehende gesetzliche Vorschriften gelten oder andere gesetzliche Vorschriften entgegenstehen. [2]In sinngemäßer Anwendung der für Eigenbetriebe geltenden Vorschriften ist für jedes Wirtschaftsjahr ein Wirtschaftsplan aufzustellen und der Wirtschaftsführung eine fünfjährige Finanzplanung zugrunde zu legen. [3]Der Wirtschaftsplan und die Finanzplanung sind an die Gemeinde zu übersenden. [4]§ 77 Absätze 1 und 2, §§ 78, 87, 103 Absatz 1 Satz 1 Nummer 3 und Absatz 3 gelten entsprechend. [5]Mit dem Antrag auf Genehmigung des Gesamtbetrags der vorgesehenen Kreditaufnahmen gemäß § 87 Absatz 2 sind der Rechtsaufsichtsbehörde der Wirtschaftsplan, der Finanzplan und der letzte Jahresabschluss vorzulegen.

(7) [1]Die selbständige Kommunalanstalt besitzt das Recht, Beamte zu haben. [2]Hauptamtliche Beamte dürfen nur ernannt werden, wenn dies in der Anstaltssatzung vorgesehen ist. [3]Unberührt bleibt die Möglichkeit, Beamte der Gemeinde an die selbständige Kommunalanstalt abzuordnen.

(8) [1]Die Gemeinde unterstützt die selbständige Kommunalanstalt bei der Erfüllung ihrer Aufgaben. [2]Sie ist verpflichtet, die selbständige Kommunalanstalt mit den zur Aufgabenerfüllung notwendigen finanziellen Mitteln auszustatten und für die Dauer ihres Bestehens funktionsfähig zu erhalten. [3]Beihilferechtliche Regelungen sind dabei zu beachten. [4]Eine Haftung der Gemeinde für Verbindlichkeiten der selbständigen Kommunalanstalt Dritten gegenüber besteht nicht.

§ 102 b Organe der selbständigen Kommunalanstalt

(1) Organe der selbständigen Kommunalanstalt sind der Vorstand und der Verwaltungsrat.

(2) [1]Die selbständige Kommunalanstalt wird von einem Vorstand in eigener Verantwortung geleitet, soweit nicht gesetzlich oder durch die Anstaltssatzung etwas anderes bestimmt ist. [2]Der Vorstand wird vom Verwaltungsrat auf höchstens fünf Jahre bestellt; wiederholte Bestellungen sind zulässig. [3]Die Mitglieder des Vorstands können privatrechtlich angestellt oder in ein Beamtenverhältnis auf Zeit mit einer Amtszeit von fünf Jahren berufen werden. [4]Die Mitglieder des Vorstands vertreten einzeln oder gemeinsam entsprechend der Anstaltssatzung die selbständige Kommunalanstalt nach außen. [5]Der Vorstand kann allgemein oder in einzelnen Angelegenheiten Vollmacht erteilen. [6]Der Vorsitzende des Vorstands ist Vorgesetzter, Dienstvorgesetzter und oberste Dienstbehörde der Bediensteten der selbständigen Kommunalanstalt mit Ausnahme der beamteten Mitglieder des Vorstands. [7]Die Gemeinde hat darauf hinzuwirken, dass jedes Vorstandsmitglied vertraglich verpflichtet wird, die ihm im Geschäftsjahr jeweils gewährten Bezüge im Sinne von § 285 Nummer 9 Buchstabe a des Handelsgesetzbuchs der Gemeinde jährlich zur Aufnahme in den Beteiligungsbericht mitzuteilen.

(3) [1]Der Verwaltungsrat überwacht die Geschäftsführung des Vorstands. [2]Er entscheidet über

1. den Erlass von Satzungen gemäß § 102 a Absatz 5,
2. die Feststellung des Wirtschaftsplans und des Jahresabschlusses, Kreditaufnahmen, Übernahme von Bürgschaften und Gewährleistungen,
3. die Festsetzung allgemein geltender Tarife und Entgelte für die Leistungsnehmer,
4. die Beteiligung der selbständigen Kommunalanstalt an anderen Unternehmen und
5. die Ergebnisverwendung.

[3]Die Anstaltssatzung kann weitere Entscheidungszuständigkeiten des Verwaltungsrats vorsehen, insbesondere bei Maßnahmen von grundsätzlicher oder besonderer Bedeutung oder bei denen sich der Verwal-

tungsrat die Zustimmung vorbehalten hat. [4]Sie kann auch ein Recht des Verwaltungsrats vorsehen, Maßnahmen auf eigene Initiative zu bestimmen. [5]Im Fall des Satzes 2 Nummer 1 ist öffentlich zu verhandeln; die Mitglieder des Verwaltungsrats unterliegen den Weisungen des Gemeinderats. [6]Die Anstaltssatzung kann vorsehen, dass auch in bestimmten anderen Fällen öffentlich zu verhandeln ist und dass der Gemeinderat den Mitgliedern des Verwaltungsrats auch in bestimmten anderen Fällen Weisungen erteilen kann. [7]Im Fall des Satzes 2 Nummer 4 bedarf es der vorherigen Zustimmung der Gemeinde entsprechend § 105 a.

(4) [1]Der Verwaltungsrat besteht aus dem Vorsitzenden und den weiteren Mitgliedern. [2]Vorsitzender ist der Bürgermeister; mit seiner Zustimmung kann der Gemeinderat einen Beigeordneten zum Vorsitzenden bestellen. [3]Der Vorsitzende des Verwaltungsrats ist Vorgesetzter, Dienstvorgesetzter und oberste Dienstbehörde der beamteten Mitglieder des Vorstands. [4]Das vorsitzende Mitglied nach Satz 2 Halbsatz 2 und die weiteren Mitglieder des Verwaltungsrats werden vom Gemeinderat für fünf Jahre bestellt. [5]Für jedes Mitglied des Verwaltungsrats wird ein Stellvertreter bestellt.

(5) [1]Die weiteren Mitglieder des Verwaltungsrats sind ehrenamtlich tätig. [2]Für ihre Rechtsverhältnisse finden die für die Gemeinderäte geltenden Vorschriften mit Ausnahme der §§ 15 und 29 entsprechende Anwendung. [3]Mitglieder des Verwaltungsrats können nicht sein:

1. Beamte und Arbeitnehmer der selbstständigen Kommunalanstalt,
2. leitende Beamte und leitende Arbeitnehmer von juristischen Personen oder sonstigen Organisationen des öffentlichen oder privaten Rechts, an denen die selbstständige Kommunalanstalt mit mehr als 50 vom Hundert beteiligt ist; eine Beteiligung am Stimmrecht genügt,
3. Beamte und Arbeitnehmer der Rechtsaufsichtsbehörde, die unmittelbar mit Aufgaben der Aufsicht über die selbständige Kommunalanstalt befasst sind.

[4]Auf den Verwaltungsrat und seinen Vorsitzenden finden § 34 Absatz 1 mit Ausnahme des Satzes 2 Halbsatz 2, § 34 Absatz 3, §§ 36 bis 38 und § 43 Absätze 2, 4 und 5 entsprechende Anwendung.

§ 102 c Umwandlung

(1) [1]Ein Unternehmen in der Rechtsform einer Kapitalgesellschaft, an dem ausschließlich die Gemeinde beteiligt ist, kann durch Formwechsel in eine selbständige Kommunalanstalt umgewandelt werden. [2]Die Umwandlung ist nur zulässig, wenn keine Sonderrechte im Sinne des § 23 des Umwandlungsgesetzes (UmwG) und keine Rechte Dritter an den Anteilen der Gemeinde bestehen.

(2) [1]Der Formwechsel setzt den Erlass der Anstaltssatzung durch die Gemeinde und einen sich darauf beziehenden Umwandlungsbeschluss der formwechselnden Gesellschaft voraus. [2]Die §§ 193 bis 195, 197 bis 200 Absatz 1 und § 201 UmwG sind entsprechend anzuwenden. [3]Die Anmeldung zum Handelsregister entsprechend § 198 UmwG erfolgt durch das vertretungsberechtigte Organ der Kapitalgesellschaft. [4]Die Umwandlung einer Kapitalgesellschaft in eine selbständige Kommunalanstalt wird mit der Eintragung oder, wenn sie nicht eingetragen wird, mit der Eintragung der Umwandlung in das Handelsregister wirksam; § 202 Absätze 1 und 3 UmwG sind entsprechend anzuwenden.

(3) [1]Ist bei der Kapitalgesellschaft ein Betriebsrat eingerichtet, bleibt dieser nach dem Wirksamwerden der Umwandlung als Personalrat der selbständigen Kommunalanstalt bis zur Neuwahl des Personalrats, längstens bis zu einem Jahr nach Inkrafttreten der Umwandlung, bestehen. [2]Er nimmt die dem Personalrat nach dem Landespersonalvertretungsgesetz (LPVG) zustehenden Befugnisse und Pflichten wahr. [3]Die in der Kapitalgesellschaft im Zeitpunkt der Umwandlung bestehenden Betriebsvereinbarungen gelten in der selbständigen Kommunalanstalt für längstens bis zu dem in Satz 1 genannten Zeitpunkt als Dienstvereinbarungen fort, soweit § 85 LPVG nicht entgegensteht und sie nicht durch andere Regelungen ersetzt werden.

§ 102 d Sonstige Vorschriften für selbständige Kommunalanstalten

(1) [1]Der Jahresabschluss und der Lagebericht der selbständigen Kommunalanstalt werden in entsprechender Anwendung der Vorschriften des Dritten Buchs des Handelsgesetzbuchs für große Kapitalgesellschaften aufgestellt. [2]Die obere Rechtsaufsichtsbehörde kann für kleine selbständige Kommunalanstalten, die kleinen Kapitalgesellschaften

nach § 267 Absatz 1 des Handelsgesetzbuchs oder Kleinstkapitalgesellschaften nach § 267 a Absatz 1 des Handelsgesetzbuchs entsprechen, Ausnahmen für die Erfordernisse der Rechnungslegung zulassen.

(2) [1]Bei Gemeinden mit einem obligatorischen Rechnungsprüfungsamt gemäß § 109 Absatz 1 hat dieses den Jahresabschluss der selbständigen Kommunalanstalt zu prüfen. [2]Die örtliche Prüfung erfolgt in entsprechender Anwendung der § 111 Absatz 1 und § 112 Absatz 1; der Verwaltungsrat tritt an die Stelle des Gemeinderats. [3]Das Rechnungsprüfungsamt hat das Recht, sich zur Klärung von Fragen, die bei der Prüfung auftreten, unmittelbar zu unterrichten und zu diesem Zweck den Betrieb, die Bücher und Schriften der selbstständigen Kommunalanstalt einzusehen. [4]Weitergehende gesetzliche Vorschriften für die Prüfung des Jahresabschlusses bleiben unberührt.

(3) [1]Die überörtliche Prüfung der selbständigen Kommunalanstalt erfolgt in entsprechender Anwendung des § 114 durch die nach § 113 für die Gemeinde zuständige Prüfungsbehörde. [2]Absatz 2 Satz 3 gilt entsprechend.

(4) [1]Der Jahresabschluss und der Lagebericht sowie der Prüfungsbericht sind an die Gemeinde zu übersenden. [2]Für die Offenlegung des Jahresabschlusses und den Beteiligungsbericht gilt § 105 Absatz 1 Nummer 2 und Absatz 2 entsprechend.

(5) [1]Die §§ 118 bis 129 sind entsprechend anwendbar. [2]Rechtsaufsichtsbehörde ist die für die Gemeinde zuständige Rechtsaufsichtsbehörde.

(6) [1]Die Gemeinde kann die selbständige Kommunalanstalt auflösen. [2]Das Vermögen einer aufgelösten selbständigen Kommunalanstalt geht im Wege der Gesamtrechtsnachfolge auf die Gemeinde über. [3]Für die Beamten und Versorgungsempfänger der selbständigen Kommunalanstalt gelten die §§ 26 bis 30 des Landesbeamtengesetzes.

§ 103 Unternehmen in Privatrechtsform

(1) [1]Die Gemeinde darf ein Unternehmen in einer Rechtsform des privaten Rechts nur errichten, übernehmen, wesentlich erweitern oder sich daran beteiligen, wenn

1. das Unternehmen seine Aufwendungen nachhaltig zu mindestens 25 vom Hundert mit Umsatzerlösen zu decken vermag,
2. im Gesellschaftsvertrag oder in der Satzung sichergestellt ist, dass der öffentliche Zweck des Unternehmens erfüllt wird,
3. die Gemeinde einen angemessenen Einfluss, insbesondere im Aufsichtsrat oder in einem entsprechenden Überwachungsorgan des Unternehmens erhält,
4. die Haftung der Gemeinde auf einen ihrer Leistungsfähigkeit angemessenen Betrag begrenzt wird,
5. bei einer Beteiligung mit Anteilen in dem in § 53 des Haushaltsgrundsätzegesetzes bezeichneten Umfang im Gesellschaftsvertrag oder in der Satzung sichergestellt ist, dass
   a) in sinngemäßer Anwendung der für Eigenbetriebe geltenden Vorschriften für jedes Wirtschaftsjahr ein Wirtschaftsplan aufgestellt und der Wirtschaftsführung eine fünfjährige Finanzplanung zu Grunde gelegt wird,
   b) der Jahresabschluss und der Lagebericht in entsprechender Anwendung der Vorschriften des Dritten Buchs des Handelsgesetzbuchs für große Kapitalgesellschaften aufgestellt und in entsprechender Anwendung dieser Vorschriften geprüft werden, sofern nicht die Vorschriften des Handelsgesetzbuchs bereits unmittelbar gelten oder weitergehende gesetzliche Vorschriften gelten oder andere gesetzliche Vorschriften entgegenstehen,
   c) der Gemeinde der Wirtschaftsplan und die Finanzplanung des Unternehmens, der Jahresabschluss und der Lagebericht sowie der Prüfungsbericht des Abschlussprüfers übersandt werden, soweit dies nicht bereits gesetzlich vorgesehen ist,
   d) für die Prüfung der Betätigung der Gemeinde bei dem Unternehmen dem Rechnungsprüfungsamt und der für die überörtliche Prüfung zuständigen Prüfungsbehörde die in § 54 des Haushaltsgrundsätzegesetzes vorgesehenen Befugnisse eingeräumt sind,
   e) das Recht zur überörtlichen Prüfung der Haushalts- und Wirtschaftsführung des Unternehmens nach Maßgabe des § 114 Abs. 1 eingeräumt ist,

f) der Gemeinde die für die Aufstellung des Gesamtabschlusses (§ 95 a) erforderlichen Unterlagen und Auskünfte zu dem von ihr bestimmten Zeitpunkt eingereicht werden.

[2]Die obere Rechtsaufsichtsbehörde kann in besonderen Fällen von dem Mindestgrad der Aufwandsdeckung nach Satz 1 Nr. 1 und dem Prüfungserfordernis nach Satz 1 Nr. 5 Buchst. b, wenn andere geeignete Prüfungsmaßnahmen gewährleistet sind, Ausnahmen zulassen. [3]Für kleine Kapitalgesellschaften nach § 267 Absatz 1 des Handelsgesetzbuchs und für Kleinstkapitalgesellschaften nach § 267 a Absatz 1 des Handelsgesetzbuchs kann sie auch Ausnahmen für die Erfordernisse der Rechnungslegung nach Satz 1 Nummer 5 Buchstabe b zulassen.

(2) Die Gemeinde darf unbeschadet des Absatzes 1 ein Unternehmen in der Rechtsform einer Aktiengesellschaft nur errichten, übernehmen oder sich daran beteiligen, wenn der öffentliche Zweck des Unternehmens nicht ebenso gut in einer anderen Rechtsform erfüllt wird oder erfüllt werden kann.

(3) [1]Die Gemeinde hat ein Unternehmen in einer Rechtsform des privaten Rechts, an dem sie mit mehr als 50 vom Hundert beteiligt ist, so zu steuern und zu überwachen, dass der öffentliche Zweck nachhaltig erfüllt und das Unternehmen wirtschaftlich geführt wird; bei einer geringeren Beteiligung hat die Gemeinde darauf hinzuwirken. [2]Zuschüsse der Gemeinde zum Ausgleich von Verlusten sind so gering wie möglich zu halten.

§ 103 a Unternehmen in der Rechtsform einer Gesellschaft mit beschränkter Haftung

Die Gemeinde darf unbeschadet des § 103 Abs. 1 ein Unternehmen in der Rechtsform einer Gesellschaft mit beschränkter Haftung nur errichten, übernehmen, wesentlich erweitern oder sich daran beteiligen, wenn im Gesellschaftsvertrag sichergestellt ist, dass die Gesellschafterversammlung auch beschließt über

1. den Abschluss und die Änderung von Unternehmensverträgen im Sinne der §§ 291 und 292 Abs. 1 des Aktiengesetzes,
2. die Übernahme neuer Aufgaben von besonderer Bedeutung im Rahmen des Unternehmensgegenstands,

3. die Errichtung, den Erwerb und die Veräußerung von Unternehmen und Beteiligungen, sofern dies im Verhältnis zum Geschäftsumfang der Gesellschaft wesentlich ist,
4. die Feststellung des Jahresabschlusses und die Verwendung des Ergebnisses.

§ 104 Vertretung der Gemeinde in Unternehmen in Privatrechtsform

(1) [1]Der Bürgermeister vertritt die Gemeinde in der Gesellschafterversammlung oder in dem entsprechenden Organ der Unternehmen in einer Rechtsform des privaten Rechts, an denen die Gemeinde beteiligt ist; er kann einen Gemeindebediensteten mit seiner Vertretung beauftragen. [2]Die Gemeinde kann weitere Vertreter entsenden und deren Entsendung zurücknehmen; ist mehr als ein weiterer Vertreter zu entsenden und kommt eine Einigung über deren Entsendung nicht zu Stande, finden die Vorschriften über die Wahl der Mitglieder beschließender Ausschüsse des Gemeinderats Anwendung. [3]Die Gemeinde kann ihren Vertretern Weisungen erteilen.

(2) Ist der Gemeinde das Recht eingeräumt, mehr als ein Mitglied des Aufsichtsrats oder eines entsprechenden Organs eines Unternehmens zu entsenden, finden die Vorschriften über die Wahl der Mitglieder beschließender Ausschüsse des Gemeinderats Anwendung, soweit eine Einigung über die Entsendung nicht zu Stande kommt.

(3) Die von der Gemeinde entsandten oder auf ihren Vorschlag gewählten Mitglieder des Aufsichtsrats oder eines entsprechenden Überwachungsorgans eines Unternehmens haben bei ihrer Tätigkeit auch die besonderen Interessen der Gemeinde zu berücksichtigen.

(4) [1]Werden Vertreter der Gemeinde aus ihrer Tätigkeit in einem Organ eines Unternehmens haftbar gemacht, hat ihnen die Gemeinde den Schaden zu ersetzen, es sei denn, dass sie ihn vorsätzlich oder grob fahrlässig herbeigeführt haben. [2]Auch in diesem Fall ist die Gemeinde schadenersatzpflichtig, wenn ihre Vertreter nach Weisung gehandelt haben.

§ 105 Prüfung, Offenlegung und Beteiligungsbericht

(1) Ist die Gemeinde an einem Unternehmen in einer Rechtsform des privaten Rechts in dem in § 53 des Haushaltsgrundsätzegesetzes bezeichneten Umfang beteiligt, hat sie

1. die Rechte nach § 53 Abs. 1 Nr. 1 und 2 des Haushaltsgrundsätzegesetzes auszuüben,
2. dafür zu sorgen, dass
   a) der Beschluss über die Feststellung des Jahresabschlusses zusammen mit dessen Ergebnis, das Ergebnis der Prüfung des Jahresabschlusses und des Lageberichts sowie die beschlossene Verwendung des Jahresüberschusses oder die Behandlung des Jahresfehlbetrags ortsüblich bekannt gegeben werden,
   b) gleichzeitig mit der Bekanntgabe der Jahresabschluss und der Lagebericht an sieben Tagen öffentlich ausgelegt werden und in der Bekanntgabe auf die Auslegung hingewiesen wird.

(2) [1]Die Gemeinde hat zur Information des Gemeinderats und ihrer Einwohner jährlich einen Bericht über die Unternehmen in einer Rechtsform des privaten Rechts, an denen sie unmittelbar oder mit mehr als 50 vom Hundert mittelbar beteiligt ist, zu erstellen. [2]In dem Beteiligungsbericht sind für jedes Unternehmen mindestens darzustellen:

1. der Gegenstand des Unternehmens, die Beteiligungsverhältnisse, die Besetzung der Organe und die Beteiligungen des Unternehmens,
2. der Stand der Erfüllung des öffentlichen Zwecks des Unternehmens,
3. für das jeweilige letzte Geschäftsjahr die Grundzüge des Geschäftsverlaufs, die Lage des Unternehmens, die Kapitalzuführungen und -entnahmen durch die Gemeinde und im Vergleich mit den Werten des vorangegangenen Geschäftsjahres die durchschnittliche Zahl der beschäftigten Arbeitnehmer getrennt nach Gruppen, die wichtigsten Kennzahlen der Vermögens-, Finanz- und Ertragslage des Unternehmens sowie die gewährten Gesamtbezüge der Mitglieder der Geschäftsführung und des Aufsichtsrats oder der entsprechenden Organe des Unternehmens für jede Personengruppe; § 286 Abs. 4 des Handelsgesetzbuchs gilt entsprechend.

[3]Ist die Gemeinde unmittelbar mit weniger als 25 vom Hundert beteiligt, kann sich die Darstellung auf den Gegenstand des Unternehmens, die Beteiligungsverhältnisse und den Stand der Erfüllung des öffentlichen Zwecks des Unternehmens beschränken.
(3) Die Erstellung des Beteiligungsberichts ist ortsüblich bekannt zu geben; Absatz 1 Nr. 2 Buchst. b gilt entsprechend.
(4) Die Rechtsaufsichtsbehörde kann verlangen, dass die Gemeinde ihr den Beteiligungsbericht und den Prüfungsbericht mitteilt.

§ 105 a Mittelbare Beteiligungen an Unternehmen in Privatrechtsform

(1) [1]Die Gemeinde darf der Beteiligung eines Unternehmens, an dem sie mit mehr als 50 vom Hundert beteiligt ist, an einem anderen Unternehmen nur zustimmen, wenn
1. die Voraussetzungen des § 102 Abs. 1 Nr. 1 und 3 vorliegen,
2. bei einer Beteiligung des Unternehmens von mehr als 50 vom Hundert an dem anderen Unternehmen
   a) die Voraussetzungen des § 103 Abs. 1 Satz 1 Nr. 2 bis 4 vorliegen,
   b) die Voraussetzungen des § 103 a vorliegen, sofern das Unternehmen, an dem die Gemeinde unmittelbar beteiligt ist, und das andere Unternehmen Gesellschaften mit beschränkter Haftung sind,
   c) die Voraussetzung des § 103 Abs. 2 vorliegt, sofern das andere Unternehmen eine Aktiengesellschaft ist.

[2]Beteiligungen sind auch mittelbare Beteiligungen. [3]Anteile mehrerer Gemeinden sind zusammenzurechnen.
(2) § 103 Abs. 3 und, soweit der Gemeinde für das andere Unternehmen Entsendungsrechte eingeräumt sind, § 104 Abs. 2 bis 4 gelten entsprechend.
(3) Andere Bestimmungen zur mittelbaren Beteiligung der Gemeinde an Unternehmen in einer Rechtsform des privaten Rechts bleiben unberührt.

§ 106 Veräußerung von Unternehmen und Beteiligungen

Die Veräußerung eines Unternehmens, von Teilen eines solchen oder einer Beteiligung an einem Unternehmen sowie andere Rechtsgeschäfte, durch welche die Gemeinde ihren Einfluss auf das Unternehmen verliert oder vermindert, sind nur zulässig, wenn die Erfüllung der Aufgaben der Gemeinde nicht beeinträchtigt wird.

§ 106 a Einrichtungen in Privatrechtsform

Die §§ 103 bis 106 gelten für Einrichtungen im Sinne des § 102 Abs. 4 Satz 1 Nr. 2 in einer Rechtsform des privaten Rechts entsprechend.

§ 106 b Vergabe von Aufträgen

(1) [1]Die Gemeinde ist verpflichtet, ihre Gesellschafterrechte in Unternehmen des privaten Rechts, auf die sie durch mehrheitliche Beteiligung oder in sonstiger Weise direkt oder indirekt bestimmenden Einfluss nehmen kann, so auszuüben, dass

1. diese die Verdingungsordnung für Bauleistungen (VOB) sowie § 22 Abs. 1 bis 4 des Mittelstandsförderungsgesetzes anwenden und
2. ihnen die Anwendung der Verdingungsordnung für Leistungen (VOL) empfohlen wird,

wenn diese Unternehmen öffentliche Auftraggeber im Sinne von § 98 Nr. 2 des Gesetzes gegen Wettbewerbsbeschränkungen sind. [2]Satz 1 gilt für Einrichtungen im Sinne des § 102 Abs. 4 Satz 1 Nr. 2 in einer Rechtsform des privaten Rechts entsprechend.

(2) [1]Die Verpflichtung nach Absatz 1 entfällt in der Regel

1. bei wirtschaftlichen Unternehmen, soweit sie
   a) mit ihrer gesamten Tätigkeit an einem entwickelten Wettbewerb teilnehmen und ihre Aufwendungen ohne Zuschüsse aus öffentlichen Haushalten zu decken vermögen oder
   b) mit der gesamten Tätigkeit einzelner Geschäftsbereiche an einem entwickelten Wettbewerb teilnehmen und dabei ihre Aufwendungen ohne Zuschüsse aus öffentlichen Haushalten zu decken vermögen,
2. bei Aufträgen der in § 100 Abs. 2 des Gesetzes gegen Wettbewerbsbeschränkungen genannten Art,

3. bei Aufträgen, deren Wert voraussichtlich weniger als 30 000 Euro (ohne Umsatzsteuer) beträgt.

[2]Auch bei Vorliegen der Ausnahmevoraussetzungen nach Satz 1 besteht die Verpflichtung nach Absatz 1, soweit die Unternehmen Aufträge für ein Vorhaben vergeben, für das sie öffentliche Mittel in Höhe von mindestens 30 000 Euro in Anspruch nehmen.

§ 107 Energie- und Wasserverträge

(1) [1]Die Gemeinde darf Verträge über die Lieferung von Energie oder Wasser in das Gemeindegebiet sowie Konzessionsverträge, durch die sie einem Energieversorgungsunternehmen oder einem Wasserversorgungsunternehmen die Benutzung von Gemeindeeigentum einschließlich der öffentlichen Straßen, Wege und Plätze für Leitungen zur Versorgung der Einwohner überlässt, nur abschließen, wenn die Erfüllung der Aufgaben der Gemeinde nicht gefährdet wird und die berechtigten wirtschaftlichen Interessen der Gemeinde und ihrer Einwohner gewahrt sind. [2]Hierüber soll dem Gemeinderat vor der Beschlussfassung das Gutachten eines unabhängigen Sachverständigen vorgelegt werden.
(2) Dasselbe gilt für eine Verlängerung oder ihre Ablehnung sowie eine wichtige Änderung derartiger Verträge.

§ 108 Vorlagepflicht[52]

Beschlüsse der Gemeinde über Maßnahmen und Rechtsgeschäfte nach § 103 Abs. 1 und 2, §§ 103 a, 105 a Abs. 1, §§ 106, 106 a und 107 sind der Rechtsaufsichtsbehörde unter Nachweis der gesetzlichen Voraussetzungen vorzulegen.

52 Zur Bedeutung der Vorlagepflicht vgl. § 121 Abs. 2 Gemeindeordnung.

4. Abschnitt
Prüfungswesen[53, 54]

1. Örtliche Prüfung

§ 109 Prüfungseinrichtungen

(1) [1]Stadtkreise und Große Kreisstädte müssen ein Rechnungsprüfungsamt als besonderes Amt einrichten, sofern sie sich nicht eines anderen kommunalen Rechnungsprüfungsamts bedienen. [2]Andere Gemeinden können ein Rechnungsprüfungsamt einrichten oder sich eines anderen kommunalen Rechnungsprüfungsamts bedienen. [3]Gemeinden ohne Rechnungsprüfungsamt können einen geeigneten Bediensteten als Rechnungsprüfer bestellen oder sich eines anderen

---

53 Vgl. dazu die Gemeindeprüfungsordnung vom 3.3.2018 (GBl. S. 96).

54 § 53 des Haushaltsgrundsätzegesetzes vom 19.8.1969 (BGBl. I S. 1273 mit Änderungen) lautet wie folgt:

„§ 53 Rechte gegenüber privatrechtlichen Unternehmen

(1) Gehört einer Gebietskörperschaft die Mehrheit der Anteile eines Unternehmens in einer Rechtsform des privaten Rechts oder gehört ihr mindestens der vierte Teil der Anteile und steht ihr zusammen mit anderen Gebietskörperschaften die Mehrheit der Anteile zu, so kann sie verlangen, dass das Unternehmen

1. im Rahmen der Abschlussprüfung auch die Ordnungsmäßigkeit der Geschäftsführung prüfen lässt;
2. die Abschlussprüfer beauftragt, in ihrem Bericht auch darzustellen
   a) die Entwicklung der Vermögens- und Ertragslage sowie die Liquidität und Rentabilität der Gesellschaft,
   b) verlustbringende Geschäfte und die Ursachen der Verluste, wenn diese Geschäfte und die Ursachen für die Vermögens- und Ertragslage von Bedeutung waren,
   c) die Ursachen eines in der Gewinn- und Verlustrechnung ausgewiesenen Jahresfehlbetrages;
3. ihr den Prüfungsbericht der Abschlussprüfer und, wenn das Unternehmen einen Konzernabschluss aufzustellen hat, auch den Prüfungsbericht der Konzernabschlussprüfer unverzüglich nach Eingang übersendet.

(2) Für die Anwendung des Absatzes 1 rechnen als Anteile der Gebietskörperschaft auch Anteile, die einem Sondervermögen der Gebietskörperschaft gehören. Als Anteile der Gebietskörperschaft gelten ferner Anteile, die Unternehmen gehören, bei denen die Rechte aus Absatz 1 der Gebietskörperschaft zustehen.“

kommunalen Rechnungsprüfers bedienen; §§ 110 bis 112 gelten entsprechend.

(2) [1]Das Rechnungsprüfungsamt ist bei der Erfüllung der ihm zugewiesenen Prüfungsaufgaben unabhängig und an Weisungen nicht gebunden. [2]Es untersteht im Übrigen dem Bürgermeister unmittelbar.

(3) [1]Der Leiter des Rechnungsprüfungsamts muss hauptamtlicher Bediensteter sein. [2]Er muss die Befähigung zum Gemeindefachbediensteten haben oder eine abgeschlossene wirtschaftswissenschaftliche Vorbildung nachweisen und die für sein Amt erforderliche Erfahrung und Eignung besitzen.

(4) [1]Die Leitung des Rechnungsprüfungsamts kann einem Bediensteten nur durch Beschluss des Gemeinderats und nur dann entzogen werden, wenn die ordnungsgemäße Erfüllung seiner Aufgaben nicht mehr gewährleistet ist. [2]Der Beschluss muss mit einer Mehrheit von zwei Dritteln der Stimmen aller Mitglieder des Gemeinderats gefasst werden und ist der Rechtsaufsichtsbehörde vorzulegen.

(5) [1]Der Leiter und die Prüfer des Rechnungsprüfungsamts dürfen zum Bürgermeister, zu einem Beigeordneten, einem Stellvertreter des Bürgermeisters, zum Fachbediensteten für das Finanzwesen sowie zum Kassenverwalter, zu dessen Stellvertreter und zu anderen Bediensteten der Gemeindekasse nicht in einem die Befangenheit begründenden Verhältnis nach § 18 Abs. 1 Nr. 1 bis 3 stehen. [2]Sie dürfen eine andere Stellung in der Gemeinde nur innehaben, wenn dies mit der Unabhängigkeit und den Aufgaben des Rechnungsprüfungsamts vereinbar ist. [3]Sie dürfen Zahlungen für die Gemeinde weder anordnen noch ausführen.

(6) Für den Rechnungsprüfer gelten die Absätze 2, 4 und 5 entsprechend.

§ 110 Örtliche Prüfung des Jahresabschlusses und des Gesamtabschlusses

(1) [1]Das Rechnungsprüfungsamt hat den Jahresabschluss und den Gesamtabschluss vor der Feststellung durch den Gemeinderat daraufhin zu prüfen, ob

1. bei den Erträgen, Aufwendungen, Einzahlungen und Auszahlungen sowie bei der Vermögens- und Schuldenverwaltung nach dem Gesetz und den bestehenden Vorschriften verfahren worden ist,

2. die einzelnen Rechnungsbeträge sachlich und rechnerisch in vorschriftsmäßiger Weise begründet und belegt sind,
3. der Haushaltsplan eingehalten worden ist und
4. das Vermögen sowie die Schulden und Rückstellungen richtig nachgewiesen worden sind.

[2]Der Gesamtabschluss ist unter Berücksichtigung der Ergebnisse der Prüfung nach § 111 und vorhandener Jahresabschlussprüfungen zu prüfen.

(2) [1]Das Rechnungsprüfungsamt hat die Prüfung innerhalb von vier Monaten nach Aufstellung des Jahresabschlusses und des Gesamtabschlusses durchzuführen.

[2]Es legt dem Bürgermeister einen Bericht über das Prüfungsergebnis vor. [3]Dieser veranlasst die Aufklärung von Beanstandungen. [4]Das Rechnungsprüfungsamt fasst seine Bemerkungen in einem Schlussbericht zusammen, der dem Gemeinderat vorzulegen ist.

§ 111 Örtliche Prüfung der Jahresabschlüsse der Eigenbetriebe, Sonder- und Treuhandvermögen

(1) [1]Das Rechnungsprüfungsamt hat die Jahresabschlüsse der Eigenbetriebe vor der Feststellung durch den Gemeinderat auf Grund der Unterlagen der Gemeinde und der Eigenbetriebe in entsprechender Anwendung des § 110 Abs. 1 zu prüfen. [2]Die Prüfung ist innerhalb von vier Monaten nach Aufstellung der Jahresabschlüsse durchzuführen. [3]Bei der Prüfung ist ein vorhandenes Ergebnis einer Jahresabschlussprüfung zu berücksichtigen.

(2) Absatz 1 gilt entsprechend für Sondervermögen nach § 96 Abs. 1 Nr. 4 sowie Treuhandvermögen nach § 97 Abs. 1 Satz 1, sofern für diese Vermögen die für die Wirtschaftsführung und das Rechnungswesen der Eigenbetriebe geltenden Vorschriften entsprechend angewendet werden.

§ 112 Weitere Aufgaben des Rechnungsprüfungsamts

(1) Außer der Prüfung des Jahresabschlusses und des Gesamtabschlusses (§ 110) und der Jahresabschlüsse der Eigenbetriebe, Sonder- und Treuhandvermögen (§ 111) obliegt dem Rechnungsprüfungsamt

1. die laufende Prüfung der Kassenvorgänge bei der Gemeinde und bei den Eigenbetrieben zur Vorbereitung der Prüfung der Jahresabschlüsse,
2. die Kassenüberwachung, insbesondere die Vornahme der Kassenprüfungen bei den Kassen der Gemeinde und Eigenbetriebe.

(2) Der Gemeinderat kann dem Rechnungsprüfungsamt weitere Aufgaben übertragen, insbesondere
1. die Prüfung der Organisation und Wirtschaftlichkeit der Verwaltung,
2. die Prüfung der Ausschreibungsunterlagen und des Vergabeverfahrens auch vor dem Abschluss von Lieferungs- und Leistungsverträgen,
3. die Prüfung der Betätigung der Gemeinde bei Unternehmen und Einrichtungen in einer Rechtsform des privaten Rechts, an denen die Gemeinde beteiligt ist, und
4. die Buch-, Betriebs- und Kassenprüfungen, die sich die Gemeinde bei einer Beteiligung, bei der Hergabe eines Darlehens oder sonst vorbehalten hat.

2. Überörtliche Prüfung

§ 113 Prüfungsbehörden

(1) [1]Prüfungsbehörde ist die Rechtsaufsichtsbehörde, bei Gemeinden mit mehr als 4 000 Einwohnern die Gemeindeprüfungsanstalt. [2]Die Gemeindeprüfungsanstalt handelt im Auftrag der Rechtsaufsichtsbehörde unter eigener Verantwortung.

(2) [1]Die Zuständigkeiten der Prüfungsbehörden nach Absatz 1 Satz 1 wechseln nur, wenn die Einwohnergrenze in drei aufeinander folgenden Jahren jeweils überschritten oder jeweils unterschritten wird. [2]Die Änderung tritt mit dem Beginn des dritten Jahres ein. [3]Ist mit der Prüfung bereits begonnen worden, bleibt die Zuständigkeit bis zu deren Abschluss nach § 114 Abs. 5 unverändert.

§ 114 Aufgaben und Gang der überörtlichen Prüfung

(1) [1]Die überörtliche Prüfung erstreckt sich darauf, ob bei der Haushalts-, Kassen- und Rechnungsführung, der Wirtschaftsführung und

dem Rechnungswesen sowie der Vermögensverwaltung der Gemeinde sowie ihrer Sonder- und Treuhandvermögen die gesetzlichen Vorschriften eingehalten worden sind. [2]Bei der Prüfung sind vorhandene Ergebnisse der örtlichen Prüfung des Jahresabschlusses und des Gesamtabschlusses (§ 110), der Jahresabschlüsse der Eigenbetriebe, Sonder- und Treuhandvermögen (§ 111) und einer Jahresabschlussprüfung zu berücksichtigen.

(2) Auf Antrag der Gemeinde soll die Prüfungsbehörde diese in Fragen der Organisation und Wirtschaftlichkeit der Verwaltung beraten.

(3) [1]Die überörtliche Prüfung soll innerhalb von vier Jahren nach Ende des Haushaltsjahres unter Einbeziehung sämtlicher vorliegender Jahresabschlüsse, Gesamtabschlüsse und Jahresabschlüsse der Eigenbetriebe, Sonder- und Treuhandvermögen vorgenommen werden. [2]Hierfür kann eine maschinelle Bereitstellung bestimmter Planungs-, Buchführungs- und Rechnungsergebnisdaten verlangt werden, wenn für das Haushalts- und Rechnungswesen der Gemeinde Verfahren der automatisierten Datenverarbeitung eingesetzt werden.

(4) Die Prüfungsbehörde teilt das Ergebnis der überörtlichen Prüfung in Form eines Prüfungsberichts der Gemeinde und, wenn die Gemeindeprüfungsanstalt Prüfungsbehörde ist, der Rechtsaufsichtsbehörde mit. Über den wesentlichen Inhalt des Prüfungsberichts ist der Gemeinderat zu unterrichten (§ 43 Abs. 5); jedem Gemeinderat ist auf Verlangen Einsicht in den Prüfungsbericht zu gewähren.

(5) [1]Die Gemeinde hat zu den Feststellungen des Prüfungsberichts über wesentliche Anstände gegenüber der Rechtsaufsichtsbehörde und, wenn die Gemeindeprüfungsanstalt Prüfungsbehörde ist, gegenüber dieser innerhalb einer dafür bestimmten Frist Stellung zu nehmen; dabei ist mitzuteilen, ob den Feststellungen Rechnung getragen ist. [2]Hat die überörtliche Prüfung keine wesentlichen Anstände ergeben oder sind diese erledigt, bestätigt die Rechtsaufsichtsbehörde dies der Gemeinde zum Abschluss der Prüfung. [3]Soweit wesentliche Anstände nicht erledigt sind, schränkt die Rechtsaufsichtsbehörde die Bestätigung entsprechend ein; ist eine Erledigung noch möglich, veranlasst sie gleichzeitig die Gemeinde, die erforderlichen Maßnahmen durchzuführen.

3. Programmprüfung

§ 114 a (Programmprüfung)

(1) [1]Die im Rechnungswesen sowie die zur Feststellung und Abwicklung von Zahlungsverpflichtungen und Ansprüchen eingesetzten Programme von erheblicher finanzwirtschaftlicher Bedeutung sind darauf zu prüfen, ob sie bei Beachtung der Einsatzbedingungen eine ordnungsgemäße und ausreichend sichere Abwicklung der zentralen Finanzvorgänge gewährleisten. [2]Die Prüfung ist von der ITEOS und ihren Unternehmen für die von ihnen angebotenen Programme, sonst von der Gemeinde, die das Programm einsetzt, zu veranlassen. [3]Das Gleiche gilt für wesentliche Programmänderungen. [4]Es ist Gelegenheit zu geben, Prüfungshandlungen bereits bei der Vorbereitung des Programmeinsatzes vorzunehmen (begleitende Prüfung) und die Ordnungsmäßigkeit der Anwendung an Ort und Stelle zu prüfen.
(2) [1]Die Programmprüfung erfolgt durch die Gemeindeprüfungsanstalt. [2]Sie kann auch sonstige Programme von erheblicher kommunalwirtschaftlicher, betriebswirtschaftlicher oder statistischer Bedeutung und Verbreitung prüfen.

4. *(weggefallen)*

§ 115 *(weggefallen)*

5. Abschnitt
Besorgung des Finanzwesens

§ 116 (Besorgung des Finanzwesens)

(1) Die Aufstellung des Haushaltsplans, des Finanzplans, des Jahresabschlusses und des Gesamtabschlusses, die Haushaltsüberwachung sowie die Verwaltung des Geldvermögens und der Schulden sollen bei einem Bediensteten zusammengefasst werden (Fachbediensteter für das Finanzwesen).
(2) Der Fachbedienstete für das Finanzwesen muss die Befähigung zum Gemeindefachbediensteten haben oder eine abgeschlossene wirtschaftswissenschaftliche Vorbildung nachweisen.

(3) Der Kassenverwalter untersteht dem für die Besorgung des Finanzwesens bestellten Bediensteten.

6. Abschnitt
Unwirksame und nichtige Rechtsgeschäfte

§ 117 (Unwirksame und nichtige Rechtsgeschäfte)

(1) Geschäfte des bürgerlichen Rechtsverkehrs sind bis zur Erteilung der nach den Vorschriften des Dritten Teils erforderlichen Genehmigung der Rechtsaufsichtsbehörde unwirksam; wird die Genehmigung versagt, sind sie nichtig.
(2) Rechtsgeschäfte, die gegen das Verbot des § 87 Abs. 6, § 88 Abs. 1 und § 102 Abs. 5 verstoßen, sind nichtig.

Vierter Teil
Aufsicht

§ 118 Wesen und Inhalt der Aufsicht[55]

(1) Die Aufsicht in weisungsfreien Angelegenheiten beschränkt sich darauf, die Gesetzmäßigkeit der Verwaltung sicherzustellen, soweit gesetzlich nichts anderes bestimmt ist (Rechtsaufsicht).
(2) Die Aufsicht über die Erfüllung von Weisungsaufgaben bestimmt sich nach den hierüber erlassenen Gesetzen (Fachaufsicht).
(3) Die Aufsicht ist so auszuüben, dass die Entschlusskraft und die Verantwortungsfreudigkeit der Gemeinde nicht beeinträchtigt werden.

§ 119 Rechtsaufsichtsbehörden

[1]Rechtsaufsichtsbehörde ist das Landratsamt als untere Verwaltungsbehörde, für Stadtkreise und Große Kreisstädte das Regierungspräsidium. [2]Obere Rechtsaufsichtsbehörde ist für alle Gemeinden das Regierungspräsidium. [3]Oberste Rechtsaufsichtsbehörde ist das Innenministerium.

55 Vgl. die Übergangsregelung für Weisungsaufgaben in § 130 Gemeindeordnung und hinsichtlich der Aufsicht auf den Gebieten des Schulwesens und des Forstwesens in § 140 Gemeindeordnung.

§ 120 Informationsrecht

Soweit es zur Erfüllung ihrer Aufgaben erforderlich ist, kann sich die Rechtsaufsichtsbehörde über einzelne Angelegenheiten der Gemeinde in geeigneter Weise unterrichten.

§ 121 Beanstandungsrecht

(1) [1]Die Rechtsaufsichtsbehörde kann Beschlüsse und Anordnungen der Gemeinde, die das Gesetz verletzen, beanstanden und verlangen, dass sie von der Gemeinde binnen einer angemessenen Frist aufgehoben werden. [2]Sie kann ferner verlangen, dass Maßnahmen, die auf Grund derartiger Beschlüsse oder Anordnungen getroffen wurden, rückgängig gemacht werden. [3]Die Beanstandung hat aufschiebende Wirkung.
(2) Ein Beschluss der Gemeinde, der nach gesetzlicher Vorschrift der Rechtsaufsichtsbehörde vorzulegen ist, darf erst vollzogen werden, wenn die Rechtsaufsichtsbehörde die Gesetzmäßigkeit bestätigt oder den Beschluss nicht innerhalb eines Monats beanstandet hat.

§ 122 Anordnungsrecht

Erfüllt die Gemeinde die ihr gesetzlich obliegenden Pflichten nicht, kann die Rechtsaufsichtsbehörde anordnen, dass die Gemeinde innerhalb einer angemessenen Frist die notwendigen Maßnahmen durchführt.

§ 123 Ersatzvornahme

Kommt die Gemeinde einer Anordnung der Rechtsaufsichtsbehörde nach §§ 120 bis 122 nicht innerhalb der bestimmten Frist nach, kann die Rechtsaufsichtsbehörde die Anordnung an Stelle und auf Kosten der Gemeinde selbst durchführen oder die Durchführung einem Dritten übertragen.

§ 124 Bestellung eines Beauftragten

Wenn die Verwaltung der Gemeinde in erheblichem Umfang nicht den Erfordernissen einer gesetzmäßigen Verwaltung entspricht und die Befugnisse der Rechtsaufsichtsbehörde nach §§ 120 bis 123 nicht ausreichen, die Gesetzmäßigkeit der Verwaltung der Gemeinde zu sichern, kann die Rechtsaufsichtsbehörde einen Beauftragten bestellen, der alle oder einzelne Aufgaben der Gemeinde auf deren Kosten wahrnimmt.

§ 125 Rechtsschutz in Angelegenheiten der Rechtsaufsicht

Gegen Verfügungen auf dem Gebiet der Rechtsaufsicht kann die Gemeinde nach Maßgabe des 8. Abschnitts der Verwaltungsgerichtsordnung Anfechtungs- oder Verpflichtungsklage erheben.

§ 126 Geltendmachung von Ansprüchen, Verträge mit der Gemeinde

(1) [1]Ansprüche der Gemeinde gegen Gemeinderäte und gegen den Bürgermeister werden von der Rechtsaufsichtsbehörde geltend gemacht. [2]Die Kosten der Rechtsverfolgung trägt die Gemeinde.
(2) [1]Beschlüsse über Verträge der Gemeinde mit einem Gemeinderat oder dem Bürgermeister sind der Rechtsaufsichtsbehörde vorzulegen. [2]Dies gilt nicht für Beschlüsse über Verträge, die nach feststehendem Tarif abgeschlossen werden oder die für die Gemeinde nicht von erheblicher wirtschaftlicher Bedeutung sind.

§ 127 Zwangsvollstreckung[56]

[1]Zur Einleitung der Zwangsvollstreckung gegen die Gemeinde wegen einer Geldforderung bedarf der Gläubiger einer Zulassungsverfügung der Rechtsaufsichtsbehörde, es sei denn, dass es sich um die Verfolgung dinglicher Rechte handelt. [2]In der Verfügung hat die Rechtsaufsichtsbehörde die Vermögensgegenstände zu bestimmen, in welche die Zwangsvollstreckung zugelassen wird, und über den Zeitpunkt zu befinden, in dem sie stattfinden soll. [3]Die Zwangsvollstreckung regelt sich nach den Vorschriften der Zivilprozessordnung.

§ 128 Vorzeitige Beendigung der Amtszeit des Bürgermeisters

(1) Wird der Bürgermeister den Anforderungen seines Amts nicht gerecht und treten dadurch so erhebliche Missstände in der Verwaltung ein, dass eine Weiterführung des Amts im öffentlichen Interesse

56 Die Nichtinsolvenzfähigkeit der Gemeinde ist in § 45 des Ausführungsgesetzes zum Gerichtsverfassungsgesetz vom 16.12.1975 (GBl. S. 868 mit Änderungen) geregelt.

nicht vertretbar ist, kann, wenn andere Maßnahmen nicht ausreichen, die Amtszeit des Bürgermeisters für beendet erklärt werden.

(2) [1]Über die Erklärung der vorzeitigen Beendigung der Amtszeit entscheidet das Verwaltungsgericht auf Antrag der oberen Rechtsaufsichtsbehörde. [2]Die obere Rechtsaufsichtsbehörde verfährt entsprechend den Verfahrensvorschriften im Zweiten Abschnitt des Dritten Teils des Landesdisziplinargesetzes. [3]Die dem Bürgermeister erwachsenen notwendigen Auslagen trägt die Gemeinde.

(3) [1]Bei vorzeitiger Beendigung seiner Amtszeit wird der Bürgermeister besoldungs- und versorgungsrechtlich so gestellt, wie wenn er im Amt verblieben wäre, jedoch erhält er keine Aufwandsentschädigung. [2]Auf die Dienstbezüge werden zwei Drittel dessen angerechnet, was er durch anderweitige Verwertung seiner Arbeitskraft erwirbt oder zu erwerben schuldhaft unterlässt.

§ 129 Fachaufsichtsbehörden, Befugnisse der Fachaufsicht

(1) Die Zuständigkeit zur Ausübung der Fachaufsicht bestimmt sich nach den hierfür geltenden besonderen Gesetzen.

(2) [1]Den Fachaufsichtsbehörden steht im Rahmen ihrer Zuständigkeit ein Informationsrecht nach den Vorschriften des § 120 zu. [2]Für Aufsichtsmaßnahmen nach den Vorschriften der §§ 121 bis 124, die erforderlich sind, um die ordnungsgemäße Durchführung der Weisungsaufgaben sicherzustellen, ist nur die Rechtsaufsichtsbehörde zuständig, soweit gesetzlich nichts anderes bestimmt ist.

(3) [1]Wird ein Bundesgesetz vom Land im Auftrag des Bundes ausgeführt (Artikel 85 des Grundgesetzes), können die Fachaufsichtsbehörden auch im Einzelfall Weisungen erteilen. [2]In den Fällen des Artikel 84 Abs. 5 des Grundgesetzes können die Fachaufsichtsbehörden insoweit Weisungen erteilen, als dies zum Vollzug von Einzelweisungen der Bundesregierung erforderlich ist; ein durch Landesgesetz begründetes weitergehendes Weisungsrecht bleibt unberührt.

(4) Werden den Gemeinden auf Grund eines Bundesgesetzes durch Rechtsverordnung staatliche Aufgaben als Pflichtaufgaben auferlegt, können durch diese Rechtsverordnung ein Weisungsrecht vorbehalten, die Zuständigkeit zur Ausübung der Fachaufsicht und der Umfang des Weisungsrechts geregelt sowie bestimmt werden, dass für die

Erhebung von Gebühren und Auslagen das Kommunalabgabengesetz gilt.
(5) Kosten, die den Gemeinden bei der Wahrnehmung von Weisungsaufgaben infolge fehlerhafter Weisungen des Landes entstehen, werden vom Land erstattet.

Fünfter Teil
Übergangs- und Schlussbestimmungen

1. Abschnitt
Allgemeine Übergangsbestimmungen

§ 130 Weisungsaufgaben

Bis zum Erlass neuer Vorschriften sind die den Gemeinden nach bisherigem Recht als Auftragsangelegenheiten übertragenen Aufgaben Weisungsaufgaben im Sinne von § 2 Abs. 3, bei denen ein Weisungsrecht der Fachaufsichtsbehörden in bisherigem Umfang besteht.

§ 131 Rechtsstellung der bisherigen Stadtkreise und unmittelbaren Kreisstädte

(1) Gemeinden, die nach bisherigem Recht nicht kreisangehörig waren (Baden-Baden, Freiburg im Breisgau, Heidelberg, Heilbronn, Karlsruhe, Mannheim, Pforzheim, Stuttgart und Ulm), sind Stadtkreise.
(2) Gemeinden, die nach bisherigem Recht unmittelbare Kreisstädte waren (Aalen, Esslingen am Neckar, Friedrichshafen, Geislingen an der Steige, Göppingen, Heidenheim, Ludwigsburg, Ravensburg, Reutlingen, Schwäbisch Gmünd, Schwenningen am Neckar, Tübingen und Tuttlingen) sowie die Städte Backnang, Bruchsal, Fellbach, Kirchheim unter Teck, Konstanz, Kornwestheim, Lahr, Lörrach, Offenburg, Rastatt, Singen (Hohentwiel), Villingen und Weinheim sind Große Kreisstädte.

§ 132 *(weggefallen)*

§ 133 Frühere badische Stadtgemeinden[57, 58]

[1]Gemeinden im Bereich des früheren Landes Baden und des Landesbezirks Baden des früheren Landes Württemberg-Baden, die nach der Badischen Gemeindeordnung vom 5. Oktober 1921 (GVBl. 1922 S. 247) die Bezeichnung Stadtgemeinde geführt haben, dürfen wieder die Bezeichnung Stadt führen. [2]Soweit diese Gemeinden die Bezeichnung Stadt nicht wieder verliehen bekommen haben, muss der Beschluss über die Wiederaufnahme der Bezeichnung innerhalb eines Jahres vom Inkrafttreten dieses Gesetzes an gefasst und der obersten Rechtsaufsichtsbehörde vorgelegt werden.

§§ 134–137 *(weggefallen)*

§ 138 Gemeinsame Fachbeamte in den württembergischen und hohenzollerischen Landesteilen

(Hier nicht abgedruckt)

§ 139 *(weggefallen)*

§ 140 Fortgeltung von Bestimmungen über die Aufsicht

Die Bestimmungen über die Aufsicht auf dem Gebiet des Schulwesens und des Forstwesens werden durch § 119 nicht berührt.

2. Abschnitt
Vorläufige Angleichung des Rechts der Gemeindebeamten

§ 141 Versorgung

Die am 1. April 1956 begründeten Ansprüche und vertraglichen Rechte der Gemeindebeamten bleiben gewahrt.

---

57 Seit 1.1.1972 Villingen-Schwenningen.

58 Die Städte sind in der Bekanntmachung vom 16.4.1957 aufgeführt (GABl. S. 210).

3. Abschnitt
Schlussbestimmungen

§ 142 Ordnungswidrigkeiten[59]

(1) Ordnungswidrig handelt, wer vorsätzlich oder fahrlässig
1. einer auf Grund von § 4 Abs. 1 erlassenen Satzung über die Benutzung einer öffentlichen Einrichtung,
2. einer auf Grund von § 10 Abs. 5 erlassenen Satzung über die Leistung von Hand- und Spanndiensten,
3. einer auf Grund von § 11 Abs. 1 erlassenen Satzung über den Anschluss- und Benutzungszwang

zuwiderhandelt, soweit die Satzung für einen bestimmten Tatbestand auf diese Bußgeldvorschrift verweist.

(2) Die Ordnungswidrigkeit kann mit einer Geldbuße geahndet werden.

(3) Die Gemeinden und die Verwaltungsgemeinschaften sind Verwaltungsbehörden im Sinne von § 36 Abs. 1 Nr. 1 des Gesetzes über Ordnungswidrigkeiten bei Zuwiderhandlungen gegen ihre Satzungen.

§ 143 Maßgebende Einwohnerzahl

[1]Kommt nach einer gesetzlichen Vorschrift der Einwohnerzahl einer Gemeinde rechtliche Bedeutung zu, ist das auf den 30. Juni des vorangegangenen Jahres fortgeschriebene Ergebnis der jeweils letzten allgemeinen Zählung der Bevölkerung maßgebend, wenn nichts anderes bestimmt ist. [2]Die Eingliederung einer Gemeinde in eine andere Gemeinde und die Neubildung einer Gemeinde sind jederzeit zu berücksichtigen, sonstige Änderungen des Gemeindegebiets nur, wenn sie spätestens zu Beginn des Jahres rechtswirksam geworden sind.

---

59 Zu § 142 Abs. 2 und 3 Gesetz über Ordnungswidrigkeiten i. d. F. vom 19.2.1987 (BGBl. S. 602, mit Änderungen).

§ 144 Durchführungsbestimmungen[60]

[1]Das Innenministerium erlässt die Verwaltungsvorschriften zur Durchführung dieses Gesetzes, ferner die Rechtsverordnungen zur Regelung

1. der öffentlichen Bekanntmachung,
2. der Voraussetzungen und des Verfahrens für die Verleihung von Bezeichnungen an Gemeinden für diese selbst oder für Ortsteile sowie für die Benennung von Ortsteilen und die Verleihung von Wappen und Flaggen und die Ausgestaltung und Führung des Dienstsiegels,
3. der zuständigen Aufsichtsbehörden bei Grenzstreitigkeiten und Gebietsänderungen,
4. der Verwaltung der gemeindefreien Grundstücke,
5. des Inhalts der Satzung über Hand- und Spanndienste und über Anschluss- und Benutzungszwang,
6. gestrichen
7. des Verfahrens bei der Auferlegung eines Ordnungsgeldes und der Höhe des Ordnungsgeldes bei Ablehnung ehrenamtlicher Tätigkeit und der Verletzung der Pflichten ehrenamtlich tätiger Bürger,
8. der Höchstgrenzen der Entschädigung für ehrenamtliche Tätigkeit,
9. des Verfahrens bei der Bildung von Ausschüssen,
10. der Anzeige des Amtsantritts des Bürgermeisters,
11. gestrichen
12. des finanziellen Ausgleichs für den persönlichen Aufwand der Gemeinden bei der Ausbildung von Beamten,
13. der Verteilung des persönlichen Aufwands für Bürgermeister in mehreren Gemeinden bei einheitlichen Ansprüchen,
14. des Inhalts und der Gestaltung des Haushaltsplans, des Finanzplans und des Investitionsprogramms sowie der Haushaltsführung, des Haushaltsausgleichs und der Haushaltsüberwachung; dabei kann bestimmt werden, dass Einzahlungen und Auszahlungen, für die ein Dritter Kostenträger ist oder die von einer zentralen Stelle angenommen oder ausgezahlt werden, nicht in den

---

60 Zu § 144 vgl. zu den inzwischen ergangenen Bestimmungen jeweils die Hinweise bei den einzelnen Paragraphen der Gemeindeordnung sowie die in dieser Ausgabe abgedruckte Durchführungsverordnung zur Gemeindeordnung und die Verwaltungsvorschrift zur Gemeindeordnung.

Haushalt der Gemeinde aufzunehmen und dass für Sanierungs-, Entwicklungs- und Umlegungsmaßnahmen Sonderrechnungen zu führen sind,
15. weggefallen
16. der Bildung von Rücklagen und Rückstellungen sowie der vorübergehenden Inanspruchnahme von Rückstellungen,
17. des Verfahrens der Umwandlung von Gemeindegliedervermögen in freies Gemeindevermögen,
18. der Erfassung, des Nachweises, der Bewertung und der Abschreibung der Vermögensgegenstände,
19. der Geldanlagen und ihrer Sicherung,
20. der Ausschreibung von Lieferungen und Leistungen sowie der Vergabe von Aufträgen einschließlich des Abschlusses von Verträgen,
21. des Prüfungswesens,
22. der Stundung, Niederschlagung und des Erlasses von Ansprüchen sowie der Behandlung von Kleinbeträgen,
23. der Aufgaben, Organisation und Beaufsichtigung der Gemeindekasse und der Sonderkassen, der Abwicklung des Zahlungsverkehrs sowie der Buchführung; dabei kann auch die Einrichtung von Gebühren- und Portokassen bei einzelnen Dienststellen sowie die Gewährung von Handvorschüssen geregelt werden,
24. des Inhalts und der Gestaltung des Jahresabschlusses und des Gesamtabschlusses sowie der Abdeckung von Fehlbeträgen,
25. der Anwendung der Vorschriften zur Durchführung des Gemeindewirtschaftsrechts auf das Sondervermögen und das Treuhandvermögen und
26. des Verfahrens der Einwerbung und Annahme oder Vermittlung von Spenden, Schenkungen und ähnlicher Zuwendungen.

[2]Die Vorschriften nach Nummer 14 ergehen im Benehmen mit dem Finanzministerium.

§ 145 Verbindliche Muster[61]

[1]Soweit es für die Vergleichbarkeit der Haushalte oder zur Vereinfachung der überörtlichen Prüfung erforderlich ist, gibt das Innenministerium durch Verwaltungsvorschrift verbindliche Muster bekannt insbesondere für

1. die Haushaltssatzung und ihre Bekanntmachung,
2. die Beschreibung und Gliederung der Produktbereiche, Produktgruppen und Produkte sowie die Gestaltung des Haushaltsplans und des Finanzplans,
3. die Form des Haushaltsplans und seiner Anlagen, des Finanzplans und des Investitionsprogramms,
4. die Form der Vermögensübersicht und der Schuldenübersicht,
5. die Zahlungsanordnungen, die Buchführung, den Kontenrahmen, den Jahresabschluss samt Anhang, den Gesamtabschluss und seine Anlagen und
6. die Kosten- und Leistungsrechnung,
7. die Ermittlung und Darstellung von Kennzahlen zur Beurteilung der finanziellen Leistungsfähigkeit einschließlich Vorgaben für die bei Einsatz von Verfahren der automatisierten Datenverarbeitung maschinell bereitzustellenden Planungs-, Buchführungs- und Rechnungsergebnisdaten,
8. die Ermittlung der Höhe der inneren Darlehen.

[2]Die Bekanntgabe zu Satz 1 Nr. 2 und 3 ergeht im Benehmen mit dem Finanzministerium.

§ 146 *(weggefallen)*

§ 147 Inkrafttreten[62]

(1) Dieses Gesetz tritt am 1. April 1956 in Kraft, mit Ausnahme des § 148, der mit der Verkündung dieses Gesetzes in Kraft tritt.

---

61 Zu § 145 vgl. die Verwaltungsvorschrift des Innenministeriums über den Produktrahmen für die Gliederung der Haushalte, den Kontenrahmen, und weitere Muster für die Haushaltswirtschaft der Gemeinden vom 30.8.2018 (Az.: 2–2246.1/5, GABl. S. 546).

62 Amtliche Fußnote: Diese Vorschrift betrifft das Inkrafttreten des Gesetzes in der ursprünglichen Fassung vom 25.7.1955 (GBl. S. 129).

(2) [1]Gleichzeitig treten alle Vorschriften, die diesem Gesetz entsprechen oder widersprechen, außer Kraft, sofern sie nicht durch dieses Gesetz ausdrücklich aufrechterhalten werden. [2]Insbesondere treten folgende Vorschriften außer Kraft:

1. Im Bereich des gesamten Landes Baden-Württemberg Kap. I und Art. 30 und 33 des Kap. V des Gesetzes zur vorläufigen Angleichung des Kommunalrechts (GAK) vom 13. Juli 1953 (GBl. S. 97);
2. im Bereich des früheren Landes Württemberg-Baden
   a) die deutsche Gemeindeordnung vom 30. Januar 1935 (RGBl. I S. 49) in der in den beiden früheren Landesbezirken geltenden Fassung und die hierzu ergangenen Durchführungs- und Überleitungsbestimmungen,
   b) das Gesetz Nr. 328 über die Neuwahl der Gemeinderäte und Bürgermeister, Kreistage und Landräte vom 23. Oktober 1947 (RegBl. S. 102) und die Verordnung Nr. 333 des Innenministeriums zur Durchführung des Gesetzes Nr. 328 vom 4. Dezember 1947 (RegBl. S. 185), soweit sich diese Vorschriften auf Gemeinderäte und Bürgermeister beziehen;
3. im Bereich des früheren Landes Baden
   die Badische Gemeindeordnung vom 23. September 1948 (GVBl. S. 177) mit ihren Änderungen und
4. im Bereich des früheren Landes Württemberg-Hohenzollern
   die Gemeindeordnung für Württemberg-Hohenzollern vom 14. März 1947 (RegBl. 1948 S. 1) mit ihren Änderungen und mit den durch sie aufrechterhaltenen früheren Bestimmungen.

1.1
Verordnung des Innenministeriums zur Durchführung der Gemeindeordnung (DVO GemO)

vom 11. Dezember 2000 (GBl. 2001 S. 2), geändert durch Gesetze vom 14. Oktober 2008 (GBl. S. 313), vom 28. Oktober 2015 (GBl. S. 870)

Auf Grund von § 144 Nr. 1 bis 3, 5, 7, 9, 10, 13 und 17 der Gemeindeordnung in der Fassung der Neubekanntmachung vom 24. September 2000 (GBl. S. 582, ber. S. 698) wird verordnet:

Zu § 4:

§ 1 Öffentliche Bekanntmachungen

(1) [1]Öffentliche Bekanntmachungen der Gemeinde können, soweit keine sondergesetzlichen Bestimmungen bestehen, in folgenden Formen durchgeführt werden:

1. durch Einrücken in das eigene Amtsblatt der Gemeinde,
2. durch Einrücken in eine bestimmte, regelmäßig erscheinende Zeitung,
3. durch Bereitstellung im Internet oder
4. sofern die Gemeinde weniger als 5000 Einwohner hat, durch Anschlag an der Verkündungstafel des Rathauses und an den sonstigen hierfür bestimmten Stellen während der Dauer von mindestens einer Woche, wobei gleichzeitig durch das Amtsblatt, die Zeitung oder auf andere geeignete Weise auf den Anschlag aufmerksam zu machen ist.

[2]Die Form der öffentlichen Bekanntmachung ist im Einzelnen durch Satzung zu bestimmen.

(2) [1]Bei der öffentlichen Bekanntmachung im Internet ist in der Satzung über die öffentliche Bekanntmachung (Absatz 1 Satz 2) die Internetadresse der Gemeinde anzugeben. [2]In dieser Satzung ist darauf hinzuweisen, dass die öffentlichen Bekanntmachungen an einer bestimmten Verwaltungsstelle der Gemeinde während der Sprechzeiten kostenlos eingesehen werden können und gegen Kostenerstattung als Ausdruck zu erhalten sind. [3]Ferner ist darauf hinzuweisen, dass

Ausdrucke der öffentlichen Bekanntmachungen unter Angabe der Bezugsadresse gegen Kostenerstattung auch zugesandt werden. [4]Bei der Bekanntmachung im Internet ist der Bereitstellungstag anzugeben. [5]Öffentliche Bekanntmachungen im Internet müssen auf der Internetseite der Gemeinde so erreichbar sein, dass der Internetnutzer auf der Startseite den Bereich des Ortsrechts erkennt. [6]Die Bereitstellung im Internet darf nur im Rahmen einer ausschließlich von der Gemeinde verantworteten Internetseite erfolgen; sie darf sich zur Einrichtung, Pflege und zum Betrieb eines Dritten bedienen. [7]Öffentliche Bekanntmachungen im Internet müssen für Internetnutzer ohne Nutzungsgebühren und ohne kostenpflichtige Lizenzen etwa für Textsysteme lesbar sein. [8]Sie sind während der Geltungsdauer mit einer angemessenen Verfügbarkeit im Internet bereitzuhalten und gegen Löschung und Verfälschung durch technische und organisatorische Maßnahmen, insbesondere eine qualifizierte elektronische Signatur, zu sichern.

(3) [1]Satzungen sind mit ihrem vollen Wortlaut bekannt zu machen. [2]Über den Vollzug der Bekanntmachung von Satzungen ist ein Nachweis zu den Akten der Gemeinde zu bringen.

(4) Sind Pläne oder zeichnerische Darstellungen, insbesondere Karten Bestandteile einer Satzung, können sie dadurch öffentlich bekannt gemacht werden (Ersatzbekanntmachung), dass

1. sie an einer bestimmten Verwaltungsstelle der Gemeinde zur kostenlosen Einsicht durch jedermann während der Sprechzeiten niedergelegt werden,
2. hierauf in der Satzung hingewiesen wird und
3. in der Satzung der wesentliche Inhalt der niedergelegten Teile umschrieben wird.

(5) [1]Erscheint eine rechtzeitige Bekanntmachung in der nach den Absätzen 1 bis 4 vorgeschriebenen Form nicht möglich, so kann die öffentliche Bekanntmachung in anderer geeigneter Weise durchgeführt werden (Notbekanntmachung). [2]Die Bekanntmachung ist in der nach den Absätzen 1 bis 4 vorgeschriebenen Form zu wiederholen, sobald die Umstände es zulassen.

Zu § 5:

§ 2 Name und Bezeichnung

(1) [1]Die Bestimmung des Namens einer neu gebildeten Gemeinde, die Feststellung und die Änderung eines Gemeindenamens sowie die Verleihung der Bezeichnung „Stadt“ und sonstiger Bezeichnungen werden in dem für die Veröffentlichungen des Innenministeriums bestimmten Amtsblatt bekannt gegeben. [2]Das Gleiche gilt für die Weiterführung der Bezeichnung „Stadt“ durch die aufnehmende oder neu gebildete Gemeinde sowie für die Weiterführung einer sonstigen Bezeichnung für einen Ortsteil der aufnehmenden oder neu gebildeten Gemeinde.

(2) Ortsteile können einen Namen erhalten, wenn sie aus einer oder mehreren früheren Gemeinden bestehen oder wenn sie erkennbar vom übrigen bewohnten Gemeindegebiet getrennt sind und wenn wegen der Einwohnerzahl, der Art der Bebauung oder des Gebietsumfangs ein öffentliches Bedürfnis hierfür besteht.

(3) Die Gemeinde hat vor der Benennung oder Umbenennung eines Ortsteils die Archivbehörde, die zuständige Stelle für Volkskunde, das Statistische Landesamt, die Deutsche Post AG, das Landesamt für Geoinformation und Landesentwicklung und, sofern die Gemeinde oder der Ortsteil an einem Schienenweg der Eisenbahn liegt, das Eisenbahninfrastrukturunternehmen, das den Schienenweg betreibt, und die Eisenbahnverkehrsunternehmen, die den Schienenweg im regelmäßigen Personenverkehr benutzen, zu hören.

(4) Die Benennung oder Umbenennung eines Ortsteils ist öffentlich bekannt zu machen, der Rechtsaufsichtsbehörde anzuzeigen und den im Vorverfahren gehörten Stellen sowie dem Amtsgericht und dem Finanzamt mitzuteilen.

Zu § 6:

§ 3 Wappen und Flaggen

(1) Die Gemeinde hat ihrem Antrag auf Verleihung des Rechts zur Führung eines Wappens drei farbige Zeichnungen des Wappenentwurfs und eine Stellungnahme der zuständigen staatlichen Archivbehörde beizufügen.

(2) [1]Das Recht zur Führung einer Flagge kann nur den Gemeinden verliehen werden, die ein Wappen führen. [2]Die Flagge kann nicht mehr als zwei Farben haben. [3]Die Farben der Flagge sollen den Wappenfarben entsprechen.

§ 4 Dienstsiegel

(1) Das Dienstsiegel der Gemeinde ist für den urkundlichen Verkehr in allen Angelegenheiten der Gemeinde einschließlich der Weisungsaufgaben bestimmt.
(2) [1]Das Dienstsiegel wird in kreisrunder Form als Prägesiegel mit einem Durchmesser von mindestens 20 mm oder als Farbdruckstempel aus Metall oder Gummi mit einem Durchmesser von mindestens 12 mm hergestellt. [2]Beim Prägesiegel werden Wappen und Umschrift in erhabener Prägung und beim Farbdruckstempel in dunklem Flachdruck dargestellt. [3]Kreisangehörige Gemeinden können der aus ihrer Bezeichnung und ihrem Namen bestehenden Umschrift den Namen des Landkreises hinzufügen. [4]In der Beschriftung des Dienstsiegels kann die Bezeichnung der einzelnen Siegel führenden Dienststelle beigefügt werden.
(3) [1]Die Zahl der zu beschaffenden Dienstsiegel ist auf das notwendige Maß zu beschränken. [2]Dienstsiegel sind zur Sicherung gegen missbräuchliche Verwendung von den zur Verwendung des Siegels ermächtigten Bediensteten unter Verschluss zu halten; sie sind außerhalb der Dienststunden so aufzubewahren, dass Missbrauch und Verlust durch Diebstahl so weit wie möglich ausgeschlossen sind.

Zu §§ 7 bis 9:

§ 5 Zuständige Rechtsaufsichtsbehörde bei Grenzstreitigkeiten

[1]Sind für Gemeinden, die durch eine Grenzstreitigkeit berührt werden, verschiedene Rechtsaufsichtsbehörden zuständig, trifft die gemeinsame obere Rechtsaufsichtsbehörde die Entscheidung. [2]Gehören die beteiligten Gemeinden zum Bezirk verschiedener oberer Rechtsaufsichtsbehörden, bestimmt das Innenministerium die zuständige obere Rechtsaufsichtsbehörde.

§ 6 Zuständige Rechtsaufsichtsbehörde bei Gebietsänderungen

(1) Zuständige Rechtsaufsichtsbehörde im Sinne von § 8 Abs. 2 sowie § 9 Abs. 3 und 4 der Gemeindeordnung ist

1. bei einer Eingliederung oder Neubildung einer Gemeinde die obere Rechtsaufsichtsbehörde,
2. bei einer Umgliederung von Gebietsteilen einer Gemeinde, durch die das Gebiet einer Großen Kreisstadt oder von Landkreisen betroffen wird, die obere Rechtsaufsichtsbehörde,
3. bei sonstigen Umgliederungen von Gebietsteilen von Gemeinden die Rechtsaufsichtsbehörde.

(2) Zuständige Kommunalaufsichtsbehörden im Sinne von § 58 Abs. 2 des Flurbereinigungsgesetzes sind die in Absatz 1 genannten Rechtsaufsichtsbehörden.

(3) Gehören die an der Gebietsänderung beteiligten Gemeinden zum Bezirk verschiedener oberer Rechtsaufsichtsbehörden, bestimmt das Innenministerium die zuständige obere Rechtsaufsichtsbehörde.

Zu § 10:

§ 7 Hand- und Spanndienste

(1) In der Satzung über Hand- und Spanndienste ist zu bestimmen, dass zur Erfüllung vordringlicher Pflichtaufgaben

1. keine Arbeiten verlangt werden können, die besondere Fachkenntnisse voraussetzen,
2. Fuhrleistungen nur von solchen Einwohnern gefordert werden können, die für ihren landwirtschaftlichen oder gewerblichen Betrieb Zugtiere oder für die Beförderung von Lasten geeignete Kraftfahrzeuge halten und
3. Fuhrleistungen in angemessener Weise auf Handdienste angerechnet werden und umgekehrt.

(2) [1]Werden in der Satzung Bestimmungen über die Gewährung einer Vergütung getroffen, ist sie nach einem für alle Betroffenen gleichmäßig festzusetzenden Satz zu bemessen, der den ortsüblichen Stundenlohn für ungelernte Arbeiter nicht übersteigen soll. [2]Die Maßstäbe für die Geldablösung sind in der Satzung so festzulegen, dass für die Ersatzleistung in Geld die zu leistenden Dienste durch bezahlte

Arbeitskräfte besorgt werden können; wird eine Vergütung gewährt, ist sie auf die Geldablösung anzurechnen.

Zu § 11:

§ 8 Anschluss- und Benutzungszwang

(1) In der Satzung über den Anschluss- und Benutzungszwang sind insbesondere zu regeln und zu bestimmen:
1. die Bereitstellung der Einrichtung zur öffentlichen Benutzung,
2. die Art des Anschlusses und der Benutzung,
3. der Kreis der zum Anschluss oder zur Benutzung Verpflichteten und
4. im Falle des § 11 Absatz 2 Satz 1 der Gemeindeordnung die Tatbestände, für die Ausnahmen von dem Anschluss- oder Benutzungszwang zugelassen werden können, sowie im Falle des § 11 Absatz 2 Satz 2 der Gemeindeordnung die Art und der Umfang der Beschränkung des Zwangs.

(2) [1]Der Anschluss- und Benutzungszwang muss unter gleichen Voraussetzungen den von ihm betroffenen Personenkreis gleichmäßig belasten. [2]Ausnahmen nach § 11 Absatz 2 Satz 1 der Gemeindeordnung sind auf besonders gelagerte Tatbestände zu beschränken.

Zu §§ 16 und 17:

§ 9 Ordnungsgeld

(1) Das Ordnungsgeld nach § 16 Abs. 3 Satz 1 und § 17 Abs. 4 der Gemeindeordnung beträgt mindestens 50 Euro.
(2) [1]Das Ordnungsgeld ist schriftlich in bestimmter Höhe aufzuerlegen. [2]Dabei ist eine Rechtsmittelbelehrung zu erteilen und auf die Möglichkeit der Beitreibung nach dem Landesverwaltungsvollstreckungsgesetz hinzuweisen.

Zu § 40:

§ 10 Wahl der Mitglieder der beschließenden Ausschüsse

(1) [1]Für die Wahl der Mitglieder der beschließenden Ausschüsse nach § 40 Abs. 2 der Gemeindeordnung kann jeder Gemeinderat einen Wahlvorschlag einreichen. [2]Jeder Bewerber kann nur auf einem Wahl-

vorschlag aufgeführt werden; ist sein Name in mehreren Wahlvorschlägen enthalten, hat er vor der Wahl dem Vorsitzenden des Gemeinderats gegenüber zu erklären, für welchen Wahlvorschlag er als Bewerber auftreten will.

(2) Jeder Gemeinderat hat bei Verhältniswahl eine Stimme, bei Mehrheitswahl so viel Stimmen, wie Mitglieder zu wählen sind.

(3) [1]Bei Verhältniswahl gelten für die Verteilung der Sitze auf die Wahlvorschläge die Bestimmungen für die Wahl des Gemeinderats entsprechend; für die Verteilung der Sitze auf die einzelnen Bewerber eines jeden Wahlvorschlags ist die Reihenfolge der Benennung im Wahlvorschlag maßgebend. [2]Bei Mehrheitswahl sind die Bewerber mit den höchsten Stimmenzahlen in der Reihenfolge dieser Zahlen gewählt; bei gleicher Stimmenzahl entscheidet das Los. [3]Die nicht gewählten Bewerber sind Stellvertreter. [4]Der Gemeinderat regelt die Stellvertretung im Einzelnen.

(4) Der Gemeinderat entscheidet über die Zulassung der Wahlvorschläge und stellt das Wahlergebnis fest.

(5) Tritt ein gewähltes Mitglied nicht ein oder scheidet ein Mitglied im Laufe der Amtszeit aus, rückt bei Verhältniswahl der nach der Reihenfolge der Benennung im Wahlvorschlag nächste Bewerber, bei Mehrheitswahl der nach der Stimmenzahl nächste Bewerber nach.

Zu § 42:

§ 11 Amtsantritt des Bürgermeisters

Der Bürgermeister hat nach seiner ersten Wahl in der Gemeinde der Rechtsaufsichtsbehörde den Tag seines Amtsantritts unverzüglich anzuzeigen.

Zu § 63:

§ 12 Verteilung des Aufwands für Bürgermeister in mehreren Gemeinden

[1]Die Verteilung des persönlichen Aufwands für Bürgermeister in mehreren Gemeinden ist von den beteiligten Gemeinden durch Vereinbarung zu regeln. [2]Kommt eine Einigung nicht zu Stande, ist der Aufwand anteilmäßig im Verhältnis der Einwohnerzahlen von den einzelnen Gemeinden zu tragen.

Zu § 100:

§ 13 Verfahren bei der Umwandlung von Gemeindegliedervermögen

(1) [1]Die Gemeinde hat die beabsichtigte Umwandlung von Gemeindegliedervermögen in freies Gemeindevermögen und die Höhe der vorgesehenen Entschädigung den einzelnen Betroffenen schriftlich mitzuteilen und öffentlich bekannt zu machen. [2]Sie können gegen die vorgesehene Umwandlung und die Höhe der Entschädigung innerhalb eines Monats nach der Zustellung oder der öffentlichen Bekanntmachung Einwendungen erheben.
(2) Die Mitteilung und die öffentliche Bekanntmachung haben zu enthalten:
1. die Bezeichnung der umzuwandelnden Rechte sowie Umfang und Art der Umwandlung,
2. die Höhe der vorgesehenen Entschädigungen und
3. einen Hinweis auf die nach Absatz 1 Satz 2 gegebene Möglichkeit, Einwendungen zu erheben.

(3) [1]Der Gemeinderat hat gleichzeitig mit dem endgültigen Beschluss über die Umwandlung über die Einwendungen zu entscheiden. [2]Der Beschluss über die Umwandlung ist den Betroffenen mit der Festsetzung der Entschädigung zuzustellen.

§ 14 Schlussbestimmungen

(1) [1]Diese Verordnung tritt am Tage nach ihrer Verkündung in Kraft. [2]Gleichzeitig tritt die Verordnung des Innenministeriums zur Durchführung der Gemeindeordnung für Baden-Württemberg vom 13. Februar 1976 (GBl. S. 177), zuletzt geändert durch Artikel 15 des Dritten Rechtsbereinigungsgesetzes vom 18. Dezember 1995 (GBl. 1996 S. 29), außer Kraft.
(2) Abweichend von § 9 Abs. 1 beträgt die Mindestsumme des Ordnungsgeldes bis zum 31. Dezember 2001 100 DM.
(3) § 10 Abs. 3 und 5 findet nur für nach dem Inkrafttreten dieser Verordnung durchzuführende Wahlen von Mitgliedern beschließender Ausschüsse Anwendung.

1.2 Verwaltungsvorschrift des Innenministeriums zur Gemeindeordnung für Baden-Württemberg (VwV GemO)[1]

in der Fassung der Bekanntmachung vom 1. Dezember 1985 (GABl. S. 1113), geändert durch Verwaltungsvorschriften vom 17. Mai 1988 (GABl. S. 530), vom 24. November 1989 (GABl. S. 1276), automatisch außer Kraft getreten gemäß Vorschriftenanordnung vom 23. November 2004 (GABl. 2005 S. 194)

Az.: IV 3/728

I.

Diese Verwaltungsvorschrift soll unter Berücksichtigung der seit dem Runderlass zur Gemeindeordnung vom 9. Dezember 1977 (GABl. S. 1549) eingetretenen Veränderungen zur einheitlichen Anwendung der Gemeindeordnung für Baden-Württemberg beitragen. Für die kommunalen Selbstverwaltungskörperschaften enthält sie grundsätzlich nur Erläuterungen, Hinweise und Empfehlungen.
Paragraphen ohne Zusatz sind Paragraphen der Gemeindeordnung.

Zu § 1

Die Gemeindeordnung gilt für alle Gemeinden des Landes ohne Unterschied der Größe und der besonderen Rechtsstellung (Stadtkreise, Große Kreisstädte). Sie enthält auch das Recht der Verwaltungsgemeinschaften.
Die Regelungen der Gemeindeordnung gehen als Spezialvorschriften den Regelungen des Landesverwaltungsverfahrensgesetzes vor; enthält die Gemeindeordnung keine abschließenden Regelungen, wird sie gegebenenfalls durch das Landesverwaltungsverfahrensgesetz ergänzt.

---

1 **Anmerkung der Herausgeber:**
Die außer Kraft getretene VwV GemO wird wegen ihrer grundsätzlichen Bedeutung für die kommunale Praxis in dieser Ausgabe abgedruckt.

Zu § 2

Die Vorschrift des § 2 enthält den Grundsatz der Allzuständigkeit der Gemeinde und der Einheit der Verwaltung auf der Gemeindeebene. Soweit die Gemeinden nicht gesetzlich zur Erfüllung bestimmter Aufgaben verpflichtet sind, ist es ihnen im Rahmen ihres Wirkungskreises überlassen, welche Einrichtungen sie zur Förderung des gemeinsamen Wohls ihrer Einwohner schaffen und welche Vorkehrungen sie hierfür treffen wollen. [2]Ein geordneter Verwaltungsablauf und die Aufgabenerfüllung müssen gesichert sein. [3]Grenzen sind den Gemeinden dadurch gesetzt, daß sie auf ihre eigene Leistungsfähigkeit und die wirtschaftlichen Kräfte der Abgabepflichtigen Rücksicht zu nehmen haben (§ 78 Abs. 2 Satz 2).

Zu § 4

1. Die von den Gemeinden rechtsgültig erlassenen Satzungen sind für jedermann, auch für die Organe der Gemeinde und die Aufsichtsbehörden, rechtsverbindlich. Auf Grund von § 4 Abs. 1 erlassene Satzungen über die Benutzung von öffentlichen Einrichtungen können dadurch bewehrt werden, dass Zuwiderhandlungen gegen diese Satzungen nach § 142 zu Ordnungswidrigkeiten erklärt werden.
2. Die Gemeinden sind zum Erlass einer Hauptsatzung nur insoweit berechtigt und verpflichtet, als sie Gegenstände regeln wollen oder müssen, die nach der Gemeindeordnung der Regelung durch Hauptsatzung bedürfen. Diese Gegenstände sind:
   a) die Bestimmung weiterer wichtiger Gemeindeangelegenheiten, über die ein Bürgerentscheid zulässig ist (§ 21 Abs. 1 Satz 3),
   b) in Gemeinden mit unechter Teilortswahl die Bestimmung, dass für die Zahl der Gemeinderäte die nächsthöhere Gemeindegrößengruppe maßgebend ist (§ 25 Abs. 2 Satz 2),
   c) die Einführung der unechten Teilortswahl (§ 27 Abs. 2 Satz 1),
   d) die Bildung eines Ältestenrats (§ 33 a Abs. 1 Satz 1),
   e) die Bildung und die Zuständigkeiten von beschließenden Ausschüssen, denen Aufgaben zur dauernden Erledigung übertragen werden (§ 39); der einem beschließenden Ausschuss gleichkommende Werksausschuss wird nach § 2 Abs. 2 i. V. mit § 6 des Eigenbetriebsgesetzes durch die Betriebssatzung gebildet,

f) in Gemeinden mit mehr als 500, aber weniger als 2 000 Einwohnern die Einführung des hauptamtlichen Bürgermeisters (§ 42 Abs. 2 Satz 1),
g) die dauernde Übertragung der Erledigung bestimmter Aufgaben auf den Bürgermeister (§ 44 Abs. 2 Satz 2),
h) die Bestimmung der Zahl der Beigeordneten in Stadtkreisen oder in Gemeinden mit mehr als 10 000 Einwohnern, wenn dort Beigeordnete bestellt werden sollen (§ 49 Abs. 1),
i) die Bildung von Gemeindebezirken (Stadtbezirken) und die Bestimmung der Zahl der Bezirksbeiräte (§ 64 Abs. 1 Satz 1 und § 65 Abs. 1 Satz 2),
k) die Einrichtung von Ortschaften und deren nähere Ausgestaltung (§§ 68 bis 71).

Regelungen, die nicht Inhalt der Hauptsatzung sein können, sollen mit dieser auch nicht verbunden werden.

3. Satzungen sind der Rechtsaufsichtsbehörde, vorbehaltlich besonderer Vorlage- und Genehmigungspflichten (s. auch Nr. 4 zu § 121), anzuzeigen. Um zu vermeiden, dass die Rechtsaufsichtsbehörde eine bereits beschlossene und bekanntgemachte Satzung wegen rechtlicher Mängel nachträglich beanstanden muss, wird empfohlen, rechtlich schwierige Satzungen rechtzeitig mit der Rechtsaufsichtsbehörde abzustimmen.
4. Satzungen werden von der Rechtsaufsichtsbehörde nur auf ihre Gesetzmäßigkeit überprüft, soweit nicht durch Gesetz eine weitergehende Prüfung zugelassen ist. Die Prüfung der Gesetzmäßigkeit erstreckt sich nicht nur auf den materiellen Inhalt der Satzung, sondern auch auf die Ordnungsmäßigkeit des Rechtsetzungsverfahrens.
5. Satzungen, mit Ausnahme der Hauptsatzung und der Satzung über die öffentliche Bekanntmachung, können grundsätzlich auch mit rückwirkender Kraft erlassen werden. Die Rückwirkung von Satzungen, aus denen sich eine Belastung ergibt, darf angeordnet werden, wenn sie gesetzlich ausdrücklich zugelassen ist, sonst nur, wenn die Belastung für die Betroffenen voraussehbar, messbar und berechenbar ist und wenn kein spezielles gesetzliches Rückwirkungsverbot besteht.

6. In jeder Gemeinde muss eine Satzung über die öffentliche Bekanntmachung bestehen, aus der eindeutig hervorgeht, in welcher der in § 1 Abs. 1 DVO GemO abschließen aufgezählten Formen öffentlich bekanntgemacht wird. Sondergesetzliche Vorschriften über die öffentliche Bekanntmachung bleiben unberührt. Im Falle des § 1 Abs. 1 Satz 1 Nr. 3 DVO GemO muss der Hinweis auch die Dauer der Auslegung enthalten. Bei dieser Bekanntmachungsform ist die Bekanntmachung erst nach Ablauf der für den Anschlag festgesetzten Frist von mindestens einer Woche erfolgt; für die Berechnung dieser Frist ist die letzte Bekanntmachungshandlung (Anschlag oder Hinweis) maßgebend. Auf diese Weise bekanntgemachte Satzungen treten, wenn kein anderer Zeitpunkt bestimmt ist, am Tage nach Ablauf der Frist in Kraft. Wegen der Bekanntmachung bei Kommunalwahlen vgl. § 55 KomWO.
   Zur Ersatzbekanntmachung von Plänen und zeichnerischen Darstellungen siehe § 1 Abs. 3 DVO GemO. Der der Niederlegung dienende Raum muss in einer Dienststelle der Gemeindeverwaltung liegen und jedermann zugänglich sein. Die Niederlegung muss spätestens mit der öffentlichen Bekanntmachung der Satzung beginnen (bei öffentlicher Bekanntmachung durch Anschlag und Hinweis also vom Tage des Anschlags oder Hinweises an) und während der ganzen Geltungsdauer der Satzung fortdauern; der niedergelegte Satzungsbestandteil ist so zu verwahren, daß er in den Dienststunden ungehindert eingesehen werden kann.
7. Die Heilungsvorschrift des § 4 Abs. 4 betrifft lediglich Verstöße gegen Verfahrens- und Formvorschriften, nicht Verstöße gegen materielles Recht. Zu den Verfahrens- und Formvorschriften gehören insbesondere die Bestimmungen der Gemeindeordnung über die Einberufung von Sitzungen (§ 34), den Geschäftsgang (§ 36 Abs. 2), die Beschlussfassung (§ 37), das Verbot der Mitwirkung wegen Befangenheit (§ 18) und die Anhörung des Ortschaftsrats (§ 70 Abs. 2), ferner die Verfahrens- und Formvorschriften von Verordnungen, die auf Grund von Ermächtigungen in der Gemeindeordnung erlassen worden sind (§ 144 GemO), z. B. der DVO GemO. Die Heilung ist ausgeschlossen, wenn die Vorschriften über die Öffentlichkeit der Sitzung, die Genehmigung oder die Bekannt-

machung der Satzung verletzt worden sind. Die Heilungsfrist von einem Jahr beginnt mit der ordnungsgemäßen Bekanntmachung der Satzung, die auch den nach Absatz 4 Satz 4 vorgeschriebenen Hinweis enthalten muss. Ortsrecht i. S. des Absatzes 5 sind auch Polizeiverordnungen, die von der Gemeinde erlassen werden.

Verstöße gegen die Mitwirkungsverbote wegen Hinderung und Befangenheit werden beim Erlass von Satzungen, anderem Ortsrecht und Flächennutzungsplänen nach Absatz 4 und 5 geheilt, im Übrigen nach § 18 Abs. 6 und § 31 Abs. 1 Satz 5. Die Heilungsvorschriften des Bundesrechts (z. B. § 215 BauGB) gehen den Heilungsvorschriften der GemO vor. Die Heilungsvorschriften finden auch auf Satzungen, anderes Ortsrecht und Flächennutzungspläne Anwendung, die bei Einführung der Heilungsvorschriften am 1. Juli 1983 bereits in Kraft waren, wenn eine Erstreckung nach Artikel 8 Abs. 1 des Gesetzes zur Änderung der Gemeindeordnung, der Landkreisordnung und anderer Gesetze vom 29. Juni 1983 (GBl. S. 229) herbeigeführt worden sind.

Zu § 5

1. § 5 Abs. 1 bezieht sich nur auf den Namen der Gemeinde, nicht auch auf Bezeichnungen im Sinne von § 5 Abs. 2 und 3; topographische und sonstige Zusätze sind Bestandteile des Namens. Als amtlicher Name gilt der in dem vom Statistischen Landesamt Baden-Württemberg herausgegebenen amtlichen Gemeindeverzeichnis aufgeführten Gemeindename. In amtlichen Urkunden oder öffentlichen Büchern und im amtlichen Schriftverkehr darf nur der amtliche Gemeindename geführt werden.

   Eine Änderung des Gemeindenamens liegt auch vor bei einer Änderung der Schreibweise des Namens und bei der Hinzufügung eines Zusatzes. Eine Feststellung des Gemeindenamens stellt auch die Klarstellung einer zweifelhaft gewordenen Schreibweise eines Namens dar.

   Der Antrag auf Erteilung der Zustimmung wird bei der Rechtsaufsichtsbehörde gestellt. Sofern die in § 2 Abs. 3 DVO GemO genannten Stellen noch nicht von den Antragstellern gehört worden sind, haben die Rechtsaufsichtsbehörden die Stellungnahmen einzuholen. Dabei ist in den Regierungsbezirken Stuttgart und Tübingen als federführende Behörde nur das Landesvermessungsamt Baden-Württemberg, Stuttgart, und in den Regierungsbezirken Karlsruhe und Freiburg nur das Landesvermessungsamt Baden-Württemberg – Außenstelle Karlsruhe – anzuschreiben, das auch die übrigen Stellen (Landesarchivdirektion, Landesdenkmalamt, Württembergische und Badische Landesstelle für Volkskunde, Statistisches Landesamt) beteiligt; die Oberpostdirektion und ggf. das Betriebsamt der Bundesbahn sind gesondert anzuhören. Die Rechtsaufsichtsbehörden teilen ihre Zustimmung den im Verfahren gehörten Stellen unmittelbar mit.

2. Die Bezeichnung „Stadt" kann nur an solche Gemeinden verliehen werden, die nach Einwohnerzahl, Siedlungsform und ihren kulturellen und wirtschaftlichen Verhältnissen städtisches Gepräge haben. Als untere Grenze ist von einer Zahl von 10 000 Einwohnern auszugehen; der Hauptanteil der Einwohner muss auf ein im wesentlichen geschlossenes Siedlungsgebiet entfallen. Eine städtische Siedlungsform ist nicht schon dann gegeben, wenn ausgedehnte Wohnsiedlungen entstanden sind. Es muss hinzukommen, dass die gesamte Struktur der Gemeinde städtisches Gepräge aufweist. Dazu gehören außer genügenden Straßen, Gehweg-, Parkplatz- und Grünanlagen, modernen Anforderungen entsprechenden Ver- und Entsorgungseinrichtungen, Kultur-, Bildungs-, Sport- und Freizeiteinrichtungen sowie z. B. einer angemessenen ärztlichen Versorgung auch Einkaufsmöglichkeiten für die Deckung des gehobenen Bedarfs in zumindest einem sich als Zentrum abzeichnenden Teil der Gemeinde. Auch der Stand von Sanierungsmaßnahmen ist zu berücksichtigen. Bei der Beurteilung der wirtschaftlichen Verhältnisse sind die Zahl und die Größe der vorhandenen Industrie- und Gewerbebetriebe sowie das zahlenmäßige Verhältnis des in ihnen beschäftigten Bevölkerungsteils zu dem in der Landwirtschaft tätigen Teil der Bevölkerung von Bedeutung. Dabei spielt auch die Entwicklungsmöglichkeit der Gemeinde in bezug auf die Verkehrsverhältnisse und auf die Erschließung von neuem Bau-, Industrie- und Gewerbegelände eine Rolle. Vor allem gehört zum

städtischen Gepräge, dass die Gemeinde Mittelpunkt ihres Verwaltungsraums ist.

3. Unter sonstigen überkommenen Bezeichnungen nach § 5 Abs. 3 Satz 1 sind nur Bezeichnungen zu verstehen, die Gemeinden entweder nach früherem Recht ohne eine besondere Verleihung annehmen und weiterführen durften oder die ihnen verliehen worden sind. Eine neue Verleihung sonstiger Bezeichnungen kommt nur in Betracht, wenn ganz besondere Verhältnisse eine Hervorhebung vor den anderen Gemeinden rechtfertigen. Werbeangaben, z. B. als Hinweis auf eine in der Gemeinde besonders entwickelte Industrie, scheiden als amtliche Bezeichnung aus. Die Begriffe „Stadtkreis" und „Große Kreisstadt" (§ 3) sind keine besonderen Bezeichnungen im Sinne von § 5 Abs. 3. Hauptsächlich geht es um die Bezeichnung „Bad". Für die Verleihung dieser Bezeichnung ist das Vorhandensein von Heilquellen nicht unbedingt ausschlaggebend. Auch Gemeinden mit einem Vorkommen an anderen natürlichen Heilmitteln und besonderen Kureinrichtungen können für eine solche Verleihung in Betracht kommen. Allgemein muss jedoch gefordert werden, dass die Kureinrichtungen der Gemeinde ihr besonderes Gepräge geben und dass die hygienischen Verhältnisse der Gemeinde, die Unterbringungsverhältnisse für die Heilung Suchenden, die ärztliche Betreuung und Versorgung und die kulturellen Veranstaltungen dem Niveau entsprechen, das von einer Gemeinde mit der amtlichen Bezeichnung „Bad" in der Öffentlichkeit erwartet wird. Im Interesse des Fremdenverkehrs, der Erholungsuchenden und der Rechtsklarheit bei den im allgemeinen Sprachgebrauch bedeutungsgleich verwendeten Begriffen wird die kommunalverfassungsrechtliche Bezeichnung „Bad" grundsätzlich erst nach der Anerkennung der Artbezeichnung „Heilbad" nach § 11 des Kurortegesetzes verliehen werden.
Eine sonstige Bezeichnung kann auch für einen Ortsteil verliehen werden. In diesem Fall darf die besondere Bezeichnung nur im Zusammenhang mit dem Namen dieses Ortsteils geführt werden.
Anträge auf Verleihung von Bezeichnungen sind von den Rechtsaufsichtsbehörden mit den notwendigen Unterlagen und mit einer eigenen Stellungnahme auf dem Dienstweg vorzulegen.

4. Der Fortbestand und die Pflege der Namen von bewohnten Gemeindeteilen (Ortsteilen), die als Gemeindenamen vielfach durch Gemeindereformen untergegangen sind, ist erwünscht. Zu ihrer Verwendung im amtlichen Schriftverkehr wird auf die Empfehlung des Innenministeriums vom 22. Dezember 1983 (GABl. 1984 S. 91) hingewiesen. Der Name von Ortsteilen kann nur im Zusammenhang mit dem Gemeindenamen aufgeführt werden.
   Die nach § 2 Abs. 4 DVO GemO erforderliche Mitteilung der Benennung oder Umbenennung eines Ortsteils an die im Vorverfahren gehörten Stellen ist unmittelbar an diese zu richten.

Zu § 6

1. Neue Wappen der Gemeinden sollen inhaltlich begründet, schlicht, einprägsam und in wenige Felder geteilt sein. Sie dürfen in Form und Anlage nicht gegen die Regeln der Wappenkunde verstoßen. Die zwei Farben der Flagge (§ 3 Abs. 2 Satz 2 DVO GemO) werden in der Weise aus den Farben des Gemeindewappens abgeleitet, dass die erste Farbe (vorn in der Flagge = links vom Beschauer) die des Schildbildes und die zweite Farbe (hinten in der Flagge = rechts vom Beschauer) die des Schildgrundes ist. Die Verleihung einer Gemeindeflagge berechtigt die Gemeinde auch zur Führung einer Flagge mit aufgesetztem Gemeindewappen (Dienstflagge) für öffentliche Gebäude einschließlich der Schulen.
   In Fragen des Wappen- und Flaggenwesens werden die Gemeinden in den Regierungsbezirken Stuttgart und Tübingen vom Hauptstaatsarchiv Stuttgart und in den Regierungsbezirken Karlsruhe und Freiburg vom Generallandesarchiv Karlsruhe unter Einschaltung der Landesarchivdirektion beraten.
2. Die Rechtsaufsichtsbehörden haben über die Verleihung Urkunden herzustellen. Dabei sind die in den Stellungnahmen der Archivbehörde enthaltenen Beschreibungen zu verwenden. Auf die Rückseite der Wappenzeichnungen ist über die Verleihung des Rechts ein entsprechender Vermerk zu setzen. Eine Mehrfertigung der Verfügung über die Verleihung des Rechts ist zusammen mit der Zweitschrift der Verleihungsurkunde und einer Wappenzeichnung der Landesarchivdirektion zuzuleiten, die eine jährliche Bekanntgabe

der Verleihungen der Wappen und Flaggen im Gemeinsamen Amtsblatt veranlasst.

3. Die Änderung eines Wappens und einer Flagge kann nur in der Form einer Neuverleihung geschehen.

Zu § 8

1. Änderungen von Gemeindegrenzen liegen vor, wenn
   a) Gebietsteile einer Gemeinde in eine andere Gemeinde eingegliedert werden (Umgliederung),
   b) eine Gemeinde in eine andere Gemeinde eingegliedert wird (Eingliederung) oder mehrere Gemeinden zu einer neuen Gemeinde vereinigt werden (Neubildung durch Vereinigung),
   c) Gebietsteile aus einer oder mehreren Gemeinden ausgegliedert werden und aus ihnen eine neue Gemeinde gebildet wird,
   d) Gemeinden aufgelöst und ihr Gebiet in mehrere andere Gemeinden eingegliedert oder aus ihrem Gebiet mehrere neue Gemeinden gebildet werden.

   Abgesehen von der zwangsweisen Grenzänderung (§ 8 Abs. 3 Satz 1) bedarf davon nur die Neubildung einer Gemeinde nach den Buchstaben c und d eines Gesetzes; die übrigen Änderungen von Gemeindegrenzen können nach § 8 Abs. 2 von den Gemeinden selber mit staatlicher Genehmigung vorgenommen werden.
2. Die Anhörung der in dem unmittelbar betroffenen Gebiet wohnenden Bürger nach § 8 Abs. 2 Satz 3, Abs. 3 Satz 3 und Abs. 6 dient der Information über ihre Meinung zu der vorgesehenen Grenzänderung. Das Ergebnis dieser Anhörung hat keine konstitutive Wirkung; der Gemeinderat und der Gesetz- oder Verordnungsgeber sind an das Anhörungsergebnis nicht gebunden.

   Nach § 21 Abs. 1 Satz 2 Nr. 2 kann über die Änderung von Gemeindegrenzen auch ein Bürgerentscheid durchgeführt werden. Bei einem freiwilligen Zusammenschluss (Eingliederung oder Vereinigung) entfällt nach § 8 Abs. 2 Satz 3 zweiter Halbsatz vor einem solchen Bürgerentscheid die Bürgeranhörung; dagegen ist die Bürgeranhörung bei einer Umgliederung vor einem Bürgerentscheid nicht entbehrlich, da das Ergebnis des Bürgerentscheids nicht die

Meinung der Bevölkerung des unmittelbar betroffenen Gebiets zu erkennen gibt.

3. Die Genehmigung der Vereinbarung nach § 8 Abs. 2 Satz 1 bewirkt zusammen mit dieser die Grenzänderung. Die Gemeinden haben keinen Anspruch auf Erteilung der Genehmigung, sondern nur auf fehlerfreie Ermessensausübung. Die für die Genehmigung zuständigen Rechtsaufsichtsbehörden sind in § 6 DVO GemO bestimmt.
   Die Genehmigung bedarf zu ihrer Wirksamkeit keiner öffentlichen Bekanntmachung; es genügt ihr Zugang bei den beteiligten Gemeinden. Die Grenzänderung ist jedoch von der zuständigen Rechtsaufsichtsbehörde im Gemeinsamen Amtsblatt bekanntzumachen; diese Bekanntmachung hat nur deklaratorischen Charakter. Die zuständige Rechtsaufsichtsbehörde unterrichtet das Statistische Landesamt und das Landesvermessungsamt.
   Die Rechtsaufsichtsbehörden berichten dem Innenministerium, sobald sie von Verhandlungen über Zusammenschlüsse von Gemeinden oder über die Änderung von Gemeindegrenzen, durch die das Gebiet von Landkreisen betroffen wird, Kenntnis erlangen; ebenso haben die oberen Rechtsaufsichtsbehörden in diesen Fällen dem Innenministerium vor der Entscheidung über die Erteilung einer Genehmigung nach § 8 Abs. 2 Satz 1 zu berichten. Ferner berichten die Rechtsaufsichtsbehörden dem Innenministerium, wenn eine Grenzänderung, die aus Gründen des öffentlichen Wohls geboten erscheint, nach Scheitern einer freiwilligen Lösung durch Gesetz oder Rechtsverordnung herbeigeführt werden soll.

Zu § 9

1. Aus haushalts- und abgaberechtlichen Gründen sollten Grenzänderungen grundsätzlich nur zum Jahresbeginn wirksam werden.
2. Das bisherige Ortsrecht gilt in den von der Grenzänderung unmittelbar betroffenen Gebieten fort, bis es durch neues Ortsrecht ersetzt wird oder aus anderen Gründen außer Kraft tritt; dies gilt nicht für die bisherige Hauptsatzung, die in dem von der Grenzänderung unmittelbar betroffenen Gebiet sofort außer Kraft tritt. Durch die Vereinbarung können Bestimmungen über die Ersetzung fortgeltenden bisherigen Rechts getroffen werden. Zur Erstreckung von Orts-

recht einer aufnehmenden Gemeinde auf das aufgenommene Gebiet bedarf es jedoch des Erlasses einer besonderen Erstreckungssatzung bzw. -verordnung; dies gilt nicht für die Hauptsatzung der aufnehmenden Gemeinde, die stets für das ganze Gemeindegebiet in seinem jeweiligen Umfang gilt. Es ist zu beachten, dass unterschiedliches Ortsrecht grundsätzlich gegen den Gleichheitssatz des Artikels 3 GG verstößt, so dass es nicht zeitlich unbegrenzt, sondern nur für eine bestimmte Übergangszeit von in der Regel nicht mehr als drei, höchstens fünf Jahren weitergelten darf. Bebauungspläne gelten auch nach Grenzänderungen unbefristet weiter.

3. Im Falle der Neubildung einer Gemeinde ist die vorläufige Wahrnehmung der Aufgaben der Organe der neuen Gemeinde zu regeln. Wird eine neue Gemeinde durch Vereinigung von Gemeinden gebildet, kommt hierfür die Bildung eines vorläufigen Gemeinderats aus Gemeinderäten der beteiligten Gemeinden und die Bestellung eines Amtsverwesers nach § 48 Abs. 2 durch diesen in Frage; dabei ist zu regeln, wer bis zur Bestellung des Amtsverwesers die Aufgaben des Bürgermeisters wahrnimmt.
4. Für die „Streitvertretung" der eingegliederten Gemeinde nach § 9 Abs. 1 Satz 4 sind die Zahl der Vertreter, ihre Vertretungsbefugnis (bei mehreren Vertretern nur gemeinsame Vertretungsbefugnis) und die Vertretungsfrist zu bestimmen. Zu „Streitvertretern" können nach § 9 Abs. 2 Satz 4 i. V. mit Satz 1 nur bestimmte Personen bestellt werden; werden diese Personen Gemeinderäte der aufnehmenden Gemeinde, fallen sie nicht unter das Vertretungsverbot nach § 17 Abs. 3 Satz 1, weil sie als gesetzliche Vertreter der eingegliederten Gemeinde gelten.

Zu § 10

1. Der Bestimmung des § 10 Abs. 1 liegt der öffentlich-rechtliche Begriff des Wohnens zugrunde. Einwohner der Gemeinde ist, wer in ihr eine Wohnung (§ 16 des Meldegesetzes) unter Umständen innehat, die darauf schließen lassen, dass er die Wohnung beibehalten und benutzen wird.
2. Die Satzung über Hand- und Spanndienste ist nicht von Fall zu Fall, sondern als eine Dauerregelung von den Gemeinden zu erlas-

sen, die von der Möglichkeit der Gemeindedienste Gebrauch machen wollen. Wenn Geldablösung vorgesehen wird, muss den Dienstpflichtigen die Wahl gelassen werden, ob sie den Ablösungsbetrag anstelle der Naturaldienste leisten wollen; die Leistung des Ablösungsbetrags darf nicht von vornherein gefordert werden.

In Gemeinden, in denen eine Satzung über Gemeindedienste besteht, beschließt der Gemeinderat, ob eine bestimmte Pflichtaufgabe der Gemeinde mit Hilfe des Gemeindedienstes durchgeführt werden soll. Eine Beschränkung der Gemeindedienste auf einzelne Ortsteile oder Ortschaften einer Gemeinde in der Weise, daß nur die dortigen Einwohner verpflichtet und herangezogen werden, ist nicht zulässig; ebenso ist eine Delegation der Zuständigkeit für die Entscheidung über die Heranziehung auf Ortschaftsräte ausgeschlossen. Die Heranziehung der Pflichtigen erfolgt auf Grund des Beschlusses des Gemeinderats durch den Bürgermeister. Es empfiehlt sich, den Heranziehungsbescheid schriftlich mit Begründung und Rechtsbehelfsbelehrung zu erlassen und dem Betroffenen zuzustellen.

Die Einleitung und Durchführung von Maßnahmen zur Erzwingung der zu erbringenden Leistungen richtet sich nach dem Landesverwaltungsvollstreckungsgesetz. Zuwiderhandlungen können mit Geldbuße geahndet werden, wenn dies in der Satzung über die Gemeindedienste nach § 142 vorgesehen ist.

Zu § 11

1. Der Anschluss- und Benutzungszwang nach § 11 Abs. 1 und 2 kann nur für die im Gesetz genannten Einrichtungen und nur bei Vorliegen eines öffentlichen Bedürfnisses eingeführt werden. Das öffentliche Bedürfnis muss durch die Notwendigkeit der Gefahrenabwehr oder der Förderung der Wohlfahrt der Allgemeinheit begründet sein; dazu können auch Gründe des Umweltschutzes gehören. Fiskalische Erwägungen allein können die Einführung des Anschluss- und Benutzungszwanges nicht rechtfertigen.
2. Der Anschlusszwang hat zum Inhalt, dass jeder, für dessen Grundstück das Gebot des Anschlusszwanges besteht, die zur Herstellung des Anschlusses notwendigen Vorrichtungen auf seine Kosten tref-

fen muss. Der Benutzungszwang verpflichtet darüber hinaus zur Benutzung der Einrichtung und verbietet zugleich die Benutzung anderer, ähnlicher Einrichtungen. Die Bestimmungen der Satzung dürfen nicht weiter in Freiheit und Eigentum der Pflichtigen eingreifen, als dies unbedingt notwendig ist, um die Erreichung des mit der Einrichtung verfolgten Zweckes sicherzustellen. Die Satzung kann nicht bestimmen, dass die vom Pflichtigen zur Herstellung des Anschlusses an die öffentliche Einrichtung erstellte Anlage Teil der öffentlichen Einrichtung wird.

Zu § 12

1. Der Bürgermeister und die Beigeordneten erwerben das Bürgerrecht mit dem Amtsantritt, auch wenn sie nicht in der Gemeinde wohnen. Damit besteht für diese Personen die Möglichkeit, in mehreren Gemeinden des Landes Bürger zu sein.
2. Im Übrigen kann niemand in mehreren Gemeinden des Landes Bürger sein. Hat ein Einwohner mehrere Wohnungen im Bundesgebiet einschließlich Berlin (West), so ist seine Hauptwohnung im Sinne des Absatzes 2 die Hauptwohnung nach § 17 des Meldegesetzes.

Zu § 14

1. Das Wahlrecht zu den Gemeindewahlen ist Ausfluss des Bürgerrechts in der Gemeinde. Das Stimmrecht in sonstigen Gemeindeangelegenheiten bezieht sich insbesondere auf die Anhörung bei Gemeindegrenzänderungen (§ 8 Abs. 2 und 3), die Äußerung zu allgemein bedeutsamen Angelegenheiten der Gemeinde nach § 20 Abs. 2 Satz 2, den Antrag auf Bürgerversammlung (§ 20 a Abs. 2), den Bürgerantrag (§ 20 b), das Bürgerbegehren und den Bürgerentscheid (§ 21).
2. Die Regelung des Ausschlusses vom Wahlrecht und vom Stimmrecht ist abschließend.

Zu § 15

1. Die ehrenamtliche Tätigkeit eines Bürgers in der Gemeinde kann neben dem nur durch allgemeine Wahl erreichbaren Amt eines Gemeinderats oder eines Ortschaftsrats in einem Ehrenamt mit einem bestimmten abgegrenzten Kreis gemeindlicher Verwaltungsaufgaben für längere Dauer (z. B. ehrenamtlicher Archivar) oder in der ehrenamtlichen Mitwirkung bei Durchführung einzelner Aufgaben (z. B. als beratendes Mitglied in einem Ausschuss des Gemeinderats, Mitwirkung in einem Wahlorgan oder bei statistischen Erhebungen) bestehen.
2. Bürger, die ein Ehrenamt im Sinne der Nummer 1 wahrnehmen, sind in der Regel von der Gemeinde zu Ehrenbeamten zu ernennen; hierbei sind § 24 Abs. 2 und § 37 Abs. 7 Satz 8 zu beachten. Die Rechtsverhältnisse der Ehrenbeamten richten sich nach den beamtenrechtlichen Vorschriften.
3. Soweit ein ehrenamtlich Tätiger nicht zum Ehrenbeamten ernannt wird, sind die Bestellung zu ehrenamtlicher Mitwirkung und die Rücknahme der Bestellung an keine besondere Form gebunden; es empfiehlt sich jedoch, sie schriftlich vorzunehmen.

Zu § 16

1. Die Aufzählung der wichtigen Gründe für die Ablehnung ehrenamtlicher Tätigkeit in § 16 Abs. 1 ist nicht abschließend. Der Bürger kann aus einer ehrenamtlichen Tätigkeit nicht durch einseitige Erklärung, sondern nur nach Anerkennung des wichtigen Grundes durch den Gemeinderat, bei Ortschaftsräten durch den Ortschaftsrat, ausscheiden. Wird ein Antrag abgelehnt, empfiehlt es sich, die Entscheidung schriftlich mit Begründung und Rechtsbehelfsbelehrung zu erlassen und dem Antragsteller zuzustellen.
   Tritt ein Ablehnungsgrund erst im Laufe der ehrenamtlichen Tätigkeit ein, ist der Bürger verpflichtet, die Tätigkeit bis zur Entscheidung über den Antrag fortzusetzen.
2. Ist eine Bestellung zu ehrenamtlicher Tätigkeit durch Verwaltungsakt erfolgt, kann die Übernahme und Ausübung nach den Vorschriften des Landesverwaltungsvollstreckungsgesetzes erzwungen wer-

den, wenn ein Antrag auf Anerkennung eines wichtigen Grundes für die Ablehnung der ehrenamtlichen Tätigkeit nicht gestellt oder dieser abgelehnt worden ist.

3. Die Ahndung mit einer Geldbuße nach § 87 des Landesverwaltungsverfahrensgesetzes (LVwVfG) ist in den Fällen des § 16 Abs. 3 nicht möglich. Während das Ordnungsgeld nach § 16 Abs. 3 auch neben einem Zwangsgeld nach dem Landesverwaltungsvollstreckungsgesetz festgesetzt werden kann, können die Maßnahmen nach § 16 Abs. 3 nicht gleichzeitig, sondern nur eine von beiden Sanktionen verhängt werden. Für die Auferlegung des Ordnungsgeldes und die Aberkennung des Bürgerrechts ist, auch für Ortschaftsräte, der Gemeinderat zuständig.

Zu § 17

1. Ehrenamtlich tätige Bürger können nicht immer ohne weiteres erkennen, welche Angelegenheit ihrer Natur nach unter die Amtsverschwiegenheit fällt; die Gemeinden sollten daher die notwendige Geheimhaltung nach Möglichkeit jeweils besonders anordnen. Dadurch und durch die vorgeschriebene Aufhebung der Anordnung nach dem Wegfall ihrer Voraussetzungen werden Zweifel vermieden.
2. Das Vertretungsverbot nach § 17 Abs. 3 erstreckt sich auf alle Ansprüche und Interessen Dritter, sowohl privat-rechtlicher als auch öffentlich-rechtlicher Art. Es gilt sowohl im weisungsfreien als auch im weisungsgebundenen Wirkungskreis der Gemeinde; die Ansprüche oder Interessen des Dritten müssen sich nicht gegen die Gemeinde als Rechtssubjekt richten, vielmehr ist ausreichend, dass sie vor der Gemeinde als Behörde geltend gemacht werden. Die Vertretung in Bußgeldverfahren, solange diese bei der Gemeinde anhängig sind, wird jedoch nicht von dem Vertretungsverbot erfasst. Für ehrenamtlich mitwirkende Bürger, die nur zur Erledigung bestimmter einzelner Verwaltungsaufgaben herangezogen werden, ist das Verbot auf die Angelegenheiten beschränkt, die mit der ehrenamtlichen Tätigkeit zusammenhängen.
   Es empfiehlt sich, die Entscheidung des Gemeinderats oder des Bürgermeisters über das Vorliegen der Voraussetzungen des Vertre-

tungsverbots dem betroffenen ehrenamtlich tätigen Bürger in Form eines schriftlichen Verwaltungsakts mit Begründung und Rechtsbehelfsbelehrung zuzustellen. Sie kann so gefasst werden, dass sie alle gleichartigen Angelegenheiten betrifft.

3. Wegen der Anwendung von Verwaltungszwang und der Auferlegung eines Ordnungsgeldes vgl. Nr. 3 zu § 16. Sanktionen wegen eines Verstoßes gegen das Vertretungsverbot nach § 17 Abs. 3 können nur verhängt werden, wenn eine Vertretung entgegen einer bestandskräftigen oder für sofort vollziehbar erklärten Entscheidung nach § 17 Abs. 3 Satz 3 ausgeübt wird. Die Fortsetzung der verbotenen Vertretung muss nicht in derselben Angelegenheit erfolgt sein, in der die Entscheidung nach § 17 Abs. 3 Satz 3 ergangen ist; die Sanktion ist auch wegen Ausübung der verbotenen Vertretung in einer gleichen Angelegenheit wie derjenigen zulässig, in der die Entscheidung nach § 17 Abs. 3 Satz 3 ergangen ist (vgl. oben Nr. 2).

Zu § 18

1. Die Befangenheitsvorschriften des § 18, die nach § 52 auch für den Bürgermeister und die Beigeordneten gelten, gehen den Befangenheitsvorschriften der §§ 20 und 21 LVwVfG vor und sind abschließend, so dass sie auch nicht durch diese Vorschriften ergänzt werden; dies gilt auch, soweit sie sich auf Verwaltungsverfahren nach § 9 LVwVfG beziehen. Beamtenrechtliche Vorschriften werden davon nicht berührt.

   Die Befangenheitsvorschriften dienen der Sauberkeit der Gemeindeverwaltung. Sie sollen die Unparteilichkeit und Uneigennützigkeit der Gemeindeverwaltung und zugleich deren Ansehen in der Öffentlichkeit sichern. Deswegen schließen sie einen ehrenamtlich tätigen Bürger von der Ausübung des Ehrenamtes aus, wenn die Möglichkeit besteht, dass er sich dabei nicht oder nicht nur von den Interessen der Gemeinde, sondern zumindest auch von einem sich davon erhebenden anderen Interesse (Sonderinteresse) leiten lassen könnte.

   Die Befangenheitsvorschriften knüpfen an äußere Tatbestandsmerkmale an und unterstellen eine daraus folgende Interessenkollision.

Es kommt danach nicht darauf an, ob tatsächlich eine solche Interessenkollision gegeben ist; es genügt ihre Möglichkeit. Zweck der Befangenheitsvorschriften ist es, nicht erst die tatsächliche Interessenkollision, sondern schon den bösen Schein zu vermeiden.

2. Für die Anwendung der einzelnen Vorschriften des § 18 Abs. 1 und 2 wird Folgendes hingewiesen.

   Absatz 1

   Nr. 2

   Verwandte bis zum dritten Grad sind Eltern, Großeltern, Urgroßeltern, Kinder, Enkel, Urenkel, Geschwister, Onkel, Tanten, Neffen, Nichten, nicht dagegen Vettern und Basen. Verwandter ist auch der als Kind Angenommene, weil er nach dem Adoptionsgesetz vom 2. Juli 1976 (BGBl. I S. 1749) die rechtliche Stellung eines ehelichen Kindes erlangt; bei volljährig als Kind Angenommenen gilt dies allerdings nur im Verhältnis zum Annehmenden, nicht auch zu dessen Verwandten.

   Nr. 3

   Verschwägert bis zum zweiten Grad ist der eine Ehegatte mit den Großeltern, Eltern und Geschwistern des anderen Ehegatten sowie dessen Kindern und Enkeln. Eine Schwägerschaft besteht weiter, wenn die Ehe, durch die die Schwägerschaft vermittelt wird, aufgelöst ist; sie besteht nicht, wenn die Ehe für nichtig erklärt worden ist.

   Nr. 4

   Zu den vertretenen Personen gehören nicht nur natürliche Personen sowie juristische Personen des Privatrechts und des öffentlichen Rechts, sondern auch nichtrechtsfähige Vereine als Personenmehrheit; hier werden die Mitglieder des satzungsmäßigen Vorstands als bevollmächtigte Vertreter von der Vorschrift erfasst. Ob die Vertretung der Personen allein oder nur gemeinschaftlich ausgeübt werden kann, ist unerheblich.

Absatz 2

Nr. 1

„Jemand" im Sinne der Vorschrift können außer natürlichen und juristischen Personen des Privatrechts auch juristische Personen des öffentlichen Rechts, also z. B. auch das Land und der Bund sein. Ein Beschäftigungsverhältnis im Sinne dieser Vorschrift ist auch ein Beamtenverhältnis. Somit findet dieser Befangenheitstatbestand auch auf Landes- und Bundesbedienstete Anwendung. Einen unmittelbaren Vor- oder Nachteil kann eine Entscheidung dem Land oder dem Bund im Sinne dieser Vorschrift jedoch nur dann bringen, wenn sie für diese so gewertet werden muss wie für eine Privatperson. Dies ist nur der Fall, wenn fiskalische Interessen des Landes oder Bundes (z. B. als Grundstückseigentümer oder -erwerber) berührt sind, nicht jedoch wenn eine Entscheidung den hoheitlichen Aufgabenbereich des Landes oder Bundes betrifft.
Eine Ausnahme vom Ausschluss wegen des Bestehens eines entgeltlichen Beschäftigungsverhältnisses zum Sonderinteressenten gilt nur dann, wenn die tatsächlichen Umstände der Beschäftigung im konkreten Fall die nach diesem abstrakten Befangenheitstatbestand bestehende gesetzliche Vermutung der Befangenheit widerlegen.

Nrn. 2 und 3

Zu den Handelsgesellschaften, auf deren Gesellschafter diese Vorschrift Anwendung findet, gehören die Kommanditgesellschaft auf Aktien und die Gesellschaft mit beschränkter Haftung. Für die Gesellschafter einer offenen Handelsgesellschaft und einer Kommanditgesellschaft gilt § 18 Abs. 1.
Rechtlich selbständige Unternehmen im Sinne dieser Vorschrift sind sowohl die privatrechtlichen als auch etwaige öffentlich-rechtliche Unternehmen.
Gleichartige Organe wie der Vorstand und der Aufsichtsrat sind nur solche Organe, die kraft Gesetzes, Satzung oder anderen Bestimmungen über die Verfassung des Unternehmens gleichartige Entscheidungs- oder Kontrollbefugnisse wie ein Vorstand oder Aufsichtsrat im allgemeinen haben; das ist im Einzelfall zu ermitteln.

Obliegt einem Organ ausschließlich die Entlastung anderer Organe oder Funktionsträger, begründet diese Befugnis für sich allein noch nicht die Stellung eines gleichartigen Organs i. S. der Nummer 2. Danach fallen z. B. die Hauptversammlung der Aktiengesellschaft sowie die Generalversammlung und die Vertreterversammlung der Genossenschaft nicht unter Absatz 2 Nr. 2.

Wer einem Organ als Vertreter oder auf Vorschlag der Gemeinde angehört, ist auch dann nicht befangen, wenn das Organ das Unternehmen oder die Körperschaft, Anstalt oder Stiftung des öffentlichen Rechts vertritt; die Bestimmung des Absatzes 2 Nrn. 2 und 3 geht insoweit der des Absatzes 1 Nr. 4 als speziellere Regelung vor.

3. Ehrenamtlich Tätige haben Tatbestände, die eine Befangenheit begründen können, nach § 18 Abs. 4 Satz 1 anzuzeigen; hierauf sollten sie bei ihrer Verpflichtung hingewiesen werden. Bei Gemeinderäten, Ortschaftsräten und Mitgliedern von Ausschüssen des Gemeinderats und des Ortschaftsrats entscheidet in Zweifelsfällen, insbesondere wenn der Betroffene das Vorliegen von Befangenheitsgründen bestreitet, das entsprechende Gremium, nicht dessen Vorsitzender; dies gilt in diesen Fällen auch hinsichtlich des Bürgermeisters, der Beigeordneten und des Ortsvorstehers als Vorsitzende des Gemeinderats, eines Ausschusses und des Ortschaftsrats, auch wenn die Beigeordneten oder der Ortsvorsteher nicht stimmberechtigt sind. Der Betroffene muss während der Beratung und Beschlussfassung über seine Befangenheit den Sitzungsraum verlassen. Die Entscheidungen des Gemeinderats, seiner Ausschüsse oder des Ortschaftsrats über das Vorliegen eines Befangenheitsgrundes sind in die Sitzungsniederschrift aufzunehmen.
4. Ein wegen Befangenheit von der Beratung und Beschlussfassung ausgeschlossenes Mitglied des Gemeinderats, eines Ausschusses oder des Ortschaftsrats muss bei einer öffentlichen Sitzung die Sitzung verlassen; er muss sich dazu deutlich räumlich von dem Gremium entfernen, kann aber in dem für die Zuhörer bestimmten Teil des Sitzungsraumes bleiben. Bei einer nichtöffentlichen Sitzung muss der Betroffene dagegen den Sitzungsraum verlassen. Der Vorsitzende ist für die Beachtung dieses Gebotes verantwortlich.

5. Beschließt der Gemeinderat über Satzungen, anderes Ortsrecht und Flächennutzungspläne, gehen die Regelungen des § 4 Abs. 4 und 5 der Regelung des § 18 Abs. 6 vor.
   Eine Verletzung der Bestimmungen des § 18 Abs. 1 und 2 mit der Folge der Rechtswidrigkeit des gefassten Beschlusses nach § 18 Abs. 6 Satz 1 liegt auch dann vor, wenn der Gemeinderat, Ausschuss oder Ortschaftsrat bei der Entscheidung nach § 18 Abs. 4 das Vorliegen eines Befangenheitsgrundes zu Unrecht verneint hat, und der Befangene an der Beratung und Beschlussfassung mitgewirkt hat.
   Beschlüsse, die nach § 18 Abs. 6 Satz 1 rechtswidrig sind, können von der Rechtsaufsichtsbehörde nach § 121 Abs. 1 beanstandet werden. Maßnahmen zum Vollzug solcher rechtswidrigen Beschlüsse sind ebenfalls rechtswidrig; ein darauf gestützter Verwaltungsakt ist aufhebbar.
   Die Rechtswidrigkeit wegen Verletzung der Befangenheitsvorschriften kann nur innerhalb eines Jahres seit der Beschlussfassung in einem Rechtsbehelfsverfahren oder im Rahmen der Rechtsaufsicht geltend gemacht werden. Nach Ablauf dieser Frist kann ein Beschluss auch nicht mehr im Wege der Rechtsaufsicht beanstandet werden.

Zu § 19

1. § 19 gewährt einen Anspruch auf Entschädigung nur für solche ehrenamtliche Tätigkeiten, die für die Gemeinde wahrgenommen werden. Bei Gemeinderäten gehört dazu die Teilnahme an den Sitzungen des Gemeinderats und seiner Ausschüsse sowie an Sitzungen, die notwendig sind, Gemeinderats- oder Ausschusssitzungen vorzubereiten, wobei in der Regel jeweils nur eine Sitzung zur Vorbereitung notwendig sein wird, ferner die Tätigkeit, die in der Eigenschaft als Gemeinderat auf Veranlassung des Vorsitzenden des Gemeinderats geleistet wird.
2. Als Verdienstausfall im Sinne von Absatz 1 Satz 1 gelten auch die Abzüge und Erstattungsbeträge nach § 1397 Abs. 4 a RVO und § 119 Abs. 4 a AVG. Als Verdienst im Sinne von Absatz 1 Satz 2

gilt auch eine dem Einkommen aus eigener Tätigkeit entsprechende Ersatzleistung.

3. Auslagen und Verdienstausfall sind in der tatsächlich entstandenen Höhe – bis zu den etwa festgesetzten Höchstbeträgen – zu erstatten, wenn nicht durch Satzung eine pauschale Abgeltung des Entschädigungsanspruchs nach Durchschnittssätzen oder durch Gewährung von Aufwandsentschädigung vorgesehen ist.
   Durchschnittssätze (§ 19 Abs. 2) können für Auslagen und Verdienstausfall einheitlich oder getrennt oder auch nur für einen der beiden Entschädigungstatbestände festgesetzt werden, müssen jedoch für alle ehrenamtlich Tätigen ohne Rücksicht auf die Art der Tätigkeit gleich sein und können deshalb nur nach dem mit der ehrenamtlichen Tätigkeit verbundenen Zeitaufwand gestaffelt sein. Eine Aufwandsentschädigung (§ 19 Abs. 3) ist als ein grundsätzlich regelmäßig zu zahlender Betrag festzusetzen, sie kann aber auch ganz oder teilweise als Sitzungsgeld gezahlt werden. Für unterschiedliche Funktionen kann die Aufwandsentschädigung in unterschiedlicher Höhe festgesetzt werden.
   Durchschnittssätze und Aufwandsentschädigung können nur in festen Beträgen festgesetzt und an veränderte Verhältnisse nur durch eine betragsmäßige Neufestsetzung angepasst werden; eine Dynamisierung, etwa durch Bezugnahme auf die Beamtenbesoldung, ist nicht zulässig.
   Die Satzung darf kein Wahlrecht des ehrenamtlich Tätigen zwischen den Entschädigungsarten vorsehen. In Fällen einer außergewöhnlichen Inanspruchnahme kann neben einer Aufwandsentschädigung ausnahmsweise eine Entschädigung nach § 19 Abs. 1 oder § 19 Abs. 2 gewährt werden.
4. Unberührt von § 19 bleiben sondergesetzliche Bestimmungen.
   So richten sich z. B.
   - bei ehrenamtlichen Bürgermeistern die Aufwandsentschädigung nach den §§ 1 bis 5 und 7 des Aufwandsentschädigungsgesetzes (AufwEntG), bei ehrenamtlichen Ortsvorstehern nach Satzungsregelung der Gemeinde unter Berücksichtigung des Mindestbetrags nach § 9 AufwEntG,

- bei Ehrenbeamten die Reisekostenvergütung unmittelbar nach dem Landesreisekostengesetz, der Ersatz von Sachschäden unmittelbar nach § 102 LBG,
- bei Angehörigen der Gemeindefeuerwehr die Entschädigung nach § 17 des Feuerwehrgesetzes.

Zu § 20

1. Die Unterrichtungspflicht des Gemeinderats bezieht sich nicht nur auf die wichtigen Angelegenheiten im Sinne von § 21 Abs. 1 Satz 2, sondern auf alle allgemein, d. h. für die ganze Bevölkerung der Gemeinde oder Teile davon, bedeutsamen Angelegenheiten der Gemeinde. Die Information, deren Art und Weise dem Gemeinderat freigestellt ist, soll gleichzeitig dazu dienen, das Interesse der Bevölkerung an der Verwaltung der Gemeinde zu wecken und zu beleben.
2. Eine besondere Pflicht obliegt dem Gemeinderat in dieser Hinsicht bei den Planungen und Vorhaben der Gemeinde, die für die Gestaltung der Lebensverhältnisse der Bevölkerung von grundlegender Bedeutung sind. In diesen Fällen soll den Bürgern über die möglichst frühzeitige Unterrichtung der Einwohner hinaus bei einem entsprechenden Bedürfnis auch Gelegenheit zur Äußerung gegeben werden. Dabei geht es nicht um eine formalrechtliche Verfahrensbeteiligung, sondern um eine die Willensbildung der verfassungsmäßigen Gemeindeorgane lediglich unterstützende Beteiligung, die den Zweck hat, die von der Planung berührten Belange und Bedürfnisse zu ermitteln und den Planungsprozess transparent zu machen. Im Unterschied zu Vorschriften über eine förmliche Verfahrensbeteiligung, die unberührt bleiben, begründet § 20 Abs. 2 Satz 2 keinen Rechtsanspruch. Die Form der Unterrichtung und eventuellen weitergehenden Beteiligung nach § 20 Abs. 2 ist der Gemeinde freigestellt; in Frage kommt hierfür auch die Bürgerversammlung.

Zu § 20 a

1. Die Einberufung zu dem vom Gemeinderat anzuberaumenden Termin mit rechtzeitiger ortsüblicher Bekanntgabe von Zeit, Ort und

Tagesordnung obliegt dem Bürgermeister. Die Teilnahme an der Bürgerversammlung kann nur auf die Einwohner, nicht auf die Bürger beschränkt werden; auf eine etwaige Beschränkung ist in der Einberufung hinzuweisen; das Gleiche gilt, wenn an einer vom Gemeinderat für einzelne Ortsteile, Gemeindebezirke oder Ortschaften anberaumten Bürgerversammlung nur die dort wohnenden Einwohner teilnahmeberechtigt sein sollen.

Der Ortschaftsrat kann eine Bürgerversammlung nur für die betreffende Ortschaft und nur zur Erörterung der sie betreffenden Angelegenheiten anberaumen; eine solche Bürgerversammlung kann auf die Einwohner in der Ortschaft beschränkt werden.

Der Bürgermeister kann ein Mitglied des Gemeinderats oder einen Bediensteten der Gemeindeverwaltung zum Vorsitzenden bestimmen.

2. Die Gemeindebürger haben das Recht, eine Bürgerversammlung, auch auf Ortsteile, Gemeindebezirke oder Ortschaften beschränkt, mit einer von ihnen selbst bestimmten Tagesordnung zu beantragen. Der Gemeinderat muss möglichst rasch über die Zulässigkeit eines Antrags auf Anberaumung einer Bürgerversammlung entscheiden, da diese für den Fall der Zulässigkeit innerhalb von drei Monaten nach Eingang des Antrags abgehalten werden muss. Der Tag des Eingangs des Antrags ist auch maßgebend für die Feststellung, ob vorgesehene Tagesordnungspunkte innerhalb des letzten Jahres bereits Gegenstand einer beantragten oder vom Gemeinderat anberaumten Bürgerversammlung waren.

   Das Nähere über das Unterschriftenerfordernis des § 20 a Abs. 2 Satz 3 ist in § 41 Abs. 1 KomWG geregelt. Über die Zulässigkeit einer auf einen Ortsteil, einen Gemeindebezirk oder eine Ortschaft beschränkten Bürgerversammlung entscheidet ebenfalls der Gemeinderat. Dieser kann aber die Anberaumung und Durchführung der im Falle der Zulässigkeit des Antrags in einer Ortschaft abzuhaltenden Bürgerversammlung dem Ortschaftsrat und dem Ortsvorsteher überlassen.

   Der Termin der beantragten Bürgerversammlung ist vom Gemeinderat bzw. Ortschaftsrat festzusetzen, Einberufung und ortsübliche Bekanntgabe obliegen wie bei anderen Bürgerversammlungen dem

Bürgermeister bzw. Ortsvorsteher. Ob der Kreis der Teilnahmeberechtigten im Sinne der Ausführung unter Nr. 1 beschränkt werden kann, richtet sich nach dem Antrag. Die Leitung kommt auch bei dieser Bürgerversammlung ausschließlich dem Bürgermeister bzw. Ortsvorsteher oder dem von diesen bestimmten Vertreter zu.

3. Für die ortsübliche Bekanntgabe gelten im Gegensatz zur öffentlichen Bekanntmachung weniger strenge Erfordernisse. Sie mus ihren Unterrichtszweck in herkömmlicher Weise erfüllen können. Dafür kann je nach den örtlichen Verhältnissen auch z. B. der Anschlag an den Verkündungstafeln ohne gleichzeitigen Hinweis durch Zeitung oder auf sonstige Weise genügen.
4. Die Bürgerversammlung ist zwar kein beschließendes Organ der Gemeinde, dient aber auch nicht nur dazu, die Erklärungen der Gemeindeverwaltung entgegenzunehmen, sondern soll der Bevölkerung die Gelegenheit geben, selbst ihren Willen zu bekunden und Vorschläge und Anregungen zu geben.

Zu § 20 b

1. Mit dem Instrument des Bürgerantrags ist der Bürgerschaft die Möglichkeit gegeben, die Behandlung einer bestimmten Gemeindeangelegenheit durch den Gemeinderat herbeizuführen; die Angelegenheit muss den Zuständigkeitsbereich des Gemeinderats betreffen. Die Entscheidungszuständigkeit des Gemeinderats bzw. des zuständigen beschließenden Ausschusses bleibt unberührt. Die Anhörung nach § 20 b Abs. 3 Satz 2 zweiter Halbsatz muss im Gemeinderat oder im zuständigen beschließenden Ausschuss vor der Beratung der Angelegenheit erfolgen.
2. Das Nähere über das Unterschriftenerfordernis nach § 20 b Abs. 2 Satz 3 ist in § 41 Abs. 1 KomWG geregelt.

Zu § 21

1. Ein Bürgerentscheid nach § 21 Abs. 1 Satz 2 Nr. 1 kann nur öffentliche Einrichtungen der Gemeinde im Sinne von § 10 Abs. 2 betreffen. Diese Einrichtungen müssen nicht notwendig im Eigentum der Gemeinde stehen; sie können auch von privaten Trägern errichtet und betrieben werden, und ihre Benutzung kann auch privatrecht-

lich ausgestaltet werden; Voraussetzung für das Vorliegen einer öffentlichen Einrichtung der Gemeinde ist in diesen Fällen jedoch stets, dass die Gemeinde auf Grund ihrer Beteiligung oder z. B. eines Überlassungsvertrags in der Lage ist, die Benutzung zu bestimmen und die Nutzung durch die Allgemeinheit zu gewährleisten. Eine öffentliche Einrichtung kann auch dann Gegenstand eines Bürgerentscheides sein, wenn die Gemeinde gemeinsam mit anderen Gebietskörperschaften Träger der Einrichtung oder Gesellschafter des Trägers ist und nur gemeinsam mit diesen die Benutzung bestimmen kann. Auch in diesen Fällen ist zu prüfen, ob die Einrichtung (auch) der Gesamtheit der Einwohner der Gemeinde zugute kommt.

Der Bürgerentscheid über die Errichtung oder Erweiterung einer öffentlichen Einrichtung kann nicht nur das „Ob“, sondern auch das „Wie“ oder „Wo“ des Vorhabens zum Gegenstand haben. Damit können auch planerische und gestalterische Fragen bei öffentlichen Einrichtungen einem Bürgerentscheid unterstellt werden. Dies bedeutet, dass auch der Satzungsbeschluss über einen Bebauungsplan insoweit Gegenstand eines Bürgerentscheides nach § 21 Abs. 1 Satz 2 Nr. 1 sein kann, als dieser sich auf öffentliche Einrichtungen im oben genannten Sinne bezieht; im Übrigen umfasst aber § 21 Abs. 1 Satz 2 Nr. 1 keine städtebaulichen Planungen. Gegenstand eines Bürgerentscheids über Gemeindegrenzänderungen (auch Umgliederung von Gemeindegebietsteilen, vgl. Nr. 2 zu § 8) kann das „Ob“ der Grenzänderung in einem bestimmten Umfang sein.

Bei der unechten Teilortswahl ist Gegenstand des Bürgerentscheids dieses Wahlsystem als solches, dagegen nicht die Bildung der einzelnen Wohnbezirke und die Bestimmung der auf sie entfallenden Sitzzahlen.

Gegenstand des Bürgerentscheids über die Einführung oder Aufhebung der Bezirks- oder der Ortschaftsverfassung muss auch die Frage sein, welche Ortschaften bzw. Bezirke gebildet oder aufgehoben werden sollen.

Bei einem Bürgerentscheid für die Einführung der unechten Teilortswahl, der Bezirks- und der Ortschaftsverfassung hat der

Gemeinderat die entsprechenden Regelungen durch die Hauptsatzung zu treffen. Im Falle der Aufhebung dieser Institutionen durch einen Bürgerentscheid muss die entsprechende Änderung der Hauptsatzung vollzogen werden.

2. Trifft eine Gemeinde in der Hauptsatzung keine Bestimmung über weitere wichtige Angelegenheiten, die einem Bürgerentscheid unterstellt werden können, kann weder der Gemeinderat von sich aus einen Bürgerentscheid über andere als in § 21 Abs. 1 aufgeführte Angelegenheiten herbeiführen noch ist darüber hinaus ein Bürgerbegehren zulässig. Durch Hauptsatzung können zu weiteren wichtigen Angelegenheiten z. B. erklärt werden: der Beitritt zu Zweckverbänden, deren Aufgabe es ist, den beteiligten Gemeinden Einrichtungen nach § 21 Abs. 1 Satz 2 Nr. 1 zur Verfügung zu stellen, oder der Anschluss einer Gemeinde an Versorgungs- und Verkehrseinrichtungen anderer Gemeinden oder privater Unternehmer ferner die Festlegung des Verhaltens der Gemeinde, wenn diese bei bestimmten Planungsvorhaben anderer Träger beteiligt wird.
3. Bei der Einbringung eines Bürgerbegehrens ist von besonderer Bedeutung, daß der Antrag einen durchführbaren Vorschlag für die Deckung der Kosten der verlangten Maßnahme enthalten muss. Der Deckungsvorschlag muss die Höhe der Kosten angeben und sich sowohl auf die Finanzierung der Anschaffungs- oder Herstellungskosten als auch auf die Deckung der Folgekosten erstrecken. Zur Finanzierung der Anschaffung oder Herstellung können im Haushaltsplan oder im Finanzplan Umschichtungen auf der Ausgabenseite vorgeschlagen werden, z. B. Zurückstellung einer bestimmten Maßnahme zugunsten der verlangten Maßnahme. Es kann auch eine Erhöhung der Finanzierungsmittel z. B. über Erhöhung der Steuereinnahmen oder der Kreditaufnahmen vorgeschlagen werden. Zur Frage der Folgekosten ist darzulegen, ob und ggf. wie sie aus Entgelten oder allgemeinen Deckungsmitteln gedeckt werden sollen. Zur Durchführbarkeit des Deckungsvorschlags gehört auch, dass er mit dem Grundsatz der Wirtschaftlichkeit und Sparsamkeit der Haushaltswirtschaft vereinbar ist.
4. Ein Bürgerbegehren gegen einen Gemeinderatsbeschluss hat keine aufschiebende Wirkung. Es wird jedoch empfohlen, vom Vollzug

eines Beschlusses, gegen den sich ein zulässiges Bürgerbegehren richtet, bis zum Bürgerentscheid abzusehen. Auch ein Beschluss, gegen den mit einem Bürgerbegehren zu rechnen ist, sollte nicht vor Ablauf der Frist nach § 21 Abs. 3 Satz 3 zweiter Halbsatz vollzogen werden. Ein fristgerechtes Bürgerbegehren ist auch gegen einen vollzogenen Beschluss zulässig.

5. Die Rechtsaufsichtsbehörden werden gebeten, das Innenministerium über die Durchführung von Bürgerentscheiden und die Einbringung von Bürgerbegehren nach Abschluss des Verfahrens zu unterrichten.

Zu § 24

1. Dem Gemeinderat kommt als Vertretung der Bürger und Hauptorgan der Gemeinde die Entscheidung in allen Angelegenheiten der Gemeinde zu, soweit nicht gesetzlich ausdrücklich die Zuständigkeit des Bürgermeisters begründet ist. In Zweifelsfällen besteht somit die Vermutung für die Zuständigkeit des Gemeinderats.
2. § 24 Abs. 2 regelt die Zuständigkeit für die Entscheidung über die Ernennung von Beamten, über Maßnahmen bei Angestellten, die einer Beförderung vergleichbar sind, sowie über die Einstellung und Entlassung der Gemeindebediensteten, außer den Beigeordneten; die entsprechenden Verfügungen erlässt der Bürgermeister in seiner Zuständigkeit für den Vollzug der Beschlüsse des Gemeinderats. Außerdem sind die Vorschriften des Landespersonalvertretungsgesetzes über die Beteiligung des Personalrats sowie §§ 107 und 108 des Bundespersonalvertretungsgesetzes zu beachten.
   Ernennungen sind die in § 9 des Landesbeamtengesetzes (LBG) aufgeführten Maßnahmen zur Begründung oder Änderung eines Beamtenverhältnisses. Im Sinne des § 24 Abs. 2 fallen auch Versetzungen, Abordnungen und Übertragungen eines anderen Amtes mit höherem Endgrundgehalt, ohne dass sich die Amtsbezeichnung ändert, sowie erneute Berufungen von Beamten, die wegen Dienstunfähigkeit in den Ruhestand versetzt waren, nach Wiederherstellung der Dienstfähigkeit nach § 56 LBG unter den Begriff Ernennung, nicht jedoch die Zuweisung anderer Aufgabengebiete (Umsetzungen). Einstellung ist die Begründung eines Beschäfti-

gungsverhältnisses von Angestellten und Arbeitern der Gemeinde. Entlassung ist bei Angestellten und Arbeitern die Kündigung des Beschäftigungsverhältnisses und seine Aufhebung durch Vertrag; bei Beamten fällt unter diesen Begriff außer der Entlassung nach §§ 41 bis 44 LBG auch die Versetzung in den Ruhestand nach §§ 52 bis 55 und § 57 LBG sowie die Versetzung in den einstweiligen Ruhestand nach § 61 LBG.

3. Der Gemeinderat hat nach § 24 Abs. 1 Satz 3 die Ausführung seiner Beschlüsse zu überwachen und die Gemeindeverwaltung zu kontrollieren. Die dazu in § 24 Abs. 3 eingeräumten Rechte auf Unterrichtung und Gewährung von Akteneinsicht in allen Angelegenheiten der Gemeinde und der Gemeindeverwaltung stehen ihm nur als Kollegialorgan zu. Unterrichtung und Akteneinsicht können für den Gemeinderat aber schon von einem Viertel der Gemeinderäte verlangt werden; dieses Minderheitenerfordernis für das Verlangen kann durch die Geschäftsordnung des Gemeinderats weder verringert noch erhöht werden. Das Unterrichtungsrecht gilt einschließlich des Rechts auf Gewährung von Akteneinsicht auch für die Ausschüsse des Gemeinderats im Rahmen ihrer Zuständigkeit, wenn im Ausschuss mindestens ein Viertel aller Gemeinderäte Unterrichtung oder Akteneinsicht verlangt. Außer dem Gemeinderat als Kollegialorgan hat auch jedes Mitglied des Gemeinderats ein Unterrichtungsrecht. Dieses Recht des einzelnen Gemeinderats umfasst aber nicht das Recht auf Akteneinsicht. Das Recht auf Akteneinsicht berechtigt nicht dazu, vom Inhalt der Akten ganz oder auszugsweise Kopien herzustellen. Die unerlaubte Anfertigung von Abschriften, Tonbandaufzeichnungen und sonstigen Kopien vom Inhalt der Akten verletzt das alleinige Verfügungsrecht der Gemeinde über ihre Akten und verstößt bei geheimzuhaltenden Angelegenheiten gegen den Schutzzweck der § 17 Abs. 2 und § 35 Abs. 2.

Zu § 27

1. Die unechte Teilortswahl kann nur in Gemeinden mit Ortsteilen (§ 5 Abs. 4) eingeführt werden, die nicht in einem geschlossenen Siedlungszusammenhang stehen; eine lediglich lose Siedlungsverbindung steht der Einführung nicht entgegen. Für die unechte Teil-

ortswahl ist das gesamte bewohnte Gemeindegebiet nach Ortsteilen in Wohnbezirke einzuteilen. Benachbarte Ortsteile, die zu einem Wohnbezirk zusammengefasst werden können, müssen zwar nicht aneinandergrenzen, aber in enger räumlicher Beziehung zueinander stehen.

2. Mit der Vorschrift, dass die auf die einzelnen Wohnbezirke entfallenden Sitzzahlen unter Berücksichtigung der örtlichen Verhältnisse und der Bevölkerungsanteile zu bestimmen sind, wird der Satzungsgeber ausdrücklich an die Kriterien gebunden, die sich vom Zweck der unechten Teilortswahl herleiten. Die unechte Teilortswahl soll der Bevölkerung räumlich getrennter Teile einer Gemeinde eine gesonderte Vertretung im Gemeinderat sichern und so die organisatorischen Voraussetzungen für einen gemeindepolitisch erwünschten Ausgleich von Interessengegensätzen der verschiedenen Einwohnergruppen schaffen.
   Da das Kriterium der örtlichen Verhältnisse im Gegensatz zu dem des Bevölkerungsanteils außerordentlich weit und unbestimmt ist und das Gesetz die Berücksichtigung beider – tendenziell gegenläufigen – Kriterien gebietet, ist dem Satzungsgeber ein erheblicher Regelungsspielraum eingeräumt. Er ist nach dem Gesetz weitgehend frei, die vertretungsrelevanten örtlichen Umstände zu bewerten, untereinander abzuwägen und ihnen durch eine von den Bevölkerungsanteilen abweichende Sitzverteilung im Gemeinderat Rechnung zu tragen. Der Maßstab des Bevölkerungsanteils darf im Ergebnis allerdings nicht gänzlich preisgegeben oder in einer das Gerechtigkeitsgefühl grob verletzenden Weise zurückgedrängt werden. Danach kommt es darauf an, inwieweit die örtlichen Verhältnisse eine Abweichung von einer dem Bevölkerungsanteil entsprechenden oder möglichst nahekommenden Sitzverteilung rechtfertigen. Für die Berechnung der Repräsentation nach Bevölkerungsanteilen empfiehlt es sich, von der Einwohnerzahl, auf die in der ganzen Gemeinde ein Sitz entfällt (Schlüsselzahl), sowie den danach für die einzelnen Sitzzahlen erforderlichen Einwohnerzahlen (Richtzahlen) auszugehen und für jeden Wohnbezirk die Abweichung der tatsächlichen Einwohnerzahl von der Richtzahl zu berechnen.

Zu den örtlichen Verhältnissen, die der Satzungsgeber zu berücksichtigen hat, gehören auch Regelungen in Eingliederungsvereinbarungen, in denen die vertragsschließenden Gemeinden die Aufteilung der Sitze auf die zukünftigen Wohnbezirke festgelegt haben. Für wie lange die ursprünglich vereinbarte Sitzverteilung gilt, richtet sich nach dem Inhalt der jeweiligen Vereinbarung. Kann die unechte Teilortswahl auf Grund von § 27 Abs. 5 GemO aufgehoben werden, so ist stattdessen auch eine Änderung der Sitzzahlen auf Grund einer Neubewertung der örtlichen Verhältnisse zulässig.

3. Die Bewerber für die einzelnen Wohnbezirke müssen die allgemeinen Wählbarkeitsvoraussetzungen (§ 28) erfüllen und in dem betreffenden Wohnbezirk wohnen. Bei Bewerbern mit mehreren Wohnungen in der Gemeinde ist diese Voraussetzung auch im Wohnbezirk der Nebenwohnung erfüllt; ein solcher Bewerber kann jedoch nur für einen Wohnbezirk aufgeführt werden, weil er dem Gemeinderat nur als Vertreter eines Wohnbezirks angehören kann. Ein Wohnungswechsel in einen anderen Wohnbezirk nach der Wahl hat keine Auswirkung auf die Zugehörigkeit des Gewählten zum Gemeinderat als Vertreter des Wohnbezirks seiner bisherigen Wohnung; dasselbe gilt für die Feststellung als Ersatzmann.

Zu § 29

1. Die Hinderungsgründe haben keinen Ausschluss von der Wählbarkeit zur Folge. Ein Hinderungsgrund nach § 29 Abs. 1 macht den Eintritt in den Gemeinderat unmöglich, ein Hinderungsgrund nach § 29 Abs. 2 schließt die gleichzeitige Zugehörigkeit zum Gemeinderat aus. Es ist somit zulässig, dass Personen, bei denen ein Hinderungsgrund vorliegt, als Bewerber in Wahlvorschläge zum Gemeinderat aufgenommen und gewählt werden. Der Hinderungsgrund wirkt sich erst nach der Wahl aus. Die Feststellung, ob ein Hinderungsgrund gegeben ist, trifft der Gemeinderat. Nach regelmäßigen Wahlen obliegt die förmliche Feststellung dem bisherigen Gemeinderat vor der Einberufung der ersten Sitzung des neuen Gemeinderats; eine Feststellung ist nur erforderlich, soweit ein Anlass hierfür gegeben ist.

2. Zu den Beamten zählen nicht die Ehrenbeamten, da sich Artikel 137 Abs. 1 GG, auf den sich § 29 Abs. 1 stützt, nicht auf Inhaber eines solchen Ehrenamts bezieht.
   Leitende Beamte und leitende Angestellte im Sinne von § 29 Abs. 1 Nr. 2 und 3 sind solche Beamte und Angestellte, die als Leiter einer organisatorischen Einheit der Behörde eigene Entscheidungsbefugnisse haben. Beim Landratsamt und beim Landkreis fallen hierunter außer dem Landrat und seinem Stellvertreter die Dezernenten und die Leiter der Ämter oder vergleichbarer Organisationseinheiten der Behörde; außerdem rechnen hierzu die Chefärzte, Krankenhausverwalter sowie die Leiter sonstiger Kreiseinrichtungen. Bei den Regierungspräsidien gehören zu den leitenden Beamten in diesem Sinne alle Beamten von den Referatsleitern an aufwärts, beim Innenministerium alle Beamten von Abteilungsleitern und deren Stellvertretern an aufwärts, bei der Gemeindeprüfungsanstalt alle Beamten von den Abteilungsleitern an aufwärts.
3. Werden nach § 29 Abs. 2 Satz 1 gehinderte Personen gleichzeitig gewählt, entscheidet über den Eintritt in den Gemeinderat sowohl bei Verhältnis- als auch bei Mehrheitswahl die höhere Stimmenzahl. Bei gleicher Stimmenzahl ist eine besondere Losentscheidung herbeizuführen.
4. Die Einwohnergrenze des § 29 Abs. 2 ist im Falle des § 29 Abs. 4 nicht anzuwenden.

Zu § 30

Die Amtszeit der Gemeinderäte ist gesetzlich auf fünf Jahre festgesetzt. Der nicht ausdrücklich geregelte Beginn der Amtszeit ergibt sich aus der Regelung über das Ende der Amtszeit. Danach beginnt die Amtszeit der neugewählten Gemeinderäte in dem Zeitpunkt, in dem die Amtszeit der ausscheidenden Gemeinderäte endet, d. h. mit dem Tag nach Ablauf des Monats, in dem die Wahl stattgefunden hat. Der Beginn der Amtszeit ist rechtlich nicht gleichzusetzen mit dem Antritt des Amts. Auch wenn der Amtsantritt mangels Rechtskraft der Wahl verzögert wird, beginnt die Amtszeit in dem bezeichneten Zeitpunkt.

Zu § 31

1. Die Regelung des § 31 Abs. 1 Satz 5 über die Fehlerhaftigkeit und die mögliche Heilung von Beschlüssen bezieht sich auch auf Fälle der Mitwirkung von Gemeinderäten, bei denen ein Hinderungsgrund von Anfang an gegeben war. Handelt es sich um Beschlüsse über Satzungen, anderes Ortsrecht oder Flächennutzungspläne, gilt § 4 Abs. 4 und 5.
2. Die nachträgliche Feststellung des Gemeinderats nach § 31 Abs. 1 Satz 6, dass ein in den Gemeinderat Gewählter im Zeitpunkt der Wahl nicht wählbar war, bewirkt nicht das Ausscheiden des Gewählten; vielmehr muss die Zuteilung des Sitzes durch die Rechtsaufsichtsbehörde für ungültig erklärt werden (§ 30 Abs. 1, § 32 Abs. 2 KomWG). Beschlüsse, an denen der Gewählte mitgewirkt hat, sind nach § 30 Abs. 3 Satz 2 rechtswirksam.

Zu § 32

1. Die Gemeinderäte sind keine Ehrenbeamte, sondern üben eine ehrenamtliche Tätigkeit eigener Art aus. Bei einem Dienstunfall finden auf sie jedoch die für Ehrenbeamte geltenden beamtenrechtlichen Vorschriften Anwendung (§ 32 Abs. 4). Die Gemeinderäte sind Amtsträger im Sinne von § 11 Abs. 1 Nr. 2 Buchst. b StGB und von § 7 Nr. 2 der Abgabenordnung, und zwar auch wenn der Gemeinderat rechtsetzend tätig wird.
2. Die Verpflichtung der Gemeinderäte durch den Bürgermeister gilt nur für die Dauer der Amtszeit, so daß bei wiedergewählten Gemeinderäten ein Hinweis auf die frühere Verpflichtung nicht genügt. Bei der Verpflichtung geben die Gemeinderäte gegenüber dem Bürgermeister das Gelöbnis ab, ihre Amtspflichten gewissenhaft zu erfüllen. Für die Verpflichtungsformel wird folgender Wortlaut empfohlen:
   „Ich gelobe Treue der Verfassung, Gehorsam den Gesetzen und gewissenhafte Erfüllung meiner Pflichten. Insbesondere gelobe ich, die Rechte der Gemeinde gewissenhaft zu wahren und ihr Wohl und das ihrer Einwohner nach Kräften zu fördern.“

Zu § 33

1. Die Beigeordneten sind nicht beratende Mitglieder des Gemeinderats. Sie nehmen in ihrer Eigenschaft als leitende, weisungsgebundene Gemeindebeamte an den Sitzungen des Gemeinderats teil. Die beratende Stimme gibt ihnen die Möglichkeit, sich jederzeit zu Wort zu melden.
2. Die Fragestunde nach § 33 Abs. 4 Satz 1 kann nur für die öffentlichen Sitzungen des Gemeinderats, nicht auch seiner Ausschüsse eingeführt werden. Fragen sind zu allen Gemeindeangelegenheiten zulässig. Die Fragestunde ist besonderer Bestandteil der Sitzung. Auf sie ist bei der Einberufung der Sitzung und der Bekanntgabe nach § 34 Abs. 1 Satz 7 hinzuweisen. Zweck der Fragestunde ist nicht die Diskussion, sondern die Beantwortung von Fragen.
3. Die Anhörung nach § 33 Abs. 4 Satz 2 stellt keine Hinzuziehung zur sachkundigen Beratung des Gemeinderats dar (vgl. dazu § 33 Abs. 3), sondern dient dessen zusätzlicher Information. Die Anhörung ist auch in Ausschüssen und in nichtöffentlichen Sitzungen zulässig. Sie kann sich nur auf Angelegenheiten beziehen, über die der Gemeinderat oder der zuständige Ausschuss zu entscheiden hat. Die Anhörung ist wie die Fragestunde besonderer Bestandteil der Sitzung. Sie wird außerhalb der Beratung durchgeführt; im Falle einer Anhörung im Rahmen einer nichtöffentlichen Sitzung dürfen die anzuhörenden Personen während der Beratung und Entscheidung nicht im Sitzungsraum anwesend sein.

Zu § 33 a

Der Ältestenrat ist kein Ausschuss des Gemeinderats im Sinne der Gemeindeordnung; außer der Zusammensetzung, dem Geschäftsgang und den Aufgaben ist daher in der Geschäftsordnung auch das Verfahren zur Bildung des Ältestenrats zu regeln. Die Aufgaben des Ältestenrats sind in § 33 a Abs. 1 festgelegt. Danach kann der Gemeinderat dem Ältestenrat einzelne Angelegenheiten aus seinem Zuständigkeitsbereich weder zur Entscheidung noch zur Vorberatung übertragen oder zur sonstigen Vorbehandlung zuweisen.

Zu § 34

1. Die Form- und Verfahrensvorschriften, ausgenommen § 34 Abs. 1 Satz 7, gelten für die Einberufung der öffentlichen und der nichtöffentlichen Sitzungen des Gemeinderats. Die Tagesordnung muss die Verhandlungsgegenstände vollständig und mit zutreffender Bezeichnung enthalten. Vom Bürgermeister können Tagesordnungspunkte nur vor der Sitzung von der Tagesordnung gestrichen werden. Der Mitteilung der Tagesordnung sind diejenigen Unterlagen über die Gegenstände der Tagesordnung beizufügen, die für die Verhandlung, d. h. als Anhaltspunkt für die Vorbereitung auf die Beratung und für die Beratung selbst, erforderlich sind. Bei einfachen, ohne weiteres überschaubaren Gegenständen bedarf es keiner Beratungsunterlagen. Die erforderlichen Beratungsunterlagen müssen es den Gemeinderäten ermöglichen, sich über die zur Beratung und Entscheidung anstehenden Verhandlungsgegenstände näher zu informieren. Es kann nur im Einzelfall entschieden werden, ob das öffentliche Wohl oder berechtigte Interessen einzelner der Überlassung von Beratungsunterlagen entgegenstehen; in der Regel kommt dies nur bei Verhandlungsgegenständen nichtöffentlicher Sitzungen in Frage.

   Die Frist für die Einberufung ist angemessen und die Tagesordnung rechtzeitig mitgeteilt, wenn die Gemeinderäte sich auf den Sitzungstermin einrichten können und ausreichend Zeit haben, sich vor der Sitzung mit den Verhandlungsgegenständen vertraut zu machen. Dabei kommt es wesentlich auf die Größe der Gemeinde, die Zusammensetzung des Gemeinderats und den Umfang und Inhalt der Tagesordnung an. Die Mindestfrist sowohl für die Einberufung als auch für die Mitteilung der Tagesordnung samt Übersendung der Unterlagen beträgt in der Regel auch in kleineren Gemeinden drei Tage; in größeren Gemeinden sowie allgemein bei schwierigen oder für die Gemeinde bedeutenden Verhandlungsgegenständen (z. B. Haushaltssatzung, Bauleitpläne, Satzungen) sollte die Frist mindestens eine Woche betragen.

   Auch wenn in der Geschäftsordnung regelmäßig Sitzungstage vorgesehen sind, müssen die Gemeinderäte vom Bürgermeister unter Beachtung der Vorschriften des § 34 Abs. 1 Satz 1 einberufen wer-

den, denn ohne Einberufung durch den Bürgermeister kann der Gemeinderat rechtlich nicht zu einer Gemeinderatssitzung zusammentreten.
Die öffentlichen Sitzungen des Gemeinderats sind dann rechtzeitig ortsüblich bekanntgegeben, wenn es den Einwohnern unter normalen Umständen möglich ist, an der Sitzung teilzunehmen. Es empfiehlt sich, die Bekanntgabe gleichzeitig mit der Einberufung der Sitzung zu veranlassen. Wegen der Ortsüblichkeit der Bekanntgabe vgl. Nummer 3 zu § 20 a.

2. Zu der Gemeinderatssitzung ist einzuberufen, wenn es die Geschäftslage erfordert. Sie soll nach § 34 Abs. 1 Satz 2 zweiter Halbsatz mindestens einmal in jedem Monat einberufen werden. Der Gemeinderat muss nach § 34 Abs. 1 Satz 3 (vorbehaltlich der Einschränkung des Satzes 6) auch auf Verlangen von mindestens einem Viertel der Gemeinderäte einberufen werden; mit derselben Minderheit kann nach § 34 Abs. 1 Satz 4 entsprechend auch die Aufnahme bestimmter Angelegenheiten in die Tagesordnung erwirkt werden. Dieses Minderheitserfordernis kann durch die Geschäftsordnung des Gemeinderats weder verringert noch erhöht werden.
3. Nur in Notfällen kann eine Sitzung ohne Frist und formlos einberufen werden; dagegen ist auch in diesen Fällen die Tagesordnung mitzuteilen, jedoch ohne gleichzeitige Beifügung von Beratungsunterlagen. Dabei ist an solche Fälle gedacht, in denen eine form- und fristgerechte Einberufung wegen der Eilbedürftigkeit der Entscheidung nicht mehr möglich ist, die Angelegenheit aber andererseits doch nicht so dringend ist, dass eine Eilentscheidung des Bürgermeisters nach § 43 Abs. 4 notwendig wäre.

Zu § 35

1. Für die Sitzungen des Gemeinderats gilt der Grundsatz der Öffentlichkeit. § 35 Abs. 1 Satz 2 und 3 legt die Voraussetzungen für die nichtöffentlichen Sitzungen als Ausnahme von diesem Grundsatz abschließend, aber auch zwingend fest.
Die in nichtöffentlicher Sitzung nach Satz 2 gefassten Beschlüsse sind nach Satz 4 bekanntzugeben, sofern der Bekanntgabe nicht

dieselben Gründe entgegenstehen, aus denen die Behandlung in nichtöffentlicher Sitzung geboten war. „Nächste" Sitzung im Sinne dieser Vorschrift ist die auf den Eintritt der Voraussetzungen für die Bekanntgabe unmittelbar folgende öffentliche Sitzung des Gemeinderats; es kann aber auch eine öffentliche Sitzung eines beschließenden Ausschusses sein, wenn der Beschluss eine Angelegenheit betrifft, die in das sachliche Aufgabengebiet des Ausschusses fällt, und wenn diese Sitzung vor der nächsten Sitzung des Gemeinderats stattfindet. Die Bekanntgaben sind in die Tagesordnung der öffentlichen Sitzung aufzunehmen. In beiden Fällen ist in der Niederschrift über die nichtöffentliche Sitzung, in der der Beschluss gefasst wurde, ein Hinweis über die Bekanntgabe des Beschlusses nachzutragen. Eine Bekanntgabe des Beschlusses ist in dem Umfang geboten, wie sie zulässig und für sich allein verständlich ist. Nicht bekanntgegeben werden dürfen der Gang und der Inhalt der Beratung.

2. Die Pflicht zur Verschwiegenheit über alle in nichtöffentlicher Sitzung behandelten Angelegenheiten ergibt sich unmittelbar aus dem Gesetz; sie braucht nicht besonders angeordnet werden. Die Aufhebung der Schweigepflicht muss durch den Bürgermeister ausdrücklich geschehen; hierüber muss ein Nachweis geführt werden können. Die Ausnahme von der Pflicht zur Verschwiegenheit nach § 35 Abs. 2 zweiter Halbsatz gilt nur für die Beschlüsse im Umfang ihrer Bekanntgabe, nicht jedoch für den Gang und Inhalt der Beratungen.

Zu § 36

In jeder Gemeinde muss der Gemeinderat eine Geschäftsordnung erlassen. In der Geschäftsordnung sind außer dem Gang der Verhandlungen des Gemeinderats zu regeln: das Verfahren für die Stellung und die Behandlung von Anfragen (§ 24 Abs. 4 Satz 2), ferner ggf. die Häufigkeit und das Verfahren der Fragestunde und das Verfahren der Anhörung (§ 33 Abs. 4 Satz 3) sowie das Verfahren zur Bildung eines Ältestenrats, dessen Zusammensetzung, das Nähere über seine Aufgaben und dessen Geschäftsgang (§ 33 a Abs. 2).

Die Geschäftsordnung hat keinen Rechtsnormcharakter; sie ist eine Verwaltungsvorschrift zur Regelung der inneren Angelegenheiten des Gemeinderats.

Zu § 37

1. Um eine Sitzung des Gemeinderats handelt es sich nur, wenn ein zuständiger Vorsitzender den Gemeinderat einberufen hat und seine Beratung und Beschlussfassung leitet. Zur ordnungsmäßigen Einberufung einer Sitzung des Gemeinderats vgl. Nummer 1 zu § 34. Die Sitzung ist nur dann ordnungsmäßig geleitet, wenn der Bürgermeister (ggf. der Amtsverweser) oder sein allgemeiner Stellvertreter den Vorsitz führt. In öffentlichen Sitzungen des Gemeinderats kann über Gegenstände, die in der den Gemeinderäten vor der Sitzung mit entsprechenden Unterlagen zugesandten und ortsüblich bekanntgegebenen Tagesordnung nicht enthalten sind, nicht beraten und beschlossen werden. In nichtöffentlichen Sitzungen kann ein Gegenstand nur durch einstimmigen Beschluss aller Mitglieder des Gemeinderats, u. U. unter Verzicht auf die sonst beizufügenden Unterlagen, nachträglich auf die Tagesordnung gesetzt werden; sind nicht alle Mitglieder des Gemeinderats anwesend, ist trotz Zustimmung der anwesenden Mitglieder die Behandlung des Gegenstands nicht möglich.
   In Notfällen kann sowohl bei öffentlichen als auch bei nichtöffentlichen Sitzungen ein weiterer Gegenstand nachträglich auf die Tagesordnung gesetzt werden, wenn alle Mitglieder des Gemeinderats in der Sitzung anwesend sind; ist dies nicht der Fall, müssen die nicht anwesenden, erreichbaren Mitglieder hierüber vorher mit einer entsprechenden formlosen Einladung, der sie noch rechtzeitig folgen können, unterrichtet werden (§ 34 Abs. 2). Beschlüsse, die in einer nicht ordnungsmäßig einberufenen und geleiteten Sitzung gefasst werden, sind rechtswidrig.
   Zu den Gegenständen einfacher Art, über die im Wege der Offenlegung oder im schriftlichen Verfahren beschlossen werden kann, gehören Angelegenheiten von geringer Bedeutung, die nach ihrem Sachverhalt keine Beratung erfordern. Angelegenheiten, die der Gemeinderat nach § 39 Abs. 2 nicht auf beschließende Ausschüsse

übertragen kann oder die für die Gemeinde von größerer wirtschaftlicher Bedeutung sind, gehören nie zu den Gegenständen einfacher Art. Die Offenlegung kann in oder außerhalb einer Sitzung des Gemeinderats geschehen. Wird in einer Sitzung offengelegt, sind die dabei zur Erledigung vorgesehenen Gegenstände in einem besonderen Abschnitt der Tagesordnung aufzuführen. Wird außerhalb einer Sitzung offengelegt, sind alle Gemeinderäte auf Ort und Zeit der Offenlegung hinzuweisen; dabei ist die Frist zu bestimmen, innerhalb der dem Antrag widersprochen werden kann. Beim schriftlichen Verfahren wird allen Gemeinderäten gegen Nachweis und mit Angabe der Widerspruchsfrist entweder nacheinander dieselbe Ausfertigung des Antrags oder gleichzeitig je eine gleichlautende Ausfertigung des Antrags zugeleitet.

2. Voraussetzung der Beschlussfähigkeit des Gemeinderats ist stets auch eine ordnungsmäßige Leitung der Sitzung. Im Übrigen ist bei der Feststellung der Beschlussfähigkeit ebenso wie bei der Berechnung qualifizierter Mehrheiten oder einer im Gesetz zur Beschlussfassung zugelassenen Minderheit von der tatsächlichen Zahl der Gemeinderäte zuzüglich des Bürgermeisters auszugehen; wenn Sitze nicht besetzt sind, bleiben diese bei der Berechnung somit außer Betracht. Die Beschlussfähigkeit muss bei der Behandlung eines jeden einzelnen Tagesordnungspunkts gegeben sein.
3. Auch für die Einberufung einer zweiten Sitzung nach § 37 Abs. 3 Satz 1 gelten die Vorschriften des § 34 Abs. 1 und 2. Unter den mindestens drei stimmberechtigten Mitgliedern, die zur Beschlussfähigkeit in dieser Sitzung ausreichen, muss sich auch ein zur Leitung der Sitzung befugter Vorsitzender befinden. Gehören in diesem Fall sowohl der Bürgermeister als auch seine Stellvertreter zu den wegen Befangenheit ausgeschlossenen Mitgliedern, ist nach § 48 Abs. 1 Satz 6 erster Halbsatz für die Zeit der Verhinderung aus den nicht befangenen Mitgliedern ein Stellvertreter zu bestellen. Die zweite Sitzung entfällt im Falle der Beschlussunfähigkeit wegen Befangenheit nur dann, wenn schon in der ersten Sitzung nach § 18 Abs. 4 festgestellt worden ist, dass weniger als drei aller Mitglieder nicht befangen sind; andernfalls ist die zweite Sitzung einzuberufen.

4. Hat der Bürgermeister anstelle des beschlussunfähigen Gemeinderats zu entscheiden, kann er die Entscheidung nur in einer ordnungsmäßigen Sitzung des Gemeinderats treffen. Bei Beschlussunfähigkeit des Gemeinderats wegen Abwesenheit von Mitgliedern kann der Bürgermeister in der zweiten Sitzung nach § 37 Abs. 3 entscheiden. Bei Beschlussunfähigkeit des Gemeinderats wegen Befangenheit von Mitgliedern kann der Bürgermeister im Falle des § 37 Abs. 3 Satz 2 bereits in der ersten, sonst bereits in der zweiten Sitzung nach Anhörung der in der Sitzung anwesenden nichtbefangenen Gemeinderäte entscheiden. Beruft der Bürgermeister für seine Entscheidung eine neue Sitzung ein, sind hierzu auch die befangenen Gemeinderäte einzuladen; auch in einer solchen Sitzung sind vor der Entscheidung nur die in der Sitzung anwesenden nichtbefangenen Gemeinderäte zu hören.
   Die Bestellung eines Beauftragten nach § 37 Abs. 4 Satz 2 erster Halbsatz kommt nur in Betracht, wenn sowohl der Bürgermeister als auch alle nach § 48 Abs. 1 Satz 1 bestellten Stellvertreter oder in Gemeinden mit Beigeordneten diese als allgemeine Stellvertreter und etwa nach § 49 Abs. 1 Satz 3 bestellte Stellvertreter befangen sind. In diesem Fall ist dem Gemeinderat nach § 37 Abs. 4 Satz 2 zweiter Halbsatz als Ausnahme von § 48 Abs. 1 Satz 6 erster Halbsatz freigestellt, ob er zur Abwendung der Bestellung eines Beauftragten aus etwa vorhandenen nichtbefangenen Gemeinderäten für die Entscheidung einen Stellvertreter nach § 48 Abs. 1 Satz 1 zusätzlich bestellen will.
5. Werden Beschlüsse durch Abstimmung gefasst, ist es zur einwandfreien Ermittlung des Abstimmungsergebnisses erforderlich, den zur Abstimmung gestellten Antrag so zu formulieren, dass er als Ganzes entweder angenommen oder abgelehnt werden kann. Bei der Abstimmung ist die Frage so zu stellen, dass die ausdrückliche Zustimmung zu dem Antrag festgestellt werden kann. Bei der Feststellung des Abstimmungsergebnisses bleiben Stimmenthaltungen außer Betracht.
6. Das Ergebnis von geheimen Abstimmungen und von Wahlen (§ 37 Abs. 6 und 7) wird durch den Vorsitzenden unter Mithilfe eines

vom Gemeinderat bestellten Mitglieds oder eines Gemeindebediensteten ermittelt.

§ 37 Abs. 7 Satz 6 findet bei einer Wahl nur Anwendung, wenn von Anfang an nur ein Bewerber vorhanden ist, oder wenn bei zwei Bewerbern einer vor der nach Satz 4 sonst durchzuführenden Stichwahl seine Bewerbung zurückzieht. Tritt bei einer Wahl mit mehreren Bewerbern einer der beiden Stichwahlbewerber vor der Stichwahl zurück, ist der gesamte Wahlvorgang als ergebnislos zu werten.

Zu den Begriffen „Ernennung" und „Einstellung" wird auf die Ausführung in Nummer 2 zu § 24 verwiesen.

Zu § 38

Zur Darstellung des wesentlichen Inhalts der Verhandlungen gehört die Angabe der wichtigeren Einzelheiten der Beratung, ohne dass die Ausführungen der einzelnen Redner in allen Einzelheiten wiedergegeben werden müssten.

§ 38 Abs. 2 geht davon aus, dass ein besonderer Schriftführer bestellt wird. Die Niederschrift muss nach § 38 Abs. 2 Satz 2 dem Gemeinderat spätestens innerhalb eines Monats zur Kenntnis gebracht werden. Die Entscheidung des Gemeinderats über Einwendungen gegen die Niederschrift ist in dieser Niederschrift nachzutragen. Gemeinderäte, die wegen Befangenheit oder aus sonstigen Gründen nicht an der Beratung und Entscheidung sämtlicher Tagesordnungspunkte teilgenommen haben, können nicht zur Unterzeichnung der Niederschrift herangezogen werden. Beschlüsse, die im Wege der Offenlegung oder im schriftlichen Verfahren gefasst wurden, sind ebenfalls in die Niederschrift aufzunehmen. Aus dem Recht der Bürger auf Einsichtnahme in die Niederschriften über die öffentlichen Sitzungen ergibt sich, dass über die nichtöffentlichen Sitzungen besondere Niederschriften zu fertigen sind.

Es steht im Ermessen der Gemeinde, ob sie einem Bürger eine Abschrift (Fotokopie) der Niederschrift über eine öffentliche Sitzung des Gemeinderats erteilt. Aus § 38 Abs. 2 Satz 4, der die Einsichtnahme gestattet, kann kein Anspruch auf eine Abschrift abgeleitet werden.

Zu §§ 39 bis 41

1. Als ständige Einrichtung mit einem bestimmten Aufgabengebiet können beschließende Ausschüsse nur durch die Hauptsatzung gebildet und nur auf diesem Weg als Einrichtung der Gemeinde aufgelöst oder in ihrer Zuständigkeit beschränkt oder erweitert werden. Hat sich der Gemeinderat in der Hauptsatzung die Einwirkungsmöglichkeiten nach § 39 Abs. 3 Satz 5 vorbehalten, kann er weiter bestimmen, dass die Beschlüsse eines Ausschusses erst nach Ablauf einer bestimmten Frist vollzogen werden dürfen.
2. Bei der Festlegung der Zuständigkeiten von beschließenden Ausschüssen muß auf eine sachlich einwandfreie Abgrenzung der Aufgabengebiete geachtet werden. In Gemeinden mit Beigeordneten empfiehlt es sich, die Aufgabengebiete der beschließenden Ausschüsse den Geschäftskreisen der Beigeordneten anzugleichen. Die Angelegenheiten, die nicht auf beschließende Ausschüsse übertragen werden können, sind in § 39 Abs. 2 abschließend aufgezählt.
3. Werden sachkundige Einwohner als Mitglieder in beschließende oder beratende Ausschüsse berufen, müssen die Gemeinderäte im Ausschuss die Mehrheit behalten.
4. Aus der Verweisung in § 30 Abs. 5 Satz 1 und § 41 Abs. 3 ergibt sich, dass § 33 a auf Ausschüsse keine Anwendung findet. Der Bürgermeister oder sein Stellvertreter im Vorsitz legt deshalb die Tagesordnung ohne Beteiligung eines vorhandenen Ältestenrats fest. § 39 Abs. 5 Satz 3 und § 41 Abs. 3 schließen die Anwendung von § 37 Abs. 2 Satz 2 auf beschließende und beratende Ausschüsse aus.

   Nach § 39 Abs. 5 Satz 2 und § 41 Abs. 3 sind die Sitzungen der beschließenden Ausschüsse, die der Vorberatung dienen, und die Sitzungen beratender Ausschüsse in der Regel nichtöffentlich. Nach dem Verhältnis von Regel und Ausnahme können deshalb solche Sitzungen nur dann öffentlich stattfinden, wenn dies durch besondere Umstände gerechtfertigt ist und dadurch die Entscheidungsfreiheit des Gemeinderats nicht beeinträchtigt werden kann. Die Vorschrift verbietet es, die genannten Sitzungen grundsätzlich öffentlich durchzuführen; ein entsprechender Beschluss des Gemeinderats wäre rechtswidrig. Darüber, ob ausnahmsweise eine Sitzung öffentlich stattfindet, entscheidet bei Aufstellung der Tagesordnung der Vorsitzende des betreffenden Ausschusses.

Entsprechend dem Sinn und Zweck der grundsätzlichen Nichtöffentlichkeit der vorberatenden Sitzungen beschließender Ausschüsse und der Sitzungen beratender Ausschüsse ist über den Gang und das Ergebnis einer nichtöffentlichen Beratung Verschwiegenheit zu wahren; bei Angelegenheiten, die anschließend in öffentlicher Sitzung des Gemeinderats zu behandeln sind, gilt diese Verschwiegenheitspflicht dagegen nicht in bezug auf den Gegenstand der Beratung. Von der Verschwiegenheitspflicht bei nichtöffentlichen vorberatenden Ausschusssitzungen kann der Vorsitzende nicht entbinden.

§ 35 findet auf vorberatende Sitzungen beschließender Ausschüsse und auf die Sitzungen beratender Ausschüsse nur insoweit entsprechende Anwendung, wie es um die Frage geht, ob aus Gründen des öffentlichen Wohls oder berechtigter Interessen Einzelner nichtöffentlich beraten werden muss.

Zu § 42

1. In Gemeinden mit nicht mehr als 500 Einwohnern ist der Bürgermeister stets Ehrenbeamter, in Gemeinden mit mindestens 2 000 Einwohnern stets hauptamtlicher Beamter. In den Gemeinden der dazwischen liegenden Größengruppe kann durch die Hauptsatzung bestimmt werden, dass der sonst ehrenamtliche Bürgermeister hauptamtlich ist. Diese Entscheidung kann nur mit Wirkung von der nächsten Wahl an und muss so rechtzeitig getroffen werden, dass die für die Stellenausschreibung zu beachtende Frist eingehalten werden kann. Abweichend von § 42 Abs. 2 ist der unmittelbar wiedergewählte Bürgermeister einer Gemeinde mit weniger als 2 000 Einwohnern hauptamtlich, wenn er in seiner vorangegangenen Amtszeit hauptamtlicher Bürgermeister war (§ 25 AllgGemRefG).
2. Eine Änderung der maßgebenden Einwohnerzahl einer Gemeinde wirkt sich während der laufenden Amtszeit nicht darauf aus, ob der Bürgermeister hauptamtlicher Beamter oder Ehrenbeamter auf Zeit ist; erst bei der nächsten Wahl sind die Folgen zu beachten.

3. Die Amtszeit des Bürgermeisters beginnt nach der erstmaligen Wahl mit dem Amtsantritt; dieser ist bei Anfechtung der Wahl erst nach rechtskräftiger Entscheidung über die Gültigkeit der Wahl zulässig. Bei unmittelbarer Wiederwahl des Bürgermeisters in derselben Gemeinde nach Ablauf der Amtszeit schließt sich die neue Amtszeit jedoch unabhängig vom Amtsantritt unmittelbar an das Ende der abgelaufenen Amtszeit an. Dies gilt auch dann, wenn die Wiederwahl angefochten wird und sich deshalb der Amtsantritt verzögert.
4. Die Regelung, dass der Bürgermeister nach Freiwerden der Stelle die Geschäfte vorläufig weiterführen kann, gilt für alle Fälle des Freiwerdens der Stelle. Beim Eintritt in den Ruhestand vor Ablauf der Amtszeit gilt diese Regelung sowohl im Falle des Eintritts in den Ruhestand kraft Gesetzes wegen Erreichens der Altersgrenze als auch im Falle der Versetzung in den Ruhestand auf Antrag nach § 134 Nr. 2 Satz 2 LBG, § 52 Satz 1 Nr. 2 und Satz 2 i. V. mit § 134 Nr. 2 Satz 3 LBG. Bei einer Zurruhesetzung wegen Dienstunfähigkeit kann dagegen keine Weiterführung der Geschäfte in Betracht kommen; erfolgt die Zurruhesetzung auf Antrag, ist, wenn nichts anderes zum Ausdruck kommt, davon auszugehen, dass mit dem Antrag die Mitteilung nach § 42 Abs. 5 Satz 2 Nr. 1 verbunden ist.

Zu § 43

1. Das Widerspruchsrecht gegen gesetzwidrige oder für die Gemeinde nachteilige Beschlüsse des Gemeinderats steht dem Bürgermeister und im Falle seiner Verhinderung nur dem allgemeinen Stellvertreter zu. Wird der Widerspruch nicht in derselben Sitzung ausgesprochen oder wird ein erneuter Widerspruch nicht in einer innerhalb der Frist des § 43 Abs. 2 Satz 2 ordnungsmäßig einberufenen Sitzung ausgesprochen, muss er allen Gemeinderäten, auch denen, die an der Beschlussfassung nicht beteiligt waren, schriftlich zugestellt werden. Zu der neuen Sitzung müssen alle Gemeinderäte geladen werden.
2. Der Widerspruch gegen Beschlüsse der beschließenden Ausschüsse kommt grundsätzlich dem Bürgermeister und im Falle seiner Ver-

hinderung dem allgemeinen Stellvertreter zu. Ist mit dem Vorsitz in einem beschließenden Ausschuss auf Grund von § 40 Abs. 3 ein Stellvertreter, ein Beigeordneter oder ein Mitglied des Ausschusses beauftragt, steht diesem Vorsitzenden das Widerspruchsrecht nur zu, wenn ihn der Bürgermeister ausdrücklich damit beauftragt hat. Wegen der Einlegung des Widerspruchs gelten die Ausführungen unter Nummer 1 entsprechend; der Widerspruch braucht nur gegenüber den Mitgliedern des betreffenden beschließenden Ausschusses ausgesprochen zu werden.

3. Der Bürgermeister darf von seinem Eilentscheidungsrecht nur Gebrauch machen, wenn die zu treffende Entscheidung auch nicht mehr bis zu einer nach § 34 Abs. 2 einberufenen Sitzung zurückgestellt werden kann, weil selbst von dieser Verzögerung der Entscheidung wesentliche Nachteile für die Gemeinde oder für einzelne Personen zu erwarten sind. Vom Bürgermeister im Wege der Eilentscheidung erledigte Geschäfte unterliegen nicht der nachträglichen Beschlussfassung durch den Gemeinderat.

Zu § 44

1. Die Aufgaben des Bürgermeisters nach § 44 können ihm vom Gemeinderat nicht entzogen werden. Werden dem Bürgermeister durch die Hauptsatzung weitere Aufgaben zur dauernden Erledigung übertragen, sind diese sachlich eindeutig abzugrenzen.
   Der Begriff der laufenden Verwaltung ist im Gesetz nicht näher definiert. Zu den Geschäften der laufenden Verwaltung gehören die Angelegenheiten, die für die Gemeinde weder nach der wirtschaftlichen noch nach der grundsätzlichen Seite von wesentlicher Bedeutung sind und die mit einer gewissen Häufigkeit wiederkehren. Ob ein Geschäft in einer bestimmten Gemeinde danach zur laufenden Verwaltung gehört, muss je nach der Größe, der Struktur, der Finanzkraft und der Verwaltungsintensität der Gemeinde beurteilt werden.
2. Der Verwaltungsbehörde der Gemeinde ist von den Rechtsaufsichtsbehörden im dienstlichen Verkehr als Bürgermeisteramt zu bezeichnen; Schreiben an die Gemeinde sind an das Bürgermeisteramt zu richten.

Zu § 46

1. Ein Beschäftigungsverhältnis im Sinne von § 46 Abs. 2 schließt die Wählbarkeit zum Bürgermeister nicht aus. Bei einem Beamten, ausgenommen Ehrenbeamten und Beamten auf Widerruf, hindert es auch nicht den Amtsantritt als hauptamtlicher Bürgermeister; im Zeitpunkt des Amtsantritts, mit dem das Beamtenverhältnis als hauptamtlicher Bürgermeister beginnt, ist der Beamte jedoch nach § 40 Abs. 1 Nr. 4 LBG kraft Gesetzes entlassen.
   Die Regelung des § 40 Abs. 1 Nr. 4 LBG gilt nicht für den Eintritt in ein Beamtenverhältnis als Ehrenbeamter. Deswegen steht bei einem ehrenamtlichen Bürgermeister ein Beschäftigungsverhältnis nach § 46 Abs. 2 dem Amtsantritt als Bürgermeister entgegen. Ein zum ehrenamtlichen Bürgermeister Gewählter kann das Amt des Bürgermeisters also erst nach Auflösung seines bisherigen Beschäftigungsverhältnisses antreten.
   Auch Angestellte und Arbeiter sowie Ehrenbeamte und Beamte auf Widerruf in einem Beschäftigungsverhältnis nach § 46 Abs. 2 können das Amt des Bürgermeisters erst nach Auflösung ihres bisherigen Beschäftigungsverhältnisses bzw. des Ehrenbeamtenverhältnisses antreten.
   Wird ein hauptamtlicher Bürgermeister Beamter bei einer der in § 46 Abs. 2 genannten Stellen, ist er aus seinem Beamtenverhältnis als Bürgermeister kraft Gesetzes entlassen, sofern es sich bei dem neuen Beamtenverhältnis nicht um ein Widerrufs- oder Ehrenbeamtenverhältnis handelt; dies gilt auch – vom Fall des § 40 Abs. 4 Satz 2 LBG abgesehen –, wenn der Bürgermeister in ein öffentlich-rechtliches Dienst- oder Amtsverhältnis, ausgenommen in ein Beamtenverhältnis auf Widerruf oder als Ehrenbeamter, zu einem anderen Dienstherrn tritt (§ 40 Abs. 1 Nr. 4 LBG).
2. § 46 Abs. 3 schließt auch jedes weitere Beschäftigungsverhältnis des Bürgermeisters zu seiner Gemeinde sowie die Ausübung jeder anderen gesetzlich festgelegten Funktion durch den Bürgermeister in seiner Gemeinde aus. Ein bisheriges Beschäftigungsverhältnis zur Gemeinde endet bei einem hauptamtlichen Bürgermeister mit dem Amtsantritt (§ 12 Abs. 4, § 40 Abs. 3 LBG).

Zu § 47

1. Die Bürgermeisterwahl ist nicht nur dann vor dem Freiwerden der Stelle durchzuführen, wenn sie wegen Ablaufs der Amtszeit des im Amt befindlichen Bürgermeisters notwendig ist, sondern auch dann, wenn dieser wegen Erreichens der Altersgrenze kraft Gesetzes in den Ruhestand tritt oder als Ehrenbeamter zu verabschieden ist. Nach dem Sinn der Vorschrift ist in jedem anderen Fall, in dem der Zeitpunkt des Freiwerdens der Stelle genügend lange vorher feststeht, entsprechend zu verfahren, so insbesondere bei Versetzung in den Ruhestand oder Verabschiedung auf Antrag nach § 134 Nr. 2 und 3 LBG oder nach den §§ 53, 54 LBG i. V. mit § 134 Nr. 4 LBG.
2. Die Bestimmung über die fristgerechte Ausschreibung der Stelle des hauptamtlichen Bürgermeisters ist eine zwingende Verfahrensvorschrift. Auf die Ausschreibung kann auch dann nicht verzichtet werden, wenn der bisherige Stelleninhaber zu erkennen gibt, dass er sich wieder bewerben wird und der Gemeinderat einhellig der Meinung ist, dass kein geeigneterer Bewerber gefunden werden kann. Eine ordnungsmäßige Stellenausschreibung setzt voraus, dass ein größerer Kreis interessierter Personen von der Veröffentlichung Kenntnis nehmen kann. Dies ist immer bei einer Ausschreibung im Staatsanzeiger für Baden-Württemberg gegeben.
   Die Einreichung und Rücknahme der Bewerbungen zur Bürgermeisterwahl sowie deren Zulassung und öffentliche Bekanntmachung sind in § 10 KomWG und in § 20 KomWO geregelt.
3. Die Gemeinde kann den Bewerbern, deren Bewerbungen zugelassen worden sind, Gelegenheit geben, sich den Bürgern in einer öffentlichen Versammlung vorzustellen. Entscheidet sie sich für die Vorstellung in einer öffentlichen Versammlung, ist es in ihr pflichtgemäßes Ermessen gestellt, auf welche Weise dies geschieht. Es kann nur von der Vorstellungsversammlung insgesamt abgesehen werden; nicht aber können einzelne Bewerber ausgeschlossen werden. Die Gemeinde kann von den Bewerbern, die an der Vorstellung teilnehmen, keinen Ersatz der entstandenen Kosten verlangen. Andererseits hat auch der Bewerber keinen Anspruch auf Ersatz der Kosten, die ihm durch die Teilnahme an der Bewerbervorstellung entstanden sind.

Zu § 48

1. Stellvertreter des Bürgermeisters aus der Mitte des Gemeinderats müssen in allen Gemeinden bestellt werden, die keinen Beigeordneten haben. Auf die Stellvertreter des Bürgermeisters findet § 46 Abs. 3 Anwendung, nicht jedoch § 46 Abs. 2. § 46 Abs. 3 hindert nicht die Wahl zum Stellvertreter; in einem solchen Falle muss sich der Betroffene jedoch alsbald erklären, welche der beiden Aufgaben er wahrnehmen möchte. Es ist nicht vorgeschrieben, wie viele Stellvertreter zu bestellen sind. Ihre Zahl wird durch einfachen Beschluss des Gemeinderats und nicht durch die Hauptsatzung festgelegt. Stellvertreter können außer im Fall des § 48 Abs. 1 Satz 6 nur nach jeder Wahl der Gemeinderäte (regelmäßige Wahl oder Ergänzungswahl) gewählt werden. Die Zahl der Stellvertreter kann daher während der laufenden Amtszeit der Gemeinderäte außer im Fall des § 48 Abs. 1 Satz 6 nicht geändert werden, sofern nicht eine Ergänzungswahl der Gemeinderäte stattgefunden hat. Sind alle bestellten Stellvertreter vorzeitig ausgeschieden, müssen nach § 48 Abs. 1 Satz 6 Stellvertreter neu bestellt werden; sind nur einzelne Stellvertreter vorzeitig ausgeschieden, können für sie Stellvertreter neu bestellt werden.
2. Die Stellvertreter des Bürgermeisters können nur im Falle der Verhinderung des Bürgermeisters, dann aber auch ohne besonderen Auftrag tätig werden. Der Verhinderungsfall ist gegeben, wenn der Bürgermeister tatsächlich, z. B. durch Urlaub oder Krankheit, oder rechtlich, z. B. wegen Befangenheit, gehindert ist, seine Amtsgeschäfte wahrzunehmen. Die Stellvertretung findet auch statt, wenn die Stelle des Bürgermeisters nicht besetzt ist.
3. Die Bestellung eines Amtsverwesers nach § 48 Abs. 2 oder 3 steht im Ermessen des Gemeinderats.

   Im Falle des Absatzes 2 muss der Amtsverweser zum Gemeindebeamten auf Widerruf oder zum gemeindlichen Ehrenbeamten ernannt werden, auch wenn er bereits Gemeindebeamter ist. Auf die beamtenrechtlichen Vorschriften des § 137 a Abs. 1 LBG wird hingewiesen.

   Die Voraussetzungen für die Bestellung eines Amtsverwesers nach § 48 Abs. 3 liegen nur vor, wenn der bisherige Bürgermeister nicht die Geschäfte nach § 42 Abs. 5 Satz 1 weiterführt. Hauptamtliche Amtsverweser im Sinne dieser Vorschrift treten mit Ablauf ihrer Amtszeit unter den Voraussetzungen des § 131 i. V. mit § 134 Nr. 6 Sätze 1 und 2 LBG in den Ruhestand, sofern keiner der Ausschließungsgründe des § 137a Abs. 3 LBG vorliegt. § 48 Abs. 3 Satz 7 gilt nur für Bürgermeister, die zuvor Amtsverweser im Beamtenverhältnis auf Zeit waren.

Zu § 49

1. Im Gegensatz zu den ehrenamtlichen Stellvertretern des Bürgermeisters nach § 48 muss die Zahl der Beigeordneten durch die Hauptsatzung bestimmt werden. Werden daneben auch Stellvertreter des Bürgermeisters nach § 48 Abs. 1 bestellt, wird ihre Zahl nicht in der Hauptsatzung, sondern durch einfachen Beschluss des Gemeinderats festgelegt (vgl. Nr. 1 zu § 48).
2. Die Beigeordneten sind in der Vertretung des Bürgermeisters nicht auf den Fall der Verhinderung des Bürgermeisters, aber (außer im Falle des § 49 Abs. 4 Satz 3) auf den ihnen zugeteilten Geschäftskreis beschränkt. Nur der Erste Beigeordnete nimmt eine Sonderstellung ein; er ist gleichzeitig ständiger allgemeiner Stellvertreter des Bürgermeisters. Als solcher kann er ständig in gleichem Umfang wie der Bürgermeister die Gemeinde nach außen vertreten, auch wenn der Bürgermeister nicht verhindert ist; ob und inwieweit er hierzu im Innenverhältnis befugt ist, hängt von der Zuständigkeitsregelung ab.

Zu § 50

1. § 24 Abs. 2 gilt für die Bestellung der Beigeordneten nicht. Auf die Beigeordneten als hauptamtliche Beamte auf Zeit finden die Vorschriften des Beamtenrechts in vollem Umfang Anwendung.
   Das Beamtenverhältnis der Beigeordneten ist durch Ernennung zu begründen. Die Ernennungsurkunde ist nach der Wahl durch den Gemeinderat vom Bürgermeister auszustellen und zu unterzeichnen. Für Form und Inhalt der Ernennungsurkunde gilt § 12 LBG; neben der Zeitdauer der Berufung sollen in der Urkunde noch Beginn und Ende der Amtszeit mit Datum bezeichnet werden.

Die Beigeordneten leisten den durch § 71 LBG vorgeschriebenen Diensteid; einer besonderen Verpflichtung wie beim Bürgermeister bedarf es darüber hinaus nicht.

2. Verspätet eingegangene Bewerbungen können unter Beachtung des Gleichbehandlungsgrundsatzes berücksichtigt werden.
   Das Verfahren nach § 50 Abs. 2 Satz 2 kommt in Betracht, wenn die Stelle des Ersten Beigeordneten zu besetzen ist. Das Verfahren muss vom Gemeinderat ausdrücklich beschlossen werden. Dabei erfolgt die Bestellung des Ersten Beigeordneten in einem zweistufigen Verfahren: Zunächst wird für die freie Stelle ein Bewerber als Beigeordneter gewählt, der aber noch nicht ernannt wird. Sodann wird aus den Beigeordneten unter Einbeziehung des neu Gewählten der Erste Beigeordnete gewählt.
   Hat der Gemeinderat beschlossen, dieses Verfahren anzuwenden, so ist es geboten, daß die zu besetzende Stelle als Beigeordnetenstelle ausgeschrieben und in der Ausschreibung auf dieses Verfahren hingewiesen wird. Kommt die Neuordnung der Geschäftskreise nach der Wahl des Beigeordneten in Betracht, soll darauf bereits in der Ausschreibung hingewiesen werden.
   § 50 lässt es jedoch nicht zu, einen weiteren Beigeordneten im Falle des Freiwerdens der Stelle des Ersten Beigeordneten für den Rest seiner Amtszeit als Beigeordneter zum Ersten Beigeordneten zu bestellen.
3. Bei einer Bestellung nach § 50 Abs. 4 bedarf es nur der Ernennung zum Beigeordneten durch Ausstellung und Aushändigung der Erkennungsurkunde durch den Bürgermeister. Voraussetzung für die Ernennung ist jedoch auch hier, dass in Vollzug der Vereinbarung über den Gemeindezusammenschluss die Zahl der Beigeordneten durch die Hauptsatzung bestimmt ist und ihre Geschäftskreise durch den Bürgermeister im Einvernehmen mit dem Gemeinderat abgegrenzt sind (§ 44 Abs. 1).

Zu § 51

1. Die Ausführungen zu § 46 über den hauptamtlichen Bürgermeister gelten entsprechend.

2. Im Fall des § 51 Abs. 2 Satz 2 sind nicht nur die Dienstjahre als Beigeordneter, sondern es ist die Gesamtdienstzeit im öffentlichen Dienst maßgebend.

Zu § 53

1. Die Vertretung kraft öffentlich-rechtlicher Beauftragung nach § 53 Abs. 1 umfasst sowohl die Befugnis zur sachlichen Entscheidung als auch zur entsprechenden Vertretung nach außen. Beigeordnete haben dieses Recht in den Grenzen ihres Geschäftskreises auf Grund ihrer Stellung ohne besonderen Auftrag (§ 49 Abs. 3 und 4). Obwohl Beigeordnete in ihrem Geschäftskreis ständige Stellvertreter des Bürgermeisters sind, können sie wegen der in § 53 Abs. 1 Satz 2 getroffenen Spezialregelung Vertretungsaufträge an Beamte und Angestellte auch in ihrem eigenen Geschäftskreis nur geben, soweit ihnen diese Befugnis vom Bürgermeister allgemein oder im Einzelfall übertragen worden ist. Diese Regelung, die gleichzeitig eine Einschränkung insofern enthält, als der Bürgermeister die Befugnis zur Beauftragung nicht auch auf sonstige Beamte, z. B. Amtsleiter, übertragen kann, steht im engsten Zusammenhang mit dem in § 44 Abs. 1 Satz 2 festgelegten Organisationsrecht des Bürgermeisters. Inwieweit das Vertretungsverhältnis im inner- und außerdienstlichen Verkehr durch einen Zusatz bei der Unterzeichnung kenntlich gemacht wird, bleibt der Entscheidung des Bürgermeisters vorbehalten. Für die Unterzeichnung von Verpflichtungserklärungen durch Vertreter gilt die Sonderregelung des § 54 Abs. 3.
2. Die Vollmacht ist in der Regel für die Erledigung eines einzelnen Rechtsgeschäfts zu erteilen. Vollmachten für bestimmte Arten von Rechtsgeschäften sind zulässig, sollen jedoch die Ausnahme bilden. Die Erteilung einer Generalvollmacht ist ausgeschlossen.

Zu § 54

Unter Erklärungen, durch welche die Gemeinde verpflichtet werden soll, sind sowohl öffentlich-rechtliche als auch privatrechtliche Verpflichtungserklärungen zu verstehen.

Die Verletzung der zwingenden Formvorschriften des § 54 macht öffentlich-rechtliche Verträge, durch welche die Gemeinde verpflichtet werden soll, nach § 59 Abs. 1 LVwVfG i. V. mit § 125 BGB und sonstige öffentlich-rechtliche Verpflichtungserklärungen in entsprechender Anwendung des § 125 BGB nichtig. Bei privatrechtlichen Rechtsgeschäften hat § 54 aus Gründen der Kompetenzen des Landesgesetzgebers dagegen nur die Bedeutung von Regelungen über die Vertretungsmacht zur rechtswirksamen Vertretung der Gemeinde, so dass Verstöße gegen § 54 Abs. 1 und 2, einschließlich der dort enthaltenen Formvorschriften, hier nicht nach § 125 BGB die Nichtigkeit des Rechtsgeschäftes zur Folge haben; vielmehr finden in diesem Fall die Vorschriften der §§ 177 ff. BGB über die Vertretung ohne Vertretungsmacht Anwendung.

Zur Vermeidung der genannten Rechtsfolgen ist bei Verpflichtungserklärungen zu beachten, daß

a) nur der Bürgermeister, sein allgemeiner Stellvertreter (der ehrenamtliche Stellvertreter nach § 48 Abs. 1 und § 49 Abs. 1 Satz 3, der Amtsverweser nach § 48 Abs. 2 und 3 sowie der Erste Beigeordnete nach § 49 Abs. 4) und die weiteren Beigeordneten im Rahmen ihrer Vertretungsmacht (§ 49) allein unterzeichnen können,
b) in allen anderen Fällen zwei Unterschriften von vertretungsberechtigten Beamten oder Angestellten (§ 53 Abs. 1 Satz 1) notwendig sind,
c) alle Unterschriften eigenhändig vollzogen sein müssen und damit die Verwendung von Namensstempeln (Faksimile) und die Beglaubigung der Unterzeichnung des Entwurfs unzulässig sind und
d) den Unterschriften die Amtsbezeichnung des Unterzeichnenden und im Falle der Vertretung des Bürgermeisters ein das Vertretungsverhältnis kennzeichnender Zusatz beigefügt sein sollen.

Zusätzlich sind bei öffentlich-rechtlichen Verträgen allgemein die Vorschriften der §§ 54 bis 62 LVwVfG zu beachten.

Zu § 57

Der Stellenplan weist haushaltsrechtlich den Stellenbedarf für das jeweilige Haushaltsjahr aus. Deswegen müssen in ihm die Stellen so ausgebracht werden, wie sie in dem jeweiligen Haushaltsjahr erforder-

lich und voraussichtlich besetzbar sind. Abweichende Regelungen in der Verwaltungsvorschrift des Innenministeriums zu den Stellen und den Stellenobergrenzen im kommunalen Bereich (Stellenerlass) vom 20. Juni 1983 (GABl. S. 773) bleiben unberührt.
Neben dem Stellenplan kann die Gemeinde einen Organisationsplan aufstellen, der auch die Bewertung der Stellen enthalten kann.

Zu § 58

1. Über die Regelung des § 58 Abs. 1 Satz 1 hinaus kann ein Beamter ohne die Befähigung zum gehobenen oder höheren Verwaltungsdienst, der schon vor dem 3. August 1974 Gemeindefachbeamter war, weiterhin Gemeindefachbeamter sein (§ 26 Abs. 3 AllGemRefG).
2. Wer die Aufgaben des Ratschreibers auf dem Gebiet der freiwilligen Gerichtsbarkeit wahrnimmt (§ 31 Abs. 1 Satz 1 LFGG), bestimmt der Bürgermeister. Wenn er keine Bestimmung trifft, kommen die Aufgaben des Ratschreibers kraft Gesetzes dem Gemeindefachbeamten zu.

Der Bürgermeister kann die Bestimmung nach § 58 Abs. 2 jederzeit treffen oder eine getroffene Bestimmung ändern. Mit dem Sinn einer Zuständigkeitsregelung ist es jedoch nicht vereinbar, die Zuständigkeit nur von Fall zu Fall zu bestimmen.

Zu § 59

Zur Kennzeichnung der Tätigkeit der erfüllenden Gemeinde für die Verwaltungsgemeinschaft im schriftlichen Verkehr wird folgende Bezeichnung empfohlen:
„Gemeinde (Stadt) X
für die vereinbarte Verwaltungsgemeinschaft mit den Gemeinden Y und Z“.

Zu § 60

1. Zu den Vorschriften des GKZ, auf die § 60 Abs. 1 verweist, wird auf den Runderlass des Innenministeriums zum GKZ vom 22. Oktober 1976 (GABl. S. 1425) verwiesen, der gemäß Verwaltungsvorschrift

des Innenministeriums vom 13. Dezember 1986 (GABl. 1987 S. 1) weitergilt.

2. Folgende Änderungen der Verbandssatzung eines Gemeindeverwaltungsverbands bzw. der Vereinbarung über eine vereinbarte Verwaltungsgemeinschaft bedürfen der Genehmigung durch die Rechtsaufsichtsbehörde:
   a) Änderungen nach § 21 Abs. 1 und 3 sowie § 25 Abs. 4 GKZ wegen der Übertragung weiterer Aufgaben auf die Verwaltungsgemeinschaft für alle oder nur für einzelne ihr angehörende Gemeinden (§ 61 Abs. 5 und 7 sowie § 60 Abs. 1 GemO i. V. mit § 21 Abs. 1 und 5, § 25 Abs. 4 und § 7 Abs. 1 GKZ);
   b) Änderungen nach § 21 Abs. 2 und § 25 Abs. 4 GKZ wegen der Aufnahme weiterer Gemeinden in die Verwaltungsgemeinschaft (§ 60 Abs. 2).
3. Soweit § 60 Abs. 3 keine besonderen Bestimmungen über die Zusammensetzung der Verbandsversammlung des Gemeindeverwaltungsverbands enthält, ist nach § 60 Abs. 1 GemO § 13 Abs. 4 GKZ anzuwenden.

   Für die Wahl mehrerer weiterer Vertreter einer Mitgliedsgemeinde in der Verbandsversammlung gelten nach § 13 Abs. 4 Satz 4 GKZ die Vorschriften über die Wahl der Mitglieder beschließender Gemeinderatsausschüsse (§ 40 Abs. 2 GemO und § 11 DVO GemO); bei dieser Wahl hat der Bürgermeister kein Stimmrecht (§ 40 Abs. 2 Satz 1 GemO). Die in § 60 Abs. 3 Satz 3 zwingend vorgeschriebenen Verhinderungsstellvertreter der weiteren Vertreter in der Verbandsversammlung sind nach Maßgabe des § 11 Abs. 3 DVO GemO zu ermitteln, wenn mehr als ein weiterer Verhinderungsstellvertreter zu wählen ist (§ 13 Abs. 4 Satz 4 GKZ).

   Aus der Regelung des § 60 Abs. 3 Satz 2 zweiter Halbsatz über die Ergänzungswahl beim vorzeitigen Ausscheiden von weiteren Vertretern aus der Verbandsversammlung folgt, daß für diese keine Ersatzleute im Sinne von § 11 Abs. 3 DVO GemO vorgesehen sind. Nach Ablauf der regelmäßigen Amtszeit der jeweiligen Gemeinderäte der Mitgliedsgemeinden führt die bisherige Verbandsversammlung die Geschäfte bis zum Zusammentreten der neuen Verbandsversammlung weiter.

4. Selbst wenn der Gemeindeverwaltungsverband eine Aufgabe nur für einzelne Mitgliedsgemeinden erfüllt, sind sämtliche Mitgliedsgemeinden in der Verbandsversammlung stimmberechtigt. Dafür kann aber den Mitgliedsgemeinden, für die allein eine Aufgabe vom Gemeindeverwaltungsverband erfüllt wird, nach § 60 Abs. 1 GemO i. V. mit § 13 Abs. 3 GKZ ein Einspruchsrecht gegen Beschlüsse der Verbandsversammlung eingeräumt werden.
5. Soll ein Verwaltungsrat gebildet werden, so muss für seine Zusammensetzung aus der Bestimmung des § 60 Abs. 3 Satz 2 geschlossen werden, dass ihm außer Bürgermeistern ebenfalls nur Gemeinderäte von Mitgliedsgemeinden (üblicherweise Mitglieder der Verbandsversammlung) angehören können.
6. Um die Verwaltungsleihe zu ermöglichen, bedarf es einer entsprechenden Bestimmung in der Verbandssatzung (§ 60 Abs. 1 GemO i. V. mit § 6 Abs. 2 Nr. 4 GKZ). In der Vereinbarung über die Verwaltungsleihe sind die erforderlichen Regelungen hinsichtlich des Weisungsrechts des Verbandsvorsitzenden gegenüber den „geliehenen“ Bediensteten zu treffen und die Haftung des Gemeindeverwaltungsverbands im Innenverhältnis bei einer Amtspflichtverletzung der „geliehenen“ Bediensteten in Ausübung einer Tätigkeit für den Gemeindeverwaltungsverband zu regeln.
7. Die auf die Erfüllungsaufgaben beschränkte Zuständigkeit des gemeinsamen Ausschusses umfasst auch die Feststellung des Mittelbedarfs für die Wahrnehmung dieser Aufgaben. Dies lässt die Zuständigkeit des Gemeinderats der erfüllenden Gemeinde für die Festsetzung der betreffenden Haushaltsplanansätze mit der Beschlussfassung über die Haushaltssatzung (§ 81 Abs. 2) unberührt; der Gemeinderat darf sich über die Mittelanforderung des gemeinsamen Ausschusses nur hinwegsetzen, soweit dadurch nicht eine sinnvolle Erfüllung der Aufgaben der Verwaltungsgemeinschaft im allgemeinen Haushaltsrahmen gefährdet wird.

   Eine dauernde Übertragung bestimmter Angelegenheiten des Zuständigkeitsbereichs des gemeinsamen Ausschusses auf den Bürgermeister der erfüllenden Gemeinde ist nach § 60 Abs. 4 Satz 2 zweiter Halbsatz abweichend von § 44 Abs. 2 Satz 2 durch eine besondere, vom gemeinsamen Ausschuss zu beschließende Satzung der erfüllenden Gemeinde zu regeln. Dabei können die übertragenen Angelegenheiten für die Gebiete der beteiligten Gemeinden mit Rücksicht auf deren Verhältnisse betragsmäßig unterschiedlich begrenzt werden.

8. Das Mehrheitserfordernis nach § 60 Abs. 5 Satz 4 für die Zurückweisung eines Einspruchs begründet in Verbindung mit der Stimmenbeschränkung nach § 60 Abs. 4 Satz 3 zweiter Halbsatz eine dem Minderheitenschutz dienende Sperrminorität. Diese Sperrminorität darf jedoch nicht zur Verhinderung sachlich gerechtfertigter Beschlüsse des gemeinsamen Ausschusses missbraucht werden; soweit eine solche Ausnutzung der Sperrminorität in die Eigenverantwortlichkeit beteiligter Gemeinden für ihre eigenen Angelegenheiten eingreift und damit deren Selbstverwaltungsrecht verletzt, können sie dies gerichtlich abwehren.
9. Die Vertreter (Bürgermeister und weitere Vertreter) der übrigen beteiligten Gemeinden im gemeinsamen Ausschuss sind nach § 60 Abs. 4 Satz 3 erster Halbsatz und Abs. 1 GemO i. V. mit § 13 Abs. 6 Satz 1 GKZ im Dienste der erfüllenden Gemeinde als Träger der Aufgaben der Verwaltungsgemeinschaft ehrenamtlich tätig; ihr Anspruch auf Entschädigung für diese ehrenamtliche Tätigkeit nach § 60 Abs. 4 Satz 3 erster Halbsatz und Abs. 1 GemO i. V. mit § 13 Abs. 6 Satz 2 GKZ und § 19 GemO richtet sich deswegen gegen die erfüllende Gemeinde und bestimmt sich nach deren Satzung über die Entschädigung für ehrenamtliche Tätigkeit; für den Fall der Gewährung einer Aufwandsentschädigung nach § 19 Abs. 3 ist diese Satzung entsprechend zu ergänzen. Auf den Bürgermeister der erfüllenden Gemeinde findet weder § 16 Abs. 4 GKZ noch § 13 Abs. 6 Satz 2 GKZ i. V. mit § 19 GemO Anwendung, weil die gesetzliche Funktion als Vorsitzender des gemeinsamen Ausschusses ebenso zum Inhalt seines Amts gehört wie der Vorsitz im Gemeinderat der erfüllenden Gemeinde; für die weiteren Vertreter der erfüllenden Gemeinde im gemeinsamen Ausschuss gelten die Vorschriften über ihre Entschädigung als Gemeinderäte, da sie ihre Tätigkeit im gemeinsamen Ausschuss als Gemeinderäte ausüben.

Im Verhinderungsfall wird der Bürgermeister der erfüllenden Gemeinde als Vorsitzender des gemeinsamen Ausschusses durch seinen allgemeinen Stellvertreter vertreten.

Zu § 61

1. Soll von den Möglichkeiten des § 61 Abs. 2 Gebrauch gemacht werden, ist dies als Aufgabe in der Verbandssatzung oder in der Vereinbarung über die vereinbarte Verwaltungsgemeinschaft zu regeln (§ 60 Abs. 1 GemO i. V. mit § 6 Abs. 2 Nr. 2 GKZ); dabei sind auch die Haftung im Innenverhältnis bei Amtspflichtverletzungen dieser Bediensteten in Ausübung dieser Tätigkeit und das Weisungsrecht der Bürgermeister der Mitgliedsgemeinden zu regeln.
2. Bei den Erledigungsaufgaben ist der Gemeindeverwaltungsverband nur für die Erledigung der ihm durch Gesetz oder Verbandssatzung zugewiesenen Angelegenheiten und Verwaltungsgeschäfte bei der Erfüllung von Aufgaben der Mitgliedsgemeinden anstelle der Gemeindeverwaltungen zuständig. Für die Erfüllung der betreffenden Aufgaben selbst bleiben die Mitgliedsgemeinden zuständig. Damit verbleibt ihren Organen auch die volle Sachentscheidungsbefugnis. Lediglich die Ausführung der Sachentscheidungen der Mitgliedsgemeinden, die je nach Entscheidungszuständigkeit in der Gemeinde vom Gemeinderat durch Beschlüsse und vom Bürgermeister durch Anordnung zu treffen sind, obliegt im Rahmen seiner Erledigungszuständigkeit dem Gemeindeverwaltungsverband. Insoweit ist er aber ebenso eigenverantwortlich zuständig wie der Bürgermeister nach § 44 Abs. 1; wie sonst dieser bestimmt hier der Gemeindeverwaltungsverband die Art und Weise der Ausführung.
   Im Gemeindeverwaltungsverband bestimmt sich die Zuständigkeit für die Erledigungsaufgaben nach der Verbandssatzung; in der erfüllenden Gemeinde einer vereinbarten Verwaltungsgemeinschaft ist der Bürgermeister für sie zuständig, soweit nicht einzelne Entscheidungen vom Gemeinderat zu treffen sind.
   Der Gemeindeverwaltungsverband kann sich zur Durchführung seiner Erledigungsaufgaben eigener oder von einer Mitgliedsgemeinde „geliehener“ Bediensteter (vgl. Nr. 6 zu § 60) und sächlicher Verwaltungsmittel bedienen; er kann sich hierzu aber auch privater

Dritter bedienen. Über eine Beauftragung Dritter entscheidet er selbst; die Organe der Mitgliedsgemeinden sind auf die Sachentscheidung beschränkt.

3. Die Zuständigkeiten des Gemeindeverwaltungsverbands und der erfüllenden Gemeinde in der vereinbarten Verwaltungsgemeinschaft als Träger der vorbereitenden Bauleitplanung für den Bereich der Verwaltungsgemeinschaft, von denen keine Ausnahme erteilt werden kann, müssen in dem Sinne verfassungskonform gehandhabt werden, dass
   a) Planungen gegen den Willen einer Mitgliedsgemeinde (beteiligten Gemeinden) nur vorgenommen werden dürfen, wenn und soweit sie durch überörtliche, raumordnerische oder landesplanerische Gesichtspunkte (Belange einer überörtlichen Abstimmung und der Entwicklung des ganzen Verwaltungsraumes, raumordnerische und landesplanerische Ziele) gerechtfertigt sind, und
   b) im Übrigen den überörtlich nicht relevanten einzelgemeindlichen Planungswünschen Rechnung zu tragen ist.
4. Zusätzlich zu den Mindestaufgaben nach § 61 Abs. 3 und 4 obliegen den Verwaltungsgemeinschaften, die Anspruch auf Zuweisungen nach § 34 b Abs. 1 des Gesetzes über den kommunalen Finanzausgleich in der bis zum 1. April 1972 geltenden Fassung (FAG 1970 a. F.) hatten oder noch haben, für die ihnen angehörenden Gemeinden mit weniger als 2 000 Einwohnern auch diejenigen Aufgaben als gesetzliche Aufgaben, die sie für diese Gemeinden nach der am 1. Januar 1975 geltenden Verbandssatzung oder Vereinbarung wahrzunehmen hatten; das Gleiche gilt für die Verwaltungsgemeinschaften, die aus einer Umbildung solcher Verwaltungsgemeinschaften durch das Besondere Gemeindereformgesetz hervorgegangen sind (§ 16 AllGemRefG).

Zu § 62

Ein Wechsel der Organisationsform einer Verwaltungsgemeinschaft ist nur im Wege der Auflösung der bisherigen Verwaltungsgemeinschaft nach § 62 Abs. 1 und der Neubildung einer Verwaltungsgemeinschaft in der anderen Organisationsform möglich.

Zu § 63

1. Die Vorschrift enthält keine die Wählbarkeit nach § 46 Abs. 1 betreffende Sonderregelung, sondern beschränkt nur die Zulässigkeit der nach § 40 Abs. 4 Satz 2 LBG erforderlichen Anordnung auf die Übernahme des Amts des Bürgermeisters in benachbarten kreisangehörigen Gemeinden. Für die Übernahme dieses Amts in anderen als benachbarten kreisangehörigen Gemeinden ist diese Anordnung ausgeschlossen. Die Wahl ist in jeder der beteiligten Gemeinden als eigenständige Bürgermeisterwahl durchzuführen. Dementsprechend bestimmt sich auch für jede Gemeinde getrennt, ob die Stelle des Bürgermeisters hauptamtlich zu besetzen ist oder ob er Ehrenbeamter ist.
2. Durch die Wahl zum Bürgermeister in mehreren Gemeinden werden mehrere Beamtenverhältnisse begründet; sie können jedoch nebeneinander nur Bestand haben, wenn die nach § 134 Nr. 4 LBG zuständige Rechtsaufsichtsbehörde eine entsprechende Anordnung nach § 40 Abs. 4 Satz 2 LBG getroffen hat. Die Besoldung des hauptamtlichen Bürgermeisters in mehreren Gemeinden richtet sich nach § 4 der Landeskommunalbesoldungsverordnung; § 5 BBesG ist nicht anwendbar.

Zu § 67

1. Zur Ortschaftsverfassung allgemein wird auf den Erlass des Innenministeriums zur Ortschaftsverfassung vom 12. Mai 1978 (GABl. S. 465) verwiesen.
2. Die Ortschaftsverfassung soll nur für Ortsteile mit einer nach der Bevölkerungszahl ausreichenden Tragfähigkeit und mit einem erkennbaren örtlichen Eigenleben eingerichtet werden. Die Ortschaftsverfassung schließt die Beibehaltung oder Bildung von Gemeindebezirken (§§ 64 bis 66) für andere Ortsteile nicht aus.
3. Die Ortschaftsverfassung wird durch die Hauptsatzung mit der Einrichtung von Ortschaften eingeführt. Ist bei einem Gemeindezusammenschluss in der Vereinbarung nach § 8 Abs. 2 die Einführung und Ausgestaltung der Ortschaftsverfassung festgelegt, hat dies lediglich verpflichtenden Charakter; die Vereinbarung bedarf insofern des Vollzugs durch die Hauptsatzung, bezüglich der Einrich-

tung einer örtlichen Verwaltung des Vollzugs durch den hierfür kraft seines Organisationsrechts nach § 44 Abs. 1 Satz 2 zuständigen Bürgermeister.

Zu § 68

1. Der räumliche Bereich der Ortschaften ist in der Hauptsatzung durch die genaue Bezeichnung der Ortsteile und evtl. der weiter umfassten Gebietsteile der Gemeinde festzulegen.
2. Die Ortschaft hat keine Rechtspersönlichkeit, sondern ist nur ein Verwaltungsbezirk der Gemeinde mit der Besonderheit einer eigenen bürgerschaftlichen Organisation in Form eines Ortschaftsrats und eines Ortsvorstehers. Ortschaften kann daher nicht das Recht zum Führen eines eigenen Wappens und einer eigenen Flagge verliehen werden. Örtliche Verwaltungen führen als Dienstsiegel das Gemeindesiegel. In der Umschrift ist eine Zusatzbezeichnung wie z. B. „Örtliche Verwaltung …" möglich.
3. Die Einrichtung, Ausgestaltung und Aufhebung einer örtlichen Verwaltung obliegt dem Bürgermeister im Rahmen seines Organisationsrechts nach § 44 Abs. 1 Satz 2. Die örtliche Verwaltung ist ein unselbständiger Teil der Gemeindeverwaltung.

Zu § 69

1. Durch die Hauptsatzung kann auch für die Wahl der Ortschaftsräte die unechte Teilortswahl nach § 72 i. V. mit § 27 Abs. 2 eingeführt werden, wenn die Ortschaft aus mehreren räumlich getrennten Ortsteilen besteht.
2. Die Zahl der Ortschaftsräte ist in der Hauptsatzung zu bestimmen; dabei ist zu beachten, dass der aus der Mitte des Ortschaftsrats gewählte Ortsvorsteher auch weiterhin Ortschaftsrat ist.
   Der Ortsvorsteher hat nur Stimmrecht, wenn er Mitglied des Ortschaftsrats ist oder auf Grund von § 2 des Zweiten Stärkungsgesetzes (s. Nr. 5 zu § 71) bestellt wurde.
3. Ortschaftsräte sind ehrenamtlich tätig; die Vorschriften über ehrenamtliche Tätigkeit (§§ 15 bis 19) finden auch auf sie Anwendung. Nach § 72 findet § 29 auch auf Ortschaftsräte entsprechende Anwendung; Beamte und Angestellte der Gemeinde, ausgenommen

Ehrenbeamte sowie die bei örtlichen Verwaltungen anderer Ortschaften der Gemeinde tätigen sonstigen Gemeindebediensteten, können somit nicht Ortschaftsräte sein. Dagegen können Gemeinderäte gleichzeitig Ortschaftsräte sein (§ 69 Abs. 4 Satz 2). Die Hinderungsgründe des § 29 Abs. 2 und 3 betreffen die Beziehungen der Ortschaftsräte untereinander, nicht dagegen zu den Gemeinderäten. Für die Anwendung des § 29 Abs. 2 Satz 1 auf Ortschaftsräte kommt es auf die Einwohnerzahl der Ortschaft an.

§ 29 Abs. 4 findet auf Ortschaftsräte entsprechende Anwendung, die in einem ein Hindernis begründenden Verhältnis nach § 29 Abs. 2 zu dem Ortsvorsteher nach § 71 Abs. 1 oder 2 oder dem als Ortsvorsteher weiterverwendeten früheren Bürgermeister stehen.

Entsteht ein ein Hindernis begründendes Verhältnis nach § 29 Abs. 2 im Laufe der Amtszeit zu dem Ortsvorsteher nach § 71 Abs. 1, gilt auch hier § 29 Abs. 4 Satz 2 entsprechend; auch wenn dieser Ortsvorsteher zugleich Ortschaftsrat ist, geht in diesem Fall die Bestimmung des § 29 Abs. 4 Satz 2 der Vorschrift des § 31 Abs. 1 Satz 2 vor. Die Feststellung nach dem gemäß § 72 entsprechend anzuwendenden § 29 Abs. 5 trifft der Ortschaftsrat.

4. Dem Bürgermeister, der teilnahmeberechtigt an den Sitzungen des Ortschaftsrats ist, muss zwar auf Verlangen jederzeit das Wort erteilt werden; er hat im Ortschaftsrat aber kein Stimmrecht. Dem allgemeinen Stellvertreter des Bürgermeisters nach § 48 bzw. § 49 stehen im Verhinderungsfall die gleichen Rechte im Ortschaftsrat zu.

   Das Recht zur Teilnahme an den Sitzungen der Ortschaftsräte nach § 69 Abs. 4 Satz 3 haben auch Gemeinderäte, die einen Ausgleichssitz (§ 25 Abs. 2 Satz 7, § 26 Abs. 2 Satz 4 KomWG) innehaben. Gemeinderäte, die nach § 69 Abs. 4 an nichtöffentlichen Sitzungen des Ortschaftsrats teilnehmen, unterliegen der Schweigepflicht nach § 35 Abs. 2 in gleichem Maße wie die Ortschaftsräte. Dies gilt jedoch nicht für die Unterrichtuntg des Gemeinderats über Gegenstand, Gang und Ergebnis der nichtöffentlichen Sitzung des Ortschaftsrats in Angelegenheiten, für die der Gemeinderat zuständig ist; diese Unterrichtung darf allerdings nur in einer nichtöffentlichen Sitzung erfolgen.

Zu § 70

1. Wichtige Angelegenheiten im Sinne von § 70 Abs. 1 Satz 2 sind nur solche Angelegenheiten, die für die Ortschaft von besonderer Bedeutung sind, z. B. die Veranschlagung der Haushaltsmittel für wichtige Maßnahmen in der Ortschaft; die Ausgestaltung, wesentliche Änderung und Aufhebung der örtlichen Verwaltung; die Aufstellung, wesentliche Änderung und Aufhebung von Bauleitplänen. Die zuständigen Gemeindeorgane sind nicht gehindert, den Kreis der Anhörungsgegenstände über den Rahmen der gesetzlichen Anhörungspflicht hinaus zu erweitern. Die Verletzung des gesetzlichen Anhörungsrechts des Ortschaftsrats hat die Rechtswidrigkeit der ohne Anhörung getroffenen Entscheidung zur Folge. Das Anhörungsrecht ist gewahrt, wenn dem Ortschaftsrat Gelegenheit zur Stellungnahme binnen einer bestimmten Frist gegeben wurde.
   Für die Sitzungen des Ortschaftsrats gelten nach § 72 die für den Gemeinderat maßgebenden Vorschriften entsprechend; die Frage der Öffentlichkeit oder Nichtöffentlichkeit seiner Sitzungen bestimmt sich somit ausschließlich nach § 35 Abs. 1, auch wenn noch nichtöffentliche Vorberatungen durch Ausschüsse des Gemeinderats nachfolgen.
2. Durch die Hauptsatzung kann der Gemeinderat dem Ortschaftsrat die Entscheidungsbefugnis über bestimmte, die Ortschaft betreffende Angelegenheiten übertragen, soweit sie nicht in die ausschließliche Entscheidungsbefugnis des Gemeinderats fallen (§ 39 Abs. 2) oder die Beschlüsse vorlage- oder genehmigungspflichtig sind. Hierfür können nur solche Angelegenheiten in Betracht kommen, die ausschließlich die Ortschaft betreffen, deren dezentrale Wahrnehmung also keine wesentlichen Bezüge zur Gesamtgemeinde aufweisen. Werden dem Ortschaftsrat Entscheidungszuständigkeiten übertragen, sollen im Haushaltsplan entsprechende Mittel veranschlagt werden. Angelegenheiten aus dem gesetzlichen Zuständigkeitsbereich des Bürgermeisters nach § 44 können auf den Ortschaftsrat nicht übertragen werden.
3. Für Angelegenheiten, die dem Ortschaftsrat zur Entscheidung übertragen sind, kann sich der Gemeinderat kein Weisungsrecht vorbehalten. Durch die Übertragung von Entscheidungszuständigkeiten

wird der Ortschaftsrat nicht zum beschließenden Ausschuss des Gemeinderats.

Zu § 71

1. Über den Vorschlag des Ortschaftsrats nach § 71 Abs. 1 Satz 1 ist durch Wahl zu beschließen. Wird dagegen der Ortschaftsrat zu einer Ergänzung seines Vorschlags durch den Gemeinderat angehört (§ 71 Abs. 1 Satz 2), so ist über die Stellungnahme nach den Regelungen über die Abstimmung zu beschließen; nur wenn der Ortschaftsrat sich in diesem Verfahren entschließt, einen neuen Vorschlag einzubringen, finden die Vorschriften über die Wahl Anwendung. Bei der Wahl sind die in Betracht kommenden Bewerber aus der Mitte des Ortschaftsrats nicht befangen, da über eine ehrenamtliche Tätigkeit zu entscheiden ist (§ 18 Abs. 3 Satz 2). Das Gleiche gilt für die Wahl der Stellvertreter des Ortsvorstehers.
2. Ehrenamtliche Ortsvorsteher sind im Rahmen des § 19 GemO i. V. mit § 9 AufwEntG zu entschädigen (s. Nr. 4 zu § 19).
3. Der ehrenamtliche Ortsvorsteher nach § 71 Abs. 1 kann gleichzeitig Gemeinderat sein. Auf Ortsvorsteher, die nach § 71 Abs. 4 an den Verhandlungen des Gemeinderats und seiner Ausschüsse mit beratender Stimme teilnehmen, findet § 29 Abs. 2 und 3 keine entsprechende Anwendung, so dass Gemeinderäte, die mit ihnen in einem die Befangenheit begründenden Verhältnis nach § 18 Abs. 1 Nr. 1 bis 3 stehen, weiterhin Gemeinderäte sein können. Bei Teilnahme an nichtöffentlichen Sitzungen des Gemeinderats unterliegen die Ortsvorsteher dem Verschwiegenheitsgebot nach § 35 Abs. 2 wie die Gemeinderäte; in demselben Umfang wie diese sind sie auch bei Teilnahme an nichtöffentlichen vorberatenden Sitzungen von Ausschüssen des Gemeinderats zur Verschwiegenheit verpflichtet (vgl. Nr. 4 zu §§ 39 bis 41). Die Verschwiegenheitspflicht gilt jedoch nicht für die Unterrichtung des Ortschaftsrats über Gegenstand, Gang und Ergebnis der nichtöffentlichen Sitzung des Gemeinderats oder eines Ausschusses in Angelegenheiten, bei denen der Ortschaftsrat nach § 70 Abs. 1 beteiligt ist; diese Unterrichtung darf allerdings nur in einer nichtöffentlichen Sitzung erfolgen.

4. § 2 Abs. 1 des Zweiten Gesetzes zur Stärkung der Verwaltungskraft der Gemeinden vom 28. Juli 1970 (GBl. S. 419) in der Fassung nach § 20 AllgGemRefG enthält eine Sonderregelung für die Bestellung des Ortsvorstehers, wenn bei einem Gemeindezusammenschluss Ortschaften mit einer örtlichen Verwaltung eingerichtet wurden. In diesem Fall konnte in der Vereinbarung nach § 8 Abs. 2 bestimmt werden, dass dem bisherigen Bürgermeister bis zum Ablauf der Amtszeit der erstmaligen Ortschaftsräte, bei einer längeren Amtszeit des bisherigen Bürgermeisters bis zu deren Ablauf, das Amt des Ortsvorstehers übertragen wird. Als Ortsvorsteher verwendete Bürgermeister können unter Wahrung ihres Besitzstands jeweils nach Ablauf ihrer Amtszeit als Ortsvorsteher vom Gemeinderat nach Anhörung des Ortschaftsrats erneut zum Ortsvorsteher gewählt werden. Ihre Amtszeit richtet sich in diesem Fall jeweils nach der Amtszeit der Ortschaftsräte. Solche Ortsvorsteher können im Anschluss an die Verwendung als Ortsvorsteher in ein Beamtenverhältnis auf Zeit nach § 135 LBG berufen werden (§ 2 Abs. 3 Satz 2 des Zweiten Stärkungsgesetzes).
5. Im Falle des § 71 Abs. 2 wird dem Gemeindebeamten lediglich die Funktion des Ortsvorstehers übertragen. Er bleibt beamten- und besoldungsrechtlich in seiner Rechtsstellung. Die Übertragung der Funktionen des Ortsvorstehers auf einen Gemeindebeamten kann daher nur auf der Grundlage einer vorhandenen Stelle erfolgen. Auf die Ortsvorsteher nach § 71 Abs. 2 findet § 46 Abs. 3 keine Anwendung. Bürgermeister und Beigeordnete können nicht Ortsvorsteher sein. In der Hauptsatzung muss geregelt werden, in welcher Ortschaft ein Gemeindebeamter zum Ortsvorsteher bestellt werden soll.

   Die Funktion des Ortsvorstehers kann nach § 71 Abs. 2 nicht nur hauptamtlichen Lebenszeitbeamten und Zeitbeamten nach § 135 LBG übertragen werden, sondern auch früheren hauptamtlichen Bürgermeistern, die nach § 2 des Zweiten Stärkungsgesetzes als Ortsvorsteher weiterverwendet worden sind; letzteren kann danach die Funktion des Ortsvorstehers auch für weitere Ortschaften übertragen werden. Unzulässig ist es, ein Ehrenbeamtenverhältnis oder ein Widerrufsbeamtenverhältnis als Grundlage für die Bestellung zum Ortsvorsteher nach § 71 Abs. 2 zu verwenden, weil einerseits § 71 Abs. 1 das Amt des Ortsvorstehers als Ehrenbeamter abschließend regelt und andererseits die auf Dauer angelegte Tätigkeit des Ortsvorstehers ein Widerrufsbeamtenverhältnis ausschließt.

§ 10 der Stellenobergrenzenverordnung enthält für die Ortsvorsteher nach § 71 Abs. 2 für die Stellenobergrenzen eine Sonderregelung; vgl. dazu Nummer 3.2.4 des Stellenerlasses des Innenministeriums vom 22. Juni 1983 (GABl. S. 773).

6. Aus der Stellvertretung des Bürgermeisters in der Leitung der örtlichen Verwaltung erwächst dem Ortsvorsteher keine Sachentscheidungszuständigkeit; als ständiger stellvertretender Leiter der örtlichen Verwaltung ist er lediglich für die sachgemäße Erledigung der Aufgaben der örtlichen Verwaltung und für den ordnungsgemäßen Ablauf der Verwaltung verantwortlich sowie für die Regelung ihrer inneren Organisation zuständig (§ 44 Abs. 1 Satz 2). Der Bürgermeister kann jedoch den Ortsvorsteher als Beamten der Gemeinde nach § 53 Abs. 1 Satz 1 mit seiner Vertretung auf bestimmten Aufgabengebieten oder in einzelnen Angelegenheiten eines Zuständigkeitsbereichs nach § 44 Abs. 2 und 3 beauftragen und dadurch mit Sachentscheidungsbefugnissen ausstatten. Diese Beauftragung wird sich regelmäßig auf Angelegenheiten, die die Ortschaft betreffen, beschränken, insbesondere auf Geschäfte in der örtlichen Verwaltung; sie kann aber auch Aufgabengebiete oder einzelne Angelegenheiten für die ganze Gemeinde zum Gegenstand haben; bei ehrenamtlichen Ortsvorstehern wird die Beauftragungsmöglichkeit jedoch durch die Natur des Beamtenverhältnisses eingeschränkt.

Zu § 73

1. Ist die Ortschaftsverfassung durch die Hauptsatzung auf eine bestimmte Zeit eingeführt worden, entfällt sie mit Zeitablauf. Die Hauptsatzung ist nur zu berichtigen.
2. Ist die zeitliche Beschränkung der Ortschaftsverfassung bei einem Gemeindezusammenschluss in der Vereinbarung nach § 8 Abs. 2 oder § 9 Abs. 4 festgelegt, aber nicht in die Hauptsatzung aufgenommen worden, kann die Ortschaftsverfassung nur durch eine

entsprechende Änderung der Hauptsatzung aufgehoben werden. Diese Änderung bedarf nicht der Zustimmung des Ortschaftsrats nach § 73 Satz 1; der Ortschaftsrat ist jedoch vor der Entscheidung über diese Änderung nach § 70 Abs. 1 Satz 2 anzuhören.

3. Ist die Ortschaftsverfassung auf Grund einer Vereinbarung nach § 8 Abs. 2 oder § 9 Abs. 4 auf unbestimmte Zeit eingeführt worden, genügt zur Aufhebung zwar ebenfalls die Änderung der Hauptsatzung, diese bedarf jedoch der Zustimmung des Ortschaftsrats. Die Entscheidung des Gemeinderats über die Aufhebung kann in diesem Fall wegen des Erfordernisses der Zustimmung des Ortschaftsrats nicht durch einen Bürgerentscheid ersetzt werden (vgl. § 21 Abs. 1 Satz 2 Nr. 5), weshalb auch kein Bürgerbegehren zulässig ist.

Zu § 81

1. Öffentlich auszulegen und der Rechtsaufsichtsbehörde vorzulegen sind auch die dem Haushaltsplan nach § 2 Abs. 2 GemHVO beizufügenden Anlagen, sowie eine Übersicht über die Haushalts- und Finanzlage nach Muster 3 zu den VV zu § 44 LHO (GABl. 1983 S. 1005) oder nach Anlage 2 der VwV Ausgleichstock vom 20. Dezember 1985 (GABl. S. 1169).
2. Die Rechtsaufsichtsbehörden werden gebeten, über die im Rahmen der Haushaltssatzung erforderlichen Genehmigungen innerhalb der Frist des § 121 Abs. 2 zu entscheiden.
3. Zur zeitnahen Unterrichtung über die Planung der Haushaltswirtschaft der Stadtkreise, Großen Kreisstädte und Landkreise übersenden die Regierungspräsidien dem Innenministerium und der Gemeindeprüfungsanstalt Abschriften der Vermerke über die Prüfung der Haushaltssatzungen und Nachtragssatzungen sowie der Entscheidungen über die Genehmigung von Kreditaufnahmen und Verpflichtungsermächtigungen.

Zu § 85

Das Investitionsprogramm und der Finanzplan werden vom Gemeinderat beschlossen. Der Beschluss sollte spätestens mit dem Beschluss über die Haushaltssatzung gefasst werden.

Zu § 86

1. Die Genehmigung nach § 86 Abs. 4 kann unter dem Gesichtspunkt einer geordneten Wirtschaftsführung betragsmäßig beschränkt und mit Bedingungen oder Auflagen versehen werden.
2. In welcher Höhe die Verpflichtungsermächtigungen genehmigungsbedürftig sind, ist mit Hilfe der Übersicht nach § 2 Abs. 2 Nr. 3 GemHVO (Muster Anlage 6 zur VwV Gliederung und Gruppierung vom 2. November 1984, GABl. S. 933) zu ermitteln.
3. Nicht genehmigungsbedürftige Verpflichtungsermächtigungen sind zu beanstanden, wenn durch sie der Ausgleich künftiger Haushalte gefährdet wird, oder wenn ihre Zweckbestimmung gesetzwidrig ist.

Zu § 87

1. Die Prüfung der Frage, ob eine andere Finanzierung nicht möglich oder wirtschaftlich unzweckmäßig wäre (§ 78 Abs. 3), muss sich auch darauf erstrecken, inwieweit eine Entnahme aus der allgemeinen Rücklage möglich ist.
2. Die Tragbarkeit der Schuldendienstbelastung für die Gemeinde ist vor allem daran zu messen, ob die Zuführungen des Verwaltungshaushalts an den Vermögenshaushalt zusammen mit anderen Einnahmen im Sinne von § 1 Abs. 1 Nr. 2 bis 4 GemHVO ausreichen werden, um neben den unabweisbaren Investitionsausgaben die Ausgaben für die ordentliche Kredittilgung und für die Kreditbeschaffungskosten zu decken. Die Höhe der unabweisbaren Investitionsausgaben hängt von dem Umfang und der Art der Aufgaben ab. Stehen in den folgenden Jahren besonders dringliche Investitionen an, muss die Gemeinde zunächst bestrebt sein, so weit unter der Grenze der tragbaren Schuldendienstbelastung zu bleiben, dass noch ausreichend Spielraum für die Finanzierung dieser Vorhaben bleibt. Der Beurteilung des Verschuldungsspielraums sind vor allem der Finanzplan und das Investitionsprogramm zugrunde zu legen.

   Erforderlichenfalls ist die Gesamtgenehmigung betragsmäßig zu beschränken und/oder durch Bedingungen und Auflagen sicherzustellen, dass

a) eine bestimmte Grenze der Schuldendienstbelastung eingehalten wird,
b) die Krediteinnahmen in erster Linie für bestimmte unabweisbare Ausgaben verwendet werden.

In Zweifelsfällen hat das Landratsamt als zuständige Rechtsaufsichtsbehörde vor der Entscheidung über die Gesamtgenehmigung die Weisung des Regierungspräsidiums einzuholen.

3. Bei einer Kreditaufnahme im Ausland ist wegen der Wechselkursrisiken Zurückhaltung geboten. Im Übrigen sind die Vorschriften des Außenwirtschaftsgesetzes und der Außenwirtschaftsverordnung zu beachten.
4. Zahlungsverpflichtungen im Sinne von § 87 Abs. 5 entstehen z. B. durch die Übernahme der persönlichen Schuld aus Hypotheken bei Erwerb von Grundstücken, den Abschluss von Leibrentenverträgen sowie von Leasing- und ähnlichen Verträgen. Ob die Vereinbarung von Stundungen oder Ratenzahlungen in Dienst-, Werk- oder Kaufverträgen unter § 87 Abs. 5 fällt, hängt von den näheren Umständen des Einzelfalles ab.

   Durch den Freigrenzenerlass vom 3. Mai 1983 (GABl. S. 568) ist die nach § 87 Abs. 5 erforderliche Genehmigung innerhalb bestimmter Wertgrenzen, für bestimmte Rechtsgeschäfte unbegrenzt, bereits allgemein erteilt.

   Soweit eine Einzelgenehmigung von Rechtsgeschäften im Sinne von § 87 Abs. 5 erforderlich ist, hat die Rechtsaufsichtsbehörde darauf zu achten, dass die Gemeinde nicht ohne zwingende Gründe Belastungen auf sich nimmt, die bei einer Kreditaufnahme vermeidbar wären, und dass angeordnete Begrenzungen für Kreditaufnahmen eingehalten werden. In Zweifelsfällen hat das Landratsamt als zuständige Rechtsaufsichtsbehörde vor der Entscheidung über die Genehmigung die Weisung des Regierungspräsidiums einzuholen.
5. Verträge über Leasing-Finanzierungen kommunaler Bauvorhaben durch Leasing-Gesellschaften oder Immobilien-Fonds (Kommunal-Immobilien-Leasing) sind in der Regel nach § 87 Abs. 5, häufig auch nach § 88 genehmigungspflichtig. Dem Antrag auf Erteilung der Genehmigung sind sämtliche Vertragsunterlagen und eine

Berechnung der Wirtschaftlichkeit der Leasing-Finanzierung im Vergleich zu einer Kommunalkreditfinanzierung beizufügen.

6. Eine Förderung nach §§ 245 Abs. 11 BauGB, 39 Abs. 5 des Städtebauförderungsgesetzes in Form einer Vorauszahlung wird haushaltsrechtlich als Zuweisung behandelt, bis entschieden ist, in welcher Höhe die Fördermittel zum Zuschuss, zum Darlehen oder zu einem zurückzuzahlenden Geldbetrag erklärt werden; sie bedarf keiner Genehmigung nach § 87 Abs. 5.
7. Die Ansammlung eines Bausparguthabens gilt als Geldanlage im Sinne von § 46 Nr. 9 GemHVO, für die Kreditaufnahmen nach § 87 Abs. 1 unzulässig sind.
   Wird vor der Zuteilung des Bausparvertrags ein Zwischenkredit in Anspruch genommen, ist dieser insoweit als Kredit zu behandeln, als er das Bausparguthaben übersteigt. Bei Zuteilung des Bausparvertrags ist nur noch der Teil des Bauspardarlehens eine neue Kreditaufnahme, der den früher als Kredit behandelten Teil des Zwischenkredits übersteigt.
8. Vom Verbot für die Gemeinde, Sicherheit für die von ihr aufgenommenen Kredite zu bestellen, kommen Ausnahmen grundsätzlich nur in Betracht, wenn der Gläubiger nach den für ihn geltenden gesetzlichen Vorschriften auf eine dingliche Sicherstellung des Kredits nicht verzichten kann, und wenn die Gemeinde auf solche Kredite angewiesen ist. Für die Gemeinde besteht in diesen Fällen kein Vollstreckungsschutz nach § 127. Der Grundsatz, keine Sicherheiten zu bestellen, gilt auch in den Fällen des § 87 Abs. 5. Die dort vorgeschriebene Genehmigung darf nur ausnahmsweise und nur unter den in Satz 1 genannten Voraussetzungen auch auf die Bestellung von Sicherheiten ausgedehnt werden.

Zu § 88

1. Ausnahmen nach § 88 Abs. 1 Satz 2 kommen nur in Betracht, wenn mit der Bestellung der Sicherheit eine gemeindliche Aufgabe wirkungsvoller und wirtschaftlicher erfüllt werden kann und sich das Risiko für die Gemeinde in tragbaren Grenzen hält. Dabei ist zu berücksichtigen, dass die Gemeinde keinen Vollstreckungsschutz nach § 127 genießt.

2. Bei der Beurteilung der Frage, ob die Übernahme einer Bürgschaft oder einer Verpflichtung aus einem Gewährvertrag der Erfüllung einer gemeindlichen Aufgabe dient, ist ein strenger Maßstab anzulegen. Übernimmt ein anderer Aufgabenträger eine Aufgabe, die sonst von der Gemeinde zu erfüllen wäre, soll sich die Gemeinde in der Regel nur für Investitionskredite verbürgen, für die der Aufgabenträger die erforderlichen Sicherheiten nicht selbst stellen kann.
   Bürgschaften zugunsten privater Unternehmen und Einrichtungen, an denen die Gemeinde nicht beteiligt ist und die keine Aufgaben im Wirkungskreis der Gemeinde wahrnehmen, gehören grundsätzlich nicht zu den Aufgaben der Gemeinde. Es ist insbesondere nicht Aufgabe der Gemeinde, Bürgschaften oder Gewährleistungen zu übernehmen, um Unternehmen der Privatwirtschaft das unternehmerische Risiko abzunehmen, bei Liquiditätsschwierigkeiten zu helfen oder ihnen die Aufnahme zinsgünstiger Kredite zu ermöglichen.
3. Grundsätzlich sollte die Gemeinde nur eine Ausfallbürgschaft übernehmen und von der Übernahme einfacher Bürgschaften selbstschuldnerischer Bürgschaften oder modifizierter Ausfallbürgschaften absehen, es sei denn, der Kreditgeber kann nach den für ihn maßgebenden Bestimmungen auf eine solche Bürgschaft nicht verzichten und der Kreditnehmer ist auf die Aufnahme dieses Kredits angewiesen.
   Das Risiko einer Inanspruchnahme der Gemeinde sollte außerdem nach Möglichkeit durch eine Befristung der Bürgschaft und durch Überwachung des Kreditnehmers gering gehalten werden. Es ist bei der Beurteilung der tragbaren Schuldendienstbelastung zu berücksichtigen. Zur Sicherung ihrer Rechte sollte sich die Gemeinde ausreichende Informations-, Mitwirkungs- und Prüfungsrecht ausbedingen.
4. Verbürgt sich die Gemeinde ausnahmsweise für Kredite an Wohnungsbaugesellschaften oder Entwicklungsträger zum Ankauf von Baugelände, weil die Kredite aus vermessungs- oder grundbuchtechnischen Gründen noch nicht dinglich sichergestellt werden können, ist bei der Genehmigung darauf zu achten, dass

   a) zwischen dem Kreditnehmer und dem Kreditgeber die dingliche Sicherstellung in bestimmter Weise vereinbart ist,
   b) die Bürgschaft spätestens zum Zeitpunkt der dinglichen Sicherstellung der Kredite an der vereinbarten Rangstelle endet und
   c) sich die Gemeinde den Auflassungsanspruch verpfänden lässt, um ihr Risiko im Falle eines Konkurses des Unternehmens niedrig zu halten.
5. Gewährverträge oder gewährvertragsähnliche Rechtsgeschäfte im Sinne von § 88 Abs. 2 und 3 sind z. B.
   a) Verträge mit Sanierungs- oder Entwicklungsträgern, wenn diese als Treuhänder für die Gemeinde tätig werden (§ 160 Abs. 1 BauGB),
   b) die Zustimmung der Gemeinde nach § 160 Abs. 4 BauGB,
   c) Rückkaufverpflichtungen, wenn ein höherer als der beim Verkauf vereinbarte Wert gelten soll (dabei bleiben zwischen Verkauf und Rückkauf aufgelaufene Zinsen außer Betracht),
   d) die Übernahme von Genossenschaftsanteilen mit Nachschusspflicht.

   Die Genehmigung der Zustimmung nach § 160 Abs. 4 BauGB ist jeweils für die einzelne Sanierungs- oder Entwicklungsmaßnahme in einer der einzelnen Maßnahme angemessenen Höhe im voraus, möglichst in Verbindung mit der Genehmigung des Vertrags mit dem Sanierungsträger, zu erteilen. Vor einer Genehmigung ist der für die Bewilligung der öffentlichen Förderung zuständigen Stelle Gelegenheit zur Stellungnahme zu geben.
6. Durch den Freigrenzenerlass vom 3. Mai 1983 (GABl. S. 568) sind die nach § 88 Abs. 2 und 3 erforderlichen Genehmigungen in den dort genannten Fällen bereits allgemein erteilt.

   Bei erforderlichen Einzelgenehmigungen hat das Landratsamt als zuständige Rechtsaufsichtsbehörde in Zweifelsfällen vor der Entscheidung die Weisung des Regierungspräsidiums einzuholen.

Zu § 91

Die Nettoerlöse von außerordentlichen Holznutzungen im Sinne von § 52 LWaldG sind im Verwaltungshaushalt bei den Waldeinnahmen abzusetzen und im Vermögenshaushalt zu vereinnahmen.

Zu § 92

1. Ausnahmen vom Grundsatz des § 92 Abs. 1 und 2 kommen nur in Betracht,
   a) wenn die Gemeinde zum Ansatz eines geringeren Wertes gesetzlich ermächtigt oder verpflichtet ist,
   b) wenn im Einzelfall gewährleistet ist, dass der Gemeinde der volle Wert auf andere Weise zufließt als durch eine unmittelbare, vertraglich vereinbarte Gegenleistung (z. B. beim unentgeltlichen Austausch von ADV-Programmen zwischen Stellen der öffentlichen Verwaltung),
   c) im Rahmen der gemeindlichen Aufgabenerfüllung.

   Zur Veräußerung von gemeindlichen Grundstücken unter dem Verkehrswert zur Förderung des Wohnungsbaus, insbesondere des sozialen Wohnungsbaus, ermächtigt § 89 des Zweiten Wohnungsbaugesetzes. Außerhalb des sozialen Wohnungsbaus ist eine solche Veräußerung nur nach Prüfung des Einzelfalls und unter Beachtung sozialer Kriterien zulässig.
2. Der volle Wert ist bei der Veräußerung von Vermögensgegenständen der Verkehrswert, bei der Nutzungsüberlassung das marktübliche Entgelt, bei Fehlen eines solchen das angemessene Entgelt.

   Bei Veräußerungen und Nutzungsüberlassungen unter dem vollen Wert soll der Unterschiedsbetrag zum Verkehrswert oder zum marktüblichen bzw. angemessenen Entgelt offengelegt werden. Grundsätzlich kann dies bei der Festsetzung allgemeiner Richtlinien oder durch Ausweisung als Zuschuss im Haushaltsplan geschehen.

   Überlässt die Gemeinde regelmäßig Vermögensgegenstände unter dem vollen Wert zur Nutzung (z. B. zur Förderung von Vereinen, deren Tätigkeit im gemeindlichen Interesse liegt), empfiehlt sich hierfür der Erlass allgemeiner Richtlinien durch den Gemeinderat. In den Richtlinien sollen insbesondere die begünstigten Personengruppen, die Fördervoraussetzungen und -zwecke sowie Art und Umfang der Förderung festgelegt werden. Dies gilt auch dann, wenn eine Veräußerung von Grundstücken unter dem Verkehrswert zur Förderung des Wohnungsbaus häufiger in Betracht kommt (vgl.

die für den Landesbereich ergangene Verbilligungsvorschrift vom 3. Februar 1989, GABl. S. 383).

3. Soll die Veräußerung eines Waldgrundstücks oder eines Kulturdenkmals genehmigt werden, hat die Rechtsaufsichtsbehörde die zuständige Fachbehörde zu beteiligen. Will das Landratsamt als zuständige Rechtsaufsichtsbehörde Einwendungen der Fachbehörde nicht Rechnung tragen, hat es die Weisung des Regierungspräsidiums einzuholen. Das Regierungspräsidium hat die ihm entsprechende Fachbehörde zu beteiligen. Bei der Entscheidung über die Genehmigung sind in die maßgebenden Gesichtspunkte der geordneten Haushaltswirtschaft auch die besonderen Vorschriften über die Erhaltung und Pflege des Waldes und von Kulturdenkmalen einzubeziehen.
4. Wegen der allgemeinen Befreiung von der Vorlagepflicht nach § 92 Abs. 3 Satz 1 in bestimmten Fällen der Veräußerung von Grundstücken und grundstücksgleichen Rechten und wegen der allgemeinen Erteilung der Genehmigung nach § 92 Abs. 4 Satz 1 in bestimmten Fällen der Veräußerung von Waldgrundstücken wird auf den Freigrenzenerlass vom 3. Mai 1983 (GABl. S. 568) verwiesen.

Zu § 94

Dient ein nicht landeseinheitliches Programm mehreren Gemeinden, sollten die Kosten der Prüfung (mit Ausnahme der Kosten einer örtlichen Prüfung nach § 94 Abs. 2 Satz 2) als umlagefähige Projektkosten von der Stelle erstattet werden, die auch die übrigen Projektkosten auf die Programmanwender umlegt; insoweit nicht erstattete Kosten sollten zwischen den Gemeinden aufgeteilt werden, die das Programm anwenden. Bezüglich der landeseinheitlichen Programme wird auf § 15 Abs. 1 Satz 2 und Abs. 2 Satz 1 GemPrO hingewiesen.

Zu § 95

1. Die Feststellung der Jahresrechnung durch den Gemeinderat umfasst
   a) das Ergebnis der Haushaltsrechnung (Muster Anlage 17 zur VwV Gliederung und Gruppierung vom 2. November 1984, GABl. S. 933),

b) die Vermögensrechnung, ggf. unter Einbeziehung der Vermögensübersicht (Muster Anlagen 1 und 4 zur VwV-VmR vom 20. November 1984, GABl. S. 997).

2. Die Bildung von Haushaltsresten sollte im Interesse einer kontinuierlichen Haushaltsführung alsbald nach Ablauf des Haushaltsjahres geklärt werden.
Ausgabemittel, die von der Einnahmeseite her gesetzlich oder vertraglich für einen bestimmten Zweck gebunden sind, bleiben für diesen Zweck ohne weiteres als Haushaltsausgaberest verfügbar, soweit sie nicht vorübergehend der allgemeinen Rücklage zugeführt werden; dasselbe gilt für nach § 19 GemHVO übertragbarer Ausgabemittel, soweit zu deren Lasten am Jahresende Rechtsverpflichtungen bestehen. Diese Haushaltsausgabereste werden von dem für die Aufstellung der Jahresrechnung zuständigen Fachbeamten für das Finanzwesen unverzüglich festgestellt. Die Übertragung anderer nach § 19 GemHVO übertragbarer Ausgabemittel hängt davon ab, inwieweit sie im folgenden Jahr noch benötigt werden; die Zuständigkeit für die Entscheidung über die Bildung von Haushaltsausgaberesten richtet sich in diesen Fällen nach der allgemeinen Bewirtschaftungsbefugnis.
Werden Ausgabemittel des Verwaltungshaushalts noch im folgenden Jahr benötigt, die nicht nach § 19 Abs. 2 GemHVO übertragbar sind, kann ihre Übertragbarkeit nach Maßgabe dieser Vorschrift ausnahmsweise noch durch einen Beschluss des Gemeinderats erklärt werden.
Die Entscheidung über die Bildung von Haushaltseinnahmeresten nach § 41 Abs. 2 GemHVO ist bei den Einnahmen nach § 1 Abs. 1 Nr. 4 GemHVO stets ein Geschäft der laufenden Verwaltung. Die Zuständigkeit für die Entscheidung über die Bildung von Haushaltsresten aus Kreditaufnahmen richtet sich nach der Entscheidungsbefugnis über die Aufnahme der entsprechenden Kreditbeträge.
Der Gemeinderat ist bei der Feststellung der Jahresrechnung an die Entscheidungen über die Bildung von Haushaltsresten gebunden, soweit sie unter Beachtung der gemeindewirtschaftsrechtlichen Bestimmungen und der Zuständigkeiten getroffen worden sind.

3. Die Zuführung zum Vermögenshaushalt muss mindestens zur Deckung der Kreditbeschaffungskosten und der ordentlichen Tilgungsausgaben (§ 22 Abs. 1 Satz 2 GemHVO) sowie zur Deckung eines notwendig auszugleichenden Fehlbetrags (§ 23 GemHVO) ausreichen, soweit dafür keine Einnahmen nach § 1 Abs. 1 Nr. 2 bis 4 GemHVO, zur Fehlbetragsdeckung auch keine Einnahmen aus inneren Darlehen zur Verfügung stehen. In dieser Mindesthöhe muss die Zuführung auch dann durchgeführt werden, wenn dabei die Ausgaben des Verwaltungshaushalts seine Einnahmen übersteigen; da im Verwaltungshaushalt kein entsprechender Fehlbetrag ausgewiesen werden darf, ist der zum Ausgleich erforderliche Betrag dem Vermögenshaushalt zu entnehmen und dort nachzuweisen (Bruttoprinzip).
   Überschreitet der Betrag der aus Entgelten erwirtschafteten Abschreibungen die Mindesthöhe der Zuführung zum Vermögenshaushalt, soll diese Zuführung nach § 22 Abs. 1 Satz 3 GemHVO insgesamt mindestens diesen Betrag erreichen. Inwieweit Abschreibungen bei kostenrechnenden Einrichtungen mit Zuschussbedarf erwirtschaftet sind, bestimmt sich nach dem Verhältnis, in dem die Einnahmen zu den Aufwendungen einschließlich der Abschreibungen stehen (Kostendeckungsgrad).
4. Der Beschluss über die Feststellung der Jahresrechnung ist auch der Prüfungsbehörde für die überörtliche Prüfung (§ 113) mitzuteilen.

Zu § 100

1. Die Vorschrift des § 100 Abs. 2 hat zur Folge, dass bei Ausfall eines Nutzungsberechtigten die Nutzung auf die Gemeinde übergeht. Die öffentlich-rechtliche Verpflichtung, die auf dem entsprechenden Teil des Gemeindegliedervermögens ruhte, entfällt kraft Gesetzes. Das Gemeindegliedervermögen wird insoweit freies Gemeindevermögen.
2. Neben der Umwandlung nach § 100 Abs. 4 ist eine Aufhebung oder Einschränkung des Bürgernutzens durch die Nutzungsberechtigten nach § 85 Abs. 2 und 3 bad. GemO 1921 möglich, nicht jedoch eine Aufhebung durch den Gemeinderat nach § 85 Abs. 4 bad. GemO 1921.

3. Das Verfahren der Umwandlung von Gemeindegliedervermögen in freies Gemeindevermögen ist in § 14 DVO GemO geregelt. Die Entschädigungspflicht gegenüber den von der Umwandlung betroffenen Nutzungsberechtigten bestimmt sich nach Artikel 14 GG. Anspruchsberechtigt ist, wer als Nutzungsberechtigter von der Nutzung dauernd ausgeschlossen ist.
   Für die Festsetzung der Entschädigung sind im Regelfall der Jahreswert des Rechts unter Berücksichtigung einer evtl. Genussauflage und der Kosten und Lasten der Gemeindenutzung sowie die vermutliche Restnutzungsdauer zugrunde zu legen. Als Jahreswert kann der Wert der Nutzung nach dem Durchschnitt der letzten fünf Jahre bei ordnungsgemäßer Nutzung angenommen werden. Die Berechnung der vermutlichen Nutzungsdauer kann nach § 14 Abs. 1 des Bewertungsgesetzes erfolgen.

Zu § 101

Bei einer Änderung des Stiftungszwecks, der Zusammenlegung mit einer anderen nicht rechtsfähigen Stiftung oder der Aufhebung der Stiftung ist der Stifterwille zu berücksichtigen.

Zu § 102

1. Als wirtschaftliche Unternehmen sind vor allem solche Einrichtungen anzusehen, die grundsätzlich auch von einem Privatunternehmen mit der Absicht der Gewinnerzielung betrieben werden können. Wirtschaftliche Unternehmen der Gemeinden müssen der Erfüllung von Gemeindeaufgaben unmittelbar durch ihre Leistungen dienen.
2. Die Zulässigkeitsvoraussetzungen des § 102 Abs. 1 Nr. 1 ist gegeben, wenn ein öffentliches Bedürfnis für die wirtschaftliche Betätigung besteht. Zur Beurteilung der Frage des öffentlichen Bedürfnisses gehört auch die Abwägung mit geeigneten Möglichkeiten der Privatwirtschaft für die Aufgabenerfüllung.

Zu § 104

Auch wenn mehrere Gemeinden an einem Unternehmen nur gemeinsam mit mehr als 50 v. H. beteiligt sind, sollten sie entsprechend § 104

Abs. 2 einer Beteiligung des Unternehmens an einem anderen Unternehmen nur zustimmen, wenn die Voraussetzung des § 102 Abs. 1 Nr. 1 vorliegt.

Zu § 105

Auf Grund ihrer Aufgabenverantwortung und zur Wahrung ihrer haushaltswirtschaftlichen Belange bei der Beteiligung an einem wirtschaftlichen Unternehmen soll die Gemeinde darauf hinwirken, daß auch die von ihr entsandten oder auf ihre Veranlassung gewählten Mitglieder der Aufsichts- und Leitungsorgane des Unternehmens (unbeschadet deren gesellschaftsrechtlicher Sorgfaltspflicht) die besonderen Interessen der Gemeinde angemessen berücksichtigen.

Zu § 108

1. Bei Beschlüssen nach § 104 Abs. 1 und 2 hat die Rechtsaufsichtsbehörde die Weisung des Innenministeriums einzuholen, soweit ihnen grundsätzliche Bedeutung zukommt.
2. Dasselbe gilt bei Beschlüssen nach § 107; einem Beschluss über einen Energielieferungs- oder Konzessionsvertrag kommt insbesondere dann grundsätzliche Bedeutung zu, wenn wesentliche Bestimmungen erheblich von bisherigen Musterverträgen abweichen oder wenn die Gemeinde wesentliche Rechte auf einen anderen Rechtsträger überträgt. Das Innenministerium beteiligt das Ministerium für Wirtschaft, Mittelstand und Technologie als zuständige Fachbehörde.

Zu § 112

Für die Prüfung der Finanzvorfälle nach § 56 Abs. 3 des Haushaltsgrundsätzegesetzes (HGrG), die nach § 112 Abs. 1 Nr. 5 dem Rechnungsprüfungsamt als Pflichtaufgabe obliegt, wird auf Folgendes hingewiesen:

1. Eine Prüfungspflicht nach § 56 Abs. 3 HGrG wird unabhängig davon begründet, ob die betreffenden Mittel im Haushalt der Gemeinde oder nur über deren Kasse oder unmittelbar über die Kasse eines anderen öffentlichen Aufgabenträgers abgewickelt werden. Bei Gemeinden wird eine Prüfungspflicht nach § 56 Abs. 3

HGrG auch dann begründet, wenn solche Finanzvorfälle im Rahmen von Aufgaben der unteren Verwaltungsbehörde entstehen. Die Prüfung der der Gemeinde gewährten staatlichen Zuwendungen richtet sich nach § 110 GemO i. V. mit § 6 Abs. 1 Nr. 1 GemPrO.

2. Die Finanzvorfälle nach § 56 Abs. 3 HGrG sind durch die örtliche Prüfungseinrichtung im Rahmen der Prüfung der Jahresrechnung (§ 110) nach den Vorschriften des kommunalen Prüfungsrechts grundsätzlich mit der gleichen Intensität wie vergleichbare eigene Einnahmen und Ausgaben und in entsprechendem Umfang mindestens so zu prüfen, dass wesentliche Mängel von allgemeiner Bedeutung nicht unentdeckt bleiben. Bei der im Rahmen der kommunalen Prüfungsplanung zu treffenden Auswahl von Prüfungsschwerpunkten (§ 18 Abs. 2 GemPrO) sollen Anregungen des zuständigen Rechnungshofs (vgl. unten Nr. 4) berücksichtigt werden, soweit dadurch der sich aus Satz 1 ergebende Umfang der Prüfung insgesamt nicht überschritten wird. Art und Umfang der im jeweiligen Jahr beabsichtigten Prüfung der Finanzvorfälle nach § 56 Abs. 3 HGrG für Rechnung des Bundes (einschließlich Ausgleichsfonds) sollen dem Bundesrechnungshof nach dem Muster in der Anlage[2] in zweifacher Ausfertigung möglichst bis zum 1. November des Vorjahres mitgeteilt werden.
   Bei Finanzvorfällen, die unmittelbar über die Bundeskasse abgewickelt werden, gehören zur Prüfung auch die Bescheinigung des Empfangs und die Weiterleitung der von der Bundeskasse übersandten Rechnungsnachweisungen nach den Rechnungslegungsvorschriften des Bundes.
3. Die Prüfung der Finanzvorfälle nach § 56 Abs. 3 HGrG soll getrennt nach Finanzvorfällen für Rechnung des Bundes (einschließlich Ausgleichsfonds) und Finanzvorfällen, an denen das Land beteiligt ist, im Prüfungsbericht jeweils wie folgt dargestellt werden:
   a) Zusammenfassende Darstellung des Prüfungsumfangs und der erheblichen Beanstandungen,

2 Hier nicht abgedruckt.

b) Feststellungen zu den einzelnen Prüfungsbereichen in folgender Gliederung:
   - Schwerpunkte der Prüfung,
   - Prüfungsergebnisse von grundsätzlicher oder sonst erheblicher Bedeutung, häufige gleichartige Mängel und deren Ursachen, Vorschläge für ihre Beseitigung,
   - Zweifelsfragen von allgemeiner Bedeutung,
   - Meinungsverschiedenheiten,
   - Ergebnisse von Schwerpunkt- und Querschnittsprüfungen.

4. Die Feststellungen des Prüfungsbereichs nach Nummer 3 Buchst. a sind bei Finanzvorfällen nach § 56 Abs. 3 HGrG für Rechnung des Bundes (einschließlich Ausgleichsfonds) dem Bundesrechnungshof in zweifacher Ausfertigung möglichst bis zum 15. Mai des auf das Arbeitsjahr folgenden Jahres und bei Finanzvorfällen, an denen das Land beteiligt ist, dem Rechnungshof Baden-Württemberg mitzuteilen (§ 20 Abs. 4 Satz 1 GemPrO). Bei gemeinsamer Beteiligung von Bund und Land kann je eine Ausfertigung des Prüfungsberichts nach Nummer 3 Buchst. a verwendet werden. Die Feststellungen zu den einzelnen Prüfungsbereichen und ggf. der Schriftwechsel über die Erledigung der Anstände sind dem nach Satz 1 zuständigen Rechnungshof auf dessen besondere Anforderung mitzuteilen.

Zu § 113

Überschreitet oder unterschreitet die nach § 143 fortgeschriebene Einwohnerzahl einer Gemeinde die Grenze von 4 000 Einwohnern jeweils in drei aufeinanderfolgenden Jahren, so hat die Rechtsaufsichtsbehörde dies der Gemeindeprüfungsanstalt unverzüglich mitzuteilen.

Zu § 114

1. Nach § 43 Abs. 5 Satz 1 ist der Gemeinderat über den Abschluss der überörtlichen Prüfung nach § 114 Abs. 5 Satz 2 und 3 zu unterrichten.
2. In den Fällen des § 114 Abs. 5 Satz 3 überwachen die Rechtsaufsichtsbehörden die Durchführung der von ihnen veranlassten Erledigungsmaßnahmen und unterrichten die Gemeindeprüfungsanstalt von der Erledigung, soweit diese Prüfungsbehörde ist.

3. Über den Fortgang der Prüfungsgeschäfte im abgelaufenen Haushaltsjahr ist jeweils im neuen Haushaltsjahr nach einem vom Innenministerium bekanntgegebenen Muster zu berichten durch
   a) die Landratsämter als Prüfungsbehörden an die Regierungspräsidien bis Ende Februar,
   b) die Regierungspräsidien, die die Berichte der Landratsämter zusammenfassen, an das Innenministerium bis Ende März, sowie
   c) die Gemeindeprüfungsanstalt an das Innenministerium bis Ende März.

Zu § 118

1. Die Rechts- und die Fachaufsichtsbehörden haben darauf zu achten, dass die Entschlusskraft und Verantwortungsfreudigkeit der Gemeinden nicht beeinträchtigt werden. Verstöße gegen gesetzliche Bestimmungen und gegen gesetzlich zulässige Weisungen dürfen nur dann zum Anlaß für förmliche Aufsichtsmaßnahmen genommen werden, wenn dies im öffentlichen Interesse geboten ist. Wenn eine beratende Einwirkung auf die Gemeinde oder ein Hinweis zum Erfolg führen können, ist von förmlichen Aufsichtsmaßnahmen abzusehen. Die gleichen Grundsätze gelten auch für die Erteilung von Weisungen im Bereich der Fachaufsicht. Diese Art der Aufsichtsführung setzt Vertrauen der Aufsichtsbehörden in das Verantwortungsbewusstsein der Gemeindeorgane voraus, erfordert aber andererseits auch von den Gemeinden Verständnis für die Notwendigkeit der Aufrechterhaltung der Rechtsordnung und Bereitschaft zu vertrauensvoller Zusammenarbeit mit den Aufsichtsbehörden. Die Landesbehörden haben die Grundsätze der Landesregierung über die Zusammenarbeit zwischen den Landesbehörden und den kommunalen Selbstverwaltungskörperschaften vom 2. März 1982 (GABl. S. 297) zu beachten.
2. Die Gemeindeordnung erwähnt die Verpflichtung der Rechtsaufsichtsbehörde zur Beratung und Betreuung der Gemeinde nicht. Aus dem Verhältnis von Staat und Gemeinden (§ 1 Abs. 1) und der Notwendigkeit ihres Zusammenwirkens, das im Interesse einer gedeihlichen Verwaltung aller öffentlichen Aufgaben liegt, ergibt

sich für die Aufsichtsbehörden, insbesondere aber für die Rechtsaufsichtsbehörde, die Verpflichtung, ihre überörtlichen Erfahrungen für die Verwaltung der Gemeinde durch deren Organe nutzbar zu machen. Die Beratung muss jedoch nach dem Grundsatz des § 118 Abs. 3 mit Zurückhaltung ausgeübt werden. Die Aufsichtsbehörden haben sich bei ihrer Beratung auf die wichtigen Angelegenheiten der Gemeinde zu beschränken, bei denen es im Interesse der Gemeinde und der staatlichen Gesamtordnung erwünscht und zweckmäßig ist, überörtliche Erfahrungen und ein von etwaigen örtlichen Bindungen und Belastungen freies Urteil zur Geltung zu bringen. Soweit die Aufsichtsbehörden in weisungsfreien Angelegenheiten in Fragen der Zweckmäßigkeit eine Ansicht vertreten, die vom Standpunkt der Gemeindeorgane abweicht, ist bei der Beratung ganz besondere Zurückhaltung geboten, weil es gerade der Sinn der Selbstverwaltung ist, dass die Gemeinden ihre Angelegenheiten nach pflichtmäßigem Ermessen eigenverantwortlich gestalten. Soweit die Aufsichtsbehörden jedoch rechtliche Gesichtspunkte geltend zu machen haben, müssen der Gemeinde ihre sich aus den gesetzlichen Bestimmungen ergebenden Pflichten klar vor Augen geführt werden.

3. Die Beschränkung der Aufsicht in weisungsfreien Angelegenheiten auf die Kontrolle der Gesetzmäßigkeit bedeutet, dass die Rechtsaufsichtsbehörde nur darüber zu wachen hat, dass die Gemeinde die für ihre Verwaltung geltenden gesetzlichen Bestimmungen beachtet. Hierher gehört insbesondere die Prüfung, ob die Gemeinde
   a) die ihr gesetzlich obliegenden Verpflichtungen erfüllt,
   b) die ihr gesetzlich zustehenden Befugnisse nicht überschreitet und
   c) die gesetzlichen Verfahrensvorschriften beachtet.

   Im Bereich der weisungsfreien Aufgaben kann sich die Kontrolle durch die Rechtsaufsichtsbehörde nicht auf Fragen der Zweckmäßigkeit erstrecken. Die Rechtsaufsichtsbehörde kann auf diesem Gebiet nicht in die Ermessensentscheidungen der Gemeinde eingreifen; hiervon ausgenommen sind lediglich die Entscheidungen der Gemeinden, die auf Grund der nach Artikel 75 Abs. 1 Satz 2 der Landesverfassung zulässigen Genehmigungsvorbehalte oder

Erlaubnisvorbehalte einer Genehmigung der Rechtsaufsichtsbehörde bedürfen (z. B. §§ 83 Abs. 2, 86 Abs. 4, 87 Abs. 2 und 4 bis 6, 88 Abs. 2 und 3, 89 Abs. 2, 92 Abs. 4). Da jedoch die Ermessensfreiheit der Gemeinde nicht bedeutet, dass die Entscheidungen willkürlich getroffen werden dürfen, sondern dass sie sich in den jedem Ermessen gezogenen Grenzen halten müssen, stellt jede Ermessensüberschreitung und jeder Ermessensmissbrauch eine Rechtsverletzung dar, gegen die die Rechtsaufsichtsbehörde nach den aufgezeigten Grundsätzen für die Aufsicht einzuschreiten hat.

4. Der Umfang der Aufsicht über die Erfüllung von Weisungsaufgaben ergibt sich aus dem Weisungsrecht, das in dem die Aufgabe auferlegenden Gesetz den Fachaufsichtsbehörden eingeräumt ist. Für die Fachaufsicht über die Stadtkreise und Großen Kreisstädte als untere Verwaltungsbehörden gilt § 25 des Landesverwaltungsgesetzes.

Zu § 119

Rechtsaufsichtsbehörden im Sinne der §§ 120 bis 124 sind nur die Rechtsaufsichtsbehörden nach § 119 Satz 1. Die obere und die oberste Rechtsaufsichtsbehörde können die Mittel der Rechtsaufsicht nicht unmittelbar anwenden; ihre Einwirkungsmöglichkeit ist darauf beschränkt, der ihnen unterstellten Rechtsaufsichtsbehörde Weisungen zu erteilen.

Zu § 120

1. Das Informationsrecht der Rechtsaufsichtsbehörde erstreckt sich auf alle weisungsfreien Angelegenheiten der Gemeinde. Aus der Formulierung „über einzelne Angelegenheiten“ kann nicht geschlossen werden, dass ein Teil ausgenommen sein soll; diese Fassung bedeutet, dass die Rechtsaufsichtsbehörde nicht eine laufende und regelmäßige Unterrichtung über alle Beschlüsse und Entscheidungen der Gemeindeorgane, auch nicht beschränkt auf bestimmte Aufgabengebiete, verlangen darf. Informationen über Weisungsaufgaben darf die Rechtsaufsichtsbehörde, wenn sie nicht zugleich Fachaufsichtsbehörde ist, nur insoweit verlangen, wie dies zur Durchführung der ihr nach § 129 Abs. 2 zukommenden Aufgaben

notwendig ist. Der Zustimmung der Fachaufsichtsbehörde bedarf sie hierbei nicht.

2. In § 120 sind die gebräuchlichen Informationsmittel nicht aufgezählt. Es ist in das pflichtgemäße Ermessen der Rechtsaufsichtsbehörde gestellt, auf welche Weise sie sich im Interesse einer ordnungsgemäßen Wahrnehmung ihrer Aufsichtsfunktion zuverlässig und zweckdienlich unterrichten will. Alle Auskunftsersuchen sind an das Bürgermeisteramt der Gemeinde zu richten, nicht aber an einzelne Beamte oder an den Gemeinderat. Dem Informationsrecht der Rechtsaufsichtsbehörde steht die Informationspflicht der Gemeinde gegenüber. Auch in nichtöffentlichen Sitzungen des Gemeinderats oder seiner Ausschüsse behandelte Angelegenheiten unterliegen der Auskunftspflicht gegenüber der Rechtsaufsichtsbehörde.
3. Voraussetzung für ein Informationsbegehren der Rechtsaufsichtsbehörde ist nicht ein begründeter Verdacht einer Gesetzesverletzung durch die Gemeinde, denn die Rechtsaufsichtsbehörde kann ihrer in § 118 begründeten Rechtspflicht, über die Gesetzmäßigkeit der Verwaltung der Gemeinde zu wachen, nur nachkommen, wenn sie sich stets den nötigen allgemeinen Einblick in die Verhältnisse der Gemeinde verschaffen kann. Die Rechtsaufsichtsbehörde wird im Allgemeinen von dem Informationsrecht nur aus einem konkreten Anlass Gebrauch machen. Sie kann aber auch periodische Berichterstattung verlangen, wobei jedoch darauf zu achten ist, dass diese Art der Information nur auf Gebieten verlangt wird, auf denen die Rechtsaufsichtsbehörde unter allen Umständen unterrichtet sein muss. Eines der hier in Betracht kommenden Mittel ist eine Gemeindebesichtigung. Dabei ist zu beachten, dass § 120 ein Informationsrecht der Rechtsaufsichtsbehörde begründet, das als Mittel der Rechtsaufsicht grundsätzlich nur der Kontrolle der Gesetzmäßigkeit dient. Eine weitere Beschränkung ergibt sich daraus, dass sich die Rechtsaufsichtsbehörde nur über einzelne Angelegenheiten unterrichten darf. Eine generelle Überprüfung aller Gemeindeeinrichtungen und der Erfüllung aller Aufgaben durch die Gemeinde ist daher nicht möglich. Die einzelnen Gegenstände, über die sich die Rechtsaufsichtsbehörde unterrichten will, sind der Gemeinde vorher mitzuteilen.

Zu § 121

1. Eine Beanstandung nach § 121 Abs. 1 kommt nur in Betracht, wenn die Gemeinde durch ein Handeln ihrer Organe das Gesetz verletzt hat, nicht dagegen bei einer rechtswidrigen Untätigkeit (Nichterfüllung gesetzlich obliegender Pflichten, § 122). Im Interesse einer vertrauensvollen Zusammenarbeit mit den Gemeinden soll die Rechtsaufsichtsbehörde vor einer förmlichen Beanstandung versuchen, durch Beratung und Hinweis auf die Rechtslage die Gemeinde zur Beachtung der gesetzlichen Bestimmungen zu veranlassen. Vor Erlass einer förmlichen Beanstandungsverfügung ist zu prüfen, ob eine derartige Maßnahme im öffentlichen Interesse geboten ist (vgl. Nr. 1 zu § 118). Muss diese Frage bejaht werden, hat die Rechtsaufsichtsbehörde die Beseitigung des gesetzwidrigen Beschlusses oder der gesetzwidrigen Anordnung zu veranlassen. Eine Beanstandung, die das Verlangen zu enthalten hat, den gesetzwidrigen Beschluss oder die Anordnung aufzuheben, hat in der Regel eine Ersatzvornahme zur Folge, wenn die Gemeinde nicht selbst den gesetzmäßigen Zustand herstellt.
   Gesetz im Sinne des § 121 sind alle Rechtsnormen (Gesetze, Rechtsverordnungen, Satzungen sowie Gewohnheitsrecht).
2. Die Beanstandungsverfügung ist von der Rechtsaufsichtsbehörde schriftlich mit Begründung und Rechtsbehelfsbelehrung zu erlassen und der Gemeinde gegen Empfangsbekenntnis zuzustellen (§ 5 Abs. 2 LVwZG); sie muss ausdrücklich auf § 121 gestützt werden. In der Verfügung muss der Beschluss oder die Anordnung der Gemeinde, gegen die sich die Beanstandung richtet, genau bezeichnet und dabei angegeben werden, was die Gemeinde im Einzelnen zur Herstellung des gesetzmäßigen Zustandes zu veranlassen hat. Soweit Vollzugsmaßnahmen rückgängig zu machen sind, genügt eine allgemein formulierte Aufforderung hierzu.
3. Durch die Beanstandung werden die beanstandeten Beschlüsse oder Anordnungen der Gemeinde nicht unmittelbar außer Kraft gesetzt. Die Beanstandung hat vielmehr zum Inhalt die Feststellung der Gesetzwidrigkeit des Beschlusses oder der Anordnung und das Verlangen, diesen gesetzwidrigen Zustand zu beseitigen. Damit der Beschluss oder die Anordnung außer Kraft tritt, muss ein Tätigwer-

den der Gemeinde, das förmliche Aufheben der beanstandeten Entschließung durch die zuständigen Organe der Gemeinde, hinzukommen. Die aufschiebende Wirkung der Beanstandungsvefügung bedeutet, dass die Gemeinde nach deren Bekanntgabe Maßnahmen zur Durchführung der beanstandeten Beschlüsse oder Anordnungen nicht mehr treffen oder fortsetzen darf. Will die Rechtsaufsichtsbehörde verlangen, dass die Gemeinde bereits getroffene Vollzugsmaßnahmen rückgängig macht, ist zu prüfen, ob nicht Dritte bereits eine Rechtsstellung erlangt haben, die eine Rückgängigmachung ausschließt. Disziplinarrechtliche Maßnahmen und die Geltendmachung von Schadenersatzansprüchen bleiben unberührt.

4. Nach den Vorschriften der Gemeindeordnung sind folgende Beschlüsse der Gemeinde der Rechtsaufsichtsbehörde vorzulegen:

a) § 81 Abs. 3	Haushaltssatzung,
b) § 82 Abs. 1	Nachtragssatzung,
c) § 92 Abs. 3	Veräußerung von Grundstücken und grundstücksgleichen Rechten sowie von Vermögensgegenständen, die unter ihrem Wert veräußert werden sollen,
d) § 96 Abs. 3	Wirtschaftsplan der wirtschaftlichen Unternehmen ohne eigene Rechtspersönlichkeit und öffentlicher Einrichtungen, für die auf Grund gesetzlicher Vorschriften Sonderrechnungen geführt werden,
e) § 102 Abs. 1, § 108	Errichtung, Übernahme oder wesentliche Erweiterung von wirtschaftlichen Unternehmen,
f) §§ 104, 108	Beteiligung an wirtschaftlichen Unternehmen,
g) §§ 106, 108	Veräußerung von wirtschaftlichen Unternehmen, von Teilen solcher und von Beteiligungen oder Abschluss von Rechtsgeschäften, durch welche die Gemeinde ihren Einfluss auf das wirtschaftliche Unternehmen verliert oder vermindert,

h) §§ 107, 108	Abschluss, Verlängerung oder Nichtverlängerung sowie wichtige Änderung von Energie- und Konzessionsverträgen,
i) § 109 Abs. 4	Entziehung der Leitung des Rechnungsprüfungsamtes und
k) § 126 Abs. 2	Verträge der Gemeinde mit einem Gemeinderat und dem Bürgermeister sowie nach § 72 erster Halbsatz Verträge der Gemeinde mit einem Ortschaftsrat und dem Ortsvorsteher.

Die Monatsfrist nach § 121 Abs. 2 beginnt mit dem Eingang des Beschlusses bei der Rechtsaufsichtsbehörde, die der Gemeinde den Eingang unverzüglich zu bestätigen hat. Die Rechtsaufsichtsbehörde muss innerhalb dieser Frist unverzüglich den vorgelegten Beschluss rechtlich prüfen und der Gemeinde die Gesetzmäßigkeit bestätigen oder den Beschluss wegen rechtlicher Mängel beanstanden.

Zu § 122

1. Für die Anwendung des Anordnungsrechts nach § 122 gelten die Ausführungen in Nummer 1 zu § 118 und in Nummer 1 zu § 121 entsprechend. Die Anordnung kommt im Unterschied zur Beanstandung nach § 121 Abs. 1 in Betracht, wenn die Gemeinde untätig bleibt, obwohl sie durch Gesetz zu einem bestimmten Handeln verpflichtet ist. Sie ist jedoch nicht geboten zur Durchsetzung der mit einer Beanstandung verbundenen Aufforderung, gesetzwidrige Beschlüsse aufzuheben und Maßnahmen rückgängig zu machen. Das Anordnungsrecht setzt grundsätzlich voraus, dass eine öffentlich-rechtliche Verpflichtung der Gemeinde besteht.
2. Verfügung der Rechtsaufsichtsbehörde nach § 122 müssen schriftlich mit Begründung und Rechtsbehelfsbelehrung erlassen und der Gemeinde gegen Empfangsbekenntnis zugestellt werden (§ 5 Abs. 2 LVwZG); sie müssen ausdrücklich auf § 122 gestützt werden und den Inhalt der geforderten notwendigen Maßnahmen im Einzelnen genau bezeichnen. Bei der Festsetzung der Frist, innerhalb deren die Maßnahmen getroffen werden sollen, ist von der Dringlichkeit des einzelnen Falles auszugehen; die Frist muss jedoch stets so

bemessen sein, dass die gesetzlichen Verfahrensvorschriften in der Gemeinde beachtet werden können.

3. Die vorherige Androhung einer Anordnung nach § 122 ist im Gesetz nicht vorgeschrieben. Die Rechtsaufsichtsbehörden werden jedoch angewiesen, Anordnungen vorher anzukündigen, sofern dies nicht aus zwingenden Gründen unterbleiben muss. Diese Androhung kann formlos im Rahmen der Beratung der Gemeinde oder im Zusammenhang mit der Information nach § 120 ausgesprochen werden; sie ist kein anfechtbarer Verwaltungsakt.

Zu § 123

1. Die Rechtsaufsichtsbehörde kann im Wege der Ersatzvornahme anstelle der Gemeinde nur handeln, wenn sie zuvor eine Anordnung nach §§ 120 bis 122 erlassen hat, die nicht oder nicht vollständig zum Erfolg geführt hat; Anordnung im Sinne von § 123 ist auch das mit der Beanstandung nach § 121 Abs. 1 verbundene Verlangen, Entscheidungen aufzuheben und Maßnahmen rückgängig zu machen. Die Anforderung nach §§ 120 bis 122 muss bestandskräftig geworden oder nach § 80 Abs. 2 der Verwaltungsgerichtsordnung (VwGO) sofort vollziehbar sein. Wenn die besondere Lage des einzelnen Falles nicht ein sofortiges Handeln der Rechtsaufsichtsbehörde anstelle der Gemeinde verlangt, hat diese der Gemeinde das beabsichtigte Vorgehen unter Mitteilung der im Einzelnen zu treffenden Maßnahmen schriftlich anzudrohen, wenn auch § 20 LVwVG keine Anwendung findet. Dabei ist der Gemeinde eine nochmalige angemessene Frist zu setzen, innerhalb der sie die erforderlichen Maßnahmen selbst durchführen kann. Zugleich sind die beabsichtigten Maßnahmen und die Notwendigkeit ihrer Durchführung zu begründen. Die Androhung ist der Gemeinde gegen Empfangsbekenntnis zuzustellen (§ 5 Abs. 2 LVwZG); die selbständige Androhung der Ersatzvornahme kann auch mit der Androhung nach §§ 120 bis 122 verbunden werden; in diesem Fall kann davon abgesehen werden, eine Nachfrist zu setzen.
2. Die Verfügung über die Ersatzvornahme, die die Entscheidung anstelle der Gemeinde im Sinne der bestandskräftigen Anordnung

zum Inhalt hat, ist schriftlich unter Berufung auf § 123 mit Begründung und Rechtsbehelfsbelehrung zu erlassen und der Gemeinde gegen Empfangsbekenntnis zuzustellen (§ 5 Abs. 2 LVwZG). Vollzieht die Gemeinde den im Wege der Ersatzvornahme zustande gekommenen Beschluss nicht, trifft die Rechtsaufsichtsbehörde anstelle der Gemeinde die weiteren notwendigen Maßnahmen. Mit der Ersatzvornahme übernimmt die Rechtsaufsichtsbehörde im Umfang der zu treffenden Maßnahmen die Stellung eines gesetzlichen Vertreters der Gemeinde. Sie kann im Namen der Gemeinde alle rechtsverbindlichen Erklärungen auf dem Gebiet des öffentlichen und des privaten Rechts abgeben und Rechte der Gemeinde auf diesen Gebieten ausüben, soweit dies zur Durchführung der Anordnung notwendig ist. Die Rechtsaufsichtsbehörde unterliegt den gleichen Bedingungen und Beschränkungen, die für die Gemeindeorgane bei der betreffenden Entschließung oder Maßnahme bestehen würden.

3. Zu den Kosten der Ersatzvornahme, die der Gemeinde zur Last fallen, rechnen nur die Kosten, die durch das Handeln der Rechtsaufsichtsbehörde anstelle der Gemeinde entstehen.

Zu § 124

1. Die Einsetzung eines Beauftragten ist das äußerste und stärkste Mittel der Rechtsaufsicht zur Aufrechterhaltung einer gesetzmäßigen Verwaltung in der Gemeinde. Sie ist daher grundsätzlich nur zulässig, wenn alle anderen Möglichkeiten der Kommunalaufsicht erschöpft sind oder die Rechtsaufsichtsbehörde nach pflichtgemäßem Ermessen feststellt, dass die Mittel der §§ 120 bis 123 keinen ausreichenden Erfolg versprechen. In diesem Fall kann ein Beauftragter auch eingesetzt werden, ohne dass bereits einzelne oder alle übrigen Aufsichtsmittel erfolglos angewandt worden sind. Voraussetzung für die Einsetzung eines Beauftragten ist weiter, dass die Verwaltung der Gemeinde in erheblichem Umfange nicht den Erfordernissen einer gesetzmäßigen Verwaltung entspricht. Ob dies zutrifft, kann nur nach allen Umständen des Einzelfalles entschieden werden. Hierbei ist ein strenger Maßstab anzulegen; ein Beauftragter kann nicht schon bei geringfügigem, wenn auch wiederhol-

tem Versagen des Bürgermeisters oder des Gemeinderats bestellt werden, vielmehr muß eine schwere, fortdauernde Erschütterung der Verwaltung gegeben sein.

2. Das Verfahren für die Bestellung eines Beauftragten ist von der Rechtsaufsichtsbehörde von Amts wegen einzuleiten. Der Gemeinde ist eine Maßnahme nach § 124 rechtzeitig vorher anzudrohen (vgl. hierzu Nr. 1 zu § 123). Die Verfügung über die Bestellung eines Beauftragten ist schriftlich mit Begründung und Rechtsbehelfsbelehrung zu erlassen und der Gemeinde gegen Empfangsbekenntnis zuzustellen (§ 5 Abs. 2 LVwZG); sie muss ausdrücklich auf § 124 gestützt werden, die Aufgaben des Beauftragten genau bestimmen und, soweit möglich, die Dauer des Auftrags festlegen.
3. Dem Beauftragten dürfen nur die Aufgaben übertragen werden, die von der Gemeinde so mangelhaft erfüllt worden sind, dass ein gesetzwidriger Zustand entstanden ist. Werden vom Beauftragten nicht alle Zuständigkeiten eines Organs der Gemeinde wahrgenommen, müssen die einzelnen Aufgaben des Beauftragten in der Bestellungsverfügung genau bezeichnet werden.
4. Als schwerstwiegender Eingriff in die Selbstverwaltung der Gemeinde darf die Bestellung eines Beauftragten nur so lange dauern, wie dies zur Erreichung ihres Zwecks erforderlich ist. Bei Wegfall der Voraussetzungen für diese Aufsichtsmaßnahme ist die Bestellung zurückzunehmen.
5. Durch die Beauftragung nach § 124 wird ein öffentlich-rechtliches Verhältnis besonderer Art begründet; der Beauftragte ist bei der Durchführung seines Auftrags an die Weisungen der Rechtsaufsichtsbehörde gebunden. In Anbetracht dieser besonderen Stellung sollten nur Landesbeamte mit der Befähigung zum Gemeindefachbeamten zu Beauftragten bestellt werden.

   Der persönliche Aufwand für den Beauftragten, auch der des entsendenden Dienstherrn, geht zu Lasten der Gemeinde.
6. Das durch den Beauftragten ersetzte Gemeindeorgan verliert innerhalb des Auftragsbereichs das Recht zur Erledigung seiner bisherigen Aufgaben.

Zu § 125

1. Verfügungen auf dem Gebiet der Rechtsaufsicht, gegen die der Gemeinde die Rechtsbehelfe des Widerspruchs und der anschließenden Anfechtungsklage zustehen, sind alle Verfügungen der Rechtsaufsichtsbehörde, die auf die §§ 120 bis 124, 126 (vgl. hierzu Nr. 4 zu § 126) und 127 gestützt sind.
   Ebenso sind die von der Rechtsaufsichtsbehörde auf Grund von § 129 Abs. 2 Satz 2 zur Sicherstellung der ordnungsgemäßen Durchführung der Weisungsaufgaben erlassenen Aufsichtsverfügungen nach §§ 121 bis 124 anfechtbar. Dasselbe gilt für die Versagung von Genehmigungen und Erlaubnissen der Rechtsaufsichtsbehörde sowie für Widerspruchsbescheide der Rechtsaufsichtsbehörde, durch die Verwaltungsakte der Gemeinde in weisungsfreien Angelegenheiten aufgehoben werden; im letzteren Fall entfällt jedoch nach § 68 Abs. 1 Satz 2 Nr. 2 VwGO das Vorverfahren.
2. Dagegen sind Maßnahmen der Fachaufsicht keine Verwaltungsakte und deswegen durch die Gemeinde nicht anfechtbar, sofern es nicht um das Bestehen und den Umfang des Weisungsrechts geht.

Zu § 126

1. Ansprüche im Sinne des § 126 Abs. 1 sind die auf öffentlichem oder privatem Recht beruhenden Ansprüche der Gemeinde gegen im Amt befindliche Gemeinderäte und Bürgermeister. Die Rechtsaufsichtsbehörde hat bei der Geltendmachung der Ansprüche die Stellung eines gesetzlichen Vertreters der Gemeinde. Sie entscheidet auch darüber, ob, in welchem Umfang und auf welche Weise die Ansprüche gerichtlich geltend gemacht werden.
2. Die Pflicht zur Vorlage der Beschlüsse über die in § 126 Abs. 2 genannten Verträge stellt eine Kontrolle ihrer Gesetzmäßigkeit durch die Rechtsaufsichtsbehörde sicher. Bis zur Bestätigung der Gesetzmäßigkeit oder bis zum Ablauf der Monatsfrist des § 121 Abs. 2 dürfen die Verträge nicht abgeschlossen werden. Enthalten die in § 126 Abs. 2 Satz 2 genannten feststehenden Tarife Bestimmungen, nach denen im Einzelfall Erleichterungen oder stärkere Belastungen möglich sind, sind die Beschlüsse über die Verträge vorlagepflichtig, wenn die Gemeinde dem Vertragspartner gegen-

über davon Gebrauch machen will. Über das Vorliegen dieser Voraussetzungen sowie über die Frage, ob es sich im Einzelfall um einen Vertrag nach feststehendem Tarif handelt oder ob der Vertrag für die Gemeinde von erheblicher wirtschaftlicher Bedeutung ist, entscheidet im Zweifelsfall die Rechtsaufsichtsbehörde.

3. Nach § 72 erster Halbsatz gelten die Vorschriften des § 126 entsprechend für die Ortschaftsräte und den Ortsvorsteher.
4. Die Gemeinde kann gegen die Entscheidungen der Rechtsaufsichtsbehörde in den Fällen des § 126 Abs. 1 die Rechtsbehelfe nach § 125 einlegen, wenn es um die gesetzlichen Voraussetzungen für die Vertretung durch die Aufsichtsbehörde geht. Die Entscheidung, die Vertretung zu übernehmen, soll schriftlich unter Berufung auf § 126 Abs. 1 mit Begründung und Rechtsbehelfsbelehrung erlassen und der Gemeinde gegen Empfangsbekenntnis zugestellt werden (§ 5 Abs. 2 LVwZG). Zur Einlegung eines Rechtsbehelfs ist nur die Gemeinde berechtigt.

Zu § 127

1. § 127 gilt nur in Fällen der Zwangsvollstreckung wegen einer Geldforderung, nicht auch in Fällen der Zwangsvollstreckung zur Herausgabe von Sachen und zur Erwirkung von Handlungen oder Unterlassungen.
   Auch bei Zwangsvollstreckungen wegen Geldforderungen bestehen zwei Einschränkungen:
   a) Soweit es sich um die Verfolgung dinglicher Rechte handelt, finden ausschließlich die Vorschriften der Zivilprozessordnung Anwendung.
   b) Soweit es sich um Geldforderungen handelt, die nach dem Landesverwaltungsvollstreckungsgesetz beizutreiben sind, gilt § 127 ebenfalls nicht, wie aus seinem letzten Satz folgt; hierfür sieht § 17 LVwVG ebenfalls eine Zulassung durch die Rechtsaufsichtsbehörde vor.
2. Voraussetzung einer Zwangsvollstreckung ist ihre Zulassung durch die Rechtsaufsichtsbehörde. Die Zulassungsverfügung ist keine Maßnahme der Zwangsvollstreckung. Sie eröffnet nur hinsichtlich der Gegenstände, in die vollstreckt werden darf, und hinsichtlich

des Zeitpunkts, zu dem die Vollstreckung zulässig ist, den Weg der Zwangsvollstreckung. Die Zwangsvollstreckung selbst vollzieht sich innerhalb des durch die Zulassungsverfügung bestimmten Rahmens nach den Vorschriften der ZPO. Es ist Sache des Gläubigers, die Zulassungsverfügung bei der Rechtsaufsichtsbehörde zu beantragen; dabei hat er gleichzeitig die Vermögensgegenstände zu bezeichnen, in die er vollstrecken will. Die Zulassungsverfügung bestimmt die Vermögensgegenstände, in die die Zwangsvollstreckung zugelassen wird, und legt den Zeitpunkt fest, in dem sie stattfindet. Die Rechtsaufsichtsbehörden werden angewiesen, eine Zwangsvollstreckung in solche Vermögensgegenstände nicht zuzulassen, die für eine ordnungsgemäße Verwaltung oder für die Versorgung der Einwohner unentbehrlich sind. Hinsichtlich des Zeitpunktes hat die Rechtsaufsichtsbehörde sowohl die Interessen des Gläubigers als auch die besonderen Bedürfnisse der Gemeinde zu beachten. Sie kann dabei, wenn mehrere Anträge vorliegen, auch eine anteilige Vollstreckung zulassen.

3. Wenn das für die Zwangsvollstreckung greifbare Vermögen einer Gemeinde nicht ausreicht, um die Anträge mehrerer Gläubiger zu befriedigen, hat die Rechtsaufsichtsbehörde durch entsprechende Gestaltung der Zulassungsverfügung für eine möglichst gleichmäßige anteilige Befriedigung aller Gläubiger zu sorgen.
4. Die Rechtsaufsichtsbehörde hat die Gemeinde vor der Entscheidung über die Zulassungsverfügung zu hören. Die Entscheidung ist schriftlich unter Berufung auf § 127 mit Begründung und Rechtsbehelfsbelehrung zu erlassen und der Gemeinde gegen Empfangsbekenntnis nach § 5 Abs. 2 LVwZG sowie den Gläubigern, die den Antrag auf Zulassung der Zwangsvollstreckung gestellt haben, nach § 3 LVwZG zuzustellen. Der Gemeinde stehen gegen die Zulassungsverfügung die Rechtsbehelfe nach § 125 zu.

Zu § 128

1. Das Vorgehen nach § 128 richtet sich nicht gegen die Gemeinde, sondern ausschließlich gegen den Bürgermeister. Die vorzeitige Beendigung der Amtszeit des Bürgermeisters kann bei Vorliegen folgender Voraussetzungen ausgesprochen werden:

a) Es muss erwiesen sein, dass der Bürgermeister den Anforderungen seines Amts nicht gerecht wird. Dabei muss es sich um ein dauerndes, nicht nur einmaliges oder vorübergehendes Versagen des Bürgermeisters in fachlicher oder persönlicher Beziehung handeln.
b) Als Folge dieses Versagens des Bürgermeisters müssen so erhebliche Missstände in der Verwaltung der Gemeinde eingetreten oder zu befürchten sein, dass eine Weiterführung seines Amts im öffentlichen Interesse nicht vertretbar ist. Das Versagen des Bürgermeisters darf sich nicht nur auf einem begrenzten Teilgebiet, sondern muss sich ganz allgemein so störend bemerkbar machen, dass die gesamte Verwaltung in eine nachhaltige Unordnung gerät und als Ganzes nicht mehr den Anforderungen entspricht, die an eine ordnungsgemäße Verwaltung gestellt werden müssen. Die Missstände dürfen sich nicht nur auf die innerdienstlichen Verhältnisse der Gemeindeverwaltung auswirken, vielmehr muss die Erfüllung der gemeindlichen Aufgaben erheblich in Mitleidenschaft gezogen sein.
c) Dazu muss noch kommen, dass andere Maßnahmen zur Beseitigung der Missstände nicht ausreichen. Es müssen somit alle nach den §§ 120 bis 124 zulässigen Aufsichtsmittel zur Herbeiführung einer ordnungsmäßigen Verwaltung bereits erfolglos angewandt worden sein, oder es muss nach dem pflichtgemäßen Ermessen der oberen Rechtsaufsichtsbehörde offenkundig sein, dass die Anwendung dieser Mittel keinen Erfolg haben kann. Dasselbe gilt für die Durchführung eines Disziplinarverfahrens.

2. Die Einleitungsverfügung ist schriftlich unter Berufung auf § 128 Abs. 1 mit Begründung und Rechtsbehelfsbelehrung zu erlassen und dem Bürgermeister nach § 3 oder § 16 Abs. 1 LVwZG und der Gemeinde gegen Empfangsbekenntnis nach § 5 Abs. 2 LVwZG zuzustellen.

   Die vorläufige Dienstenthebung wird im Verfahren nach § 128 Abs. 2 von der oberen Rechtsaufsichtsbehörde ausgesprochen. Auf das Verfahren finden die Vorschriften der Landesdisziplinarordnung (LDzO) Anwendung, soweit sich aus § 128 nichts anderes ergibt. Mit der vorläufigen Dienstenthebung kann keine Gehaltskürzung verfügt werden, weil der Bürgermeister bei vorzeitiger Beendigung seiner Amtszeit nach § 128 Abs. 3 besoldungsrechtlich so gestellt ist, wie wenn er im Amt geblieben wäre. Dagegen ist die Zahlung der Dienstaufwandsentschädigung nach § 83 Abs. 4 LDzO mit der vorläufigen Dienstenthebung einzustellen.

3. Mit der vorzeitigen Beendigung der Amtszeit verliert der Bürgermeister nicht seinen beamtenrechtlichen Status. In bezug auf seine Besoldung gilt § 9 a BBesG.
   Entsprechend den Regelungen über die vorläufige Dienstenthebung enden durch die vorzeitige Beendigung der Amtszeit auch die bekleideten Nebenämter.
   Nach Ablauf der Amtszeit richtet sich die Rechtsstellung des Bürgermeisters ausschließlich nach Beamten- und Versorgungsrecht.

Zu § 129

1. Wegen der Handlung und des Umfangs der Fachaufsicht vgl. die Nummern 1, 2 und 4 zu § 118.
2. Beantragt die Fachaufsichtsbehörde bei der Rechtsaufsichtsbehörde den Erlass einer Verfügung nach §§ 121 bis 124 zur Durchsetzung einer Weisung, muss die Rechtsaufsichtsbehörde prüfen, ob die gesetzlichen Voraussetzungen für die beantragte Aufsichtsmaßnahme gegeben sind; ist dies der Fall, entscheidet die Rechtsaufsichtsbehörde nach pflichtgemäßem Ermessen, ob die beantragte Aufsichtsmaßnahme im öffentlichen Interesse geboten ist (vgl. Nr. 1 zu § 118). Die Verfügung muss auf § 129 Abs. 2 i. V. mit §§ 121, 122, 123 oder 124 gestützt werden. Für diese Verfügungen gelten dieselben Verfahrensgrundsätze wie für die unmittelbar auf die §§ 121 bis 124 gestützten Verfügungen der Rechtsaufsichtsbehörde; insbesondere sind sie ebenfalls mit einer Rechtsbehelfsbelehrung zu versehen, weil auch sie anfechtbar sind.
3. Der Begriff „fehlerhaft" in § 129 Abs. 5 ist eng auszulegen. Er bezieht sich nur auf rechtswidrige Weisungen. Auf das Verschulden des für die anweisende Stelle Handelnden kommt es nicht an. Bei der Beurteilung der Fehlerhaftigkeit der Weisung ist auf den Zeitpunkt der Erteilung der Weisung abzustellen und nicht auf den späteren Verlauf der Angelegenheit. Die Aufhebung der Maßnahme, zu

der angewiesen wurde, durch die Aufsichtsbehörde oder ein Gericht lässt für sich allein noch nicht den Schluss zu, dass die Weisung fehlerhaft war. Die fehlerhafte Weisung muss für die der Gemeinde entstandenen Kosten ursächlich gewesen sein; hat die Gemeinde die Kosten, auch zusätzliche Kosten, durch ihr eigenes, nicht auf die Weisung zurückzuführendes Handeln verursacht, ist insoweit kein Kostenerstattungsanspruch gegeben.

II.

Hier nicht abgedruckt.

2.
Verordnung des Innenministeriums über die Haushaltswirtschaft der Gemeinden (Gemeindehaushaltsverordnung – GemHVO)

vom 11. Dezember 2009 (GBl. S. 770), zuletzt geändert durch Verordnung vom 8. Februar 2019 (GBl. S. 54)

Auf Grund von § 99 und § 144 Satz 1 Nr. 14, 16, 18 bis 26 der Gemeindeordnung (GemO) in der Fassung vom 24. Juli 2000 (GBl. S. 582), zuletzt geändert durch Artikel 1 des Gesetzes vom 4. Mai 2009 (GBl. S. 185), wird, zu § 144 Satz 1 Nr. 14 im Benehmen mit dem Finanzministerium, verordnet:

Inhaltsübersicht

Erster Abschnitt
Haushaltsplan, Finanzplanung

§ 1 Bestandteile des Haushaltsplans, Gesamthaushalt, Anlagen

(1) Der Haushaltsplan besteht aus
1. dem Gesamthaushalt,
2. den Teilhaushalten und
3. dem Stellenplan.

(2) Der Gesamthaushalt besteht aus
1. dem Ergebnishaushalt (§ 2),
2. dem Finanzhaushalt (§ 3) und
3. je einer Übersicht (Haushaltsquerschnitt) über die Erträge und Aufwendungen der Teilhaushalte des Ergebnishaushalts (§ 4 Abs. 3) mindestens nach den nach § 145 Satz 1 Nummer 2 GemO verbindlich vorgegebenen Produktbereichen, Produktgruppen und Produkten (Produktrahmen) sowie der Einzahlungen und Auszahlungen aus Investitionstätigkeit und Verpflichtungsermächtigungen der Teilhaushalte des Finanzhaushalts (§ 4 Abs. 4 und § 11).

(3) Dem Haushaltsplan sind beizufügen
1. der Vorbericht,
2. der Finanzplan mit dem ihm zugrunde liegenden Investitionsprogramm; ergeben sich bei der Aufstellung des Haushaltsplans wesentliche Änderungen für die folgenden Jahre, so ist ein entsprechender Nachtrag beizufügen,
3. eine Übersicht über die voraussichtliche Entwicklung der Liquidität,
4. eine Übersicht über die aus Verpflichtungsermächtigungen in den einzelnen Jahren voraussichtlich fällig werdenden Auszahlungen; werden Auszahlungen in den Jahren fällig, auf die sich der Finanzplan noch nicht erstreckt, ist die voraussichtliche Deckung des Finanzierungsmittelbedarfs dieser Jahre besonders darzustellen,
5. eine Übersicht über den voraussichtlichen Stand der Rücklagen, Rückstellungen und Schulden zu Beginn des Haushaltsjahres,
6. der letzte Gesamtabschluss (§ 95 a GemO),

7. die Wirtschaftspläne und neuesten Jahresabschlüsse der Sondervermögen, für die Sonderrechnungen geführt werden, sowie die entsprechenden Unterlagen der Sonderrechnungen nach § 59,
8. die Wirtschaftspläne und neuesten Jahresabschlüsse der Unternehmen und Einrichtungen, an denen die Gemeinde mit mehr als 50 Prozent beteiligt ist, oder eine kurz gefasste Übersicht über die Wirtschaftslage und die voraussichtliche Entwicklung der Unternehmen und Einrichtungen und
9. eine Übersicht über die Budgets nach § 4 Abs. 5.

§ 2 Ergebnishaushalt

(1) Der Ergebnishaushalt enthält
die ordentlichen Erträge
1. Steuern und ähnliche Abgaben,
2. Zuweisungen, Zuwendungen und Umlagen,
3. aufgelöste Investitionszuwendungen und -beiträge,
4. sonstige Transfererträge,
5. Entgelte für öffentliche Leistungen oder Einrichtungen,
6. sonstige privatrechtliche Leistungsentgelte,
7. Kostenerstattungen und Kostenumlagen,
8. Zinsen und ähnliche Erträge,
9. aktivierte Eigenleistungen und Bestandsveränderungen und
10. sonstige ordentliche Erträge;
11. die Summe der ordentlichen Erträge (Summe aus Nummern 1 bis 10);

die ordentlichen Aufwendungen
12. Personalaufwendungen,
13. Versorgungsaufwendungen,
14. Aufwendungen für Sach- und Dienstleistungen,
15. Abschreibungen,
16. Zinsen und ähnliche Aufwendungen,
17. Transferaufwendungen und
18. sonstige ordentliche Aufwendungen;
19. die Summe der ordentlichen Aufwendungen (Summe aus Nummern 12 bis 18);

20. das veranschlagte ordentliche Ergebnis (Saldo aus Nummern 11 und 19; § 79 Absatz 2 Satz 1 Nummer 1 Buchstabe a GemO);

die außerordentlichen Erträge und Aufwendungen

21. außerordentliche Erträge;
22. außerordentliche Aufwendungen;
23. das veranschlagte Sonderergebnis (Saldo aus Nummern 21 und 22; § 79 Absatz 2 Satz 1 Nummer 1 Buchstabe b GemO);

das Gesamtergebnis

24. das veranschlagte Gesamtergebnis als Überschuss oder Fehlbetrag (Summe aus Nummern 20 und 23; § 79 Absatz 2 Satz 1 Nummer 1 Buchstabe c GemO);

außerdem nachrichtlich die Behandlung von Überschüssen und Fehlbeträgen

25. die Abdeckung von Fehlbeträgen aus Vorjahren,
26. die Zuführung zur Rücklage aus Überschüssen des ordentlichen Ergebnisses nach § 49 Absatz 3 Satz 2,
27. die Minderung des Basiskapitals nach Artikel 13 Absatz 6 des Gesetzes zur Reform des Gemeindehaushaltsrechts vom 4. Mai 2009 (GBl. S. 185, 194), das zuletzt durch Artikel 2 des Gesetzes vom 17. Dezember 2015 (GBl. 2016 S. 1, 2) geändert worden ist, in der jeweils geltenden Fassung,
28. die Entnahme aus der Rücklage aus Überschüssen des ordentlichen Ergebnisses nach § 24 Absatz 1 Satz 1,
29. die Verwendung des Überschusses des Sonderergebnisses (Nummer 23) nach § 24 Absatz 2,
30. die Zuführung zur Rücklage aus Überschüssen des Sonderergebnisses nach § 49 Absatz 3 Satz 2,
31. die Entnahme aus der Rücklage aus Überschüssen des Sonderergebnisses nach § 25 Absatz 4 Satz 1,
32. die Entnahme aus der Rücklage aus Überschüssen des Sonderergebnisses nach § 24 Absatz 2,
33. den Fehlbetragsvortrag auf das ordentliche Ergebnis folgender Haushaltsjahre nach § 24 Absatz 3 Satz 1,
34. die Minderung des Basiskapitals nach § 25 Absatz 3,
35. die Minderung des Basiskapitals nach § 25 Absatz 4 Satz 2.

(2) [1]Unter den Posten „außerordentliche Erträge“ und „außerordentliche Aufwendungen“ sind die außerhalb der gewöhnlichen Verwaltungstätigkeit anfallenden Erträge und Aufwendungen, insbesondere Gewinne und Verluste aus Vermögensveräußerung, auszuweisen, soweit sie nicht von untergeordneter Bedeutung sind. [2]Von untergeordneter Bedeutung sind Gewinne und Verluste aus der Veräußerung von geringwertigen beweglichen Vermögensgegenständen des Sachvermögens, die nach § 38 Abs. 4 nicht erfasst werden.

§ 3 Finanzhaushalt

Der Finanzhaushalt enthält
aus laufender Verwaltungstätigkeit

1. Steuern und ähnliche Abgaben,
2. Zuweisungen und Zuwendungen und allgemeine Umlagen,
3. sonstige Transfereinzahlungen,
4. Entgelte für öffentliche Leistungen oder Einrichtungen,
5. sonstige privatrechtliche Leistungsentgelte,
6. Kostenerstattungen und Kostenumlagen,
7. Zinsen und ähnliche Einzahlungen und
8. sonstige haushaltswirksame Einzahlungen;
9. die Summe der Einzahlungen aus laufender Verwaltungstätigkeit (Summe aus Nummern 1 bis 8 ohne außerordentliche zahlungswirksame Erträge aus Vermögensveräußerung);
10. Personalauszahlungen,
11. Versorgungsauszahlungen,
12. Auszahlungen für Sach- und Dienstleistungen,
13. Zinsen und ähnliche Auszahlungen,
14. Transferauszahlungen (ohne Investitionszuschüsse) und
15. sonstige haushaltswirksame Auszahlungen;
16. die Summe der Auszahlungen aus laufender Verwaltungstätigkeit (Summe aus Nummern 10 bis 15);
17. den Zahlungsmittelüberschuss oder Zahlungsmittelbedarf des Ergebnishaushalts (Saldo aus Nummern 9 und 16; § 79 Absatz 2 Satz 1 Nummer 2 Buchstabe a GemO);

aus Investitionstätigkeit

18. Einzahlungen aus Investitionszuwendungen,

19. Einzahlungen aus Investitionsbeiträgen und ähnlichen Entgelten für Investitionstätigkeit,
20. Einzahlungen aus der Veräußerung von Sachvermögen,
21. Einzahlungen aus der Veräußerung von Finanzvermögen und
22. Einzahlungen für sonstige Investitionstätigkeit;
23. die Summe der Einzahlungen aus Investitionstätigkeit (Summe aus Nummern 18 bis 22);
24. Auszahlungen für den Erwerb von Grundstücken und Gebäuden,
25. Auszahlungen für Baumaßnahmen,
26. Auszahlungen für den Erwerb von beweglichem Sachvermögen,
27. Auszahlungen für den Erwerb von Finanzvermögen,
28. Auszahlungen für Investitionsförderungsmaßnahmen und
29. Auszahlungen für den Erwerb von immateriellen Vermögensgegenständen;
30. die Summe der Auszahlungen aus Investitionstätigkeit (Summe aus Nummern 24 bis 29);
31. den veranschlagten Finanzierungsmittelüberschuss oder Finanzierungsmittelbedarf aus Investitionstätigkeit (Saldo aus Nummern 23 und 30; Saldo aus Investitionstätigkeit nach § 79 Absatz 2 Satz 1 Nummer 2 Buchstabe b GemO);
32. den veranschlagten Finanzierungsmittelüberschuss oder Finanzierungsmittelbedarf (Saldo aus Nummern 17 und 31; Saldo nach § 79 Absatz 2 Satz 1 Nummer 2 Buchstabe c GemO);

aus Finanzierungstätigkeit

33. Einzahlungen aus der Aufnahme von Krediten und wirtschaftlich vergleichbaren Vorgängen für Investitionen,
34. Auszahlungen für die Tilgung von Krediten und wirtschaftlich vergleichbaren Vorgängen für Investitionen;
35. den veranschlagten Finanzierungsmittelüberschuss oder Finanzierungsmittelbedarf aus Finanzierungstätigkeit (Saldo aus Nummern 33 und 34; Saldo aus Finanzierungstätigkeit nach § 79 Absatz 2 Satz 1 Nummer 2 Buchstabe d GemO);
36. die veranschlagte Änderung des Finanzierungsmittelbestands zum Ende des Haushaltsjahres (Saldo aus Nummern 32 und 35; Saldo des Finanzhaushalts nach § 79 Absatz 2 Satz 1 Nummer 2 Buchstabe e GemO);

außerdem nachrichtlich

37. den voraussichtlichen Bestand an liquiden Eigenmitteln zum Jahresbeginn,
38. den voraussichtlichen Bestand an inneren Darlehen zum Jahresbeginn.

§ 4 Teilhaushalte, Budgets

(1) [1]Der Gesamthaushalt ist in Teilhaushalte zu gliedern. [2]Die Teilhaushalte sind produktorientiert zu bilden. [3]Sie können nach den vorgegebenen Produktbereichen oder nach der örtlichen Organisation gebildet werden. [4]Mehrere Produktbereiche können zu einem Teilhaushalt zusammengefasst werden. [5]Werden Teilhaushalte nach der örtlichen Organisation gebildet, können Produktbereiche nach vorgegebenen Produktgruppen oder Produkten oder nach Leistungen auf mehrere Teilhaushalte aufgeteilt werden. [6]Dabei können die zentralen Produktbereiche „Innere Verwaltung" und „Allgemeine Finanzwirtschaft" jeweils ganz oder teilweise in einem Teilhaushalt oder in mehreren Teilhaushalten ausgewiesen werden. [7]Die Teilhaushalte sind in einen Ergebnishaushalt und in einen Finanzhaushalt zu gliedern.

(2) [1]Jeder Teilhaushalt bildet mindestens eine Bewirtschaftungseinheit (Budget). [2]Die Budgets sind jeweils einem Verantwortungsbereich zuzuordnen. [3]In den Teilhaushalten sind mindestens die nach § 145 Satz 1 Nummer 2 GemO verbindlich vorgegebenen Produktbereiche, Produktgruppen und Produkte (Produktrahmen) darzustellen, zusätzlich sollen Schlüsselpositionen, die Leistungsziele und die Kennzahlen zur Messung der Zielerreichung dargestellt werden.

(3) [1]Der Teilergebnishaushalt enthält

1. die anteiligen ordentlichen Erträge nach § 2 Absatz 1 Nummern 1 bis 10, soweit diese nicht zentral veranschlagt werden,
2. die anteiligen ordentlichen Aufwendungen nach § 2 Absatz 1 Nummern 12 bis 18, soweit diese nicht zentral veranschlagt werden,
3. Erträge aus internen Leistungen und
4. Aufwendungen für interne Leistungen.

[2]Der Teilergebnishaushalt kann auch kalkulatorische Kosten enthalten. [3]Bei den kalkulatorischen Kosten können im Teilergebnishaushalt an Stelle der anteiligen Fremdzinsen nach § 2 Absatz 1 Nummer 16

auch kalkulatorische Zinsen veranschlagt werden. [4]Für jedes Haushaltsjahr sind anteilig

1. die Summe der ordentlichen Erträge und Aufwendungen,
2. der Saldo aus der Summe der ordentlichen Erträge und der Summe der ordentlichen Aufwendungen als veranschlagtes ordentliches Ergebnis,
3. der Saldo aus Nummern 3 und 4 des Satzes 1 und der kalkulatorischen Kosten als veranschlagtes kalkulatorisches Ergebnis und
4. die Summe aus Nummern 2 und 3 als veranschlagter Nettoressourcenbedarf oder Nettoressourcenüberschuss

auszuweisen.

(4) [1]Der Teilfinanzhaushalt enthält aus laufender Verwaltungstätigkeit anteilig

1. den Zahlungsmittelüberschuss oder Zahlungsmittelbedarf nach § 3 Nummer 17

und für die Investitionstätigkeit anteilig

2. die Einzahlungen nach § 3 Nummern 18 bis 22 und
3. die Auszahlungen nach § 3 Nummern 24 bis 29.

[2]Für jedes Haushaltsjahr ist der Saldo aus dem anteiligen Zahlungsmittelüberschuss oder Zahlungsmittelbedarf nach Satz 1 Nr. 1 und aus den anteiligen Ein- und Auszahlungen aus Investitionstätigkeit als anteiliger veranschlagter Finanzierungsmittelüberschuss oder Finanzierungsmittelbedarf auszuweisen. [3]Abweichend von den Sätzen 1 und 2 kann der Teilfinanzhaushalt auf die Darstellung der Investitionstätigkeit beschränkt werden (Satz 1 Nr. 2 und 3). [4]Die Investitionen oberhalb örtlich festzulegender Wertgrenzen sind einzeln unter Angabe der Investitionssumme des Planjahres, der bereit gestellten Finanzierungsmittel, der Gesamtkosten der Maßnahme und der Verpflichtungsermächtigungen für die Folgejahre darzustellen.

(5) [1]Werden Teilhaushalte nach Absatz 1 Satz 5 nach der örtlichen Organisation produktorientiert gegliedert, ist dem Haushaltsplan eine Übersicht über die Zuordnung der Produktbereiche und Produktgruppen zu den Teilhaushalten als Anlage beizufügen. [2]Bei einer von der Produktgruppe abweichenden Zuordnung einzelner Produkte oder

Leistungen zu anderen Teilhaushalten sind auch diese Produkte oder Leistungen in die Übersicht aufzunehmen.

§ 5 Stellenplan

(1) [1]Der Stellenplan hat die im Haushaltsjahr erforderlichen Stellen der Beamten und der nicht nur vorübergehend beschäftigten Arbeitnehmer auszuweisen. [2]Soweit erforderlich, sind in ihm die Amtsbezeichnungen für Beamte festzusetzen. [3]Stellen von Beamten in Einrichtungen von Sondervermögen, für die Sonderrechnungen geführt werden, sind gesondert auszuweisen. [4]In einer Übersicht ist die Aufteilung der Stellen auf die Teilhaushalte darzustellen.

(2) [1]Im Stellenplan ist ferner für die einzelnen Besoldungs- und Entgeltgruppen die Gesamtzahl der Stellen für das Vorjahr sowie der am 30. Juni des Vorjahres besetzten Stellen anzugeben. [2]Wesentliche Abweichungen vom Stellenplan des Vorjahres sind zu erläutern.

(3) Soweit ein dienstliches Bedürfnis besteht, dürfen im Stellenplan ausgewiesene

1. Planstellen mit Beamten einer niedrigeren Besoldungsgruppe derselben Laufbahn besetzt werden,
2. freigewordene Planstellen des Eingangsamts oder des ersten Beförderungsamts einer Laufbahn des höheren oder gehobenen Dienstes mit Beamten der nächstniedrigeren Laufbahn besetzt werden, deren Aufstieg in die nächsthöhere Laufbahn vom Dienstherrn beabsichtigt ist, und
3. freigewordene Planstellen mit Arbeitnehmern einer vergleichbaren oder niedrigeren Entgeltgruppe besetzt werden, längstens jedoch für die Dauer von fünf Jahren.

§ 6 Vorbericht

[1]Der Vorbericht gibt einen Überblick über die Entwicklung und den Stand der Haushaltswirtschaft unter dem Gesichtspunkt der stetigen Erfüllung der Aufgaben der Gemeinde. [2]Er soll eine durch Kennzahlen gestützte, wertende Analyse der Haushaltslage und ihrer voraussichtlichen Entwicklung enthalten. [3]Insbesondere soll dargestellt werden,

1. welche wesentlichen Ziele und Strategien die Gemeinde verfolgt und welche Änderungen gegenüber dem Vorjahr eintreten,

2. wie sich die wichtigsten Erträge, Aufwendungen, Einzahlungen und Auszahlungen, das Vermögen und die Verbindlichkeiten, mit Ausnahme der Kassenkredite, sowie die verbindlich vorgegebenen Kennzahlen in den beiden dem Haushaltsjahr vorangehenden Jahren entwickelt haben und im Haushaltsjahr entwickeln werden,
3. wie sich das Eigenkapital absolut und relativ zur Bilanzsumme in den dem Haushaltsjahr vorangegangenen fünf Jahren entwickelt hat, wie sich das Gesamtergebnis und die Rücklagen im Haushaltsjahr und in den folgenden drei Jahren entwickeln werden und in welchem Verhältnis sie zum Deckungsbedarf des Finanzplans nach § 9 Abs. 4 stehen,
4. welche erheblichen Investitionen und Investitionsförderungsmaßnahmen im Haushaltsjahr geplant sind und welche Auswirkungen sich hieraus für die Haushalte der folgenden Jahre ergeben,
5. welcher Finanzierungsbedarf für die Inanspruchnahme von Rückstellungen entsteht, wie sich die inneren Darlehen voraussichtlich entwickeln und welche Auswirkungen sich daraus im Finanzplanungszeitraum ergeben,
6. in welchen wesentlichen Punkten der Haushaltsplan vom Finanzplan des Vorjahres abweicht und
7. wie sich der Zahlungsmittelüberschuss oder -bedarf aus laufender Verwaltungstätigkeit, der veranschlagte Finanzierungsmittelüberschuss oder -bedarf und der Bestand an liquiden Mitteln im Vorjahr entwickelt haben sowie in welchem Umfang Kassenkredite in Anspruch genommen worden sind.

§ 7 Haushaltsplan für zwei Jahre

(1) [1]Werden in der Haushaltssatzung Festsetzungen für zwei Haushaltsjahre getroffen, sind im Haushaltsplan die Erträge und Aufwendungen, die Einzahlungen und Auszahlungen und die Verpflichtungsermächtigungen für jedes der beiden Haushaltsjahre getrennt zu veranschlagen. [2]Soweit es unumgänglich ist, kann hierbei von Vorschriften über die äußere Form des Haushaltsplans abgewichen werden.

(2) Die Fortschreibung des Finanzplans für das zweite Haushaltsjahr (§ 85 Abs. 5 GemO) ist vom Gemeinderat vor Beginn des zweiten Haushaltsjahres zu beschließen.

(3) Anlagen nach § 1 Abs. 3 Nummern 6 bis 8, die nach der Verabschiedung eines Haushaltsplans nach Absatz 1 erstellt worden sind, sind der Fortschreibung nach Absatz 2 beizufügen.

§ 8 Nachtragshaushaltsplan

(1) Der Nachtragshaushaltsplan muss alle erheblichen Änderungen der Erträge und Einzahlungen sowie Aufwendungen und Auszahlungen, die im Zeitpunkt seiner Aufstellung bereits geleistet, angeordnet oder absehbar sind, sowie die damit zusammenhängenden Änderungen der Ziele und Kennzahlen enthalten.

(2) Enthält der Nachtragshaushaltsplan neue Verpflichtungsermächtigungen, sind deren Auswirkungen auf den Finanzplan anzugeben; die Übersicht nach § 1 Abs. 3 Nummer 4 ist zu ergänzen.

§ 9 Finanzplan

(1) [1]Der fünfjährige Finanzplan (§ 85 GemO) umfasst das laufende Haushaltsjahr, das Haushaltsjahr, für das der Haushaltsplan aufgestellt wird (Planjahr), und die folgenden drei Haushaltsjahre. [2]Er besteht aus einer Übersicht über die Entwicklung der Erträge und Aufwendungen unter Berücksichtigung von Fehlbeträgen aus Vorjahren und des zu veranschlagenden Gesamtergebnisses des Ergebnishaushalts und einer Übersicht über die Entwicklung der Einzahlungen und Auszahlungen des Finanzhaushalts. [3]Für Investitionen und Investitionsförderungsmaßnahmen ist eine Gliederung nach Produktbereichen oder Teilhaushalten vorzunehmen. [4]Die Gliederung richtet sich nach den Mustern.

(2) [1]In das dem Finanzplan zugrundezulegende Investitionsprogramm sind die im Planungszeitraum vorgesehenen Investitionen und Investitionsförderungsmaßnahmen nach Jahresabschnitten aufzunehmen. [2]Jeder Jahresabschnitt soll die fortzuführenden und neuen Investitionen und Investitionsförderungsmaßnahmen mit den auf das betreffende Jahr entfallenden Teilbeträgen wiedergeben. [3]Unbedeutende Investitionen und Investitionsförderungsmaßnahmen können zusammengefasst werden.

(3) Bei der Aufstellung und Fortschreibung des Finanzplans sollen die vom Innenministerium auf der Grundlage der Empfehlungen des Sta-

bilitätsrats bekannt gegebenen Orientierungsdaten berücksichtigt werden.

(4) [1]Der Finanzplan soll für die einzelnen Jahre bei Erträgen und Aufwendungen ausgeglichen sein. [2]Die Finanzierung der Investitionsauszahlungen ist darzustellen.

Zweiter Abschnitt
Planungsgrundsätze

§ 10 Allgemeine Planungsgrundsätze

(1) [1]Die Erträge und Aufwendungen sind in ihrer voraussichtlichen Höhe in dem Haushaltsjahr zu veranschlagen, dem sie wirtschaftlich zuzurechnen sind. [2]Die Einzahlungen und Auszahlungen sind in Höhe der im Haushaltsjahr voraussichtlich eingehenden oder zu leistenden Beträge zu veranschlagen. [3]Sie sind sorgfältig zu schätzen, soweit sie nicht errechenbar sind.

(2) Die Erträge, Aufwendungen, Einzahlungen und Auszahlungen sind in voller Höhe und getrennt voneinander zu veranschlagen, soweit in dieser Verordnung nichts anderes bestimmt ist.

(3) [1]Im Gesamthaushalt und in den Teilhaushalten sind Erträge und Einzahlungen, Aufwendungen und Auszahlungen nach Arten (§§ 2 und 3) zu veranschlagen. [2]In den Teilergebnishaushalten ist der anteilige Nettoressourcenbedarf (§ 4 Abs. 3 Satz 4 Nr. 4), untergegliedert in anteiliges ordentliches Ergebnis und kalkulatorisches Ergebnis (§ 4 Abs. 3 Satz 4 Nr. 2 und 3), zu veranschlagen.

(4) [1]Für denselben Zweck sollen Aufwendungen und Auszahlungen nicht an verschiedenen Stellen im Haushaltsplan veranschlagt werden. [2]Wird ausnahmsweise anders verfahren, ist auf die Ansätze gegenseitig zu verweisen.

§ 11 Verpflichtungsermächtigungen

[1]Die Verpflichtungsermächtigungen sind in den Teilfinanzhaushalten maßnahmenbezogen zu veranschlagen. [2]Dabei ist anzugeben, wie sich die Belastungen voraussichtlich auf die künftigen Jahre verteilen werden. [3]Für Investitionen unterhalb der nach § 4 Abs. 4 Satz 4 örtlich

festgelegten Wertgrenzen können Verpflichtungsermächtigungen zusammengefasst werden.

§ 12 Investitionen

(1) Bevor Investitionen von erheblicher finanzieller Bedeutung beschlossen werden, soll unter mehreren in Betracht kommenden Möglichkeiten durch einen Wirtschaftlichkeitsvergleich unter Einbeziehung der Folgekosten die für die Gemeinde wirtschaftlichste Lösung ermittelt werden.
(2) [1]Auszahlungen und Verpflichtungsermächtigungen für Baumaßnahmen dürfen erst veranschlagt werden, wenn Pläne, Kostenberechnungen und Erläuterungen vorliegen, aus denen die Art der Ausführung, die Kosten der Maßnahme sowie die voraussichtlichen Jahresraten unter Angabe der Kostenbeteiligung Dritter und ein Bauzeitplan im Einzelnen ersichtlich sind. [2]Den Unterlagen ist eine Schätzung der nach Fertigstellung der Maßnahme entstehenden jährlichen Haushaltsbelastungen beizufügen.
(3) Ausnahmen von Absatz 2 sind bei unbedeutenden Maßnahmen zulässig; eine Kostenberechnung muss jedoch stets vorliegen.

§ 13 Verfügungsmittel, Deckungsreserve

[1]Im Ergebnishaushalt können in angemessener Höhe
1. Verfügungsmittel des Bürgermeisters oder des Ortsvorstehers und
2. Mittel zur Deckung über- und außerplanmäßiger Aufwendungen des Ergebnishaushalts (Deckungsreserve)

veranschlagt werden. [2]Die Ansätze für die Verfügungsmittel und für die Deckungsreserve dürfen nicht überschritten werden, die verfügbaren Mittel sind nicht übertragbar; die Verfügungsmittel des Bürgermeisters oder des Ortsvorstehers sind nicht deckungsfähig.

§ 14 Kosten- und Leistungsrechnungen

[1]Als Grundlage für die Verwaltungssteuerung sowie für die Beurteilung der Wirtschaftlichkeit und Leistungsfähigkeit der Verwaltung sollen für alle Aufgabenbereiche nach den örtlichen Bedürfnissen Kosten- und Leistungsrechnungen geführt werden. [2]Die Kosten sind aus der Buchführung nachprüfbar herzuleiten.

§ 15 Fremde Finanzmittel

(1) Finanzmittel, die die Kasse des endgültigen Kostenträgers oder eine andere Kasse, die unmittelbar mit dem endgültigen Kostenträger abrechnet, anstelle der Gemeindekasse einnimmt oder ausgibt, sind nicht zu veranschlagen.

(2) [1]Durchlaufende Finanzmittel, insbesondere Mittel, die die Gemeinde auf Grund eines Gesetzes unmittelbar für den Haushalt eines anderen öffentlichen Aufgabenträgers einnimmt oder ausgibt, einschließlich der ihr zu Selbstbewirtschaftung zugewiesenen Mittel, sind nicht zu veranschlagen. [2]Sie können bei der Weiterleitung bei den entsprechenden Einzahlungen abgesetzt werden.

§ 16 Weitere Vorschriften für Erträge und Aufwendungen, Einzahlungen und Auszahlungen

(1) [1]Die Rückzahlung zuviel eingegangener Beträge ist bei den Erträgen und Einzahlungen abzusetzen, wenn die Rückzahlung im selben Jahr vorgenommen wird, in dem der Betrag eingegangen ist. [2]In den anderen Fällen sind die Rückzahlungen als Aufwendungen und Auszahlungen zu behandeln.

(2) [1]Die Rückzahlung zuviel ausgezahlter Beträge ist bei den Aufwendungen und Auszahlungen abzusetzen, wenn die Rückzahlung im selben Jahr vorgenommen wird, in dem der Betrag ausgezahlt worden ist. [2]Dasselbe gilt bei periodisch wiederkehrenden Aufwendungen und Auszahlungen, auch wenn die Rückzahlung erst im folgenden Jahr vorgenommen wird. [3]In den anderen Fällen, sind die Rückzahlungen als Erträge und Einzahlungen zu behandeln.

(3) [1]Abgaben, abgabenähnliche Entgelte und allgemeine Zuweisungen, die die Gemeinde zurückzuzahlen hat, sind abweichend von Absatz 1 bei den Erträgen und Einzahlungen abzusetzen, auch wenn sie sich auf Erträge und Einzahlungen der Vorjahre beziehen. [2]Dies gilt abweichend von Absatz 2 entsprechend für geleistete Umlagen, die an die Gemeinde zurückfließen; sie sind bei den Aufwendungen und Auszahlungen abzusetzen.

(4) [1]Die Veranschlagung von Personalaufwendungen richtet sich nach den im Haushaltsjahr voraussichtlich besetzten Stellen. [2]Die Versor-

gungsaufwendungen (§ 2 Abs. 1 Nummer 13) und Beihilfeaufwendungen sind auf die Teilhaushalte aufzuteilen.

(5) [1]Interne Leistungen sind in den Teilhaushalten zu verrechnen (innere Verrechnungen). [2]Dasselbe gilt für aktivierungsfähige interne Leistungen, die einzelnen Maßnahmen des Finanzhaushalts zuzurechnen sind.

§ 17 Erläuterungen

[1]Die Ansätze sind soweit erforderlich zu erläutern. [2]Insbesondere sind zu erläutern

1. Ansätze von Erträgen und Aufwendungen, soweit sie erheblich sind und von den bisherigen Ansätzen erheblich abweichen,
2. neue Investitionsmaßnahmen des Finanzhaushalts; erstrecken sie sich über mehrere Jahre, ist bei jeder folgenden Veranschlagung die bisherige Abwicklung darzulegen,
3. Notwendigkeit und Höhe der Verpflichtungsermächtigungen,
4. Ansätze für Aufwendungen und Auszahlungen zur Erfüllung von Verträgen, die die Gemeinde über ein Jahr hinaus zu erheblichen Zahlungen verpflichten,
5. Sperrvermerke, Zweckbindungen und andere besondere Bestimmungen im Haushaltsplan,
6. Abschreibungen, soweit sie erheblich von den planmäßigen Abschreibungen oder soweit sie von den im Vorjahr angewendeten Abschreibungssätzen abweichen,
7. Ausnahmen nach § 12 Abs. 3 und
8. Bildung, Verwendung und Auflösung von Rückstellungen.

Dritter Abschnitt
Deckungsgrundsätze

§ 18 Grundsatz der Gesamtdeckung

(1) Soweit in dieser Verordnung nichts anderes bestimmt ist, dienen

1. die Erträge des Ergebnishaushalts insgesamt zur Deckung der Aufwendungen des Ergebnishaushalts und
2. die Einzahlungen des Finanzhaushalts insgesamt zur Deckung der Auszahlungen des Finanzhaushalts.

(2) Die Inanspruchnahme gegenseitiger Deckungsfähigkeit (§ 20) und die Übertragung (§ 21) sind nur zulässig, wenn dadurch das geplante Gesamtergebnis nicht gefährdet ist und die Kreditaufnahmevorschriften beachtet werden.

§ 19 Zweckbindung

(1) [1]Erträge sind auf die Verwendung für bestimmte Aufwendungen zu beschränken, soweit sich dies aus rechtlicher Verpflichtung ergibt. [2]Sie können auf die Verwendung für bestimmte Aufwendungen beschränkt werden,

1. wenn die Beschränkung sich aus der Herkunft oder Natur der Erträge ergibt oder
2. wenn ein sachlicher Zusammenhang dies erfordert und durch die Zweckbindung die Bewirtschaftung der Mittel erleichtert wird.

[3]Zweckgebundene Mehrerträge dürfen für entsprechende Mehraufwendungen verwendet werden.

(2) [1]Im Haushaltsplan kann bestimmt werden, dass Mehrerträge bestimmte Aufwendungsansätze des Ergebnishaushalts erhöhen oder Mindererträge bestimmte Aufwendungsansätze vermindern. [2]Ausgenommen hiervon sind Erträge aus Steuern, allgemeinen Zuweisungen und Umlagen.

(3) Mehraufwendungen nach den Absätzen 1 und 2 gelten nicht als überplanmäßige Aufwendungen.

(4) Die Absätze 1 bis 3 gelten für den Finanzhaushalt entsprechend.

§ 20 Deckungsfähigkeit

(1) Aufwendungen und übertragene Ermächtigungen im Ergebnishaushalt, die zu einem Budget gehören, sind gegenseitig deckungsfähig, wenn im Haushaltsplan nichts anderes bestimmt wird.

(2) Aufwendungen im Ergebnishaushalt, die nicht nach Absatz 1 deckungsfähig sind, können für gegenseitig oder einseitig deckungsfähig erklärt werden, wenn sie sachlich zusammenhängen.

(3) Die Absätze 1 und 2 gelten für Auszahlungen und Verpflichtungsermächtigungen für Investitionstätigkeit entsprechend.

(4) Zahlungswirksame Aufwendungen eines Budgets können zu Gunsten von Auszahlungen des Budgets nach § 3 Nummern 24 bis 29 im Finanzhaushalt für einseitig deckungsfähig erklärt werden.
(5) Bei Deckungsfähigkeit können die deckungsberechtigten Ansätze für Aufwendungen und Auszahlungen zu Lasten der deckungspflichtigen Ansätze erhöht werden.

§ 21 Übertragbarkeit

(1) Die Ansätze für Auszahlungen für Investitionen und Investitionsförderungsmaßnahmen sowie die Ansätze für zweckgebundene investive Einzahlungen nach § 3 Nummern 18 und 19, deren Eingang sicher ist, bleiben bis zur Fälligkeit der letzten Zahlung für ihren Zweck verfügbar, bei Baumaßnahmen und Beschaffungen längstens jedoch zwei Jahre nach Schluss des Haushaltsjahres, in dem der Bau oder der Gegenstand in seinen wesentlichen Teilen in Benutzung genommen werden kann.
(2) [1]Ansätze für Aufwendungen und Auszahlungen eines Budgets können ganz oder teilweise für übertragbar erklärt werden. [2]Sie bleiben bis längstens zwei Jahre nach Schluss des Haushaltsjahres verfügbar.
(3) Die Absätze 1 und 2 gelten entsprechend für überplanmäßige und außerplanmäßige Aufwendungen und Auszahlungen, wenn sie bis zum Ende des Haushaltsjahres in Anspruch genommen, jedoch noch nicht geleistet worden sind.

Vierter Abschnitt
Liquidität und Rücklagen

§ 22 Liquidität

(1) Die liquiden Mittel müssen für ihren Zweck rechtzeitig verfügbar sein.
(2) Der planmäßige Bestand an liquiden Mitteln ohne Kassenkreditmittel soll sich in der Regel auf mindestens zwei vom Hundert der Summe der Auszahlungen aus laufender Verwaltungstätigkeit nach dem Durchschnitt der drei dem Haushaltsjahr vorangehenden Jahre belaufen.
(3) [1]Liquide Mittel, die innerhalb des fünfjährigen Finanzplanungszeitraums (§ 9) zur Deckung von Auszahlungen des Finanzhaushalts nicht

benötigt werden, können in Anteilen an Investmentfonds im Sinne des Investmentmodernisierungsgesetzes sowie in ausländischen Investmentanteilen, die nach dem Investmentmodernisierungsgesetz öffentlich vertrieben werden dürfen, angelegt werden. [2]Die Investmentfonds dürfen

1. nur von Investmentgesellschaften mit Sitz in einem Mitgliedstaat der Europäischen Union verwaltet werden,
2. nur auf Euro lautende und von Emittenten mit Sitz in einem Mitgliedstaat der Europäischen Union ausgegebene Investmentanteile,
3. nur Standardwerte in angemessener Streuung und Mischung,
4. keine Wandel- und Optionsanleihen und
5. höchstens 30 Prozent Anlagen in Aktien, Aktienfonds und offenen Immobilienfonds, bezogen auf den einzelnen Investmentfonds, enthalten.

[3]Die Gemeinde erlässt für die Geldanlage in Investmentfonds Anlagerichtlinien, die die Sicherheitsanforderungen, die Verwaltung der Geldanlagen durch die Gemeinde und regelmäßige Berichtspflichten regeln.

§ 23 Rücklagen

[1]Für Überschüsse des ordentlichen Ergebnisses und Überschüsse des Sonderergebnisses sind gesonderte Rücklagen (Ergebnisrücklagen) zu führen. [2]Innerhalb der Ergebnisrücklagen können Beträge, die von der Gemeinde für bestimmte Zwecke vorgesehen sind, als Davon-Positionen ausgewiesen werden. [3]Außerdem können zweckgebundene Rücklagen für rechtlich unselbstständige örtliche Stiftungen sowie für unbedeutendes Treuhandvermögen im Sinne von § 97 Absatz 2 GemO gebildet werden. [4]Im Rahmen der Feststellung des Jahresabschlusses können aus den Ergebnisrücklagen Beträge in das Basiskapital umgebucht werden.

Fünfter Abschnitt
Haushaltsausgleich und Deckung von Fehlbeträgen

§ 24 Haushaltsausgleich

(1) [1]Kann der Ausgleich des ordentlichen Ergebnisses unter Berücksichtigung von Fehlbeträgen aus Vorjahren (§ 80 Abs. 2 Satz 2 GemO) trotz Ausnutzung aller Sparmöglichkeiten und Ausschöpfung aller Ertragsmöglichkeiten nicht erreicht werden, sollen Mittel der Rücklage aus Überschüssen des ordentlichen Ergebnisses zum Haushaltsausgleich verwendet werden. [2]Anstelle oder zusätzlich zur Rücklagenverwendung kann im Ergebnishaushalt auch eine pauschale Kürzung von Aufwendungen bis zu einem Betrag von 1 Prozent der Summe der ordentlichen Aufwendungen unter Angabe der zu kürzenden Teilhaushalte veranschlagt werden (globaler Minderaufwand).

(2) Ist ein Ausgleich des ordentlichen Ergebnisses nach Absatz 1 nicht erreichbar, sollen Überschüsse des Sonderergebnisses und Mittel der Rücklage aus Überschüssen des Sonderergebnisses zum Haushaltsausgleich verwendet werden.

(3) [1]Soweit ein Ausgleich des ordentlichen Ergebnisses nach Absatz 1 und 2 nicht erreichbar ist, kann ein verbleibender Haushaltsfehlbetrag im mehrjährigen Finanzplan (§ 9) längstens in die drei folgenden Haushaltsjahre vorgetragen werden. [2]Für die Deckung des Haushaltsfehlbetrags im Jahresabschluss als Fehlbetrag des Planjahres gilt § 25.

(4) Werden außerordentliche Erträge und Aufwendungen veranschlagt und kann ein Ausgleich des Sonderergebnisses noch nicht geplant werden, ist ein zum Ende des Haushaltsjahres verbleibender Fehlbetrag beim Sonderergebnis im Jahresabschluss nach § 25 Abs. 4 zu verrechnen.

§ 25 Deckung von Fehlbeträgen des Jahresabschlusses und aus Vorjahren

(1) [1]Ein Fehlbetrag beim ordentlichen Ergebnis soll unverzüglich gedeckt werden. [2]Er soll im Jahresabschluss durch Entnahme aus der Rücklage aus Überschüssen des ordentlichen Ergebnisses verrechnet werden.

(2) Ein nach Absatz 1 verbleibender Fehlbetrag soll im Jahresabschluss mit einem Überschuss beim Sonderergebnis oder durch Entnahme aus der Rücklage aus Überschüssen des Sonderergebnisses verrechnet werden.

(3) [1]Ein danach verbleibender Fehlbetrag ist nach drei Jahren auf das Basiskapital zu verrechnen, soweit er nicht mit Ergebnisüberschüssen in einem vorangehenden Haushaltsjahr gedeckt werden kann. [2]Das Basiskapital darf nicht negativ werden.

(4) [1]Ein Fehlbetrag beim Sonderergebnis ist im Jahresabschluss durch Entnahme aus der Rücklage aus Überschüssen des Sonderergebnisses zu verrechnen. [2]Soweit dies nicht möglich ist, ist der Fehlbetrag zu Lasten des Basiskapitals zu verrechnen; Absatz 3 Satz 2 gilt entsprechend.

Sechster Abschnitt
Weitere Vorschriften für die Haushaltswirtschaft

§ 26 Überwachung der Erträge, Einzahlungen und Forderungen

Durch geeignete Maßnahmen ist sicherzustellen, dass die der Gemeinde zustehenden Erträge und Einzahlungen vollständig erfasst und Forderungen rechtzeitig eingezogen werden.

§ 27 Bewirtschaftung und Überwachung der Aufwendungen und Auszahlungen

(1) Die Haushaltsansätze sind so zu bewirtschaften, dass sie für die im Haushaltsjahr anfallenden Aufwendungen und Auszahlungen ausreichen; sie dürfen erst dann in Anspruch genommen werden, wenn die Erfüllung der Aufgaben es erfordert.

(2) [1]Über Ansätze für Auszahlungen des Finanzhaushalts darf nur verfügt werden, soweit Deckungsmittel rechtzeitig bereitgestellt werden können. [2]Dabei darf die Finanzierung anderer, bereits begonnener Maßnahmen nicht beeinträchtigt werden.

(3) [1]Die Inanspruchnahme der Haushaltsansätze und der Ermächtigungen für Planabweichungen sind zu überwachen. [2]Die bei den einzelnen Teilhaushalten noch zur Verfügung stehenden Mittel für Aufwendungen und Auszahlungen müssen stets erkennbar sein.

(4) Absätze 1 und 3 gelten für die Inanspruchnahme von Verpflichtungsermächtigungen entsprechend.

§ 28 Berichtspflicht

(1) Der Gemeinderat ist unterjährig über den Stand des Haushaltsvollzugs (Erreichung der Finanz- und Leistungsziele) in den Teilhaushalten und im Gesamthaushalt zu unterrichten.
(2) Der Gemeinderat ist unverzüglich zu unterrichten, wenn sich abzeichnet, dass
1. sich das Planergebnis von Ergebnishaushalt oder Finanzhaushalt wesentlich verschlechtert oder
2. sich die Gesamtauszahlungen einer Maßnahme des Finanzhaushalts wesentlich erhöhen werden.

§ 29 Haushaltswirtschaftliche Sperre

Soweit und solange die Entwicklung der Erträge und Einzahlungen oder Aufwendungen und Auszahlungen es erfordert, ist die Inanspruchnahme von Ansätzen für Aufwendungen, Auszahlungen und Verpflichtungsermächtigungen aufzuschieben.

§ 30 Vorläufige Rechnungsvorgänge

(1) Eine Auszahlung, die sich auf den Haushalt auswirkt, darf vorläufig als durchlaufende Auszahlung nur behandelt werden, wenn die Verpflichtung zur Leistung feststeht, die Deckung gewährleistet ist und die Zuordnung zu haushaltswirksamen Konten nicht oder noch nicht möglich ist.
(2) Eine Einzahlung, die sich auf den Haushalt auswirkt, darf vorläufig als durchlaufende Einzahlung nur behandelt werden, wenn eine Zuordnung zu haushaltswirksamen Konten nicht oder noch nicht möglich ist.

§ 31 Vergabe von Aufträgen

(1) Dem Abschluss von Verträgen über Lieferungen und Leistungen muss eine Öffentliche Ausschreibung oder eine Beschränkte Ausschreibung mit Teilnahmewettbewerb vorausgehen, sofern nicht die Natur des Geschäfts oder besondere Umstände eine Ausnahme rechtfertigen.

Teilnahmewettbewerb ist ein Verfahren, bei dem der öffentliche Auftraggeber nach vorheriger öffentlicher Aufforderung zur Teilnahme eine beschränkte Anzahl von geeigneten Unternehmen nach objektiven, transparenten und nichtdiskriminierenden Kriterien auswählt und zur Abgabe von Angeboten auffordert.
(2) Bei der Vergabe von Aufträgen und dem Abschluss von Verträgen sind die als verbindlich bekannt gegebenen Vergabegrundsätze anzuwenden.

§ 32 Stundung, Niederschlagung und Erlass

(1) [1]Ansprüche dürfen ganz oder teilweise gestundet werden, wenn ihre Einziehung bei Fälligkeit eine erhebliche Härte für den Schuldner bedeuten würde und der Anspruch durch die Stundung nicht gefährdet erscheint. [2]Gestundete Beträge sind in der Regel angemessen zu verzinsen.
(2) Ansprüche dürfen niedergeschlagen werden, wenn
1. feststeht, dass die Einziehung keinen Erfolg haben wird, oder
2. die Kosten der Einziehung außer Verhältnis zur Höhe des Anspruchs stehen.

(3) [1]Ansprüche dürfen ganz oder zum Teil erlassen werden, wenn ihre Einziehung nach Lage des einzelnen Falles für den Schuldner eine besondere Härte bedeuten würde. [2]Das Gleiche gilt für die Rückzahlung oder Anrechnung von geleisteten Beträgen.
(4) Besondere gesetzliche Vorschriften über Stundung, Niederschlagung und Erlass von Ansprüchen der Gemeinde bleiben unberührt.

§ 33 Kleinbeträge

[1]Die Gemeinde kann davon absehen, Ansprüche von weniger als zehn Euro geltend zu machen, es sei denn, dass die Einziehung aus grundsätzlichen Erwägungen geboten ist; Letzteres gilt insbesondere für Gebühren. [2]Wenn nicht die Einziehung des vollen Betrags aus grundsätzlichen Erwägungen geboten ist, können Ansprüche bis auf volle Euro abgerundet werden. [3]Mit juristischen Personen des öffentlichen Rechts kann im Falle der Gegenseitigkeit etwas anderes vereinbart werden.

Siebter Abschnitt
Buchführung und Inventar

§ 34 Buchführung

(1) Die Buchführung dient
1. der Bereitstellung von Informationen für den Haushaltsvollzug und für die Haushaltsplanung,
2. der Aufstellung des Jahresabschlusses und der Durchführung des Planvergleichs und
3. der Überprüfung des Umgangs mit öffentlichen Mitteln im Hinblick auf Rechtmäßigkeit, Wirtschaftlichkeit und Sparsamkeit.

(2) [1]Zur Erfüllung der in Absatz 1 genannten Zwecke sind Bücher in der Form der doppelten Buchführung zu führen, in denen
1. alle Vorgänge, die zu einer Änderung der Höhe oder der Zusammensetzung des Vermögens, der aktiven Abgrenzungsposten, der Rückstellungen und Schulden sowie der passiven Rechnungsabgrenzungsposten führen, insbesondere Aufwendungen und Erträge sowie Auszahlungen und Einzahlungen,
2. die Lage des Vermögens und
3. die sonstigen, nicht das Vermögen der Gemeinde berührenden wirtschaftlichen Vorgänge, insbesondere durchlaufende Finanzmittel (§ 15 Abs. 2),

nach den Grundsätzen ordnungsmäßiger Buchführung aufgezeichnet werden. [2]Die Buchführung muss so beschaffen sein, dass sie einem sachverständigen Dritten innerhalb angemessener Zeit einen Überblick über die Verwaltungsvorfälle und über die wirtschaftliche Lage der Gemeinde vermitteln kann. [3]Die Verwaltungsvorfälle müssen sich in ihrer Entstehung und Abwicklung nachvollziehen lassen.

§ 35 Führung der Bücher

(1) [1]Die Bücher und die sonst erforderlichen Aufzeichnungen können auf Datenträgern (DV-Buchführung) oder in visuell lesbarer Form geführt werden. [2]Der Bürgermeister bestimmt, in welcher Form die Bücher geführt werden.

(2) [1]Die Eintragungen in Büchern und die sonst erforderlichen Aufzeichnungen müssen vollständig, richtig, zeitgerecht, geordnet und nachprüfbar vorgenommen werden. [2]Die Bedeutung von verwendeten Abkürzungen, Ziffern, Buchstaben oder Symbolen muss im Einzelfall eindeutig festgelegt sein. [3]Bei visuell lesbarer Buchführung sind die Eintragungen urkundenecht vorzunehmen.

(3) [1]Eine Eintragung oder eine Aufzeichnung darf nicht in einer Weise verändert werden, dass der ursprüngliche Inhalt nicht mehr feststellbar ist. [2]Auch solche Veränderungen dürfen nicht vorgenommen werden, deren Beschaffenheit es ungewiss lässt, ob sie ursprünglich oder erst später vorgenommen worden sind.

(4) [1]Der Buchführung ist der nach § 145 Satz 1 Nr. 5 GemO bekannt gegebene Kontenrahmen zu Grunde zu legen. [2]Der Kontenrahmen kann bei Bedarf weiter untergliedert werden. [3]Die eingerichteten Konten sind in einem Verzeichnis (Kontenplan) aufzuführen.

(5) [1]Bei der DV-Buchführung sind die Grundsätze ordnungsmäßiger DV-gestützter Buchführungssysteme in der Fassung des Schreibens des Bundesministeriums der Finanzen vom 7. November 1995 (BStBl I S. 738) zu beachten. [2]Insbesondere ist sicherzustellen, dass

1. nur Programme nach Maßgabe von § 114 a GemO verwendet werden, die mit dem geltenden Recht übereinstimmen; sie müssen dokumentiert und von der vom Bürgermeister bestimmten Stelle zur Anwendung freigegeben sein,
2. in das automatisierte Verfahren nicht unbefugt eingegriffen werden kann,
3. die gespeicherten Daten nicht verloren gehen und nicht unbefugt verändert werden können,
4. die Buchungen bis zum Ablauf der Aufbewahrungsfristen der Bücher jederzeit in angemessener Frist ausgedruckt werden können; § 39 Abs. 3 bleibt unberührt,
5. die Unterlagen, die für den Nachweis der ordnungsgemäßen maschinellen Abwicklung der Buchungsvorgänge erforderlich sind, einschließlich der Dokumentation der verwendeten Programme und eines Verzeichnisses über den Aufbau der Datensätze, bis zum Ablauf der Aufbewahrungsfrist der Bücher verfügbar sind

und jederzeit in angemessener Frist lesbar gemacht werden können und

6. Berichtigungen der Bücher protokolliert und die Protokolle wie Belege aufbewahrt werden.

(6) [1]Der Bürgermeister regelt das Nähere über die Sicherung des Buchungsverfahrens. [2]Auf eine ausreichende Trennung der Tätigkeitsbereiche der Verwaltung von automatisierten Verfahren, der fachlichen Sachbearbeitung und der Erledigung der Kassenaufgaben ist zu achten. [3]Die Bücher sind durch geeignete Maßnahmen gegen Verlust, Wegnahme und Veränderungen zu schützen.

§ 36 Bücher, Belege

(1) [1]Die Buchungen sind in zeitlicher Ordnung (Journal) und in sachlicher Ordnung (Hauptbuch) vorzunehmen. [2]Bei DV-Buchführung müssen Auswertungen in zeitlicher und sachlicher Ordnung möglich sein. [3]Es können Vor- und Nebenbücher geführt werden, deren Ergebnisse zeitnah in das Journal und das Hauptbuch übernommen werden. [4]Die Ergebnisse sind spätestens zum Ende des Haushaltsjahres zu übernehmen.

(2) [1]Die Buchung im Journal umfasst mindestens

1. ein eindeutiges fortlaufendes Ordnungsmerkmal,
2. den Tag der Buchung,
3. ein Identifikationsmerkmal, das die Verbindung mit der sachlichen Buchung herstellt und
4. den Betrag.

[2]Der Tag der Buchung kann von dem Tag abweichen, an dem die Zahlung nach den öffentlich-rechtlichen oder zivilrechtlichen Vorschriften als bewirkt gilt.

(3) Das Hauptbuch enthält die für die Aufstellung der Ergebnisrechnung, der Finanzrechnung und der Bilanz erforderlichen Sachkonten.

(4) [1]Buchungen müssen durch Kassenanordnungen und Auszahlungsnachweise sowie Unterlagen, aus denen sich der Grund der Buchung ergibt (begründende Unterlagen), belegt sein. [2]Die Buchungsbelege müssen Hinweise enthalten, die eine Verbindung zu den Eintragungen in den Büchern ermöglichen.

§ 37 Inventar, Inventur

(1) [1]Die Gemeinde hat zu Beginn des ersten Haushaltsjahres mit einer Rechungsführung nach den Regeln der doppelten Buchführung und danach für den Schluss eines jeden Haushaltsjahres ihre Grundstücke, ihre Forderungen, Schulden, Sonderposten und Rückstellungen, den Betrag ihres baren Geldes sowie ihre sonstigen Vermögensgegenstände genau zu verzeichnen und dabei den Wert der einzelnen Vermögensgegenstände und Schulden anzugeben (Inventar). [2]Körperliche Vermögensgegenstände sind durch eine körperliche Bestandsaufnahme zu erfassen, soweit in dieser Verordnung nichts anderes bestimmt ist. [3]Das Inventar ist innerhalb der einem ordnungsmäßigen Geschäftsgang entsprechenden Zeit aufzustellen.

(2) [1]Vermögensgegenstände des Sachvermögens können, wenn sie regelmäßig ersetzt werden und ihr Gesamtwert für die Gemeinde von nachrangiger Bedeutung ist, mit einer gleichbleibenden Menge und einem gleichbleibenden Wert angesetzt werden, sofern ihr Bestand in seiner Größe, seinem Wert und seiner Zusammensetzung nur geringen Veränderungen unterliegt. [2]Jedoch ist in der Regel alle fünf Jahre eine körperliche Bestandsaufnahme durchzuführen.

(3) Gleichartige Vermögensgegenstände des Vorratsvermögens sowie andere gleichartige oder annähernd gleichwertige bewegliche Vermögensgegenstände und Rückstellungen können jeweils zu einer Gruppe zusammengefasst und mit dem gewogenen Durchschnittswert angesetzt werden.

§ 38 Inventurvereinfachungsverfahren

(1) [1]Bei der Aufstellung des Inventars darf der Bestand der Vermögensgegenstände nach Art, Menge und Wert auch mit Hilfe anerkannter mathematisch-statistischer Methoden auf Grund von Stichproben ermittelt werden. [2]Das Verfahren muss den Grundsätzen ordnungsmäßiger Buchführung entsprechen. [3]Der Aussagewert des auf diese Weise aufgestellten Inventars muss dem Aussagewert eines auf Grund einer körperlichen Bestandsaufnahme aufgestellten Inventars gleichkommen.

(2) Bei der Aufstellung des Inventars für den Schluss eines Haushaltsjahres bedarf es einer körperlichen Bestandsaufnahme der Vermögensgegenstände für diesen Zeitpunkt nicht, soweit durch Anwendung eines den Grundsätzen ordnungsmäßiger Buchführung entsprechenden anderen Verfahrens gesichert ist, dass der Bestand der Vermögensgegenstände nach Art, Menge und Wert auch ohne die körperliche Bestandsaufnahme für diesen Zeitpunkt festgestellt werden kann.

(3) In dem Inventar für den Schluss eines Haushaltsjahres brauchen Vermögensgegenstände nicht verzeichnet zu werden, wenn

1. die Gemeinde ihren Bestand auf Grund einer körperlichen Bestandsaufnahme oder auf Grund eines nach Absatz 2 zulässigen anderen Verfahrens nach Art, Menge und Wert in einem besonderen Inventar verzeichnet hat, das für einen Tag innerhalb der letzten drei Monate vor oder der ersten beiden Monate nach dem Schluss des Haushaltsjahres aufgestellt ist, und
2. auf Grund des besonderen Inventars durch Anwendung eines den Grundsätzen ordnungsmäßiger Buchführung entsprechenden Fortschreibungs- oder Rückrechnungsverfahrens gesichert ist, dass der am Schluss des Haushaltsjahres vorhandene Bestand der Vermögensgegenstände für diesen Zeitpunkt ordnungsgemäß bewertet werden kann.

(4) Der Bürgermeister kann für immaterielle und bewegliche Vermögensgegenstände des Sachvermögens bis zu einem Wert von 1 000 Euro ohne Umsatzsteuer Befreiungen von § 37 Abs. 1 Sätze 1 und 3 vorsehen.

§ 39 Aufbewahrung von Unterlagen, Aufbewahrungsfristen

(1) [1]Die Bücher und Belege sind sicher und geordnet aufzubewahren. [2]Soweit begründende Unterlagen, aus denen sich der Zahlungsgrund ergibt, nicht den Kassenanordnungen beigefügt sind, obliegt ihre Aufbewahrung den anordnenden Stellen.

(2) [1]Der Jahresabschluss ist dauernd in ausgedruckter Form aufzubewahren. [2]Die Bücher und Inventare sind zehn Jahre, die Belege sechs Jahre aufzubewahren. [3]Ergeben sich Zahlungsgrund und Zahlungspflichtige oder Empfangsberechtigte nicht aus den Büchern, sind die Belege so lange wie die Bücher aufzubewahren. [4]Gutschriften, Last-

schriften und die Kontoauszüge der Kreditinstitute sind wie Belege aufzubewahren. [5]Die Fristen beginnen am 1. Januar des der Feststellung des Jahresabschlusses folgenden Haushaltsjahres.

(3) [1]Nach Abschluss der überörtlichen Prüfung, frühestens nach Ablauf von drei Jahren seit Beginn der Aufbewahrungsfrist, können die Bücher, Inventare und Belege auf Bild- oder Datenträgern aufbewahrt werden, wenn sichergestellt ist, dass der Inhalt der Bild- oder Datenträger mit den Originalen übereinstimmt und jederzeit lesbar gemacht werden kann. [2]Die Bild- oder Datenträger sind nach den Absätzen 1 und 2 anstelle der Originale aufzubewahren. [3]Der Bürgermeister kann zulassen, dass der Inhalt von Büchern und Belegen vor Ablauf der in Satz 1 genannten Frist auf Bild- oder Datenträger übernommen wird, wenn sichergestellt ist, dass die Daten innerhalb der Frist jederzeit in ausgedruckter Form lesbar gemacht werden können. [4]Die Verfilmung oder Speicherung von Fremdbelegen muss farbecht erfolgen. [5]Bevor eine solche Regelung zugelassen wird, ist die für die überörtliche Prüfung zuständige Stelle zu hören.

(4) Werden automatisierte Verfahren, in denen Bücher gespeichert sind, geändert oder abgelöst, muss die maschinelle Auswertung der gespeicherten Daten innerhalb der Aufbewahrungsfristen auch mit den geänderten oder neuen Verfahren oder durch ein anderes Verfahren gewährleistet sein.

Achter Abschnitt
Ansatz und Bewertung des Vermögens, der Rückstellungen und Schulden, Verrechnungs- und Bilanzierungsverbote

§ 40 Vollständigkeit der Ansätze, Verrechnungs- und Bilanzierungsverbote, Vermögen

(1) In der Bilanz sind die immateriellen Vermögensgegenstände, das Sachvermögen und das Finanzvermögen unbeschadet § 92 Abs. 1 Satz 1 GemO, die aktiven Abgrenzungsposten sowie das Eigenkapital, die Sonderposten, die Rückstellungen, die Verbindlichkeiten und die passiven Rechnungsabgrenzungsposten vollständig auszuweisen und hinreichend aufzugliedern.

(2) Posten der Aktivseite dürfen nicht mit Posten der Passivseite, Aufwendungen nicht mit Erträgen, Einzahlungen nicht mit Auszahlungen, Grundstücksrechte nicht mit Grundstückslasten verrechnet werden, soweit in dieser Verordnung nichts anderes bestimmt ist.
(3) Für immaterielle Vermögensgegenstände, die nicht entgeltlich erworben wurden, darf ein Aktivposten nicht angesetzt werden.
(4) [1]Von der Gemeinde geleistete Investitionszuschüsse sollen als Sonderposten in der Bilanz ausgewiesen und entsprechend dem Zuwendungsverhältnis aufgelöst werden. [2]Empfangene Investitionszuweisungen und Investitionsbeiträge sollen als Sonderposten in der Bilanz ausgewiesen und entsprechend der voraussichtlichen Nutzungsdauer aufgelöst oder von den Anschaffungs- oder Herstellungskosten des bezuschussten Vermögensgegenstandes abgesetzt werden.

§ 41 Rückstellungen

(1) Rückstellungen sind zu bilden für folgende ungewisse Verbindlichkeiten und unbestimmte Aufwendungen:
1. die Lohn- und Gehaltszahlung für Zeiten der Freistellung von der Arbeit im Rahmen von Altersteilzeitarbeit und ähnlichen Maßnahmen,
2. die Verpflichtungen aus der Erstattung von Unterhaltsvorschüssen,
3. die Stilllegung und Nachsorge von Abfalldeponien,
4. den Ausgleich von ausgleichspflichtigen Gebührenüberschüssen,
5. die Sanierung von Altlasten und
6. drohende Verpflichtungen aus Bürgschaften und Gewährleistungen.

(2) [1]Weitere Rückstellungen können gebildet werden. [2]Für die Ansammlung der Rückstellungen für Pensions- und Beihilfeverpflichtungen bleibt § 27 Abs. 5 des Gesetzes über den Kommunalen Versorgungsverband Baden-Württemberg (GKV) unberührt.
(3) Rückstellungen dürfen nur aufgelöst werden, soweit der Grund hierfür entfallen ist.

§ 42 Vorbelastungen künftiger Haushaltsjahre

[1]Unter der Bilanz sind, sofern sie nicht auf der Passivseite auszuweisen sind, die Vorbelastungen künftiger Haushaltsjahre zu vermerken,

insbesondere Bürgschaften, Gewährleistungen, eingegangene Verpflichtungen und in Anspruch genommene Verpflichtungsermächtigungen. [2]Jede Art der Vorbelastung darf in einem Betrag angegeben werden. [3]Haftungsverhältnisse sind auch anzugeben, wenn ihnen gleichwertige Rückgriffsforderungen gegenüberstehen.

§ 43 Allgemeine Bewertungsgrundsätze

(1) Bei der Bewertung der Vermögensgegenstände und Schulden gilt Folgendes:

1. Die Wertansätze in der Eröffnungsbilanz des Haushaltsjahres müssen mit denen der Schlussbilanz des Vorjahres übereinstimmen.
2. Die Vermögensgegenstände, Rückstellungen und Schulden sind, soweit nichts anderes bestimmt ist, zum Abschlussstichtag einzeln zu bewerten.
3. Es ist wirklichkeitsgetreu zu bewerten. Vorhersehbare Risiken und Verluste, die bis zum Abschlussstichtag entstanden sind, sind zu berücksichtigen, selbst wenn diese erst zwischen dem Abschlussstichtag und dem Tag der Aufstellung des Jahresabschlusses bekannt geworden sind; Risiken und Verluste, für deren Verwirklichung im Hinblick auf die besonderen Verhältnisse der öffentlichen Haushaltswirtschaft nur eine geringe Wahrscheinlichkeit spricht, bleiben außer Betracht. Gewinne sind nur zu berücksichtigen, wenn sie am Abschlussstichtag realisiert sind.
4. Aufwendungen und Erträge des Haushaltsjahres sind unabhängig von den Zeitpunkten der entsprechenden Zahlungen im Jahresabschluss zu berücksichtigen.
5. Die auf den vorhergehenden Jahresabschluss angewandten Bewertungsmethoden sollen beibehalten werden. Die auf den vorhergehenden Jahresabschluss angewandten Ansatzmethoden sind beizubehalten.

(2) Von den Grundsätzen des Absatzes 1 darf nur in begründeten Ausnahmefällen abgewichen werden.

§ 44 Wertansätze der Vermögensgegenstände und Schulden

(1) [1]Anschaffungskosten sind die Aufwendungen, die geleistet werden, um einen Vermögensgegenstand zu erwerben und ihn in einen

betriebsbereiten Zustand zu versetzen, soweit sie dem Vermögensgegenstand einzeln zugeordnet werden können. [2]Zu den Anschaffungskosten gehören auch die Nebenkosten sowie die nachträglichen Anschaffungskosten. [3]Minderungen des Anschaffungspreises sind abzusetzen.

(2) [1]Herstellungskosten sind die Aufwendungen, die durch den Verbrauch von Gütern und die Inanspruchnahme von Diensten für die Herstellung eines Vermögensgegenstands, seine Erweiterung oder für eine über seinen ursprünglichen Zustand hinausgehende wesentliche Verbesserung entstehen. [2]Dazu gehören die Materialkosten, die Fertigungskosten und die Sonderkosten der Fertigung. [3]Bei der Berechnung der Herstellungskosten dürfen auch die Verwaltungskosten einschließlich Gemeinkosten, angemessene Teile der notwendigen Materialgemeinkosten, der notwendigen Fertigungsgemeinkosten und des Wertverzehrs des Vermögens, soweit sie durch die Fertigung veranlasst sind, eingerechnet werden.

(3) [1]Zinsen für Fremdkapital gehören nicht zu den Herstellungskosten. [2]Zinsen für Fremdkapital, das zur Finanzierung der Herstellung eines Vermögensgegenstands verwendet wird, dürfen als Herstellungskosten angesetzt werden, soweit sie auf den Zeitraum der Herstellung entfallen.

(4) [1]Schulden sind zu ihrem Rückzahlungsbetrag und Rückstellungen zu ihrem Erfüllungsbetrag anzusetzen. [2]Rückstellungen mit einer voraussichtlichen Laufzeit von mehr als fünf Jahren sind abzuzinsen.

§ 45 Bewertungsvereinfachungsverfahren

(1) Soweit es den Grundsätzen ordnungsmäßiger Buchführung entspricht, kann für den Wertansatz gleichartiger Vermögensgegenstände des Vorratsvermögens unterstellt werden, dass die zuerst oder dass die zuletzt angeschafften oder hergestellten Vermögensgegenstände zuerst verbraucht oder veräußert worden sind.

(2) § 37 Abs. 2 und 3 ist auch auf den Jahresabschluss anwendbar.

§ 46 Abschreibungen

(1) [1]Bei Vermögensgegenständen des immateriellen Vermögens und des Sachvermögens ohne Vorräte, deren Nutzung zeitlich begrenzt ist,

sind die Anschaffungs- oder Herstellungskosten um planmäßige Abschreibungen zu vermindern. [2]Die planmäßige Abschreibung erfolgt grundsätzlich in gleichen Jahresraten über die Dauer, in der der Vermögensgegenstand voraussichtlich genutzt werden kann (lineare Abschreibung). [3]Ausnahmsweise ist eine Abschreibung mit fallenden Beträgen (degressive Abschreibung) oder nach Maßgabe der Leistungsabgabe (Leistungsabschreibung) zulässig, wenn dies dem Nutzungsverlauf wesentlich besser entspricht. [4]Maßgeblich ist die betriebsgewöhnliche Nutzungsdauer, die auf der Grundlage von Erfahrungswerten und unter Berücksichtigung von Beschaffenheit und Nutzung des Vermögensgegenstands zu bestimmen ist.

(2) [1]Für Vermögensgegenstände nach Absatz 1 ist im Jahr der Anschaffung oder Herstellung der für dieses Jahr anfallende Abschreibungsbetrag um jeweils ein Zwölftel für jeden vollen Monat zu vermindern, der dem Monat der Anschaffung oder Herstellung vorangeht. [2]Anschaffungs- oder Herstellungskosten für immaterielle Vermögensgegenstände und bewegliche Vermögensgegenstände des Sachvermögens unterhalb der Inventarisierungsgrenze des § 38 Absatz 4 können im Zusammenhang mit einer investiven Baumaßnahme gesondert als notwendige Erstausstattung aktiviert werden; ansonsten sind sie im Jahr der Anschaffung als ordentlicher Aufwand auszuweisen.

(3) [1]Ohne Rücksicht darauf, ob ihre Nutzung zeitlich begrenzt ist, sind bei Vermögensgegenständen im Falle einer voraussichtlich dauernden Wertminderung außerplanmäßige Abschreibungen vorzunehmen, um die Vermögensgegenstände mit dem niedrigeren Wert anzusetzen, der ihnen am Abschlussstichtag beizulegen ist. [2]Stellt sich in einem späteren Jahr heraus, dass die Gründe für die Abschreibung nicht mehr bestehen, ist der Betrag dieser Abschreibung im Umfang der Werterhöhung unter Berücksichtigung der Abschreibungen, die inzwischen vorzunehmen gewesen wären, zuzuschreiben.

Neunter Abschnitt
Jahresabschluss

§ 47 Allgemeine Grundsätze für die Gliederung

(1) [1]Die Form der Darstellung, insbesondere die Gliederung der aufeinanderfolgenden Ergebnisrechnungen, Bilanzen und Finanzrechnungen, ist beizubehalten, soweit nicht in Ausnahmefällen wegen besonderer Umstände Abweichungen erforderlich sind. [2]Die Abweichungen sind im Anhang anzugeben und zu begründen.

(2) [1]In der Ergebnisrechnung, der Bilanz und der Finanzrechnung ist zu jedem Posten der entsprechende Betrag des vorhergehenden Haushaltsjahres anzugeben. [2]Sind die Beträge nicht vergleichbar, so ist dies im Anhang anzugeben und zu erläutern. [3]Wird der Vorjahresbetrag angepasst, so ist auch dies im Anhang anzugeben und zu erläutern.

(3) Fällt ein Vermögensgegenstand oder eine Schuld unter mehrere Posten der Bilanz, so ist die Mitzugehörigkeit zu anderen Posten bei dem Posten, unter dem der Ausweis erfolgt ist, zu vermerken oder im Anhang anzugeben, wenn dies zur Aufstellung eines klaren und übersichtlichen Jahresabschlusses erforderlich ist.

(4) [1]Eine weitere Untergliederung der Posten ist zulässig; dabei ist jedoch die vorgeschriebene Gliederung zu beachten. [2]Neue Posten dürfen hinzugefügt werden, wenn ihr Inhalt nicht von einem vorgeschriebenen Posten gedeckt wird. [3]Die Ergänzung ist im Anhang anzugeben und zu begründen.

(5) Ein Posten der Ergebnisrechnung, Bilanz oder Finanzrechnung, der keinen Betrag ausweist, braucht nicht aufgeführt zu werden, es sei denn, dass im vorhergehenden Rechnungsjahr unter diesem Posten ein Betrag ausgewiesen wurde.

§ 48 Rechnungsabgrenzungsposten

(1) [1]Als Rechnungsabgrenzungsposten sind auf der Aktivseite vor dem Abschlussstichtag geleistete Ausgaben auszuweisen, soweit sie Aufwand für eine bestimmte Zeit nach diesem Tag darstellen. [2]Ferner darf ausgewiesen werden die als Aufwand berücksichtigte Umsatzsteuer auf am Abschlussstichtag auszuweisende oder von den Vorräten offen abgesetzte Anzahlungen.

(2) Auf der Passivseite sind als Rechnungsabgrenzungsposten vor dem Abschlussstichtag erhaltene Einnahmen auszuweisen, soweit sie Ertrag für eine bestimmte Zeit nach diesem Tag darstellen.

(3) [1]Ist der Rückzahlungsbetrag einer Schuld höher als der Auszahlungsbetrag, so darf der Unterschiedsbetrag auf der Aktivseite als Rechnungsabgrenzungsposten aufgenommen werden. [2]Der Unterschiedsbetrag ist durch planmäßige jährliche Abschreibungen zu tilgen, die auf die gesamte Laufzeit der Schuld verteilt werden können.

§ 49 Ergebnisrechnung

(1) [1]In der Ergebnisrechnung sind die Erträge und Aufwendungen gegenüberzustellen. [2]§ 2 Abs. 2 gilt entsprechend.

(2) Die Ergebnisrechnung ist in Staffelform mindestens in der Gliederung nach § 2 Abs. 1 Nummern 1 bis 24 aufzustellen.

(3) [1]Zur Ermittlung des Jahresergebnisses der Ergebnisrechnung sind die Gesamterträge und Gesamtaufwendungen gegenüberzustellen. [2]Im Jahresabschluss ist ein Überschuss beim ordentlichen Ergebnis der Rücklage aus Überschüssen des ordentlichen Ergebnisses, ein Überschuss beim Sonderergebnis der Rücklage aus Überschüssen des Sonderergebnisses zuzuführen. [3]Für die Deckung von Fehlbeträgen beim ordentlichen Ergebnis und beim Sonderergebnis gilt § 25. [4]Die Behandlung von Überschüssen und Fehlbeträgen ist entsprechend § 2 Abs. 1 Nummern 25 bis 35 darzustellen; ergänzend ist als Nummer 36 die Umbuchung aus den Ergebnisrücklagen in das Basiskapital nach § 23 Satz 4 auszuweisen.

(4) Außerordentliche Erträge und Aufwendungen sind hinsichtlich ihres Betrags und ihrer Art im Anhang zu erläutern, soweit sie für die Beurteilung der Ertragslage nicht von untergeordneter Bedeutung sind.

§ 50 Finanzrechnung

In der Finanzrechnung sind die im Haushaltsjahr eingegangenen Einzahlungen und geleisteten Auszahlungen in Staffelform mindestens nach Nummern 1 bis 36 anhand der Gliederung des § 3 Nummern 1 bis 36 und darüber hinaus wie folgt auszuweisen:

haushaltsunwirksame Zahlungsvorgänge

37. haushaltsunwirksame Einzahlungen, unter anderem durchlaufende Finanzmittel, Rückzahlung von angelegten Kassenmitteln, Aufnahme von Kassenkrediten, und
38. haushaltsunwirksame Auszahlungen, unter anderem durchlaufende Finanzmittel, Anlegung von Kassenmitteln, Rückzahlung von Kassenkrediten;
39. der Überschuss oder Bedarf aus haushaltsunwirksamen Einzahlungen und Auszahlungen (Saldo aus Nummern 37 und 38);

Zahlungsmittelbestand

40. die Summe Anfangsbestand an Zahlungsmitteln und
41. die Veränderung des Bestands an Zahlungsmitteln (Summe aus Nummern 36 und 39);
42. der Endbestand an Zahlungsmitteln am Ende des Haushaltsjahres (Saldo aus den Summen Nummern 40 und 41);

nachrichtlich 43. der Bestand an inneren Darlehen zum Jahresende.

§ 51 Planvergleich

(1) In der Ergebnis- und Finanzrechnung des Gesamthaushalts und der Teilhaushalte sind die Erträge und Einzahlungen, die Aufwendungen und Auszahlungen nach Arten (§§ 2, 3 und 4) gegliedert auszuweisen.
(2) Für den Gesamthaushalt und für jeden Teilhaushalt sind die Plansätze den Werten der Ergebnis- und Finanzrechnung gegenüberzustellen.
(3) *weggefallen*

§ 52 Bilanz

(1) Die Bilanz ist in Kontoform aufzustellen.
(2) In der Bilanz sind mindestens die in den Absätzen 3 und 4 bezeichneten Posten in der angegebenen Reihenfolge gesondert auszuweisen.
(3) Aktivseite:

1 Vermögen
1.1 Immaterielle Vermögensgegenstände;
1.2 Sachvermögen
1.2.1 Unbebaute Grundstücke und grundstücksgleiche Rechte,
1.2.2 Bebaute Grundstücke und grundstücksgleiche Rechte,

1.2.3 Infrastrukturvermögen,
1.2.4 Bauten auf fremden Grundstücken,
1.2.5 Kunstgegenstände, Kulturdenkmäler,
1.2.6 Maschinen und technische Anlagen, Fahrzeuge,
1.2.7 Betriebs- und Geschäftsausstattung,
1.2.8 Vorräte,
1.2.9 Geleistete Anzahlungen, Anlagen im Bau;
1.3 Finanzvermögen
1.3.1 Anteile an verbundenen Unternehmen,
1.3.2 Sonstige Beteiligungen und Kapitaleinlagen in Zweckverbänden oder anderen kommunalen Zusammenschlüssen,
1.3.3 Sondervermögen,
1.3.4 Ausleihungen,
1.3.5 Wertpapiere,
1.3.6 Öffentlich-rechtliche Forderungen, Forderungen aus Transferleistungen,
1.3.7 Privatrechtliche Forderungen,
1.3.8 Liquide Mittel;
2 Abgrenzungsposten
2.1 Aktive Rechnungsabgrenzungsposten,
2.2 Sonderposten für geleistete Investitionszuschüsse;
3 Nettoposition (nicht gedeckter Fehlbetrag).

(4) Passivseite:
1 Eigenkapital
1.1 Basiskapital;
1.2 Rücklagen
1.2.1 Rücklagen aus Überschüssen des ordentlichen Ergebnisses,
1.2.2 Rücklagen aus Überschüssen des Sonderergebnisses,
1.2.3 Zweckgebundene Rücklagen;
1.3 Fehlbeträge des ordentlichen Ergebnisses
1.3.1 Fehlbeträge aus Vorjahren,
1.3.2 Jahresfehlbetrag, soweit eine Deckung im Jahresabschluss durch Entnahme aus den Ergebnisrücklagen nicht möglich ist;
2 Sonderposten
2.1 für Investitionszuweisungen,
2.2 für Investitionsbeiträge,

2.3 für Sonstiges;
3 Rückstellungen
3.1 Lohn- und Gehaltsrückstellungen,
3.2 Unterhaltsvorschussrückstellungen,
3.3 Stilllegungs- und Nachsorgerückstellungen für Abfalldeponien,
3.4 Gebührenüberschussrückstellungen,
3.5 Altlastensanierungsrückstellungen,
3.6 Rückstellungen für drohende Verpflichtungen aus Bürgschaften und Gewährleistungen,
3.7 Sonstige Rückstellungen;
4 Verbindlichkeiten
4.1 Anleihen,
4.2 Verbindlichkeiten aus Kreditaufnahmen,
4.3 Verbindlichkeiten, die Kreditaufnahmen wirtschaftlich gleichkommen,
4.4 Verbindlichkeiten aus Lieferungen und Leistungen,
4.5 Verbindlichkeiten aus Transferleistungen,
4.6 Sonstige Verbindlichkeiten;
5 Passive Rechnungsabgrenzungsposten.

§ 53 Anhang

(1) In den Anhang sind diejenigen Angaben aufzunehmen, die zu den einzelnen Posten der Ergebnisrechnung, der Finanzrechnung und der Bilanz vorgeschrieben sind.

(2) Im Anhang sind ferner anzugeben

1. die auf die Posten der Ergebnisrechnung und der Bilanz angewandten Bilanzierungs- und Bewertungsmethoden,
2. Abweichungen von Bilanzierungs- und Bewertungsmethoden samt Begründung; deren Einfluss auf die Vermögens-, Finanz- und Ertragslage ist gesondert darzustellen,
3. Angaben über die Einbeziehung von Zinsen für Fremdkapital in die Herstellungskosten,
4. der auf die Gemeinde entfallende Anteil an den beim Kommunalen Versorgungsverband Baden-Württemberg auf Grund von § 27 Abs. 5 GKV gebildeten Pensionsrückstellungen,
5. die Entwicklung der Liquidität im Haushaltsjahr,

6. die in das folgende Haushaltsjahr übertragenen Ermächtigungen (Haushaltsübertragungen) sowie die nicht in Anspruch genommenen Kreditermächtigungen,
7. die unter der Bilanz aufzuführenden Vorbelastungen künftiger Haushaltsjahre (§ 42) und
8. der Bürgermeister, die Mitglieder des Gemeinderats und die Beigeordneten, auch wenn sie im Haushaltsjahr ausgeschieden sind, mit dem Familiennamen und mindestens einem ausgeschriebenen Vornamen.

§ 54 Rechenschaftsbericht

(1) [1]Im Rechenschaftsbericht sind der Verlauf der Haushaltswirtschaft und die wirtschaftliche Lage der Gemeinde unter dem Gesichtspunkt der Sicherung der stetigen Erfüllung der Aufgaben so darzustellen, dass ein den tatsächlichen Verhältnissen entsprechendes Bild vermittelt wird. [2]Dabei sind die wichtigsten Ergebnisse des Jahresabschlusses und erhebliche Abweichungen der Jahresergebnisse von den Haushaltsansätzen zu erläutern und eine Bewertung der Abschlussrechnungen vorzunehmen.

(2) Der Rechenschaftsbericht soll auch darstellen
1. die Ziele und Strategien,
2. Angaben über den Stand der kommunalen Aufgabenerfüllung,
3. Vorgänge von besonderer Bedeutung, die nach dem Schluss des Haushaltsjahres eingetreten sind,
4. zu erwartende positive Entwicklungen und mögliche Risiken von besonderer Bedeutung,
5. die Entwicklung und Deckung der Fehlbeträge und
6. die Entwicklung der verbindlich vorgegebenen Kennzahlen.

§ 55 Vermögensübersicht, Schuldenübersicht

(1) [1]In der Vermögensübersicht sind der Stand des Vermögens zu Beginn und zum Ende des Haushaltsjahres, die Zu- und Abgänge sowie die Zuschreibungen und Abschreibungen darzustellen. [2]Die Gliederung dieser Übersicht richtet sich nach dem Aktivposten 1 der Bilanz (§ 52 Abs. 3).

(2) [1]In der Schuldenübersicht sind die Schulden der Gemeinde nachzuweisen. [2]Anzugeben sind der Gesamtbetrag zu Beginn und Ende des Haushaltsjahres, die Tilgungsraten unterteilt in Zahlungsziele bis zu einem Jahr, von einem bis fünf Jahren und von mehr als fünf Jahren. [3]Die Schuldenübersicht ist wie der Passivposten 4 der Bilanz (§ 52 Abs. 4 Nr. 4.1 bis 4.3) zu gliedern.

Zehnter Abschnitt
Kommunaler Gesamtabschluss

§ 56 Gesamtabschluss

(1) Der Gesamtabschluss besteht aus der konsolidierten Ergebnisrechnung und der konsolidierten Bilanz; die Vorschriften über den Jahresabschluss der Gemeinde sind entsprechend anzuwenden.
(2) Eine untergeordnete Bedeutung für die Befreiung von der Pflicht zur Aufstellung eines Gesamtabschlusses nach § 95 a Abs. 2 GemO liegt in der Regel vor, wenn bis zum Ende des Haushaltsjahres und zum Ende des Vorjahres die zusammengefassten Bilanzsummen der nach § 95 a Abs. 1 GemO in den Gesamtabschluss einzubeziehenden Organisations- und Rechtseinheiten 35 Prozent der in der jeweiligen Bilanz der Gemeinde ausgewiesenen Bilanzsumme nicht übersteigen.

§ 57 Kapitalflussrechnung

Auf die Kapitalflussrechnung findet der Deutsche Rechnungslegungsstandard Nr. 2 (DRS 2) zur Kapitalflussrechnung in der vom Bundesministerium der Justiz nach § 342 Abs. 2 des Handelsgesetzbuchs bekannt gemachten Form entsprechende Anwendung.

§ 58 Konsolidierungsbericht und Angaben zum nicht konsolidierten Beteiligungsbesitz

(1) Im Konsolidierungsbericht sind darzustellen
1. ein Gesamtüberblick, bestehend aus
   a) einer Darstellung der wirtschaftlichen und finanziellen Lage der Gemeinde, so dass ein den tatsächlichen Verhältnissen entsprechendes Gesamtbild unter dem Gesichtspunkt der stetigen Erfüllung der Aufgaben vermittelt wird,

   b) Angaben über den Stand der Erfüllung des öffentlichen Zwecks der konsolidierten Organisationseinheiten und Vermögensmassen,
   c) einer Bewertung des Gesamtabschlusses unter dem Gesichtspunkt der dauernden Leistungsfähigkeit und
   d) den in § 105 Abs. 2 Satz 2 Nr. 1 und 3 GemO für den Beteiligungsbericht beschriebenen Mindestangaben,
2. Erläuterungen des Gesamtabschlusses, bestehend aus
   a) Informationen zur Abgrenzung des Konsolidierungskreises und zu den angewandten Konsolidierungsmethoden,
   b) Erläuterungen zu den einzelnen Positionen des Gesamtabschlusses sowie den Nebenrechnungen und
   c) Einzelangaben zur Zusammensetzung globaler Abschlusspositionen und
3. ein Ausblick auf die künftige Entwicklung, insbesondere bestehend aus
   a) Angaben über Vorgänge von besonderer Bedeutung, die nach dem Schluss der Konsolidierungsperiode eingetreten sind,
   b) Angaben über die erwartete Entwicklung wesentlicher Rahmenbedingungen, insbesondere über die finanziellen und wirtschaftlichen Perspektiven und Risiken, und
   c) Angaben über die wesentlichen Ziele und Strategien.

(2) Für die Angaben zum nicht konsolidierten Beteiligungsbesitz gilt § 105 GemO entsprechend.

Elfter Abschnitt
Übergangs- und Schlussvorschriften

§ 59 Bestimmungen für Sanierungs-, Entwicklungs- und Umlegungsmaßnahmen

(1) Sanierungs- und Entwicklungsmaßnahmen nach dem Baugesetzbuch (BauGB) sowie freiwillige Umlegungen zur Erschließung oder Neugestaltung bestimmter Gebiete im Geltungsbereich eines Bebauungsplans, für die vor der Umstellung der Haushaltswirtschaft nach § 64 Abs. 2 und 3 Sonderrechnungen nach § 50 der Gemeindehaushaltsverordnung vom 7. Februar 1973 (GBl. S. 33) in der zuletzt gel-

tenden Fassung geführt werden, können in der bisherigen Form noch abgewickelt werden.
(2) [1]Für Sanierungs- und Entwicklungsmaßnahmen nach dem Baugesetzbuch, die nach der Umstellung der Haushaltswirtschaft nach § 64 Absatz 2 und 3 begonnen werden, können Sonderrechnungen nach den für den Gemeindehaushalt geltenden Vorschriften geführt werden. [2]Auf die Aufstellung eines Haushaltsplans und eines Finanzplans kann verzichtet werden, wenn eine vollständige Kosten- und Finanzierungsübersicht nach § 149 BauGB aufgestellt und jährlich fortgeschrieben wird. [3]Ein absehbarer Fehlbetrag zum Ende der Maßnahme soll jährlich anteilig aus dem Kernhaushalt abgedeckt werden.

§ 60 Sondervermögen, Treuhandvermögen

(1) [1]Für Sondervermögen und Treuhandvermögen, auf die die Vorschriften über die Wirtschaftsführung und das Rechnungswesen des Eigenbetriebs angewendet werden, gelten die §§ 11, 12, 14, 27 und 31 bis 33 entsprechend. [2]Für die anderen Sondervermögen und Treuhandvermögen gilt diese Verordnung entsprechend, soweit nicht durch Gesetz oder auf Grund eines Gesetzes etwas anderes bestimmt ist.
(2) [1]Sondervermögen und Treuhandvermögen werden von der Pflicht zur Finanzplanung (§ 85 GemO) freigestellt. [2]Die Vorschriften über die Wirtschaftsführung und das Rechnungswesen des Eigenbetriebs bleiben unberührt.

§ 61 Begriffsbestimmungen

Bei der Anwendung dieser Verordnung sind die nachfolgenden Begriffe zu Grunde zu legen:

1. Abschreibungen: Betrag, der bei abnutzbaren Vermögensgegenständen die eingetretenen Wertminderungen erfasst und als Aufwand angesetzt wird;
2. Aufwendungen: zahlungs- und nichtzahlungswirksamer Verbrauch von Gütern und Dienstleistungen (Ressourcenverbrauch) eines Haushaltsjahres;
3. Auszahlungen: Barzahlungen und bargeldlose Zahlungen, die die liquiden Mittel vermindern;

4. außerordentliche Erträge und Aufwendungen: außerhalb der gewöhnlichen Verwaltungstätigkeit anfallende Erträge und Aufwendungen, insbesondere Gewinne und Verluste aus Vermögensveräußerung, soweit sie nicht von untergeordneter Bedeutung sind, zum Beispiel ungewöhnlich hohe Spenden, Schenkungen, Erträge und Aufwendungen im Zusammenhang mit Naturkatastrophen oder außergewöhnlichen Schadensereignissen;
5. außerplanmäßige Aufwendungen oder Auszahlungen: Aufwendungen oder Auszahlungen, für die im Haushaltsplan keine Ermächtigungen veranschlagt und keine aus den Vorjahren übertragenen Ermächtigungen (Haushaltsübertragungen) verfügbar sind;
6. Basiskapital: die sich in der Bilanz ergebende Differenz zwischen Vermögen und Abgrenzungsposten der Aktivseite sowie Rücklagen, Sonderposten, Rückstellungen, Verbindlichkeiten und Rechnungsabgrenzungsposten der Passivseite der Bilanz;
7. Baumaßnahmen: Neu-, Erweiterungs- und Umbauten sowie die Instandsetzung von Bauten, soweit sie nicht der Unterhaltung baulicher Anlagen dient;
8. Bilanz: Abschluss des Rechnungswesens für ein Haushaltsjahr in Form einer Gegenüberstellung von Vermögen (Aktiva) und Kapital (Passiva) zu einem bestimmten Stichtag;
9. Buchführung: lückenlose, betragsmäßige Aufzeichnung der Geschäftsvorfälle;
10. Budget: im Haushaltsplan für einen abgegrenzten Aufgabenbereich veranschlagte Personal- und Sachmittel (Ermächtigungen) und Haushaltsübertragungen, die dem zuständigen Verantwortungsbereich zur Bewirtschaftung im Rahmen vorgegebener Leistungsziele zugewiesen sind;
11. durchlaufende Finanzmittel: Zahlungen, die für einen Dritten lediglich eingenommen und ausgegeben werden (§ 15 Abs. 2);
12. Einzahlungen: Barzahlungen und bargeldlose Zahlungen, die die liquiden Mittel erhöhen;
13. Erlass: Verzicht auf einen Anspruch;
14. Erträge: zahlungs- und nichtzahlungswirksamer Wertzuwachs (Ressourcenaufkommen) eines Haushaltsjahres;

15. Fehlbetrag: Unterschiedsbetrag, um den die ordentlichen und außerordentlichen Aufwendungen im Ergebnishaushalt oder im Jahresabschluss der Ergebnisrechnung höher sind als die ordentlichen und außerordentlichen Erträge;
16. fremde Finanzmittel: die in § 15 genannten Beträge;
17. Hauptbuch: Darstellung der Buchungen des externen Rechnungswesens nach sachlichen Ordnungskriterien innerhalb eines Haushaltsjahres;
18. Haushaltsübertragungen: Ansätze für Aufwendungen und Auszahlungen, die in das folgende Jahr übertragen werden;
19. Haushaltsvermerke: einschränkende oder erweiternde Bestimmungen zu Ansätzen des Haushaltsplans (zum Beispiel Vermerke über Deckungsfähigkeit, Übertragbarkeit, Zweckbindung, Sperrvermerke);
20. innere Darlehen: vorübergehende Inanspruchnahme von liquiden Mitteln aus Rückstellungen nach § 41 Absatz 1 Nummer 3 als Finanzierungsmittel für Investitionen und Investitionsförderungsmaßnahmen;
21. Investitionen: Auszahlungen für die Veränderung des Vermögens (immaterielles Vermögen, Sachvermögen einschließlich aktivierter Eigenleistungen, ohne geringwertige bewegliche und immaterielle Vermögensgegenstände nach § 38 Absatz 4 außer in Fällen des § 46 Absatz 2 Satz 2 Halbsatz 1, und Finanzvermögen ohne Anlagen von Kassenmitteln), das der langfristigen Aufgabenerfüllung dient;
22. Investitionsförderungsmaßnahmen: Zuweisungen, Zuschüsse, Darlehen und Ausleihungen für Investitionen Dritter und für Investitionen der Sondervermögen mit Sonderrechnung;
23. Journal: Darstellung der Buchungen des externen Rechnungswesens in zeitlicher Reihenfolge innerhalb eines Haushaltsjahres;
24. Kassenkredite: kurzfristige Kredite zur Überbrückung des verzögerten oder späteren Eingangs von Deckungsmitteln, soweit keine anderen liquiden Mittel eingesetzt werden können;
25. Konsolidierung: Zusammenfassung der Jahresabschlüsse der Gemeinde und der in § 95 a GemO genannten Aufgabenträger zu einem Gesamtabschluss;

26. Kontenplan: die auf der Grundlage des Kontenrahmens aufgestellte örtliche Gliederung der Buchungskonten (§ 35 Abs. 4 Satz 3);
27. Kontenrahmen: die für die sachliche Gliederung der Buchungen im Hauptbuch (§ 36) empfohlene oder vorgegebene (§ 145 Satz 1 Nr. 5 GemO) Mindestgliederung der Buchungskonten;
28. Kredite: die unter der Verpflichtung zur Rückzahlung von Dritten oder von Sondervermögen mit Sonderrechnung aufgenommenen Finanzierungsmittel mit Ausnahme der Kassenkredite;
29. Leistung: bewertbares Arbeitsergebnis einer Verwaltungseinheit, das zur Aufgabenerfüllung im Haushaltsjahr erzeugt wird;
30. Leistungsziele: angestrebter Stand an Leistungen am Ende eines bestimmten Zeitraums, der durch quantitative und qualitative Größen beschrieben wird;
31. Niederschlagung: die befristete oder unbefristete Zurückstellung der Weiterverfolgung eines fälligen Anspruchs der Gemeinde ohne Verzicht auf den Anspruch selbst;
32. ordentliche Erträge und Aufwendungen: Erträge und Aufwendungen, die innerhalb der gewöhnlichen Verwaltungstätigkeit anfallen, soweit sie nicht den außerordentlichen Erträgen und Aufwendungen zuzuordnen sind;
33. Produkt: Leistung oder Gruppe von Leistungen, die für Stellen außerhalb einer Verwaltungseinheit erbracht werden;
34. Produktgruppe: Zusammenfassung von inhaltlich zusammengehörenden Produkten innerhalb der Produkthierarchie;
35. Produktbereich:
    Zusammenfassung von inhaltlich zusammengehörenden Produktgruppen innerhalb der Produkthierarchie;
36. Rechnungsabgrenzungsposten: Bilanzpositionen, die der zeitlichen Rechnungsabgrenzung dienen:
    a) Ausgaben vor dem Abschlussstichtag sind auf der Aktivseite auszuweisen, soweit sie Aufwand für eine bestimmte Zeit nach diesem Tag darstellen (aktiver Rechnungsabgrenzungsposten),
    b) Einnahmen vor dem Abschlussstichtag sind auf der Passivseite auszuweisen, wenn sie Ertrag für eine bestimmte Zeit nach diesem Tag darstellen (passiver Rechnungsabgrenzungsposten);

37. Schlüsselposition: wesentliche, für die Steuerung relevante Position in einem Teilhaushalt, zum Beispiel ein Produkt, eine Produktgruppe oder ein Produktbereich, eine Leistung oder eine Organisationseinheit;
38. Schulden: Rückzahlungsverpflichtungen (Verbindlichkeiten) aus Anleihen, Kreditaufnahmen und ihnen wirtschaftlich gleichkommenden Vorgängen sowie aus der Aufnahme von Kassenkrediten (§ 52 Abs. 4 Nr. 4.1 bis 4.3);
39. Tilgung von Krediten:
    a) ordentliche Tilgung: die Leistung des im Haushaltsjahr zurückzuzahlenden Betrags bis zu der in den Rückzahlungsbedingungen festgelegten Mindesthöhe,
    b) außerordentliche Tilgung: die über die ordentliche Tilgung hinausgehende Rückzahlung einschließlich Umschuldung;
40. Transfererträge und -aufwendungen: Erträge und Aufwendungen ohne unmittelbar damit zusammenhängende Gegenleistung;
41. überplanmäßige Aufwendungen oder Auszahlungen: Aufwendungen oder Auszahlungen, die die im Haushaltsplan veranschlagten Beträge und die aus den Vorjahren übertragenen Ermächtigungen (Haushaltsübertragungen) übersteigen;
42. Überschuss: Unterschiedsbetrag, um den die ordentlichen und außerordentlichen Erträge im Ergebnishaushalt oder im Jahresabschluss der Ergebnisrechnung die ordentlichen und außerordentlichen Aufwendungen übersteigen;
43. Umschuldung: die Ablösung von Krediten durch andere Kredite;
44. Verfügungsmittel: Beträge, die dem Bürgermeister oder dem Ortsvorsteher für dienstliche Zwecke, für die keine Aufwendungen veranschlagt sind, zur Verfügung stehen;
45. Vorjahr: das dem Haushaltsjahr vorangehende Jahr.

§ 62 Erstmalige Bewertung, Eröffnungsbilanz

(1) [1]In der Eröffnungsbilanz nach Artikel 13 Abs. 5 des Gesetzes zur Reform des Gemeindehaushaltsrechts vom 4. Mai 2009 sind die zum Stichtag der Aufstellung vorhandenen Vermögensgegenstände mit den Anschaffungs- oder Herstellungskosten, vermindert um Abschreibun-

gen nach § 46, anzusetzen. [2]Die Vermögensgegenstände dürfen auch mit Werten angesetzt werden, die vor dem Stichtag für die Aufstellung der Eröffnungsbilanz in Anlagenachweisen nach § 38 der Gemeindehaushaltsverordnung vom 7. Februar 1973 (GBl. S. 33) in der zuletzt geltenden Fassung oder in einer Vermögensrechnung nach der Verwaltungsvorschrift des Innenministeriums zur Vermögensrechnung nach § 43 GemHVO vom 31. Oktober 2001 (GABl. S. 1108) nachgewiesen sind. [3]Der Grundsatz der Einzelbewertung (§ 43 Absatz 1 Nummer 2) ist hierbei zu beachten. [4]Bei beweglichen und immateriellen Vermögensgegenständen, deren Anschaffung oder Herstellung länger als sechs Jahre vor dem Stichtag für die Eröffnungsbilanz zurückliegt, kann von einer Inventarisierung und Aufnahme in die Bilanz abgesehen werden.

(2) [1]Abweichend von Absatz 1 können für Vermögensgegenstände, die mehr als sechs Jahre vor dem Stichtag der Eröffnungsbilanz angeschafft oder hergestellt wurden, den Preisverhältnissen zum Anschaffungs- oder Herstellungszeitpunkt entsprechende Erfahrungswerte angesetzt werden, vermindert um Abschreibungen nach § 46. [2]Dabei können fiktive Anschaffungs- oder Herstellungszeitpunkte auf der Basis des aktuellen Zustands des Vermögensgegenstands und der danach geschätzten Restnutzungsdauer angesetzt werden.

(3) Für Vermögensgegenstände, die vor dem 31. Dezember 1974 angeschafft oder hergestellt worden sind, können abweichend von Absatz 1 und 2 den Preisverhältnissen zum 1. Januar 1974 entsprechende Erfahrungswerte angesetzt werden, vermindert um Abschreibungen nach § 46.

(4) [1]Bei Grundstücken, insbesondere bei landwirtschaftlich genutzten Grundstücken, Grünflächen und Straßengrundstücken können örtliche Durchschnittswerte angesetzt werden. [2]Außer bei Grünflächen und Straßengrundstücken können für den Wert von Grund und Boden von Grundstücken, die dauerhaft einer öffentlichen Zweckbestimmung dienen, vom Wert von Grund und Boden umliegender Grundstücke Abschläge bis zur Hälfte des Werts vorgenommen werden. [3]Bei der Bewertung von Straßen können die Erfahrungswerte für die einzelnen Straßenarten auf der Grundlage örtlicher Durchschnittswerte

ermittelt werden oder Pauschalwerte nach bekanntgemachten Bewertungsvorgaben je Straßenart angesetzt werden. [4]Bei Waldflächen können

1. für den Aufwuchs zwischen 7 200 und 8 200 Euro je Hektar und
2. für die Grundstücksfläche 2 600 Euro je Hektar

angesetzt werden.

(5) Als Wert von Beteiligungen und Sondervermögen ist, wenn die Ermittlung der tatsächlichen Anschaffungskosten einen unverhältnismäßigen Aufwand verursachen würde, das anteilige Eigenkapital anzusetzen.

(6) [1]Für Sonderposten für erhaltene Investitionszuweisungen und -beiträge nach § 52 Abs. 4 Nr. 2 gelten die Absätze 1 bis 3 entsprechend. [2]Bei Bewertung von Vermögensgegenständen nach Erfahrungs- oder Pauschalwerten sollen die korrespondierenden Sonderposten ebenfalls nach Erfahrungs- oder Pauschalwerten ermittelt werden. [3]Auf den Ansatz geleisteter Investitionszuschüsse nach § 52 Abs. 3 Nr. 2.2 in der Eröffnungsbilanz kann verzichtet werden; soweit ein Ansatz erfolgt, gelten die Absätze 1 bis 3 entsprechend.

(7) Die in der Eröffnungsbilanz nach den Absätzen 2 bis 6 angesetzten Werte für die Vermögensgegenstände gelten für die künftigen Haushaltsjahre als Anschaffungs- oder Herstellungskosten.

§ 63 Berichtigung der erstmaligen Erfassung und Bewertung

(1) Soweit bei der erstmaligen Erfassung und Bewertung in der Eröffnungsbilanz

1. Vermögensgegenstände oder Sonderposten nicht oder mit einem zu niedrigen Wert oder Sonderposten oder Schulden zu Unrecht oder mit einem zu hohen Wert angesetzt worden sind oder
2. Vermögensgegenstände oder Sonderposten zu Unrecht oder mit einem zu hohen Wert oder Sonderposten oder Schulden nicht oder mit einem zu geringen Wert angesetzt worden sind,

so ist in der späteren Bilanz der unterlassene Ansatz nachzuholen oder der Wertansatz zu berichtigen (Berichtigungen), wenn es sich um einen wesentlichen Betrag handelt; dies gilt auch, wenn die Vermögensgegenstände oder Schulden am Bilanzstichtag nicht mehr vorhanden sind, jedoch nur für den auf die Vermögensänderung folgenden Jahresabschluss.

(2) [1]Der Gewinn und Verlust aus Berichtigungen ist mit dem Basiskapital zu verrechnen. [2]Die Berichtigungen sind im Anhang der betroffenen Bilanz zu erläutern. [3]Auf Grund einer nachträglichen Ausübung von Wahlrechten oder Ermessensspielräumen sind Berichtigungen nicht zulässig.

(3) [1]Berichtigungen können letztmals im dritten der überörtlichen Prüfung der Eröffnungsbilanz folgenden Jahresabschluss vorgenommen werden. [2]Vorherige Jahresabschlüsse sind nicht zu berichtigen.

§ 64 Inkrafttreten, Übergangszeit

(1) [1]Diese Verordnung tritt am 1. Januar 2010 in Kraft. [2]Gleichzeitig tritt die Gemeindehaushaltsverordnung vom 7. Februar 1973 (GBl. S. 33), zuletzt geändert durch Verordnung vom 10. Juli 2001 (GBl. S. 466), außer Kraft.

(2) [1]Diese Verordnung ist spätestens für die Haushaltswirtschaft ab dem Haushaltsjahr 2020 anzuwenden. [2]Bis dahin gilt die Gemeindehaushaltsverordnung vom 7. Februar 1973 (GBl. S. 33), zuletzt geändert durch Verordnung vom 10. Juli 2001 (GBl. S. 466), weiter. [3]Die Bestimmungen des Abschnitts 10 über den Kommunalen Gesamtabschluss (§§ 56 bis 58) sind spätestens ab dem Haushaltsjahr 2022 anzuwenden. [4]Für die befristete Weitergeltung von Ausnahmegenehmigungen nach dem bisherigen § 49 GemHVO und ihre Verlängerung gilt Artikel 13 Abs. 3 des Gesetzes zur Reform des Gemeindehaushaltsrechts vom 4. Mai 2009 entsprechend.

(3) [1]Die Gemeinde kann nach Artikel 13 Abs. 4 des Gesetzes zur Reform des Gemeindehaushaltsrechts vom 4. Mai 2009 beschließen, ihr Haushalts- und Rechnungswesen bereits vor dem Haushaltsjahr 2020 auf die Kommunale Doppik umzustellen. [2]In diesem Fall ist diese Verordnung ab dem von der Gemeinde bestimmten Haushaltsjahr anzuwenden.

(4) [1]§§ 1 bis 5 in der am 21. Mai 2016 geltenden Fassung sind ab der nächsten zu beschließenden Haushaltssatzung anzuwenden. [2]Zweckgebundene Rücklagen, die nach § 23 Satz 3 in der am 21. Mai 2016

geltenden Fassung nicht mehr fortgeführt werden können, sind im Rahmen der Aufstellung des nächsten Jahresabschlusses ergebnisneutral in eine Ergebnisrücklage umzubuchen; § 23 Satz 2 bleibt unberührt.

3.
Gesetz über kommunale Zusammenarbeit (GKZ)

in der Fassung der Bekanntmachung vom 16. September 1974 (GBl. S. 408, ber. 1975 S. 460, ber. 1976 S. 408), zuletzt geändert durch Gesetz vom 15. Dezember 2015 (GBl. S. 1147)

Inhaltsübersicht

Erster Teil
Allgemeine Vorschriften

§ 1 Rechtsformen und Grundsätze kommunaler Zusammenarbeit

[1]Gemeinden und Landkreise können zur kommunalen Zusammenarbeit Zweckverbände und gemeinsame selbständige Kommunalanstalten bilden sowie öffentlich-rechtliche Vereinbarungen schließen, um bestimmte Aufgaben, zu deren Erledigung sie berechtigt oder verpflichtet sind, für alle oder einzelne gemeinsam zu erfüllen. [2]Zur gemeinsamen Durchführung bestimmter Aufgaben können sie gemeinsame Dienststellen bilden. [3]Die Sätze 1 und 2 gelten nicht, wenn durch Gesetz die gemeinsame Erfüllung oder Durchführung der Aufgaben ausgeschlossen oder hierfür eine besondere Rechtsform vorgeschrieben ist.

Zweiter Teil
Zweckverband

1. Abschnitt
Grundlagen des Zweckverbands

§ 2 Verbandsmitglieder

(1) Gemeinden und Landkreise können sich zu einem Zweckverband zusammenschließen (Freiverband) oder zur Erfüllung von Pflichtaufgaben zusammengeschlossen werden (Pflichtverband).

(2) [1]Neben einer der in Absatz 1 genannten Körperschaften können auch andere Körperschaften, Anstalten und Stiftungen des öffentlichen Rechts Mitglied eines Freiverbands sein, soweit nicht die für sie geltenden besonderen Vorschriften die Beteiligung ausschließen oder beschränken. [2]Ebenso können natürliche Personen und juristische Personen des Privatrechts Mitglied eines Freiverbands sein, wenn die Erfüllung der Verbandsaufgaben dadurch gefördert wird und Gründe des öffentlichen Wohls nicht entgegenstehen.

§ 3 Rechtsnatur

[1]Der Zweckverband ist eine Körperschaft des öffentlichen Rechts. [2]Er verwaltet seine Angelegenheiten im Rahmen der Gesetze unter eigener Verantwortung.

§ 4 Aufgabenübergang und Rechte

(1) [1]Das Recht und die Pflicht der an einem Zweckverband beteiligten Gemeinden und Landkreise zur Erfüllung der Aufgaben, die dem Zweckverband gestellt sind, gehen auf den Zweckverband über. [2]Ergänzend dazu kann der Zweckverband für alle oder einzelne seiner Mitglieder weitere Aufgaben durchführen; deren Umfang muss im Verhältnis zu seinen eigenen Aufgaben nachrangig sein; § 25 Absatz 2 Satz 2 gilt entsprechend.

(2) [1]Bestehende Beteiligungen der Gemeinden und Landkreise an Unternehmen und Verbänden, die der gleichen oder einer ähnlichen Aufgabe dienen wie der Zweckverband, bleiben unberührt. [2]Hat nach der Verbandssatzung der Zweckverband anzustreben, solche Beteili-

gungen an Stelle seiner Verbandsmitglieder zu übernehmen, so sind die einzelnen Verbandsmitglieder zu den hierfür erforderlichen Rechtshandlungen verpflichtet.

§ 5 Rechtsverhältnisse, Satzungen[1, 2]

(1) Die Rechtsverhältnisse des Zweckverbands werden im Rahmen dieses Gesetzes durch eine Verbandssatzung geregelt.

(2) [1]Soweit nicht ein Gesetz oder die Verbandssatzung besondere Vorschriften trifft, finden auf den Zweckverband die für Gemeinden geltenden Vorschriften entsprechende Anwendung. [2]Treffen diese Bestimmungen für einzelne Gruppen von Gemeinden nach ihrer Einwohnerzahl oder ihrer Eigenschaft als Stadtkreise, Große Kreisstädte und sonstige Gemeinden unterschiedliche Regelungen, so sind die Vorschriften anzuwenden, die für die Beteiligten der höheren Ordnung maßgebend sind. [3]Landkreise stehen Stadtkreisen gleich.

(3) [1]Das Recht, Satzungen zu erlassen, steht dem Zweckverband nach Maßgabe der Gemeindeordnung für sein Aufgabengebiet zu. [2]Der örtliche Geltungsbereich der Satzungen kann beschränkt werden.

(4) Auf Satzungen über die Benutzung öffentlicher Einrichtungen, über den Anschluss- und Benutzungszwang sowie über die Erhebung von Gebühren und Beiträgen finden die für die Gemeinden geltenden Vorschriften über das Recht der Einwohner, Grundbesitzer und Gewerbetreibenden zur Benutzung öffentlicher Einrichtungen der Gemeinde, über die Erhebung von Gebühren und Beiträgen sowie über das Verwaltungszwangsverfahren und die Verfolgung und Ahndung von Ordnungswidrigkeiten bei Zuwiderhandlungen gegen Satzungen entsprechende Anwendung.

(5) Die Zweckverbände sind Verwaltungsbehörden im Sinne von § 36 Abs. 1 Nr. 1 des Gesetzes über Ordnungswidrigkeiten bei Zuwiderhandlungen gegen ihre Satzungen.

---

1 Zu § 5 Abs. 3: Das Satzungsrecht beschränkt sich auf den Aufgabenkreis des Zweckverbands; § 4 Abs. 1 und 3 GemO gilt entsprechend. Die Bekanntmachungsform ist in der Verbandssatzung zu regeln (§ 6 Abs. 2 Nr. 6).

2 Zu § 5 Abs. 4: Vgl. die §§ 10, 11 GemO und wegen der Verfolgung von Ordnungswidrigkeiten § 142 GemO, ferner das Kommunalabgabengesetz.

2. Abschnitt
Bildung des Zweckverbands

§ 6 Verbandssatzung[3]

(1) Zur Bildung des Zweckverbands als Freiverband muss von den Beteiligten eine Verbandssatzung vereinbart werden.

(2) Die Verbandssatzung muss bestimmen

1. die Verbandsmitglieder,
2. die Aufgaben,
3. den Namen und Sitz,
4. die Verfassung und Verwaltung, insbesondere die Zuständigkeit der Verbandsorgane und deren Geschäftsgang,
5. den Maßstab, nach dem die Verbandsmitglieder zur Deckung des Finanzbedarfs beizutragen haben (§ 19 Abs. 1 Satz 1),
6. die Form der öffentlichen Bekanntmachungen,
7. die Abwicklung im Falle der Auflösung des Zweckverbands.

§ 7 Genehmigungsverfahren

(1) [1]Die Verbandssatzung bedarf der Genehmigung der Rechtsaufsichtsbehörde (§ 28 Abs. 2). [2]Die Genehmigung ist zu erteilen, wenn die Bildung des Zweckverbands zulässig und die Verbandssatzung den gesetzlichen Vorschriften entsprechend vereinbart ist. [3]Soll der Zweckverband Weisungsaufgaben erfüllen, entscheidet die Rechtsaufsichtsbehörde im Einvernehmen mit der Fachaufsichtsbehörde über die Genehmigung nach pflichtmäßigem Ermessen.

(2) Ist für die Erfüllung einer Aufgabe, für die der Zweckverband gebildet werden soll, oder für die Durchführung einer weiteren Aufgabe eine besondere Genehmigung erforderlich, kann die Verbandssatzung nicht genehmigt werden, wenn zu erwarten ist, dass die besondere Genehmigung versagt wird.

---

3 Zu § 6: Die Vereinbarung der zukünftigen Mitglieder über die Verbandssatzung geht der Entstehung des Zweckverbands voraus. Mehrheitsbeschlüsse kommen in diesem Stadium noch nicht in Betracht. Zur Entstehung des Zweckverbands s. § 8 Abs. 2.

§ 8 Entstehung des Zweckverbands

(1) [1]Die Genehmigung der Verbandssatzung ist mit der Verbandssatzung von der Rechtsaufsichtsbehörde in ihrem amtlichen Veröffentlichungsblatt bekanntzumachen. [2]Die Rechtsaufsichtsbehörde kann in der Bekanntmachung der Genehmigung für die Bekanntmachung der Verbandssatzung eine andere Form bestimmen.

(2) [1]Der Zweckverband entsteht am Tage nach der öffentlichen Bekanntmachung der Genehmigung und der Verbandssatzung, sofern in der Verbandssatzung kein späterer Zeitpunkt bestimmt ist. [2]Werden Genehmigung und Verbandssatzung getrennt bekanntgemacht (Absatz 1 Satz 2), ist die spätere Bekanntmachung maßgebend.

§ 9 Ausgleich

Neben der Verbandssatzung können die Beteiligten schriftliche Vereinbarungen über den Ausgleich von Vorteilen und Nachteilen abschließen, die sich für sie aus der Bildung des Zweckverbands ergeben.

§ 10 Bedingte Pflichtaufgaben

(1) [1]Kann eine freiwillige Aufgabe durch mehrere kommunale Aufgabenträger nur gemeinsam in wirksamer Weise oder gemeinsam wesentlich wirtschaftlicher oder zweckmäßiger erfüllt werden, so kann die Aufgabe für die Beteiligten nach deren Anhörung durch Rechtsverordnung des Innenministeriums im Einvernehmen mit dem zuständigen Ministerium zur Pflichtaufgabe erklärt werden, wenn für die Erfüllung der Aufgabe ein dringendes öffentliches Bedürfnis besteht. [2]Dasselbe gilt, wenn die Erfüllung einer freiwilligen Aufgabe zugleich den Einwohnern eines anderen oder mehrerer anderer kommunaler Aufgabenträger in einem Umfang zugute kommt, dass eine gemeinsame Finanzierung geboten ist und wenn für die gemeinsame Erfüllung der Aufgabe ein dringendes öffentliches Bedürfnis besteht. [3]Die Aufgabe ist von den Beteiligten in einer der öffentlich-rechtlichen Formen kommunaler Zusammenarbeit, auf die dieses Gesetz Anwendung findet, gemeinsam zu erfüllen.

(2) Zu Pflichtaufgaben nach Absatz 1 können erklärt werden die Errichtung, Unterhaltung sowie der Betrieb von Einrichtungen

1. des öffentlichen Personennahverkehrs,
2. der Naherholung,
3. der Fernwärmeversorgung,
4. der Wasserversorgung,
5. der Abwasserbeseitigung.

§ 11 Pflichtverband

(1) Besteht für die Bildung eines Zweckverbands zur Erfüllung bestimmter Pflichtaufgaben ein dringendes öffentliches Bedürfnis, kann die Rechtsaufsichtsbehörde (§ 28 Abs. 2) den beteiligten Gemeinden und Landkreisen eine angemessene Frist zur Bildung eines Zweckverbands setzen.

(2) [1]Wird der Zweckverband innerhalb der Frist nicht gebildet, verfügt die Rechtsaufsichtsbehörde die Bildung des Zweckverbands und erlässt gleichzeitig die Verbandssatzung (§ 6 Abs. 2). [2]Vor dieser Entscheidung muss den Beteiligten Gelegenheit gegeben werden, ihre Auffassung in mündlicher Verhandlung darzulegen.

(3) Absatz 1 und 2 gelten entsprechend für die Übertragung bestimmter Pflichtaufgaben auf einen bestehenden Zweckverband und für den Anschluss von Gemeinden und Landkreisen zur Erfüllung bestimmter Pflichtaufgaben an einen bestehenden Zweckverband.

(4) [1]Im Übrigen gelten § 7 Abs. 1 Satz 3 und §§ 8 und 9 entsprechend. [2]Hält die Rechtsaufsichtsbehörde einen Ausgleich nach § 9 für erforderlich, so kann sie diesen selbst regeln, wenn die Beteiligten dies beantragen oder sich nicht innerhalb einer von der Rechtsaufsichtsbehörde gesetzten angemessenen Frist einigen.

3. Abschnitt
Verfassung und Verwaltung des Zweckverbands

§ 12 Organe

(1) Organe des Zweckverbands sind die Verbandsversammlung und der Verbandsvorsitzende.

(2) [1]Die Verbandssatzung kann als weiteres Organ einen Verwaltungsrat vorsehen. [2]Für die Mitglieder des Verwaltungsrats gilt § 13 Abs. 6 entsprechend.

§ 13 Verbandsversammlung[4]

(1) [1]Die Verbandsversammlung ist das Hauptorgan des Zweckverbands. [2]Sie ist für den Erlass von Satzungen zuständig.

(2) [1]Die Verbandsversammlung besteht aus mindestens einem Vertreter eines jeden Verbandsmitglieds. [2]Die Verbandssatzung kann bestimmen, dass einzelne oder alle Verbandsmitglieder mehrere Vertreter in die Verbandsversammlung entsenden und dass einzelne Verbandsmitglieder ein mehrfaches Stimmrecht haben. [3]Die mehreren Stimmen eines Verbandsmitglieds können nur einheitlich abgegeben werden. [4]Die in § 2 Abs. 2 Satz 2 genannten Verbandsmitglieder dürfen zusammen nicht mehr als zwei Fünftel der satzungsmäßigen Stimmenzahl haben; dabei bleiben diejenigen Verbandsmitglieder außer Betracht, an denen Gemeinden oder Landkreise unmittelbar oder mittelbar mit mehr als 50 vom Hundert beteiligt sind.

(3) [1]Erfüllt der Zweckverband eine Aufgabe nur für einzelne Verbandsmitglieder, kann die Verbandssatzung bestimmen, dass diese Verbandsmitglieder insoweit gegen Beschlüsse der Verbandsversammlung, die für sie von besonderer Wichtigkeit oder erheblicher wirtschaftlicher Bedeutung sind, binnen zwei Wochen nach der Beschlussfassung Einspruch einlegen können. [2]Der Einspruch hat aufschiebende Wirkung. [3]Auf den Einspruch hat die Verbandsversammlung erneut zu beschließen. [4]Der Einspruch ist zurückgewiesen, wenn der neue Beschluss mit einer Mehrheit von mindestens zwei Dritteln der Stimmen der vertretenen Verbandsmitglieder, mindestens jedoch mit der Mehrheit der satzungsmäßigen Stimmenzahl gefasst wird.

(4) [1]Eine Gemeinde wird in der Verbandsversammlung durch den Bürgermeister, ein Landkreis durch den Landrat vertreten; im Falle der Verhinderung tritt an ihre Stelle ihr allgemeiner Stellvertreter oder ein beauftragter Bediensteter nach § 53 Abs. 1 der Gemeindeordnung oder nach *§ 38 Abs. 1*[5] der Landkreisordnung. [2]Sind mehrere Vertreter zu entsenden, werden die weiteren Vertreter einer Gemeinde vom Gemeinderat, die weiteren Vertreter eines Landkreises vom Kreistag

---

4 Zu § 13 Abs. 4 letzter Satz: Vgl. § 40 GemO. Dennoch ist nach jeder Wahl zum Gemeinderat eine neue Beschlussfassung über die weiteren Vertreter erforderlich. Die weiteren Vertreter brauchen nicht dem Gemeinderat anzugehören.

5 Jetzt § 43 Abs. 1 LKrO.

widerruflich gewählt. [3]Für die weiteren Vertreter können Stellvertreter gewählt werden, die die Vertreter im Falle der Verhinderung vertreten; Satz 2 gilt entsprechend. [4]Ist mehr als ein weiterer Vertreter zu wählen, finden die Vorschriften über die Wahl der Mitglieder beschließender Ausschüsse des Gemeinderats Anwendung.

(5) Die Verbandsmitglieder können ihren Vertretern Weisungen erteilen.

(6) [1]Die Vertreter der Verbandsmitglieder in der Verbandsversammlung sind ehrenamtlich tätig. [2]Für ihre Rechtsverhältnisse gelten die für die Gemeinderäte maßgebenden Vorschriften entsprechend. [3]§ 18 Abs. 1 Nr. 4 und Abs. 2 Nr. 1 der Gemeindeordnung finden keine Anwendung, wenn die Entscheidung wegen der Wahrnehmung einer Aufgabe des Zweckverbands ein Verbandsmitglied betrifft, oder wenn sie Verpflichtungen der Verbandsmitglieder betrifft, die sich aus ihrer Zugehörigkeit zum Zweckverband ergeben und für alle zum Verband gehörenden Mitglieder nach gleichen Grundsätzen festgesetzt werden.

§ 14 Ausschüsse[6]

(1) [1]Durch die Verbandssatzung können beschließende Ausschüsse der Verbandsversammlung gebildet und ihnen bestimmte Aufgabengebiete zur dauernden Erledigung übertragen werden.[7] [2]Durch Beschluss kann die Verbandsversammlung einzelne Angelegenheiten auf bestehende beschließende Ausschüsse übertragen oder für ihre Erledigung beschließende Ausschüsse bilden. [3]Die für beschließende Ausschüsse des Gemeinderats geltenden Vorschriften finden entsprechende Anwendung.

(2) [1]Die Verbandsversammlung kann zur Vorberatung ihrer Verhandlungen oder einzelner Verhandlungsgegenstände beratende Ausschüsse bilden. [2]Die für beratende Ausschüsse des Gemeinderats geltenden Vorschriften finden entsprechende Anwendung.

---

6 Zu § 14: Vgl. die §§ 39 und 40 GemO (beschließende Ausschüsse) und § 41 GemO (beratende Ausschüsse).

7 Vgl. hierzu *Aker/Zinell*, Gesetz über kommunale Zusammenarbeit Baden-Württemberg, Kurzkommentar, § 12 Rdnr. 2. Für den Erlass der Satzung ist ausschließlich die Verbandsversammlung zuständig.

§ 15 Geschäftsgang[8, 9]

(1) [1]Die Sitzungen der Verbandsversammlung sind öffentlich. [2]Nichtöffentlich ist zu verhandeln, wenn es das öffentliche Wohl oder berechtigte Interessen Einzelner erfordern. [3]Der Verbandsvorsitzende kann in der Tagesordnung bestimmte Gegenstände in die nichtöffentliche Sitzung verweisen. [4]Über Anträge aus der Mitte der Verbandsversammlung, einen Verhandlungsgegenstand entgegen der Tagesordnung in öffentlicher oder nichtöffentlicher Sitzung zu behandeln, wird in nichtöffentlicher Sitzung beraten und entschieden. [5]Zeit, Ort und Tagesordnung der öffentlichen Sitzungen der Verbandsversammlung sind rechtzeitig durch die Verbandsmitglieder ortsüblich bekanntzugeben oder durch den Verband in der von diesem vorgesehenen Form öffentlich bekanntzumachen.

(2) Die Vertreter der Verbandsmitglieder in der Verbandsversammlung sind zur Verschwiegenheit über alle in nichtöffentlicher Sitzung behandelten Angelegenheiten so lange verpflichtet, bis sie der Verbandsvorsitzende von der Schweigepflicht entbindet.

(3) Die Beschlüsse der Verbandsversammlung werden mit Stimmenmehrheit gefasst; die Verbandssatzung kann eine größere Mehrheit bestimmen.

(4) Für den Geschäftsgang eines Verwaltungsrats und von beschließenden Ausschüssen der Verbandsversammlung finden die für die Verbandsversammlung geltenden Vorschriften entsprechende Anwendung.

§ 16 Verbandsvorsitzender

(1) [1]Der Verbandsvorsitzende ist Vorsitzender der Verbandsversammlung und des Verwaltungsrats. [2]Er ist Leiter der Verbandsverwaltung und vertritt den Zweckverband.

---

8 In § 15 Abs. 1 entspricht die Abgrenzung der öffentlich und nicht-öffentlich zu verhandelnden Gegenstände sowie das Verfahren hierfür der Regelung in § 35 Abs. 1 GemO.

9 Zu § 15 Abs. 4: Die Verweisung beim Geschäftsgang eines Verwaltungsrats auf die Regelung für die Verbandsversammlung bedeutet, dass auch der Verwaltungsrat dem Grundsatz nach öffentlich tagt, wofür kaum ein sachliches Bedürfnis anzuerkennen ist.

(2) Weisungsaufgaben des Zweckverbands erfüllt der Verbandsvorsitzende in eigener Zuständigkeit, soweit gesetzlich nichts anderes bestimmt ist; abweichend hiervon ist die Verbandsversammlung für den Erlass von Rechtsverordnungen zuständig, soweit Vorschriften anderer Gesetze nicht entgegenstehen.

(3) [1]Der Verbandsvorsitzende und mindestens ein Stellvertreter werden von der Verbandsversammlung aus ihrer Mitte gewählt. [2]Ist in der Verbandssatzung ein Verwaltungsrat vorgesehen, kann diese bestimmen, dass die Stellvertreter aus dessen Mitte gewählt werden. [3]Verbandsvorsitzender soll in der Regel ein Bürgermeister einer Gemeinde oder ein Landrat eines Landkreises sein, die dem Zweckverband angehören; er muss es sein, wenn der Zweckverband Weisungsaufgaben zu erfüllen hat.

(4) [1]Der Verbandsvorsitzende und seine Stellvertreter sind ehrenamtlich tätig. [2]Durch Satzung können angemessene Aufwandsentschädigungen festgesetzt werden. [3]Im Übrigen gelten für ihre Rechtsverhältnisse die für Gemeinderäte maßgebenden Vorschriften sowie § 13 Abs. 6 Satz 3 entsprechend.

§ 17 Beamte

(1) Der Zweckverband besitzt das Recht, Beamte zu haben.

(2) Hauptamtliche Beamte dürfen nur ernannt werden, wenn dies in der Verbandssatzung vorgesehen ist.

§ 18 Wirtschaftsführung[10]

[1]Für die Wirtschaftsführung des Zweckverbands gelten die Vorschriften über die Gemeindewirtschaft entsprechend mit Ausnahme der Vorschriften über die Auslegung des Jahresabschlusses, das Rechnungsprüfungsamt und den Fachbediensteten für das Finanzwesen; § 87 Abs. 1 der Gemeindeordnung gilt mit der Maßgabe, dass Kredite auch

10 Durch Artikel 5 und 6 des Gesetzes zur Änderung kommunalwahlrechtlicher und gemeindehaushaltsrechtlicher Vorschriften vom 16.4.2013 (GBl. S. 55) wurden die in Artikel 13 des Gesetzes zur Reform des Gemeindehaushaltsrechts und die in § 64 Abs. 2 und 3 GemHVO vorgesehenen Übergangsfristen für die Umstellung des Haushalts-, Kassen- und Rechnungswesens auf den neuen Rechtsrahmen vom Haushaltsjahr 2016 auf 2020 und für den kommunalen Gesamtabschluss vom Haushaltsjahr 2018 auf 2022 verlängert.

zur Rückführung von Kapitaleinlagen an die Verbandsmitglieder aufgenommen werden dürfen. [2]Von der ortsüblichen Bekanntgabe des Beschlusses über die Feststellung des Jahresabschlusses kann abgesehen werden; dies gilt nicht, wenn dem Zweckverband Aufgaben übertragen sind, die er überwiegend unmittelbar gegenüber Dritten wahrnimmt.

§ 19 Deckung des Finanzbedarfs

(1) [1]Der Zweckverband kann, soweit seine sonstigen Erträge und Einzahlungen zur Deckung seines Finanzbedarfs nicht ausreichen, von den Verbandsmitgliedern eine Umlage erheben. [2]Die Maßstäbe für die Umlage sind so zu bemessen, dass der Finanzbedarf für die einzelnen Aufgaben angemessen auf die Mitglieder verteilt wird. [3]Die Höhe der Umlage ist in der Haushaltssatzung für jedes Haushaltsjahr festzusetzen. [4]Der Zweckverband kann für rückständige Beträge Säumniszuschläge nach den Bestimmungen des Kommunalabgabengesetzes fordern.

(2) Für die Kostentragung bei einzelnen Aufgaben kann eine andere Regelung vereinbart werden.

(3) Das Recht zur Erhebung von Steuern steht dem Zweckverband nicht zu.

§ 20 Unmittelbare Anwendung des Eigenbetriebsrechts auf Zweckverbände

(1) [1]Die Verbandssatzung eines Zweckverbands, dessen Hauptzweck der Betrieb eines Unternehmens oder einer Einrichtung im Sinne des § 1 des Eigenbetriebsgesetzes ist, kann bestimmen, dass auf die Verfassung und Verwaltung oder die Wirtschaftsführung und das Rechnungswesen des Zweckverbands die für Eigenbetriebe geltenden Vorschriften unmittelbar Anwendung finden mit der Maßgabe, dass

1. an die Stelle der Betriebssatzung die Verbandssatzung, an die Stelle des Gemeinderats die Verbandsversammlung und an die Stelle des Bürgermeisters der Verbandsvorsitzende tritt,
2. an die Stelle des Betriebsausschusses der Verwaltungsrat treten kann,

3. neben dem Betriebsausschuss beratende oder beschließende Ausschüsse gebildet werden können,
4. von der Festsetzung eines Stammkapitals abgesehen werden kann.

[2]§ 18 Satz 2 gilt entsprechend.

(2) Für die Deckung des Finanzbedarfs gilt § 19 entsprechend.

4. Abschnitt
Vereinigung und Eingliederung von Zweckverbänden

§ 20 a Voraussetzungen einer Vereinigung

(1) [1]Zwei oder mehrere Zweckverbände können die Vereinigung zu einem neuen Zweckverband vereinbaren. [2]In der Vereinbarung ist festzulegen, wer die Rechte des Verbandsvorsitzenden des neuen Zweckverbands bis zur erstmaligen, unverzüglich durchzuführenden Wahl eines Verbandsvorsitzenden durch die Verbandsversammlung wahrnimmt.

(2) [1]Die Vereinigung bedarf übereinstimmender Beschlüsse durch die Verbandsversammlungen der betroffenen Zweckverbände. [2]Die Beschlüsse bedürfen jeweils der Mehrheit von mindestens zwei Dritteln der satzungsmäßigen Stimmenzahl der Verbandsmitglieder. [3]Die Verbandssatzung der jeweils betroffenen Zweckverbände kann bestimmen, dass eine größere Mehrheit der satzungsmäßigen Stimmenzahl erforderlich ist. [4]Die Beschlüsse bedürfen der Genehmigung der jeweiligen Rechtsaufsichtsbehörde.

(3) § 11 gilt entsprechend.

§ 20 b Verbandssatzung

(1) [1]Zur Bildung des neuen Zweckverbands muss von den beteiligten Zweckverbänden eine Verbandssatzung vereinbart werden. [2]§ 6 Absatz 2 gilt entsprechend.

(2) [1]Die Verbandssatzung des neuen Zweckverbands bedarf der Genehmigung der Rechtsaufsichtsbehörde. [2]§§ 7 und 8 gelten entsprechend.

§ 20 c Rechtsnachfolge

Der neue Zweckverband ist Rechtsnachfolger der bisherigen Zweckverbände.

§ 20 d Eingliederung von Zweckverbänden

Die §§ 20 a bis 20 c gelten für die Eingliederung eines Zweckverbands in einen anderen entsprechend.

5. Abschnitt
Änderung der Verbandssatzung und Auflösung des Zweckverbands

§ 21 Änderung der Verbandssatzung und Auflösung des Zweckverbands[11]

(1) Soll der Zweckverband weitere Aufgaben für alle Verbandsmitglieder erfüllen oder durchführen, gelten für die Änderung der Verbandssatzung §§ 6 und 7 entsprechend.

(2) [1]Alle sonstigen Änderungen der Verbandssatzung sowie die Auflösung des Zweckverbands werden von der Verbandsversammlung mit einer Mehrheit von mindestens zwei Dritteln der satzungsmäßigen Stimmzahlen der Verbandsmitglieder beschlossen. [2]Die Verbandssatzung kann bestimmen, dass eine größere Mehrheit der satzungsmäßigen Stimmenzahl erforderlich ist. [3]Sie kann ferner bestimmen, dass der Beschluss der Verbandsversammlung der Zustimmung einzelner oder aller Verbandsmitglieder bedarf.

(3) Soll der Zweckverband eine weitere Aufgabe nur für einzelne Verbandsmitglieder erfüllen, bedarf es des Antrags dieser Mitglieder; für das Verfahren zur Änderung der Verbandssatzung gilt Absatz 2.

(4) Der Beschluss über das Ausscheiden eines Verbandsmitglieds bedarf dessen schriftlicher Zustimmung; dies gilt nicht, wenn die Verbandssatzung einen Ausschluss vorsieht und die in der Verbandssatzung bestimmten Voraussetzungen für den Ausschluss gegeben sind.

(5) Die Änderung der Verbandssatzung nach Absatz 3 und der Beschluss über die Auflösung des Zweckverbands bedürfen der Genehmigung der Rechtsaufsichtsbehörde.

---

11 Zu § 21: Die Ausdehnung des Aufgabenkreises des Zweckverbands; wenn die weitere Aufgabe für alle Mitglieder übernommen werden soll, müssen entsprechend der Verweisung auf § 6 alle Mitglieder einverstanden sein. Soll auf Antrag eines Mitglieds eine weitere Aufgabe nur für dieses übernommen werden, gilt jedoch die Regelbestimmung über Satzungsänderungen.

(6) Änderungen der Verbandssatzung und der Beschluss über die Auflösung sind mit der Genehmigung, sofern eine solche erforderlich ist, von dem Zweckverband öffentlich bekanntzumachen.

§ 22 Abwicklung

Der Zweckverband gilt nach seiner Auflösung als fortbestehend, soweit der Zweck der Abwicklung es erfordert.

§ 23 Wegfall von Verbandsmitgliedern

(1) Fallen Gemeinden oder Landkreise, die Verbandsmitglieder sind, durch Eingliederung in eine andere Körperschaft, durch Zusammenschluss mit einer anderen Körperschaft, durch Auflösung oder aus einem sonstigen Grunde weg, tritt die Körperschaft des öffentlichen Rechts, in die das Verbandsmitglied eingegliedert oder zu der es zusammengeschlossen wird, in die Rechtsstellung des weggefallenen Verbandsmitglieds ein.

(2) [1]Wenn Gründe des öffentlichen Wohls nicht entgegenstehen, kann der Zweckverband binnen drei Monaten nach Wirksamwerden der Änderung die neue Körperschaft ausschließen; in gleicher Weise kann diese ihr Ausscheiden aus dem Zweckverband verlangen. [2]Falls die neue Körperschaft dem Ausschluss widerspricht oder der Zweckverband ihrem Verlangen auf Ausscheiden nicht entspricht, entscheidet auf Antrag eines der Beteiligten die Rechtsaufsichtsbehörde. [3]In diesem Fall regelt die Rechtsaufsichtsbehörde auch die aus der Veränderung sich ergebenden Verhältnisse zwischen dem Zweckverband und dem ausscheidenden Mitglied.

(3) Absatz 1 und 2 gelten entsprechend beim Wegfall sonstiger Mitglieder.

§ 24 Besondere Bestimmungen für Pflichtverbände

(1) Hat nach der Verbandssatzung eines Pflichtverbands die Verbandsversammlung über Änderungen der Verbandssatzung zu beschließen, bedürfen diese der Genehmigung der Rechtsaufsichtsbehörde.

(2) Ist eine der Voraussetzungen für die Bildung eines Pflichtverbands weggefallen, hat die Rechtsaufsichtsbehörde den Zweckverband aufzulösen.

(3) Für das Verfahren nach Absatz 1 und 2 gelten § 7 Abs. 1 Satz 3 und § 8, im Fall des Absatzes 2 auch § 22, entsprechend.

Dritter Teil
Gemeinsame selbständige Kommunalanstalten

§ 24 a Gemeinsame selbständige Kommunalanstalten

(1) [1]Gemeinden und Landkreise können eine gemeinsame selbständige Kommunalanstalt in der Rechtsform einer rechtsfähigen Anstalt des öffentlichen Rechts durch Vereinbarung einer Satzung (Anstaltssatzung) errichten. [2]Sie können auch einer bestehenden selbständigen Kommunalanstalt oder einer bestehenden gemeinsamen selbständigen Kommunalanstalt beitreten; der Beitritt erfolgt durch die zwischen den Beteiligten zu vereinbarende Änderung der Anstaltssatzung. [3]§§ 102 a, 102 b und 102 d der Gemeindeordnung gelten entsprechend.
(2) Eine selbständige Kommunalanstalt kann mit einer anderen durch Vereinbarung einer entsprechenden Änderung der Anstaltssatzung der aufnehmenden selbständigen Kommunalanstalt oder der aufnehmenden gemeinsamen selbständigen Kommunalanstalt im Wege der Gesamtrechtsnachfolge zu einer gemeinsamen selbständigen Kommunalanstalt verschmolzen werden.
(3) [1]Ein Unternehmen in der Rechtsform einer Kapitalgesellschaft, an dem ausschließlich Gemeinden und Kreise beteiligt sind, kann durch Formwechsel in eine gemeinsame selbständige Kommunalanstalt umgewandelt werden. [2]Die Umwandlung ist nur zulässig, wenn keine Sonderrechte im Sinne des § 23 des Umwandlungsgesetzes und keine Rechte Dritter an den Anteilen der formwechselnden Rechtsträger bestehen. [3]Voraussetzungen eines Formwechsels sind

1. die Vereinbarung der Anstaltssatzung der gemeinsamen selbständigen Kommunalanstalt durch die beteiligten Körperschaften,
2. einen sich darauf beziehenden einstimmigen Umwandlungsbeschluss der Anteilsinhaber der formwechselnden Gesellschaft.

[4]§ 102 c der Gemeindeordnung ist entsprechend anzuwenden.
(4) [1]Das vorsitzende Mitglied des Verwaltungsrats einer gemeinsamen selbständigen Kommunalanstalt wird aus dessen Mitte gewählt. [2]Vor-

sitzendes Mitglied soll der gesetzliche Vertreter einer der beteiligten Gemeinden oder Landkreise sein.

§ 24 b Vorschriften für gemeinsame selbständige Kommunalanstalten

(1) [1]Die Anstaltssatzung einer gemeinsamen selbständigen Kommunalanstalt muss mindestens die nach § 6 Absatz 2 erforderlichen Bestimmungen treffen. [2]Weiter muss sie Angaben enthalten über

1. den Betrag der von jedem Beteiligten auf das Eigenkapital zu leistenden Einlage (Stammeinlage),
2. den räumlichen Wirkungsbereich, wenn der gemeinsamen selbständigen Kommunalanstalt hoheitliche Befugnisse oder das Recht, Satzungen zu erlassen, übertragen werden,
3. die Sitz- und Stimmenverteilung im Verwaltungsrat.

(2) [1]Die Anstaltssatzung, Änderungen der Aufgaben und die Auflösung der gemeinsamen selbständigen Kommunalanstalt bedürfen der Genehmigung der Rechtsaufsichtsbehörde. [2]§§ 7 und 8 gelten entsprechend.

(3) [1]Über Änderungen der Anstaltssatzung und die Auflösung der gemeinsamen selbständigen Kommunalanstalt entscheidet der Verwaltungsrat. [2]Die Änderung der Anstaltsaufgabe, die Aufnahme und das Ausscheiden eines Beteiligten, die Erhöhung des Eigenkapitals, die Verschmelzung und die Auflösung bedürfen der Zustimmung aller Beteiligten. [3]Im Falle der Auflösung ist das Vermögen der gemeinsamen selbständigen Kommunalanstalt im Verhältnis der geleisteten Stammeinlagen auf die Beteiligten zu verteilen. [4]§ 22 gilt entsprechend.

Vierter Teil
Öffentlich-rechtliche Vereinbarung

§ 25 Voraussetzung, Verfahren[12]

(1) [1]Gemeinden und Landkreise können vereinbaren, dass eine der beteiligten Körperschaften bestimmte Aufgaben für alle Beteiligten erfüllt oder sich verpflichtet, bestimmte Aufgaben für die übrigen Beteiligten durchzuführen. [2]Es kann auch vereinbart werden, dass eine Körperschaft den übrigen Beteiligten Bedienstete zur Erfüllung und Durchführung ihrer Aufgaben zur Verfügung stellt.

(2) [1]Erfüllt eine Körperschaft eine Aufgabe für die übrigen Beteiligten, gestattet sie diesen insbesondere die Mitbenutzung einer von ihr betriebenen Einrichtung, so gehen das Recht und die Pflicht der übrigen Körperschaften zur Erfüllung der Aufgaben auf die übernehmende Körperschaft über. [2]Verpflichtet sich eine Körperschaft, bestimmte Aufgaben für die übrigen Beteiligten durchzuführen, so bleiben deren Rechte und Pflichten als Träger der Aufgabe unberührt. [3]Körperschaften, denen Bedienstete zur Erfüllung ihrer Aufgaben zur Verfügung gestellt werden, können ihnen wie eigenen Bediensteten Befugnisse übertragen.

(3) [1]In der Vereinbarung können den übrigen Beteiligten Mitwirkungsrechte und -pflichten bei der Erfüllung oder Durchführung der Aufgaben eingeräumt werden. [2]Im Fall der Aufgabenerfüllung kann insbesondere vereinbart werden, dass

1. die übernehmende Körperschaft und die übrigen Beteiligten einen gemeinsamen Ausschuss zur Vorberatung der Verhandlungen des Gemeinderats oder des Kreistags der übernehmenden Körperschaft sowie von dessen beschließenden Ausschüssen bilden,
2. die übrigen Beteiligten gegen Beschlüsse des Gemeinderats oder des Kreistags der übernehmenden Körperschaft sowie von dessen

12 Die §§ 25 ff. gelten nur für solche Vereinbarungen, durch die eine der beteiligten Körperschaften die Erfüllung der Aufgabe für die übrigen Beteiligten mit Außenwirkung übernimmt, also nicht z. B. für eine Vereinbarung über die Erstellung einer Wassergewinnungsanlage und die Verpflichtung, an eine andere Gemeinde das für die örtliche Versorgung benötigte Wasser auf die Dauer zu liefern, solange diese Gemeinde die eigene Wasserverteilung beibehält. Es besteht also auch keine Genehmigungspflicht.

beschließenden Ausschüssen, die für sie von besonderer Wichtigkeit oder erheblicher wirtschaftlicher Bedeutung sind, binnen zwei Wochen nach Mitteilung des Beschlusses Einspruch einlegen können. Der Einspruch hat aufschiebende Wirkung. Auf den Einspruch ist erneut zu beschließen. Der Einspruch ist zurückgewiesen, wenn der neue Beschluss mit der Mehrheit der Stimmen aller Mitglieder des Gemeinderats oder des Kreistags der übernehmenden Körperschaft sowie von dessen beschließenden Ausschüssen gefasst wird oder wenn ein gemeinsamer Ausschuss nach Nummer 1 dem neuen Beschluss mit der Mehrheit seiner Mitglieder zustimmt.

(4) Ist die Geltungsdauer der Vereinbarung nicht befristet, so muss sie die Voraussetzungen bestimmen, unter denen sie von einem Beteiligten gekündigt werden kann.

(5) [1]Die Vereinbarung bedarf der Genehmigung der in § 28 Abs. 2 bestimmten Rechtsaufsichtsbehörde. [2]Dies gilt auch für die Einbeziehung weiterer Aufgaben und die Aufhebung der Vereinbarung. [3]§ 7 gilt entsprechend.

(6) [1]Die Vereinbarung, ihre Änderung und Aufhebung sind mit der Genehmigung, sofern eine solche erforderlich ist, von den Beteiligten öffentlich bekanntzumachen. [2]Sie werden am Tage nach der letzten öffentlichen Bekanntmachung rechtswirksam, sofern von den Beteiligten kein späterer Zeitpunkt bestimmt ist.

§ 26 Ausdehnung der Satzungsbefugnis

(1) Die zur Erfüllung der Aufgabe verpflichtete Körperschaft kann im Rahmen der ihr übertragenen Aufgabengebiete Satzungen erlassen, die für das gesamte Gebiet der Beteiligten gelten; dies gilt nicht für die Erhebung von Steuern.

(2) Die Körperschaft kann im Geltungsbereich der Satzung alle zur Durchführung erforderlichen Maßnahmen wie im eigenen Gebiet treffen.

§ 27 Gemeinsame Dienststellen

(1) [1]Gemeinden und Landkreise können die Bildung gemeinsamer Dienststellen zur gemeinsamen Durchführung bestimmter Aufgaben vereinbaren. [2]Eine gemeinsame Dienststelle kann auch als Teil einer

der beteiligten Körperschaften eingerichtet werden. [3]Die Zuständigkeit der Körperschaften bleibt durch die Bildung gemeinsamer Dienststellen unberührt.

(2) [1]Die Bediensteten üben ihre Tätigkeiten in der gemeinsamen Dienststelle nach der fachlichen Weisung der im Einzelfall zuständigen Körperschaft aus. [2]Ihre dienstrechtliche Stellung im Übrigen bleibt unberührt.

(3) Verletzt ein Bediensteter in Ausübung seiner Tätigkeit in der gemeinsamen Dienststelle die ihm einem Dritten gegenüber obliegende Amtspflicht, haftet die Körperschaft, die für die Amtshandlung sachlich und örtlich zuständig ist.

§ 27 a Pflichtvereinbarung

(1) Besteht für den Abschluss einer Vereinbarung zur Erfüllung oder Durchführung bestimmter Pflichtaufgaben ein dringendes öffentliches Bedürfnis, kann die in § 28 Abs. 2 bestimmte Rechtsaufsichtsbehörde den beteiligten Gemeinden und Landkreisen eine angemessene Frist zum Abschluss der Vereinbarung setzen.

(2) [1]Wird die Vereinbarung innerhalb der Frist nicht abgeschlossen, legt die Rechtsaufsichtsbehörde die Vereinbarung fest (Pflichtvereinbarung). [2]Vor dieser Entscheidung muss den Beteiligten Gelegenheit gegeben werden, ihre Auffassung in mündlicher Verhandlung darzulegen.

(3) § 7 Abs. 1 Satz 3, § 11 Abs. 3, § 24 Abs. 1 und 2, § 25 Absätze 1, 2, 3, 5 Satz 1 und 2 und Absatz 6 sowie § 26 gelten entsprechend.

Fünfter Teil
Aufsicht

§ 28 (Aufsicht)

(1) [1]Der Zweckverband und die gemeinsame selbständige Kommunalanstalt stehen unter staatlicher Aufsicht. [2]Die §§ 118, 120 bis 127 und 129 der Gemeindeordnung gelten entsprechend.

(2) Rechtsaufsichtsbehörde ist:

1. Das Landratsamt, wenn nur Gemeinden beteiligt sind, die seiner Aufsicht unterstehen;

2. das Regierungspräsidium oder die von ihm bestimmte Behörde, wenn an dem Zweckverband oder an der gemeinsamen selbständigen Kommunalanstalt andere als die in Nummer 1 genannten Gemeinden seines Regierungsbezirks oder Landkreise beteiligt sind, die keinem anderen Regierungsbezirk angehören;
3. das Innenministerium oder die von ihm bestimmte Behörde, wenn sich der Kreis der beteiligten Gemeinden und Landkreise über einen Regierungsbezirk oder das Land hinaus erstreckt oder wenn das Land oder der Bund beteiligt sind.

(3) Obere Rechtsaufsichtsbehörde ist in den Fällen des Absatzes 2 Nr. 1 und 2 das Regierungspräsidium.

(4) Oberste Rechtsaufsichtsbehörde und im Falle des Absatzes 2 Nr. 3 auch obere Rechtsaufsichtsbehörde ist das Innenministerium.

Sechster Teil
Anwendung in Sonderfällen

§ 29 Beteiligung von Zweckverbänden und Rechtsträgern gemeindefreier Grundstücke[13]

Zweckverbände und Rechtsträger gemeindefreier Grundstücke stehen bei Anwendung dieses Gesetzes den Gemeinden gleich.

§ 30 Anwendung auf sonstige Verbände

(1) Ist durch Gesetz die gemeinsame Erfüllung bestimmter Aufgaben der Gemeinden oder Landkreise vorgeschrieben oder zugelassen, findet das Gesetz über kommunale Zusammenarbeit insoweit Anwendung, als gesetzlich keine abweichende Regelung getroffen ist.

(2) Regelungen in anderen Gesetzen für Zweckverbände gelten auch für Nachbarschaftsverbände, Verwaltungsgemeinschaften, Feuerlöschverbände und Planungsverbände.

---

13 Zu § 30: Die weitgehende Ausdehnung des Zweckverbandes trägt zur einheitlichen Ausgestaltung des Rechts überörtlicher Zusammenschlüsse bei und erleichtert dadurch auch die Verwaltungsarbeit. Vgl. auch § 60 Abs. 1 GemO: Anwendung des GKZ auf die Verwaltungsgemeinschaft, ferner § 3 des Nachbarschaftsverbandsgesetzes.

(3) Auf Planungsverbände nach § 4 Abs. 1 bis 7 des Bundesbaugesetzes sind die Vorschriften dieses Gesetzes entsprechend anzuwenden, soweit sich aus dem Bundesbaugesetz nichts anderes ergibt.
(4) Stehen nach den für einen sonstigen Verband geltenden sondergesetzlichen Vorschriften einer anderen Behörde Befugnisse zu, so trifft die Rechtsaufsichtsbehörde Entscheidungen nach diesem Gesetz im Einvernehmen mit der anderen Behörde.

§ 31 Badischer Gemeindeversicherungsverband

(1) Der Badische Gemeindeversicherungsverband ist Körperschaft des öffentlichen Rechts.
(2) [1]Die Rechtsverhältnisse des Verbands werden in der Satzung geregelt. [2]Der Verband betreibt die in der Satzung zugelassenen Versicherungszweige. [3]Änderungen der Satzung bedürfen der Zustimmung der Rechtsaufsichtsbehörde.
(3) [1]Die Auflösung des Verbands bedarf der Genehmigung des Innenministeriums. [2]Der Verband kann nach § 385 a des Aktiengesetzes mit Genehmigung des Innenministeriums in eine Aktiengesellschaft umgewandelt werden.
(4) [1]Für die Aufsicht gilt § 28 Abs. 1 entsprechend. [2]Rechtsaufsichtsbehörde ist das Innenministerium oder die von ihm bestimmte Behörde.

Siebter Teil
Übergangs- und Schlussbestimmungen

§ 32 Verbandssatzungen bestehender Zweckverbände und sonstiger Verbände sowie bestehende öffentlich-rechtliche Vereinbarungen

(Hier nicht abgedruckt)

§ 33 Durchführungsbestimmungen

[1]Das Innenministerium erlässt die Rechtsverordnung zur Regelung der Anwendung der Bestimmungen zur Durchführung des Gemeindewirtschaftsrechts auf den Zweckverband. [2]Dabei kann für Zweckverbände

mit erheblicher wirtschaftlicher Bedeutung eine Eigenprüfung vorgeschrieben werden.

§ 34 Inkrafttreten

(1) Dieses Gesetz tritt am Tage nach seiner Verkündung in Kraft.

(2) [1]Gleichzeitig treten unbeschadet des § 27 Abs. 1 alle Vorschriften, die diesem Gesetz entsprechen oder widersprechen, außer Kraft. [2]Insbesondere treten folgende Vorschriften außer Kraft:

1. das Zweckverbandsgesetz vom 7. Juni 1939 (RGBl. I S. 979) und die hierzu ergangenen Durchführungsbestimmungen;
2. der Zweite Teil der Württ. Gemeindeordnung vom 19. März 1930 (RegBl. S. 45) und die hierzu ergangenen Durchführungsbestimmungen;
3. das preuß. Zweckverbandsgesetz vom 19. Juli 1911 (GS. S. 115);
4. Art. XI der Bad. Überleitungsverordnung zur Deutschen Gemeindeordnung vom 3. April 1935 (GVBl. S. 103).

4.
Viertes Gesetz zur Verwaltungsreform (Nachbarschaftsverbandsgesetz)

vom 9. Juli 1974 (GBl. S. 261), geändert durch Gesetz vom 7. Februar 1994 (GBl. S. 92)

Inhaltsverzeichnis (redaktionell):

§ 1 Nachbarschaftsverbände

(1) Es werden errichtet

1. der Nachbarschaftsverband Heidelberg-Mannhein für den Nachbarschaftsbereich Heidelberg-Mannheim mit Sitz in Mannheim,
2. der Nachbarschaftsverband Karlsruhe für den Nachbarschaftsbereich Karlsruhe mit Sitz in Karlsruhe,
3. der Nachbarschaftsverband Pforzheim für den Nachbarschaftsbereich Pforzheim mit Sitz in Pforzheim,
4. der Nachbarschaftsverband Reutlingen-Tübingen für den Nachbarschaftsbereich Reutlingen-Tübingen mit Sitz in Reutlingen,
5. der Nachbarschaftsverband Ulm für den Nachbarschaftsbereich Ulm mit Sitz in Ulm.

(2) Der Nachbarschaftsverband ist eine Körperschaft des öffentlichen Rechts.
(3) Mitglieder des Nachbarschaftsverbands sind die Städte und Gemeinden im Nachbarschaftsbereich sowie der Landkreis, zu dem diese gehören.

§ 2 Nachbarschaftsbereiche

(1) Zu den Nachbarschaftsbereichen gehören nach Maßgabe des Absatzes 2 jeweils die den Kern des Nachbarschaftsbereichs bildenden Städte (Kernstädte) sowie weitere Städte und Gemeinden (Umlandgemeinden).
(2) Es gehören zum Nachbarschaftsbereich
1. Heidelberg-Mannheim
   die Städte Heidelberg und Mannheim sowie die Städte und Gemeinden Brühl, Dossenheim, Edingen-Neckarhausen, Eppelheim, Heddesheim, Hirschberg an der Bergstraße, Ilvesheim, Ketsch, Ladenburg, Leimen, Nußloch, Oftersheim, Plankstadt, Sandhausen, Schriesheim und Schwetzingen des Rhein-Neckar-Kreises,
2. Karlsruhe
   die Stadt Karlsruhe sowie die Stadt Ettlingen und die Gemeinden Eggenstein-Leopoldshafen, Karlsbad, Linkenheim-Hochstetten, Marxzell, Pfinztal, Reichenbach, Rheinstetten, Stutensee und Weingarten des Landkreises Karlsruhe,
3. Pforzheim
   die Stadt Pforzheim sowie die Gemeinden Birkenfeld, Ispringen und Niefern-Öschelbronn des Enzkreises,
4. Reutlingen-Tübingen
   a) die Stadt Reutlingen sowie die Stadt Pfullingen und die Gemeinden Eningen unter Achalm und Wannweil des Landkreises Reutlingen,
   b) die Stadt Tübingen sowie die Gemeinden Dettenhausen, Kirchentellinsfurt und Kusterdingen des Landkreises Tübingen,
5. Ulm
   die Stadt Ulm sowie die Gemeinden Altheim ob Weihung, Blaustein-Herrlingen, Erbach, Hüttisheim, Illerkirchberg, Schnürpflingen und Staig des Alb-Donau-Kreises.

(3) Die Landesregierung kann einem Nachbarschaftsbereich durch Rechtsverordnung weitere Städte und Gemeinden mit deren Zustimmung zuordnen, wenn hierfür zur Erfüllung öffentlicher Aufgaben im Sinne von § 4 nach den örtlichen Gegebenheiten ein dringendes öffentliches Bedürfnis besteht.

§ 3 Rechtsverhältnisse

(1) Auf den Nachbarschaftsverband finden die für den Zweckverband geltenden Vorschriften Anwendung, soweit in diesem Gesetz nichts anderes bestimmt ist.
(2) Die Verbandsmitglieder vereinbaren nach Maßgabe dieses Gesetzes über kommunale Zusammenarbeit die Verbandssatzung.
(3) §§ 7 und 17 des Gesetzes über kommunale Zusammenarbeit gelten mit der Maßgabe, dass die Rechtsaufsichtsbehörde bei der Übertragung von Gemeindeaufgaben auf den Nachbarschaftsverband nach pflichtmäßigem Ermessen entscheidet.

§ 4 Aufgaben

(1) Der Nachbarschaftsverband hat unter Beachtung der Ziele der Raumordnung und Landesplanung die geordnete Entwicklung des Nachbarschaftsbereichs zu fördern und auf einen Ausgleich der Interessen seiner Mitglieder hinzuwirken.
(2) Der Nachbarschaftsverband ist Träger der vorbereitenden Bauleitplanung.
(3) [1]Auf den Nachbarschaftsverband können nach den Vorschriften des Gesetzes über kommunale Zusammenarbeit weitere Gemeindeaufgaben übertragen werden. [2]§ 2 der Landkreisordnung bleibt unberührt.
(4) [1]Der Nachbarschaftsverband ist bei der verbindlichen Bauleitplanung als Träger öffentlicher Belange (§ 4 Abs. 1 des Baugesetzbuchs) zu beteiligen. [2]Die Verbandsmitglieder haben den Nachbarschaftsverband über sonstige Planungen und über Maßnahmen, die mehrere zum Nachbarschaftsbereich gehörende Gemeinden berühren, zu unterrichten und ihm jederzeit Auskunft zu erteilen. [3]Der Nachbarschaftsverband soll auf eine Abstimmung der Planungen und Maßnahmen hinwirken.

(5) Der Nachbarschaftsverband und der Regionalverband, zu dessen Verbandsbereich der Nachbarschaftsverband gehört, unterrichten sich gegenseitig laufend über den Stand ihrer Planungen und Maßnahmen, soweit gemeinsame Interessen berührt sind.

§ 5 Organe

(1) [1]Organe des Nachbarschaftsverbands sind die Verbandsversammlung und der Verbandsvorsitzende. [2]Die Verbandssatzung kann als weiteres Organ einen Verwaltungsrat vorsehen.
(2) Hauptorgan des Nachbarschaftsverbands ist die Verbandsversammlung.

§ 6 Zusammensetzung der Verbandsversammlung

(1) [1]Die Verbandsversammlung besteht aus mindestens zwei Vertretern eines jeden Verbandsmitglieds. [2]Gemeinden haben ab einer Einwohnerzahl von 20 000 für je weitere angefangene 20 000 Einwohner einen Vertreter, soweit nicht die Verbandssatzung etwas anderes bestimmt. [3]Eine Gemeinde wird in der Verbandsversammlung durch den Bürgermeister, ein Landkreis durch den Landrat vertreten; im Falle der Verhinderung tritt an ihre Stelle ihr allgemeiner Stellvertreter oder ein beauftragter Bediensteter nach § 53 Abs. 1 der Gemeindeordnung oder nach § 38 Abs. 1 der Landkreisordnung. [4]Die weiteren Vertreter werden nach jeder regelmäßigen Wahl der Gemeinderäte und Kreisverordneten bei einer Gemeinde vom Gemeinderat, bei einem Landkreis vom Kreistag widerruflich jeweils aus seiner Mitte gewählt. [5]Scheidet ein weiterer Vertreter vorzeitig aus dem Gemeinderat, dem Kreistag oder der Verbandsversammlung aus, wird für den Rest der Amtszeit ein neuer weiterer Vertreter gewählt. [6]Für die weiteren Vertreter sind Stellvertreter in gleicher Zahl zu bestellen, die die Vertreter im Falle der Verhinderung vertreten. [7]Ist mehr als ein weiterer Vertreter zu wählen, finden die Vorschriften über die Wahl der Mitglieder beschließender Ausschüsse des Gemeinderats Anwendung; der Bürgermeister hat dabei Stimmrecht.
(2) [1]Die Zahl der Stimmen der Kernstadt und der Umlandgemeinden in der Verbandsversammlung beträgt 100, soweit sich nicht aus Absatz 3 Satz 2 etwas anderes ergibt. [2]Die Stimmen werden zwischen der Kern-

stadt und den Umlandgemeinden in der Weise aufgeteilt, dass die Kernstadt und die Umlandgemeinden jeweils mindestens 40 vom Hundert aller Stimmen erhalten. [3]Gehören zu einem Nachbarschaftsbereich zwei Kernstädte, entfallen auf jede der beiden Kernstädte mindestens 20 vom Hundert aller Stimmen. [4]Im übrigen richtet sich die Verteilung der Stimmen nach dem Verhältnis der Einwohnerzahlen. [5]Der Landkreis hat beratende Stimme.

(3) [1]Zur Feststellung der auf die einzelnen Umlandgemeinden entfallenden Stimmen werden die Einwohnerzahlen der Umlandgemeinden der Reihe nach durch eins, zwei, drei, vier usw. geteilt; von den dabei gefundenen, der Größe nach zu ordnenden Zahlen werden so viel Höchstzahlen ausgesondert, wie nach Absatz 2 Stimmen auf die Umlandgemeinden entfallen. [2]Erhält danach nicht jede Umlandgemeinde mindestens eine Stimme, werden so viel weitere Höchstzahlen ausgesondert, bis jede Umlandgemeinde mindestens eine Stimme erhält.

§ 7 Beschlussfassung

(1) [1]Die Verbandsversammlung ist beschlussfähig, wenn die Kernstadt oder die beiden Kernstädte und wenn Umlandgemeinden, auf die mehr als die Hälfte der satzungsmäßigen Stimmenzahl aller Umlandgemeinden entfallen, vertreten sind und die Sitzung ordnungsmäßig geleitet wird. [2]Sind zu einer ordnungsmäßig einberufenen Sitzung die Verbandsmitglieder zum zweiten Male nicht in der für die Beschlussfassung erforderlichen Zahl vertreten, kann der Verbandsvorsitzende unverzüglich eine dritte Sitzung einberufen, in der die Verbandsversammlung ohne Rücksicht auf die Zahl der Stimmen der vertretenen Verbandsmitglieder über die nicht erledigten Angelegenheiten Beschluss fasst. [3]Dasselbe gilt, wenn Beschlussunfähigkeit aus anderen als Befangenheitsgründen eintritt. [4]Bei der Einberufung der Sitzung ist auf die Folge hinzuweisen, die sich für die Beschlussfassung ergibt.

(2) [1]Halten Verbandsmitglieder mit mindestens einem Zehntel der satzungsmäßigen Stimmenzahl oder hält mindestens ein Fünftel aller stimmberechtigten Verbandsmitglieder die Interessen eines Verbandsmitglieds durch einen Beschluss der Verbandsversammlung für gefährdet, können sie gegen den Beschluss binnen zwei Wochen nach der

Beschlussfassung Einspruch einlegen. [2]Der Einspruch hat aufschiebende Wirkung. [3]Auf den Einspruch hat die Verbandsversammlung erneut zu beschließen. [4]Der Einspruch ist zurückgewiesen, wenn der neue Beschluss mit einer Mehrheit von 70 vom Hundert der Stimmen der vertretenen Verbandsmitglieder, mindestens jedoch mit der Mehrheit der satzungsmäßigen Stimmenzahl gefasst wird. [5]§ 12 Abs. 3 des Gesetzes über kommunale Zusammenarbeit bleibt unberührt.

§ 8 Ausschüsse

Für Ausschüsse der Verbandsversammlung gilt § 12a des Gesetzes über kommunale Zusammenarbeit mit der Maßgabe, dass der Landkreis beratende Stimme hat.

§ 9 Verbandsvorsitzender

[1]Der Verbandsvorsitzende und mindestens zwei Stellvertreter werden von der Verbandsversammlung aus ihrer Mitte bestellt. [2]Ihre Amtszeit beträgt zwei Jahre. [3]Verbandsvorsitzender soll im Wechsel ein Vertreter der Kernstadt oder ein Vertreter einer der beiden Kernstädte und ein Vertreter einer Umlandgemeinde sein.

§ 10 Verbandsverwaltung

(1) [1]Die Verbandssatzung kann bestimmen, dass der Nachbarschaftsverband sich bei der Erfüllung seiner Aufgaben Bediensteter und sächlicher Verwaltungsmittel eines Verbandsmitglieds oder des Regionalverbands bedient. [2]In diesem Falle üben die Bediensteten dieser Körperschaft, soweit sie für den Nachbarschaftsverband tätig werden, ihre Tätigkeit nach Weisung des Vorsitzenden des Nachbarschaftsverbands aus; die Zuständigkeiten des Dienstvorgesetzten und der obersten Dienstbehörde bleiben unberührt. [3]Verletzt ein Bediensteter in Ausübung seiner Tätigkeit für den Nachbarschaftsverband die ihm einem Dritten gegenüber obliegende Amtspflicht, haftet der Nachbarschaftsverband. [4]Das Nähere wird durch die Vereinbarung zwischen dem Nachbarschaftsverband und der Körperschaft bestimmt.

(2) Der Nachbarschaftsverband kann Bedienstete für eine Tätigkeit in leitender Stellung in ein Beamtenverhältnis auf Zeit berufen; die Amtszeit beträgt sechs Jahre.

§ 11 Verbandsumlage

[1]Wenn nichts anderes vereinbart ist, wird von Landkreisen keine Verbandsumlage erhoben. [2]Erfüllt ein Landkreis außerhalb des Nachbarschaftsbereichs Aufgaben, die der Nachbarschaftsverband für kreisangehörige Gemeinden wahrnimmt, hat der Landkreis diesen einen angemessenen Ausgleich zu gewähren.

§ 12 Grenzüberschreitende Nachbarschaftsverbände

Werden nach Maßgabe eines bestehenden oder noch abzuschließenden Staatsvertrages zwischen dem Land Baden-Württemberg und dem Freistaat Bayern oder den Ländern Hessen und Rheinland-Pfalz grenzüberschreitende Nachbarschaftsverbände gebildet, treten diese an die Stelle des jeweiligen Nachbarschaftsverbandes.

§ 13 Änderungen des Gesetzes über den kommunalen Finanzausgleich

(Hier nicht abgedruckt)

§ 14 Inkrafttreten

Dieses Gesetz tritt am 1. Januar 1976 in Kraft mit Ausnahme des § 3 Abs. 2 und des § 13 Abs. 1 und 2, die am 1. Januar 1975 in Kraft treten.

5.
Gesetz über die Errichtung des Verbands Region Stuttgart (GVRS)

vom 7. Februar 1994 (GBl. S. 92), zuletzt geändert durch Gesetz vom 19. Juni 2018 (GBl. S. 221)

Inhaltsverzeichnis (redaktionell):

1. Abschnitt
Errichtung, Verbandsgebiet

§ 1 Errichtung, Rechtsform und Name

(1) Zur Förderung und Sicherung einer geordneten Entwicklung des Verbandsgebiets und zur Stärkung der regionalen Zusammenarbeit wird ein Verband mit dem Namen „Verband Region Stuttgart“ errichtet.

(2) [1]Der Verband ist eine rechtsfähige Körperschaft des öffentlichen Rechts mit Sitz in Stuttgart. [2]Er verwaltet seine Angelegenheiten im Rahmen der Gesetze unter eigener Verantwortung. [3]Der Verband besitzt das Recht, Beamte zu haben.

§ 2 Verbandsgebiet

Die Zuständigkeit des Verbands erstreckt sich auf das Gebiet des Stadtkreises Stuttgart und der Landkreise Böblingen, Esslingen, Göppingen, Ludwigsburg und Rems-Murr-Kreis.

2. Abschnitt
Aufgaben des Verbands

§ 3 Pflichtaufgaben, freiwillige Aufgaben

(1) Der Verband hat folgende Pflichtaufgaben:

1. Trägerschaft der Regionalplanung,
2. Aufstellung und Fortschreibung des Landschaftsrahmenplans,

2 a. Konzeption und Planung eines Landschaftsparks Region Stuttgart,

3. Regionalverkehrsplanung,
4. regionalbedeutsamer öffentlicher Personennahverkehr nach Maßgabe des § 4 dieses Gesetzes sowie des § 5 des Gesetzes über die Planung, Organisation und Gestaltung des öffentlichen Personennahverkehrs (ÖPNVG),
5. Abfallentsorgung nach Maßgabe des § 7 Absatz 1, 2 Satz 2 und Absatz 4 des Landesabfallgesetzes,
6. Trägerschaft und Koordinierung regionalbedeutsamer Wirtschaftsförderung,
7. Trägerschaft und Koordinierung des regionalen Tourismus-Marketing.

(2) Der Verband kann nach Maßgabe des § 7 Absatz 2 Satz 1 des Landesabfallgesetzes weitere Teilaufgaben der Abfallentsorgung übernehmen.

(3) Der Verband kann folgende weitere Aufgaben übernehmen:

1. Trägerschaft und Koordinierung regionalbedeutsamer neuer Messen und Messebeteiligungen,
2. Trägerschaft und Koordinierung regionalbedeutsamer Kongresse, Kultur- und Sportveranstaltungen,
3. Trägerschaft für regionalbedeutsame Schienenpersonennahverkehre, die nach § 6 Abs. 1 und 2 in Verbindung mit § 7 ÖPNVG in der Trägerschaft mehrerer Aufgabenträger liegen,

4. Trägerschaft für Expressbuslinienverkehre nach Maßgabe des § 4 sowie des § 5 ÖPNVG,
5. Koordinierung und Förderung eines regionalen Verkehrsmanagements nach Maßgabe des § 4,
6. Trägerschaft eines Landschaftsparks Region Stuttgart, soweit die Gemeinden, auf deren Gebiet der Landschaftspark errichtet werden soll, zustimmen und gewährleistet ist, dass mindestens 50 Prozent der Gesamtkosten von diesen Gemeinden übernommen werden. Zuwendungen Dritter werden jeweils zur Hälfte auf die Kosten des Verbands Region Stuttgart und der Kommunen angerechnet.

§ 4 Regionalbedeutsamer öffentlicher Personennahverkehr und regionales Verkehrsmanagement

(1) [1]Die Aufgaben nach § 3 Absatz 1 Nummer 4 sowie § 3 Absatz 3 Nummer 4 und 5 umfassen:

1. die Aufgabenträgerschaft gemäß § 5 ÖPNVG für
   a) den S-Bahn-Verkehr mit Ausgangspunkt innerhalb des Verbandsgebiets. Liegt der Endpunkt des Verkehrs außerhalb des Verbandsgebiets, erstreckt sich die Aufgabenträgerschaft bis zur Verbandsgrenze;
   b) weitere regional bedeutsame Schienenpersonennahverkehre mit Ausgangs- und Endpunkt innerhalb des Verbandsgebiets;
   c) Expressbuslinienverkehre nach Maßgabe des Absatzes 4 und der Anlage 1 zu diesem Gesetz mit Ausgangspunkt innerhalb des Verbandsgebiets. Liegt der Endpunkt des Verkehrs außerhalb des Verbandsgebiets, erstreckt sich die Aufgabenträgerschaft bis zur Verbandsgrenze;
2. die Koordinierung und Förderung eines regionalen Verkehrsmanagements und der intermodalen Vernetzung der Verkehrsträger innerhalb des Verbandsgebiets;
3. die Aufgaben des am 29. Juni 1992 vereinbarten Zweckverbands Nahverkehr Region Stuttgart (StAnz. Nr. 63 vom 5. August 1992).

[2]Der Verband kann anstelle von Schienenpersonennahverkehren, für die er Aufgabenträger ist, auch andere Verkehrsleistungen oder Investitionen im öffentlichen Personennahverkehr finanzieren.

(2) [1]Die Landeshauptstadt Stuttgart erhält vom Verband ab dem Jahr 1995 als Ausgleich für Lasten bei der Durchführung des schienengebundenen öffentlichen Personennahverkehrs durch die Stuttgarter Straßenbahnen AG einen jährlichen Betrag in Höhe von 27 Millionen DM in vier gleichen Jahresraten. [2]Satz 1 gilt nicht, wenn eine vertragliche Regelung zwischen der Landeshauptstadt Stuttgart und den Landkreisen Böblingen, Esslingen, Ludwigsburg und Rems-Murr-Kreis über den Verkehrslastenausgleich besteht. [3]Absatz 1 Satz 2 und 3 bleiben unberührt.

(3) Die Absätze 1 und 2 sowie § 22 Abs. 2 und 3 gelten für den Landkreis Göppingen erst, wenn er in den Verkehrs- und Tarifverbund Stuttgart einbezogen ist.

(4) [1]Der Verband Region Stuttgart legt das Netz der in Absatz 1 Satz 1 Nummer 1 Buchstabe c genannten Expressbuslinienverkehre in dem Gebiet des Verkehrs- und Tarifverbunds Stuttgart grundsätzlich im Einvernehmen mit den betroffenen Landkreisen und dem Stadtkreis Stuttgart nach Maßgabe der Anlage 1 zu diesem Gesetz fest. [2]Kann kein Einvernehmen hergestellt werden, entscheidet das Verkehrsministerium.

§ 4 a Übernahme von weisungsfreien Planungsaufgaben

(1) [1]Der Verband Region Stuttgart kann mit den Gemeinden und Landkreisen der Region vereinbaren, dass er von ihnen weisungsfreie kommunale Planungsaufgaben mit Ausnahme der Bauleitplanung übernimmt, wenn der Aufgabenübergang für die Entwicklung und Versorgung des Verbandsbereichs oder eines größeren Teils des Verbandsbereichs förderlich ist. [2]Ein Aufgabenübergang ist ausgeschlossen, wenn die Erfüllung der Aufgabe durch den Verband Region Stuttgart umlagerelevant ist.

(2) Die Vereinbarung des Aufgabenübergangs muss mit der Mehrheit der Stimmen der Mitglieder der Regionalversammlung beschlossen werden; sie bedarf der Genehmigung der Rechtsaufsichtsbehörde.

(3) [1]Durch die Vereinbarung geht die Zuständigkeit zur Aufgabenerfüllung auf den Verband Region Stuttgart über. [2]Die Vereinbarung, ihre Änderung und Aufhebung sind mit der Genehmigung von den Beteiligten öffentlich bekannt zu machen. [3]Die Vereinbarung, ihre Ände-

rung und Aufhebung werden am Tag nach der letzten öffentlichen Bekanntmachung wirksam, sofern kein späterer Zeitpunkt bestimmt ist.

3. Abschnitt
Satzungen, Klagebefugnis

§ 5 Satzungen, öffentliche Bekanntmachungen

(1) Der Verband kann die weisungsfreien Angelegenheiten durch Satzung regeln, soweit die Gesetze keine Vorschriften enthalten.
(2) [1]Satzungen sind öffentlich bekanntzumachen. [2]Sie treten am Tag nach der Bekanntmachung in Kraft, wenn kein anderer Zeitpunkt bestimmt ist. [3]Satzungen sind der Rechtsaufsichtsbehörde anzuzeigen, soweit gesetzlich nichts anderes bestimmt ist.
(3) Öffentliche Bekanntmachungen erfolgen, soweit keine sondergesetzlichen Bestimmungen bestehen, im Staatsanzeiger.

§ 5 a Klagebefugnis

Der Verband kann ungeachtet einer ihm nach § 42 Abs. 2 der Verwaltungsgerichtsordnung bereits zustehenden Klagebefugnis durch Klage die Aufhebung eines Verwaltungsakts begehren, soweit er geltend macht, dass in Bezug auf das Verbandsgebiet die Anforderungen des § 4 des Raumordnungsgesetzes nicht beachtet worden sind.

4. Abschnitt
Verfassung des Verbands

§ 6 Organe

Organe des Verbands sind die Regionalversammlung, der Verbandsvorsitzende und der Regionaldirektor.

§ 7 Regionalversammlung

(1) [1]Die Regionalversammlung legt die Grundsätze für die Verwaltung des Verbands fest und entscheidet über alle Angelegenheiten des Verbands, soweit nicht der Verbandsvorsitzende oder der Regionaldirektor zuständig sind oder die Regionalversammlung dem Regionaldirek-

tor bestimmte Angelegenheiten überträgt. [2]Die Regionalversammlung überwacht die Ausführung ihrer Beschlüsse.

(2) [1]Die Regionalversammlung entscheidet im Einvernehmen mit dem Regionaldirektor über die Ernennung, Einstellung und Entlassung der Bediensteten; das Gleiche gilt für die nicht nur vorübergehende Übertragung einer anders bewerteten Tätigkeit bei einem Arbeitnehmer sowie für die Festsetzung des Entgelts, sofern kein Anspruch auf Grund eines Tarifvertrags besteht. [2]Kommt es zu keinem Einvernehmen, so entscheidet die Regionalversammlung mit einer Mehrheit von zwei Dritteln der Stimmen der Anwesenden allein. [3]Der Regionaldirektor ist zuständig, soweit die Regionalversammlung ihm die Entscheidung überträgt oder diese zur laufenden Verwaltung gehört.

§ 8 Wahl der Regionalversammlung

(1) [1]Die Regionalversammlung hat 80 Mitglieder. [2]Sie werden in allgemeiner, unmittelbarer, freier, gleicher und geheimer Wahl gewählt. [3]Wahlgebiet ist das Verbandsgebiet.

(2) [1]Gewählt wird in Wahlkreisen nach den Grundsätzen der Verhältniswahl mit Listenwahlvorschlägen. [2]Die Wahlvorschläge dürfen höchstens soviel Bewerber enthalten, wie Mitglieder der Regionalversammlung im Wahlkreis nach Absatz 5 zu wählen sind. [3]Die Verbindung von Wahlvorschlägen ist unzulässig. [4]Jeder Wahlberechtigte hat eine Stimme.

(3) [1]Wird nur ein gültiger oder kein Wahlvorschlag eingereicht, findet Mehrheitswahl ohne Bindung an die vorgeschlagenen Bewerber und ohne das Recht der Stimmenhäufung auf einen Bewerber statt. [2]Der Wahlberechtigte kann dabei nur so vielen Personen eine Stimme geben, wie Mitglieder der Regionalversammlung im Wahlkreis zu wählen sind.

(4) [1]Für die Wahl der Regionalversammlung bilden die Stadt Stuttgart sowie die Landkreise Böblingen, Esslingen, Göppingen, Ludwigsburg und Rems-Murr-Kreis je einen Wahlkreis. [2]Für jeden Wahlkreis sind besondere Wahlvorschläge einzureichen; die Bewerber müssen in einer Gemeinde des Wahlkreises wahlberechtigt sein (§ 9).

(5) Zur Feststellung der auf die einzelnen Wahlkreise entfallenden Sitze werden die Einwohnerzahlen der Wahlkreise der Reihe nach

durch ungerade Zahlen in aufsteigender Reihenfolge, beginnend mit der Zahl eins, geteilt und von den dabei ermittelten, wahlkreisübergreifend der Größe nach in absteigender Reihenfolge zu ordnenden Zahlen so viele Höchstzahlen ausgesondert, als Mitglieder der Regionalversammlung zu wählen sind; jeder Wahlkreis erhält so viele Sitze, als Höchstzahlen auf ihn entfallen.

§ 9 Wahlrecht

(1) [1]Wahlberechtigt ist, wer am Wahltag

1. Deutscher im Sinne von Artikel 116 Abs. 1 des Grundgesetzes ist,
2. das 16. Lebensjahr vollendet hat und
3. seit mindestens drei Monaten im Verbandsgebiet seine einzige, bei mehreren Wohnungen seine Hauptwohnung hat.

[2]Bei mehreren Wohnungen kann das Wahlrecht nur am Ort der Hauptwohnung ausgeübt werden. [3]War die bisherige einzige Wohnung ebenfalls im Verbandsgebiet, wird die bisherige Wohndauer angerechnet. [4]Wer das Wahlrecht durch Wegzug aus dem Verbandsgebiet verloren hat und vor Ablauf von drei Jahren seit dem Wegzug wieder im Verbandsgebiet Wohnung nimmt, besitzt mit der Rückkehr das Wahlrecht. [5]Bei der Berechnung der Dreimonatsfrist nach Satz 1 Nummer 3 ist der Tag der Wohnungsnahme in die Frist einzubeziehen.

(2) Ausgeschlossen vom Wahlrecht sind Personen,

1. die infolge Richterspruchs das Wahlrecht nicht besitzen,
2. für die zur Besorgung aller ihrer Angelegenheiten ein Betreuer nicht nur durch einstweilige Anordnung bestellt ist; dies gilt auch, wenn der Aufgabenkreis des Betreuers die in § 1896 Abs. 4 und § 1905 des Bürgerlichen Gesetzbuches bezeichneten Angelegenheiten nicht erfasst.

(3) Das Wahlrecht verliert, wer aus dem Wahlgebiet wegzieht, seine Hauptwohnung aus dem Wahlgebiet verlegt oder nicht mehr Deutscher im Sinne von Artikel 116 Abs. 1 des Grundgesetzes ist.

§ 10 Wählbarkeit

(1) Wählbar ist jeder Wahlberechtigte, der das 18. Lebensjahr vollendet hat.

(2) Nicht wählbar ist,

1. wer vom Wahlrecht ausgeschlossen ist (§ 9 Abs. 2),
2. wer infolge Richterspruchs die Wählbarkeit oder die Fähigkeit zur Bekleidung öffentlicher Ämter nicht besitzt.

§ 11 Hinderungsgründe

(1) [1]Mitglieder der Regionalversammlung können nicht sein

1. Beamte und Arbeitnehmer des Verbands Region Stuttgart und
2. Beamte und Arbeitnehmer der Rechtsaufsichtsbehörde und der obersten Rechtsaufsichtsbehörde, die unmittelbar mit der Ausübung der Rechtsaufsicht befasst sind, sowie leitende Beamte und leitende Arbeitnehmer der Gemeindeprüfungsanstalt.

[2]Satz 1 findet keine Anwendung auf Arbeitnehmer, die überwiegend körperliche Arbeit verrichten.

(2) Die Regionalversammlung stellt fest, ob ein Hinderungsgrund nach Absatz 1 gegeben ist; nach regelmäßigen Wahlen erfolgt die Feststellung vor der Einberufung der ersten Sitzung der neuen Regionalversammlung.

§ 12 Amtszeit

(1) Die Amtszeit der Mitglieder der Regionalversammlung beträgt fünf Jahre.

(2) [1]Die Amtszeit endet mit Ablauf des Tages, an dem die regelmäßige Wahl zur Regionalversammlung stattfindet. [2]Wenn die Wahl von der Wahlprüfungsbehörde nicht beanstandet wurde, ist die erste Sitzung der Regionalversammlung vom bisherigen Verbandsvorsitzenden unverzüglich nach Zustellung des Wahlprüfungsbescheids oder nach ungenutztem Ablauf der Wahlprüfungsfrist, sonst nach Eintritt der Rechtskraft der Wahl anzuberaumen. [3]Bis zum Zusammentreten der neugewählten Regionalversammlung führt die bisherige Regionalversammlung die Geschäfte weiter. [4]Wesentliche Entscheidungen, die bis zum Zusammentreten der neugewählten Regionalversammlung aufgeschoben werden können, bleiben der neugewählten Regionalversammlung vorbehalten.

(3) [1]Ist die Wahl von Mitgliedern der Regionalversammlung, die ihr Amt bereits angetreten haben, rechtskräftig für ungültig erklärt worden, so führen diese im Falle des § 32 Abs. 1 des Kommunalwahlgesetzes die Geschäfte bis zum Zusammentreten der auf Grund einer Wiederholungs- oder Neuwahl neugewählten Regionalversammlung, in den Fällen des § 32 Abs. 2 und 3 des Kommunalwahlgesetzes bis zum Ablauf des Tages weiter, an dem das berichtigte Wahlergebnis öffentlich bekanntgemacht wird. [2]Die Rechtswirksamkeit der Tätigkeit dieser Mitglieder der Regionalversammlung wird durch die Ungültigkeit ihrer Wahl nicht berührt.

(4) [1]Für das Ausscheiden aus der Regionalversammlung, das Nachrücken oder eine Ergänzungswahl gilt § 25 Abs. 1 und 3 der Landkreisordnung entsprechend. [2]Tritt ein Gewählter nicht in die Regionalversammlung ein, scheidet er im Lauf der Amtszeit aus oder wird festgestellt, dass er nicht wählbar war, rückt der nächste noch nicht berufene Bewerber des Wahlvorschlags nach. [3]Für die Folgen des Verbots einer Partei oder der Teilorganisation einer Partei oder einer Wählervereinigung gilt § 25 a der Landkreisordnung entsprechend.

§ 13 Rechtsstellung

(1) [1]Die Mitglieder der Regionalversammlung sind ehrenamtlich tätig. [2]Für ihre Rechtsverhältnisse gelten die für die Gemeinderäte maßgebenden Vorschriften und § 35 Abs. 7 Satz 3 des Landesplanungsgesetzes entsprechend. [3]Im Übrigen findet § 18 Abs. 1 Nr. 4 und Abs. 2 Nr. 1 der Gemeindeordnung keine Anwendung, wenn die Entscheidung wegen der Wahrnehmung einer Aufgabe des Verbands eine Gemeinde oder einen Landkreis in der Region Stuttgart betrifft oder wenn die Entscheidung gesetzliche Verpflichtungen der Gemeinden oder Landkreise betrifft, die nach gleichen Grundsätzen für die betroffenen Gemeinden oder Landkreise festgesetzt werden.

(2) Der Vorsitzende der Regionalversammlung verpflichtet die Mitglieder in der ersten Sitzung öffentlich auf die gewissenhafte Erfüllung ihrer Amtspflichten, nachdem er zuvor von dem an Lebensjahren ältesten Mitglied verpflichtet worden ist.

(3) § 26 Abs. 2 bis 5 der Landkreisordnung findet entsprechende Anwendung.

§ 13 a Fraktionen

§ 32 a der Gemeindeordnung findet entsprechende Anwendung.

§ 14 Geschäftsgang

(1) Die Regionalversammlung wird vom Vorsitzenden einberufen. § 29 der Landkreisordnung gilt entsprechend.

(2) Für die Verhandlungen der Regionalversammlung, insbesondere für die Beschlussfähigkeit, für Abstimmungen und Wahlen, für die Aufgaben des Vorsitzenden und für die Niederschriften gelten § 33 Abs. 1 bis 3 sowie §§ 35 bis 38 der Gemeindeordnung entsprechend mit der Maßgabe, dass die Aufgaben des Bürgermeisters vom Vorsitzenden wahrgenommen werden.

(3) [1]Der Regionaldirektor nimmt an den Sitzungen der Regionalversammlung mit beratender Stimme teil. [2]Ihm ist auf Verlangen das Wort zu erteilen. [3]Er kann sonstige Bedienstete des Verbands hinzuziehen.

§ 15 Ausschüsse

(1) [1]Die Regionalversammlung kann durch Satzung beschließende und durch Beschluss beratende Ausschüsse bilden. [2]Für die Aufstellung des Regionalplans, insbesondere für die Vorbereitung der Verhandlungen über die Aufstellung des Regionalplans gilt § 38 des Landesplanungsgesetzes entsprechend (Planungsausschuss).

(2) [1]Beschließenden Ausschüssen können von der Regionalversammlung bestimmte Aufgabengebiete zur dauernden Erledigung übertragen werden. [2]Auf beschließende Ausschüsse kann nicht übertragen werden die Beschlussfassung über

1. die Bestellung der Mitglieder von Ausschüssen der Regionalversammlung, die Wahl des Verbandsvorsitzenden und die Wahl oder Bestellung seiner Stellvertreter, die Ernennung und Entlassung des Regionaldirektors und der Bediensteten nach § 18 Abs. 2 sowie die Bestellung des Stellvertreters des Regionaldirektors,
2. die Feststellung des Regionalplans durch Satzung bei Aufstellung und Gesamtfortschreibung des Regionalplans sowie bei Teilfortschreibung des Regionalplans, wenn die Grundzüge der anzustrebenden Ordnung und Entwicklung der Region wesentlich berührt

werden und nicht alle Gemeinden den Zielen der Raumordnung zugestimmt haben, die für sie voraussichtlich eine Anpassungspflicht begründen,
3. den Erlass eines Planungsgebots nach § 21 des Landesplanungsgesetzes,
4. die Aufstellung und Fortschreibung des Landschaftsrahmenplans,
5. die Aufstellung, Fortschreibung und sonstige Änderungen des Regionalverkehrsplans,
6. die Übernahme weiterer Teilaufgaben der Abfallentsorgung nach § 3 Abs. 2,
7. den Erlass von Satzungen,
8. den Erlass der Haushaltssatzung,
9. die Feststellung des Jahresabschlusses und des Gesamtabschlusses,
10. Maßnahmen, die sich erheblich auf den Haushalt des Verbands auswirken.

(3) [1]Die Mitglieder und Stellvertreter in gleicher Zahl bestellt die Regionalversammlung widerruflich aus ihrer Mitte. [2]Für beschließende Ausschüsse gilt § 40 Abs. 1 Satz 3 und Abs. 2 der Gemeindeordnung entsprechend.

(4) [1]Vorsitzender der Ausschüsse ist der Verbandsvorsitzende; er ist stimmberechtigtes Mitglied. [2]Die Ausschüsse wählen in der Reihenfolge der Stellvertretung aus ihrer Mitte einen oder mehrere Vertreter des Vorsitzenden.

(5) Für den Geschäftsgang der beratenden und beschließenden Ausschüsse gelten § 13 Abs. 1 Sätze 2 bis 4 und § 14 Abs. 1 und 3 dieses Gesetzes sowie § 33 Abs. 1 bis 3, §§ 36 bis 38 und 39 Abs. 5 Sätze 2 und 3 der Gemeindeordnung, für beschließende Ausschüsse außerdem §§ 35 und 39 Abs. 3 und 4 der Gemeindeordnung entsprechend mit der Maßgabe, dass die Aufgaben des Bürgermeisters vom Vorsitzenden des Ausschusses wahrgenommen werden.

(6) [1]Durch die Regionalversammlung können sachkundige Personen widerruflich in beschließende Ausschüsse als beratende Mitglieder, in beratende Ausschüsse als Mitglieder berufen werden. [2]Ihre Zahl darf die der Mitglieder nach Absatz 3 nicht erreichen; sie sind ehrenamtlich tätig.

§ 15 a Veröffentlichung von Informationen

§ 41 b der Gemeindeordnung findet für öffentliche Sitzungen der Regionalversammlung und ihrer Ausschüsse entsprechende Anwendung.

§ 16 Verbandsvorsitzender

(1) [1]Die Regionalversammlung wählt in der ersten Sitzung nach der Wahl aus ihrer Mitte einen Verbandsvorsitzenden und zwei Stellvertreter in der Reihenfolge ihrer Stellvertretung für die Dauer ihrer Amtszeit als Mitglieder der Regionalversammlung. [2]Bis zur Wahl des Vorsitzenden führt das an Jahren älteste Mitglied den Vorsitz.

(2) [1]Der Verbandsvorsitzende und seine Stellvertreter sind ehrenamtlich tätig. [2]Durch Satzung können angemessene Aufwandsentschädigungen festgesetzt werden. [3]Für ihre Rechtsverhältnisse gelten die für die Gemeinderäte maßgebenden Vorschriften. [4]§ 13 Abs. 1 Sätze 2 und 3 gilt entsprechend.

(3) [1]Der Verbandsvorsitzende ist Vorsitzender der Regionalversammlung. [2]Er bereitet die Sitzungen der Regionalversammlung und ihrer Ausschüsse vor. [3]Beschlüsse der Regionalversammlung, die

1. die Durchführung der Geschäftsordnung,
2. die Geltendmachung von Ansprüchen des Verbands gegen den Regionaldirektor und
3. die Amtsführung des Regionaldirektors

betreffen, werden abweichend von § 17 Abs. 4 vom Verbandsvorsitzenden vollzogen.

(4) [1]Der Verbandsvorsitzende ist Vorgesetzter, Dienstvorgesetzter und oberste Dienstbehörde des Regionaldirektors und der Bediensteten des Verbands nach § 18 Abs. 2. [2]Die Ernennungsurkunde für den Regionaldirektor und die Bediensteten nach § 18 Abs. 2 wird vom Verbandsvorsitzenden ausgestellt und ausgehändigt.

§ 17 Regionaldirektor

(1) [1]Der Regionaldirektor wird von der Regionalversammlung als Beamter auf Zeit gewählt. [2]Seine Amtszeit beträgt acht Jahre. [3]Sie beginnt mit dem Amtsantritt; im Falle der Wiederwahl schließt sich

die neue Amtszeit an das Ende der vorangegangenen Amtszeit an. [4]Wird die Wahl des Regionaldirektors wegen Ablaufs der Amtszeit oder wegen Eintritts in den Ruhestand infolge Erreichens der Altersgrenze notwendig, ist sie frühestens drei Monate und spätestens einen Monat vor Freiwerden der Stelle, in anderen Fällen spätestens sechs Monate nach Freiwerden der Stelle durchzuführen.

(2) [1]Der Regionaldirektor führt nach Freiwerden seiner Stelle die Geschäfte bis zum Amtsantritt des neu gewählten Regionaldirektors weiter; sein Dienstverhältnis besteht so lange weiter. [2]Satz 1 gilt nicht, wenn der Regionaldirektor

1. vor dem Freiwerden seiner Stelle dem Verband schriftlich mitgeteilt hat, daß er die Weiterführung der Geschäfte ablehne,
2. des Dienstes vorläufig enthoben ist oder
3. wenn gegen ihn öffentliche Klage wegen eines Verbrechens erhoben ist.

(3) Der Verbandsvorsitzende vereidigt den Regionaldirektor in öffentlicher Sitzung im Namen der Regionalversammlung.

(4) [1]Der Regionaldirektor vertritt den Verband, leitet die Verbandsverwaltung und vollzieht die Beschlüsse der Regionalversammlung und der Ausschüsse. [2]Er erledigt in eigener Zuständigkeit die Geschäfte der laufenden Verwaltung und die ihm sonst durch Gesetz oder von der Regionalversammlung übertragenen Aufgaben. [3]Die dauernde Übertragung der Erledigung bestimmter Aufgaben auf den Regionaldirektor ist durch Satzung zu regeln. [4]Die Regionalversammlung kann die Erledigung von Angelegenheiten, die sie nicht auf beschließende Ausschüsse übertragen kann (§ 15 Abs. 2), auch nicht dem Regionaldirektor übertragen.

(5) [1]Der Regionaldirektor ist Vorgesetzter, Dienstvorgesetzter und oberste Dienstbehörde der sonstigen Bediensteten des Verbands. [2]§ 16 Abs. 4 bleibt unberührt.

(6) [1]Der Regionaldirektor muss Beschlüssen der Regionalversammlung widersprechen, wenn er der Auffassung ist, dass sie gesetzwidrig sind; er kann widersprechen, wenn er der Auffassung ist, das sie für den Verband nachteilig sind. [2]Der Widerspruch muss unverzüglich, spätestens jedoch binnen einer Woche nach Beschlussfassung gegenüber dem Verbandsvorsitzenden ausgesprochen werden. [3]Der Widerspruch

hat aufschiebende Wirkung. [4]Der Verbandvorsitzende hat unter Angabe der Widerspruchsgründe unverzüglich eine Sitzung einzuberufen, in der erneut über die Angelegenheit zu beschließen ist; diese Sitzung hat spätestens vier Wochen nach der ersten Sitzung stattzufinden. [5]Ist nach Ansicht des Regionaldirektors der neue Beschluss gesetzwidrig, muss er ihm erneut widersprechen und unverzüglich die Entscheidung der Rechtsaufsichtsbehörde herbeiführen.

(7) [1]Absatz 6 gilt entsprechend für Beschlüsse, die durch beschließende Ausschüsse gefasst werden. [2]Auf den Widerspruch hat die Regionalversammlung zu entscheiden.

(8) [1]In dringenden Angelegenheiten der Regionalversammlung, deren Erledigung nicht bis zu einer ohne Frist und formlos einberufenen Sitzung der Regionalversammlung aufgeschoben werden kann, entscheidet der Regionaldirektor im Benehmen mit dem Verbandsvorsitzenden anstelle der Regionalversammlung. [2]Die Gründe für die Eilentscheidung und die Art der Erledigung ist den Mitgliedern der Regionalversammlung unverzüglich mitzuteilen. [3]Das Gleiche gilt für die Angelegenheiten, für deren Entscheidung ein beschließender Ausschuss zuständig ist.

5. Abschnitt
Verwaltung, Wirtschaftsführung

§ 18 Verwaltung

(1) [1]Der Verband ist verpflichtet, die zur Erfüllung seiner Aufgaben erforderlichen Bediensteten einzustellen. [2]Im Übrigen gilt § 57 Satz 1 der Gemeindeordnung entsprechend.

(2) [1]Der Verband kann Bedienstete für eine Tätigkeit in leitender Stellung in ein Beamtenverhältnis auf Zeit berufen; die Amtszeit beträgt acht Jahre, im Falle der Wiederwahl schließt sich die neue Amtszeit an das Ende der vorangegangenen Amtszeit an. [2]Ihre Zahl ist nach den Erfordernissen des Verbands durch Satzung zu bestimmen.

(3) Der Regionaldirektor kann den in Absatz 1 und 2 genannten Bediensteten allgemein oder im Einzelfall Weisungen erteilen.

§ 19 Wirtschaftsführung

Auf die Wirtschaftsführung des Verbands finden die Vorschriften über die Gemeindewirtschaft entsprechend Anwendung mit Ausnahme der Vorschriften über die ortsübliche Bekanntgabe des Beschlusses über die Feststellung des Jahresabschlusses und des Gesamtabschlusses, die Auslegung des Jahresabschlusses und des Gesamtabschlusses sowie der Vorschriften über das Rechnungsprüfungsamt.

§ 20 Gebühren

Der Verband kann Gebühren in entsprechender Anwendung der Vorschriften des Kommunalabgabengesetzes erheben.

§ 21 Deckung des Finanzbedarfs für die Regionalplanung

[1]Der Verband erhält für die Erfüllung seiner Aufgaben als Träger der Regionalplanung vom Land jährlich einen Zuschuss. [2]§ 43 Abs. 1 des Landesplanungsgesetzes gilt entsprechend.

§ 22 Verbandsumlage

(1) [1]Der Verband kann, soweit sein Finanzbedarf nicht über Gebühren und Zweckzuweisungen gedeckt wird, von den Gemeinden des Verbandsgebiets eine Umlage (Verbandsumlage) erheben. [2]Die Höhe der Umlage ist in der Haushaltssatzung für jedes Rechnungsjahr festzusetzen. [3]Die Umlage wird in einem Hundertsatz der Steuerkraftsummen bemessen.

(2) Abweichend von Absatz 1 werden Umlagen zur Deckung des Finanzbedarfs für den regionalbedeutsamen öffentlichen Personennahverkehr und das regionale Verkehrsmanagement (§ 3 Absatz 1 Nummer 4, § 3 Absatz 3 Nummern 3, 4 und 5 sowie § 4) von der Stadt Stuttgart und den Landkreisen erhoben.

(3) Die Finanzierung der Ausgleichsleistungen nach § 4 Abs. 2 erfolgt durch eine Umlage, welche die Landkreise im Verhältnis ihrer Einwohnerzahl am 30. Juni des vorangegangenen Jahres aufbringen.

(4) [1]Abweichend von Absatz 1 erhebt der Verband für seine durch Benutzungsgebühren nicht gedeckten Kosten für die Abfallentsorgung (§ 6 a des Landesabfallgesetzes) eine Umlage bei der Stadt Stuttgart

und den Landkreisen. [2]Umlagegrundlage ist die Einwohnerzahl am 30. Juni des vorangegangenen Jahres.

6. Abschnitt
Prüfung, Aufsicht

§ 23 Prüfung

Die Prüfung der Wirtschaftsführung des Verbands erfolgt durch die Gemeindeprüfungsanstalt.

§ 24 Aufsicht

(1) Der Verband unterliegt in weisungsfreien Angelegenheiten der Rechtsaufsicht des Landes.
(2) [1]Der Verband unterliegt nach Maßgabe des § 11 Abs. 9 des Landesplanungsgesetzes der Fachaufsicht der obersten Raumordnungs- und Landesplanungsbehörde. [2]Im Übrigen richtet sich die Aufsicht über die Erfüllung von Weisungsaufgaben nach den hierfür erlassenen Gesetzen (Fachaufsicht).
(3) [1]Rechtsaufsichtsbehörde und obere Rechtsaufsichtsbehörde ist das Regierungspräsidium; oberste Rechtsaufsichtsbehörde ist das Innenministerium. [2]Den Fachaufsichtsbehörden steht im Rahmen ihrer Zuständigkeit ein Informationsrecht nach § 120 der Gemeindeordnung zu.
(4) §§ 118, 120 bis 127 und 129 der Gemeindeordnung gelten entsprechend.

7. Abschnitt
Übergangs- und Schlussbestimmungen

§ 25 Übergangs- und Schlussbestimmungen

(1) Das Innenministerium beruft die erste Sitzung der Regionalversammlung nach der erstmaligen Wahl ihrer Mitglieder ein.
(2) Abweichend von § 11 Abs. 2 stellt die Regionalversammlung nach der ersten Wahl der Mitglieder der Regionalversammlung selbst fest, ob bei den gewählten Mitgliedern ein Hinderungsgrund nach § 11 Abs. 1 vorliegt.

(3) Solange die Regionalversammlung die vorläufige Geschäftsführung nicht selbst regelt und ein Regionaldirektor nicht bestellt ist, obliegen die Aufgaben des Regionaldirektors einstweilen dem Beamten des Verbands, dem das am höchsten besoldete Amt übertragen ist.
(4) Für die vorläufige Haushaltsführung des Verbands bis zum Erlass der ersten Haushaltssatzung gilt als Haushaltssatzung des Vorjahres die Haushaltssatzung des Regionalverbands Stuttgart für das Haushaltsjahr 1993.

Anlage 1 und 2

(Hier nicht abgedruckt)

Anhang: Sonstige grundlegende Bestimmungen

1. Grundgesetz für die Bundesrepublik Deutschland (GG)

vom 23. Mai 1949 (BGBl. S. 1), in der im Bundesgesetzblatt Teil III, Gliederungsnummer 100-1, veröffentlichten bereinigten Fassung, zuletzt geändert durch Gesetz vom 28. März 2019 (BGBl. I S. 404)

– Auszug –

Artikel 28 (Länderverfassungen/kommunale Selbstverwaltung)

(1) [1]Die verfassungsmäßige Ordnung in den Ländern muss den Grundsätzen des republikanischen, demokratischen und sozialen Rechtsstaates im Sinne dieses Grundgesetzes entsprechen. [2]In den Ländern, Kreisen und Gemeinden muss das Volk eine Vertretung haben, die aus allgemeinen, unmittelbaren, freien, gleichen und geheimen Wahlen hervorgegangen ist. [3]Bei Wahlen in Kreisen und Gemeinden sind auch Personen, die die Staatsangehörigkeit eines Mitgliedstaates der Europäischen Gemeinschaft besitzen, nach Maßgabe von Recht der Europäischen Gemeinschaft wahlberechtigt und wählbar. [4]In Gemeinden kann an die Stelle einer gewählten Körperschaft die Gemeindeversammlung treten.

(2) [1]Den Gemeinden muss das Recht gewährleistet sein, alle Angelegenheiten der örtlichen Gemeinschaft im Rahmen der Gesetze in eigener Verantwortung zu regeln. [2]Auch die Gemeindeverbände haben im Rahmen ihres gesetzlichen Aufgabenbereiches nach Maßgabe der Gesetze das Recht der Selbstverwaltung. [3]Die Gewährleistung der Selbstverwaltung umfasst auch die Grundlagen der finanziellen Eigenverantwortung; zu diesen Grundlagen gehört eine den Gemeinden mit Hebesatzrecht zustehende wirtschaftskraftbezogene Steuerquelle.

(3) Der Bund gewährleistet, dass die verfassungsmäßige Ordnung der Länder den Grundrechten und den Bestimmungen der Absätze 1 und 2 entspricht.

2. Verfassung des Landes Baden-Württemberg

vom 11. November 1953 (GBl. S. 173), zuletzt geändert durch Gesetz vom 1. Dezember 2015 (GBl. S. 1032)

– Auszug –

VI. Die Verwaltung

Artikel 69 (Ausübung der Verwaltung)

Die Verwaltung wird durch die Regierung, die ihr unterstellten Behörden und durch die Träger der Selbstverwaltung ausgeübt.

Artikel 70 (Verwaltungsorganisation, Subsidiaritätsprinzip)

(1) [1]Aufbau, räumliche Gliederung und Zuständigkeiten der Landesverwaltung werden durch Gesetz geregelt. [2]Aufgaben, die von nachgeordneten Verwaltungsbehörden zuverlässig und zweckmäßig erfüllt werden können, sind diesen zuzuweisen.
(2) [1]Die Einrichtung der staatlichen Behörden im Einzelnen obliegt der Regierung, auf Grund der von ihr erteilten Ermächtigung den Ministern.

Artikel 71 (Selbstverwaltungsgarantie, Aufgabenübertragung, Konnexitätsprinzip, Anhörungsrecht)

(1) [1]Das Land gewährleistet den Gemeinden und Gemeindeverbänden sowie den Zweckverbänden das Recht der Selbstverwaltung. [2]Sie verwalten ihre Angelegenheiten im Rahmen der Gesetze unter eigener Verantwortung. [3]Das gleiche gilt für sonstige öffentlich-rechtliche Körperschaften und Anstalten in den durch Gesetz gezogenen Grenzen.
(2) [1]Die Gemeinden sind in ihrem Gebiet die Träger der öffentlichen Aufgaben, soweit nicht bestimmte Aufgaben im öffentlichen Interesse durch Gesetz anderen Stellen übertragen sind. [2]Die Gemeindeverbände haben innerhalb ihrer Zuständigkeit die gleiche Stellung.
(3) [1]Den Gemeinden und Gemeindeverbänden kann durch Gesetz die Erledigung bestimmter bestehender oder neuer öffentlicher Aufgaben

übertragen werden. [2]Gleichzeitig sind Bestimmungen über die Deckung der Kosten zu treffen. [3]Führen diese Aufgaben, spätere vom Land veranlasste Änderungen ihres Zuschnitts oder der Kosten aus ihrer Erledigung oder spätere nicht vom Land veranlasste Änderungen der Kosten aus der Erledigung übertragener Pflichtaufgaben nach Weisung zu einer wesentlichen Mehrbelastung der Gemeinden oder Gemeindeverbände, so ist ein entsprechender finanzieller Ausgleich zu schaffen. [4]Die Sätze 2 und 3 gelten entsprechend, wenn das Land freiwillige Aufgaben der Gemeinden oder Gemeindeverbände in Pflichtaufgaben umwandelt oder besondere Anforderungen an die Erfüllung bestehender, nicht übertragener Aufgaben begründet. [5]Das Nähere zur Konsultation der in Absatz 4 genannten Zusammenschlüsse zu einer Kostenfolgenabschätzung kann durch Gesetz oder eine Vereinbarung der Landesregierung mit diesen Zusammenschlüssen geregelt werden.

(4) Bevor durch Gesetz oder Verordnung allgemeine Fragen geregelt werden, welche die Gemeinden und Gemeindeverbände berühren, sind diese oder ihre Zusammenschlüsse rechtzeitig zu hören.

Artikel 72 (Kommunalwahlen)

(1) [1]In den Gemeinden und Kreisen muss das Volk eine Vertretung haben, die aus allgemeinen, unmittelbaren, freien, gleichen und geheimen Wahlen hervorgegangen ist. [2]Bei Wahlen in Kreisen und Gemeinden sind auch Personen, die die Staatsangehörigkeit eines Mitgliedstaates der Europäischen Gemeinschaft besitzen, nach Maßgabe von Recht der Europäischen Gemeinschaft wahlberechtigt und wählbar sowie bei Abstimmungen stimmberechtigt.

(2) [1]Wird in einer Gemeinde mehr als eine gültige Wahlvorschlagsliste eingereicht, so muss die Wahl unter Berücksichtigung der Grundsätze der Verhältniswahl erfolgen. [2]Durch Gemeindesatzung kann Teilorten eine Vertretung im Gemeinderat gesichert werden. [3]In kleinen Gemeinden kann an die Stelle einer gewählten Vertretung die Gemeindeversammlung treten.

(3) Das Nähere regelt ein Gesetz.

Artikel 73 (Finanzgarantie, kommunale Abgabenhoheit, Finanzausgleich)

(1) Das Land sorgt dafür, dass die Gemeinden und Gemeindeverbände ihre Aufgaben erfüllen können.
(2) Die Gemeinden und Kreise haben das Recht, eigene Steuern und andere Abgaben nach Maßgabe der Gesetze zu erheben.
(3) [1]Die Gemeinden und Gemeindeverbände werden unter Berücksichtigung der Aufgaben des Landes an dessen Steuereinnahmen beteiligt. [2]Näheres regelt ein Gesetz.

Artikel 74 (Gebietsänderungen)

(1) Das Gebiet von Gemeinden und Gemeindeverbänden kann aus Gründen des öffentlichen Wohls geändert werden.
(2) [1]Das Gemeindegebiet kann durch Vereinbarung der beteiligten Gemeinden mit staatlicher Genehmigung, durch Gesetz oder auf Grund eines Gesetzes geändert werden. [2]Die Auflösung von Gemeinden gegen deren Willen bedarf eines Gesetzes. [3]Vor einer Änderung des Gemeindegebiets muß die Bevölkerung der unmittelbar betroffenen Gebiete gehört werden.
(3) [1]Das Gebiet von Gemeindeverbänden kann durch Gesetz oder auf Grund eines Gesetzes geändert werden. [2]Die Auflösung von Landkreisen bedarf eines Gesetzes.
(4) Das Nähere wird durch Gesetz geregelt.

Artikel 75 (Kommunalaufsicht)

(1) [1]Das Land überwacht die Gesetzmäßigkeit der Verwaltung der Gemeinden und Gemeindeverbände. [2]Durch Gesetz kann bestimmt werden, dass die Übernahme von Schuldverpflichtungen und Gewährschaften sowie die Veräußerung von Vermögen von der Zustimmung der mit der Überwachung betrauten Staatsbehörde abhängig gemacht werden, und daß diese Zustimmung unter dem Gesichtspunkt einer geordneten Wirtschaftsführung erteilt oder versagt werden kann.
(2) Bei der Übertragung staatlicher Aufgaben kann sich das Land ein Weisungsrecht nach näherer gesetzlicher Vorschrift vorbehalten.

Artikel 76 (Normenkontrollverfahren)

Gemeinden und Gemeindeverbände können den Verfassungsgerichtshof mit der Behauptung anrufen, dass ein Gesetz die Vorschriften der Artikel 71 bis 75 verletze.

3.
Kommunalwahlgesetz (KomWG)

in der Fassung der Bekanntmachung vom 1. September 1983 (GBl. S. 429), zuletzt geändert durch Gesetz vom 4. April 2019 (GBl. S. 105)

– Auszug –

§ 8 Wahlvorschläge

(1) [1]Jeder Wahlvorschlag für die Wahl der Gemeinderäte muss

in Gemeinden bis zu	3 000	Einwohnern von	10,
in Gemeinden bis zu	10 000	Einwohnern von	20,
in Gemeinden bis zu	50 000	Einwohnern von	50,
in Gemeinden bis zu	100 000	Einwohnern von	100,
in Gemeinden bis zu	200 000	Einwohnern von	150,
in Gemeinden über	200 000	Einwohnern von	250

im Zeitpunkt der Unterzeichnung des Wahlvorschlags von wahlberechtigten Personen unterzeichnet sein. [2]Ein Wahlvorschlag für die Wahl der Kreisräte muss von 50 im Zeitpunkt der Unterzeichnung des Wahlvorschlags zur Wahl der Kreisräte in einer Gemeinde des Wahlkreises wahlberechtigten Personen unterzeichnet sein. [3]Die Sätze 1 und 2 gelten nicht für die Wahlvorschläge von Parteien, die im Landtag vertreten sind, und für Parteien, die bisher schon in dem zu wählenden Organ vertreten waren; dies gilt entsprechend für Wählervereinigungen, die bisher schon in dem zu wählenden Organ vertreten waren, wenn der Wahlvorschlag von der Mehrheit der für diese Wählervereinigung Gewählten unterschrieben ist, die dem Organ zum Zeitpunkt der Einreichung des Wahlvorschlags noch angehören. [4]Mit dem Wahlvorschlag ist eine unterschriftliche Erklärung jedes Bewerbers einzureichen, dass er der Aufnahme in den Wahlvorschlag zugestimmt hat; die Zustimmung ist unwiderruflich. [5]Ein Bewerber darf sich für dieselbe Wahl nicht in mehrere Wahlvorschläge aufnehmen lassen; ein Wahlberechtigter kann für dieselbe Wahl nicht mehrere Wahlvorschläge unterzeichnen.

(2) [1]Unionsbürger haben zusätzlich gegenüber dem Vorsitzenden des zuständigen Wahlausschusses an Eides statt zu versichern, dass sie die Staatsangehörigkeit ihres Herkunftsmitgliedstaates besitzen und in diesem Mitgliedstaat ihre Wählbarkeit nicht verloren haben. [2]Sofern sie nach § 26 des Bundesmeldegesetzes von der Meldepflicht befreit und nicht in das Melderegister eingetragen sind, haben sie ferner an Eides statt zu versichern, seit wann sie in der Gemeinde eine Wohnung, bei mehreren Wohnungen in der Bundesrepublik Deutschland ihre Hauptwohnung haben; bei mehreren Wohnungen in der Bundesrepublik Deutschland sind deren Anschriften anzugeben. [3]Die Erklärung nach Satz 1 und 2 ist mit dem Wahlvorschlag einzureichen. [4]§ 9 Abs. 1 Satz 7 gilt entsprechend. [5]Bei Zweifeln an der Richtigkeit der Versicherung an Eides statt nach Satz 1 hat der Unionsbürger auf Verlangen eine Bescheinigung der zuständigen Verwaltungsbehörde seines Herkunftsmitgliedstaates vorzulegen, mit der bestätigt wird, dass er in diesem Mitgliedstaat seine Wählbarkeit nicht verloren hat oder dass dieser Behörde ein solcher Verlust nicht bekannt ist.

(3) Die Gesetzmäßigkeit der Wahlvorschläge prüft und über ihre Zulassung beschließt

1. bei der Wahl der Gemeinderäte der Gemeindewahlausschuss,
2. bei der Wahl der Kreisräte der Kreiswahlausschuss.

(4) [1]Gegen die Zurückweisung eines Wahlvorschlags oder die Streichung eines Bewerbers kann jeder Bewerber und jeder Unterzeichner des Wahlvorschlags Anfechtungs- oder Verpflichtungsklage erheben. [2]Über den Widerspruch im Vorverfahren entscheidet die Rechtsaufsichtsbehörde.

(5) [1]Mehrere für dieselbe Wahl zugelassene Wahlvorschläge sind bei der Wahl der Gemeinderäte vom Bürgermeister, bei der Wahl der Kreisräte vom Landrat spätestens am 20. Tag vor dem Wahltag öffentlich bekanntzumachen. [2]Ist nur ein oder kein Wahlvorschlag zugelassen worden, ist in gleicher Weise dieser Wahlvorschlag oder die Tatsache, dass kein Wahlvorschlag zugelassen worden ist, öffentlich bekanntzumachen und darauf hinzuweisen, dass Mehrheitswahl stattfindet.

§ 9 Aufstellung von Bewerbern

(1) [1]Als Bewerber einer Partei kann in einem Wahlvorschlag nur benannt werden, wer in einer Versammlung der im Zeitpunkt ihres Zusammentritts wahlberechtigten Mitglieder der Partei im Wahlgebiet, bei der Wahl der Kreisräte im Wahlgebiet oder im Wahlkreis (Mitgliederversammlung), oder in einer Versammlung der von diesen aus ihrer Mitte gewählten Vertreter (Vertreterversammlung) gewählt worden ist; die Bewerber und die Vertreter für die Vertreterversammlung werden in geheimer Abstimmung nach dem in der Satzung der Partei vorgesehenen Verfahren gewählt. [2]In gleicher Weise ist die Reihenfolge der Bewerber festzulegen. [3]Die Wahlen der Bewerber dürfen frühestens 15 Monate, die Wahlen der Vertreter für die Vertreterversammlung 18 Monate vor Ablauf des Zeitraums, innerhalb dessen die nächste regelmäßige Wahl des zu wählenden Organs erfolgen muss, stattfinden. [4]Über die Wahl der Bewerber und die Festlegung ihrer Reihenfolge ist eine Niederschrift anzufertigen, in der Ort und Zeit der Versammlung, Form der Einladung, Zahl der erschienenen Mitglieder oder Vertreter und das Abstimmungsergebnis anzugeben sind; aus der Niederschrift muss sich ergeben, ob Einwendungen gegen das Wahlergebnis erhoben und wie diese von der Versammlung behandelt worden sind; Einzelheiten sind in der Niederschrift oder in einer Anlage festzuhalten. [5]Die Niederschrift ist mit dem Wahlvorschlag einzureichen. [6]Der Leiter der Versammlung und zwei Teilnehmer haben die Niederschrift zu unterzeichnen; sie haben dabei gegenüber dem Vorsitzenden des zuständigen Wahlausschusses (§ 8 Abs. 3) an Eides statt zu versichern, dass die Wahl der Bewerber und die Festlegung ihrer Reihenfolge in geheimer Abstimmung und unter Einhaltung der Bestimmungen der Parteisatzung durchgeführt worden sind. [7]Der Vorsitzende des zuständigen Wahlausschusses ist zur Abnahme einer solchen Versicherung an Eides statt zuständig; er gilt als Behörde im Sinne von § 156 des Strafgesetzbuches.

(2) Bewerber für die Wahl der Ortschaftsräte können in einer Versammlung der zum Zeitpunkt ihres Zusammentritts wahlberechtigten Mitglieder oder Vertreter der Partei in der Gemeinde gewählt werden, wenn die Zahl der wahlberechtigten Mitglieder in der Ortschaft nicht zur Bildung einer Mitgliederversammlung ausreicht.

(3) Absätze 1 und 2 gelten für die Wahlvorschläge mitgliedschaftlich organisierter Wählervereinigungen entsprechend.

(4) [1]Als Bewerber einer nicht mitgliedschaftlich organisierten Wählervereinigung kann nur benannt werden, wer in einer Versammlung der im Zeitpunkt ihres Zusammentritts wahlberechtigten Anhänger dieser Wählervereinigung im Wahlgebiet, bei der Wahl der Kreisräte im Wahlgebiet oder im Wahlkreis, in den letzten 15 Monaten vor Ablauf des Zeitraums, innerhalb dessen die nächste regelmäßige Wahl des zu wählenden Organs stattfinden muss, in geheimer Abstimmung von der Mehrheit der anwesenden Anhänger gewählt worden ist. [2]In gleicher Weise ist die Reihenfolge der Bewerber festzulegen. [3]Über die Wahl der Bewerber sowie über die Festlegung der Reihenfolge ist eine Niederschrift anzufertigen, in der Ort und Zeit der Versammlung, Form der Einladung, Zahl der erschienenen Anhänger und das Abstimmungsergebnis angegeben sind; aus der Niederschrift muss sich ergeben, ob Einwendungen gegen das Wahlergebnis erhoben und wie diese von der Versammlung behandelt worden sind; Einzelheiten sind in der Niederschrift oder in einer Anlage festzuhalten. [4]Die Niederschrift ist mit dem Wahlvorschlag einzureichen. [5]Der Leiter der Versammlung und zwei Teilnehmer haben die Niederschrift zu unterzeichnen; sie haben dabei gegenüber dem Vorsitzenden des zuständigen Wahlausschusses (§ 8 Abs. 3) an Eides statt zu versichern, dass die Wahl der Bewerber und die Festlegung ihrer Reihenfolge in geheimer Abstimmung durchgeführt worden sind. [6]Der Vorsitzende des zuständigen Wahlausschusses ist zur Abnahme einer solchen Versicherung an Eides statt zuständig; er gilt als Behörde im Sinne von § 156 des Strafgesetzbuches. [7]Absatz 2 gilt entsprechend.

(5) [1]Bewerber in gemeinsamen Wahlvorschlägen können in getrennten Versammlungen der beteiligten Parteien und Wählervereinigungen oder in einer gemeinsamen Versammlung gewählt werden. [2]Absätze 1 bis 4 gelten entsprechend.

(6) [1]Männer und Frauen sollen gleichermaßen bei der Aufstellung eines Wahlvorschlags berücksichtigt werden. [2]Dies kann insbesondere in der Weise erfolgen, dass bei der Reihenfolge der Bewerberinnen und Bewerber in den Wahlvorschlägen Männer und Frauen abwechselnd

berücksichtigt werden. [3]Die Beachtung der Sätze 1 und 2 ist nicht Voraussetzung für die Zulassung eines Wahlvorschlags.

§ 10 (Bewerbungen zur Bürgermeisterwahl)

(1) [1]Bewerbungen zur Bürgermeisterwahl können innerhalb der Einreichungsfrist schriftlich eingereicht und zurückgenommen werden. [2]Die Einreichungsfrist beginnt am Tag nach der Stellenausschreibung oder, wenn eine solche nicht stattgefunden hat, der öffentlichen Bekanntmachung der Wahl. [3]Das Ende der Einreichungsfrist darf vom Gemeinderat frühestens auf den 27. Tag vor dem Wahltag festgesetzt werden.
(2) [1]Die Einreichungsfrist für neue Bewerbungen zur Neuwahl nach § 45 Abs. 2 der Gemeindeordnung beginnt am ersten Werktag nach der ersten Wahl; ihr Ende darf vom Gemeinderat frühestens auf den dritten Tag nach dem Tag der ersten Wahl festgesetzt werden. [2]Innerhalb der Einreichungsfrist können auch die zu der ersten Wahl zugelassenen Bewerbungen zurückgenommen werden.
(3) [1]Bewerbungen zur Bürgermeisterwahl müssen
in Gemeinden über 20 000
bis zu 50 000 Einwohnern von 50,
in Gemeinden bis zu 100 000 Einwohnern von 100,
in Gemeinden bis zu 200 000 Einwohnern von 150,
in Gemeinden über 200 000 Einwohnern von 250
im Zeitpunkt der Unterzeichnung der Bewerbung wahlberechtigten Personen unterzeichnet sein; dies gilt nicht für den Bürgermeister, der sich um seine Wiederwahl bewirbt. [2]Ein Wahlberechtigter kann für dieselbe Wahl nicht mehrere Bewerbungen unterzeichnen. [3]Für die Neuwahl nach § 45 Abs. 2 der Gemeindeordnung ist die für die erste Wahl nach § 143 Satz 1 der Gemeindeordnung maßgebende Einwohnerzahl heranzuziehen.
(4) [1]Den Bewerbungen ist eine Bescheinigung über die Wählbarkeit des Bewerbers anzuschließen (Wählbarkeitsbescheinigung). [2]Für die Erstellung der Wählbarkeitsbescheinigung kann die Gemeinde eine Gebühr erheben. [3]Die Bewerber haben zusätzlich gegenüber dem Vorsitzenden des Gemeindewahlausschusses an Eides statt zu versichern, dass sie nicht nach § 46 Abs. 2 der Gemeindeordnung von der Wähl-

barkeit ausgeschlossen sind. [4]§ 8 Abs. 2 Sätze 1 und 3 bis 5 sind entsprechend anzuwenden.

(5) [1]Der Gemeindewahlausschuss beschließt über die Zulassung der Bewerbungen spätestens am 16. Tag, für die Neuwahl nach § 45 Abs. 2 der Gemeindeordnung spätestens am 9. Tag vor dem Wahltag. [2]Der Gemeindewahlausschuss hat eine Bewerbung zurückzuweisen, wenn die Form oder Frist des Absatzes 1 Satz 1 nicht gewahrt, der Bewerber nicht wählbar ist, seine Person nicht feststeht, wenn er die erforderliche Zahl von Unterstützungsunterschriften nach Absatz 3 Satz 1 oder die Wählbarkeitsbescheinigung nach Absatz 4 Satz 1 nicht vorlegt oder wenn er die eidesstattliche Versicherung nach Absatz 4 Satz 3 nicht abgibt; die Bewerbung eines Unionsbürgers ist ferner zurückzuweisen, wenn er die eidesstattliche Versicherung nicht abgibt, dass er in seinem Herkunftsmitgliedstaat seine Wählbarkeit nicht verloren hat, oder wenn er die verlangte Bescheinigung nach § 8 Abs. 2 Satz 5 nicht vorlegt. [3]Über den Widerspruch eines Bewerbers gegen die Zurückweisung seiner Bewerbung entscheidet die Rechtsaufsichtsbehörde.

(6) Die zugelassenen Bewerbungen sind vom Bürgermeister spätestens am 15. Tag, für die Neuwahl nach § 45 Abs. 2 der Gemeindeordnung spätestens am 8. Tag vor dem Wahltag öffentlich bekanntzumachen.

§ 21 Öffentlichkeit

Die Wahlhandlung und die Feststellung des Wahlergebnisses sind öffentlich.

§ 22 Zurückweisung von Wahlbriefen

(1) [1]Bei der Briefwahl sind Wahlbriefe zurückzuweisen, wenn

1. der Wahlbrief nicht rechtzeitig eingegangen ist,
2. dem Wahlbriefumschlag kein oder kein gültiger Wahlschein beiliegt,
3. dem Wahlbriefumschlag kein Stimmzettelumschlag beiliegt,
4. weder der Wahlbriefumschlag noch der Stimmzettelumschlag verschlossen ist,

5. der Wahlbriefumschlag für dieselbe Wahl mehrere Stimmzettelumschläge, aber nicht die gleiche Anzahl gültiger und mit der vorgesehenen Versicherung an Eides statt versehener Wahlscheine enthält,
6. der Wähler oder die Person seines Vertrauens die vorgeschriebene Versicherung an Eides statt auf dem Wahlschein nicht unterschrieben hat,
7. kein amtlicher Stimmzettelumschlag oder ein für eine andere Wahl bestimmter Stimmzettelumschlag benutzt worden ist,
8. ein Stimmzettelumschlag benutzt worden ist, der offensichtlich in einer das Wahlgeheimnis gefährdenden Weise von den übrigen abweicht oder einen deutlich fühlbaren Gegenstand enthält.

[2]Die Einsender zurückgewiesener Wahlbriefe werden nicht als Wähler gezählt; ihre Stimmen gelten als nicht abgegeben.

(2) Die Stimmen eines Wählers, der an der Briefwahl teilgenommen hat, werden nicht dadurch ungültig, dass er vor dem oder am Wahltag stirbt oder sein Wahlrecht verliert.

§ 23 Ungültige Stimmzettel

(1) Ungültig sind Stimmzettel, die

1. nicht amtlich hergestellt, für eine andere Wahl oder einen anderen Wahlkreis gültig sind,
2. keine gültigen Stimmen enthalten,
3. ganz durchgestrichen, durchgerissen oder durchgeschnitten sind,
4. einen beleidigenden oder auf die Person des Wählers hinweisenden Zusatz oder einen nicht nur gegen einzelne Bewerber gerichteten Vorbehalt enthalten,
5. mehr gültige Stimmen enthalten, als der Wähler hat,
6. in einem für eine andere Wahl bestimmten Stimmzettelumschlag abgegeben worden sind,
7. nicht in einem amtlichen Stimmzettelumschlag abgegeben worden sind, ausgenommen im Falle des § 18 Abs. 4,
8. in einem Stimmzettelumschlag abgegeben worden sind, in dem sich eine Äußerung im Sinne von Nummer 4 befindet oder
9. die in einem Stimmzettelumschlag abgegeben worden sind, der offensichtlich in einer das Wahlgeheimnis gefährdenden Weise

von den übrigen abweicht oder einen deutlich fühlbaren Gegenstand enthält.

(2) [1]Enthält ein Stimmzettelumschlag mehrere gleichlautende Stimmzettel, ist nur einer zu werten. [2]Stimmen nicht alle im Stimmzettelumschlag enthaltenen Stimmzettel, die für dieselbe Wahl gelten, miteinander überein, gilt Folgendes:

1. Unveränderte Stimmzettel sind von der Wertung ausgeschlossen,
2. von danach verbleibenden gleichlautend veränderten Stimmzetteln ist nur einer zu werten,
3. nicht gleichlautend veränderte Stimmzettel gelten als ein gültiger Stimmzettel, wenn sie nicht mehr gültige Stimmen enthalten, als der Wähler hat.

[3]Verändert ist ein Stimmzettel, wenn auf ihm vorgedruckte Namen von Bewerbern besonders gekennzeichnet oder gestrichen oder Namen von Bewerbern vom Wähler eingetragen sind oder wenn er im ganzen gekennzeichnet ist. [4]Ist von mehreren in einem Stimmzettelumschlag enthaltenen Stimmzetteln keiner zu werten, gelten sie als ein ungültiger Stimmzettel.

(3) Ein Stimmzettelumschlag, der keinen Stimmzettel enthält, gilt als ein ungültiger Stimmzettel.

§ 24 Ungültige Stimmen

(1) Ungültig sind Stimmen,

1. wenn der Name des Gewählten auf dem Stimmzettel nicht lesbar, die Person des Gewählten aus dem Stimmzettel nicht unzweifelhaft erkennbar, gegenüber dem Gewählten ein Vorbehalt beigefügt oder im Falle der unechten Teilortswahl nicht ersichtlich ist, für welchen Wohnbezirk der Bewerber gewählt sein soll,
2. soweit bei Stimmenhäufung die Häufungszahl nicht lesbar oder ihre Zuwendung an einen bestimmten Bewerber nicht erkennbar ist,
3. soweit sie unter Überschreitung der zulässigen Häufungszahl auf einen Bewerber abgegeben worden sind oder
4. wenn bei Verhältniswahl der Stimmzettel Namen von Bewerbern enthält, die auf keinem zugelassenen Wahlvorschlag des Wahlgebiets, im Falle der Einteilung des Wahlgebiets in Wahlkreise des

Wahlkreises, stehen oder die im Falle der unechten Teilortswahl auf einem zugelassenen Wahlvorschlag nicht als Bewerber für den gleichen Wohnbezirk aufgeführt sind.

(2) Hat bei unechter Teilortswahl der Wähler in einem Wohnbezirk mehr Bewerbern Stimmen gegeben, als für den Wohnbezirk Vertreter zu wählen sind, so sind die Stimmen für alle Bewerber dieses Wohnbezirks ungültig.

§ 25 Verteilung der Sitze auf die Wahlvorschläge bei der Verhältniswahl

(1) [1]Die Sitze werden bei der Wahl der Gemeinderäte vom Gemeindewahlausschuss auf die Wahlvorschläge nach dem Verhältnis der ihnen zufallenden Gesamtstimmenzahlen in der Weise verteilt, dass diese Zahlen der Reihe nach durch ungerade Zahlen in aufsteigender Reihenfolge, beginnend mit der Zahl eins, geteilt und von den dabei ermittelten, wahlvorschlagsübergreifend der Größe nach in absteigender Reihenfolge zu ordnenden Zahlen so viele Höchstzahlen ausgesondert werden, als Gemeinderäte zu wählen sind. [2]Jeder Wahlvorschlag erhält so viele Sitze, als nach Satz 1 ausgesonderte Höchstzahlen auf ihn entfallen. [3]Sind Höchstzahlen gleich, entscheidet über die Reihenfolge ihrer Zuteilung das Los.

(2) [1]Im Falle der unechten Teilortswahl werden zunächst die innerhalb der einzelnen Wahlvorschläge den Vertretern des einzelnen Wohnbezirks zugefallenen Stimmen zusammengezählt und die Summen als Gesamtstimmenzahlen nach Absatz 1 geteilt. [2]Von den dabei gefundenen, der Größe nach zu ordnenden Zahlen werden soviel Höchstzahlen ausgesondert, als jeder Wohnbezirk Sitze zu beanspruchen hat. [3]Jeder Wahlvorschlag erhält für den einzelnen Wohnbezirk soviel Sitze, als Höchstzahlen auf ihn entfallen. [4]Sind Höchstzahlen gleich, entscheidet über die Reihenfolge der Zuteilung das Los. [5]Sodann werden die auf jeden Wahlvorschlag im Wahlgebiet entfallenden Gesamtstimmenzahlen ermittelt und die im Wahlgebiet insgesamt zu besetzenden Sitze auf die Wahlvorschläge nach dem Verhältnis der ihnen im Wahlgebiet zugefallenen Gesamtstimmenzahlen nach Absatz 1 verteilt. [6]Auf die danach den Wahlvorschlägen zukommenden Sitze werden die in den Wohnbezirken zugeteilten Sitze angerechnet. [7]Wurden

einem Wahlvorschlag in den Wohnbezirken insgesamt mehr Sitze zugeteilt, als ihm nach dem Verhältnis der Gesamtstimmenzahlen im Wahlgebiet zukommen würden, bleibt es bei dieser Zuteilung; in diesem Fall ist mit der Verteilung von Sitzen nach Satz 5 so lange fortzufahren, bis den Wahlvorschlägen, die Mehrsitze erhalten haben, diese auch nach dem Verhältnis der Gesamtstimmenzahlen zufallen würden. [8]Bei gleicher Höchstzahl fällt der letzte Sitz an den Wahlvorschlag, der Mehrsitze erlangt hat. [9]Durch die Zuteilung von Sitzen nach Satz 7 darf die Zahl der Gemeinderäte, die sich aus § 25 Abs. 2 Satz 1 der Gemeindeordnung oder aus der Hauptsatzung der Gemeinde ergibt, höchstens verdoppelt werden.
(3) Bei der Wahl der Kreisräte werden die Sitze vom Kreiswahlausschuss auf die Wahlvorschläge in den Wahlkreisen und unter die gleichen Parteien und Wählervereinigungen im Wahlgebiet auf Grund von § 22 Abs. 6 der Landkreisordnung nach Absatz 1 verteilt.

§ 26 Verteilung der Sitze auf die einzelnen Bewerber bei der Verhältniswahl

(1) [1]Die bei der Wahl der Gemeinderäte auf die einzelnen Wahlvorschläge nach § 25 Abs. 1 entfallenen Sitze werden den in den Wahlvorschlägen aufgeführten Bewerbern in der Reihenfolge der von ihnen erreichten Stimmenzahlen zugeteilt. [2]Haben mehrere Bewerber die gleiche Stimmenzahl erhalten, entscheidet die Reihenfolge der Benennung im Wahlvorschlag. [3]Die Bewerber, auf die nach den Sätzen 1 und 2 kein Sitz entfällt, sind in der Reihenfolge der von ihnen erreichten Stimmenzahlen als Ersatzpersonen ihres Wahlvorschlags festzustellen.
(2) [1]Im Falle der unechten Teilortswahl sind die auf die Wahlvorschläge nach § 25 Abs. 2 Sätze 1 bis 4 entfallenen Sitze für die einzelnen Wohnbezirke den Bewerbern dieser Wahlvorschläge für die Wohnbezirke in der Reihenfolge der auf sie entfallenen Stimmenzahlen zuzuweisen. [2]Haben mehrere dieser Bewerber die gleiche Stimmenzahl erhalten, entscheidet die Reihenfolge ihrer Benennung im Wahlvorschlag. [3]Die Bewerber, auf die nach den Sätzen 1 und 2 kein Sitz entfällt, sind in der Reihenfolge der von ihnen erreichten Stimmenzahlen als Ersatzpersonen ihres Wahlvorschlags für den Wohnbezirk festzustellen. [4]Die auf die Wahlvorschläge nach § 25 Abs. 2

Sätze 5 bis 9 entfallenen weiteren Sitze werden den nach den Sätzen 1 und 2 nicht zum Zuge gekommenen Bewerbern in der Reihenfolge der von ihnen erreichten Stimmenzahlen zugeteilt; bei gleicher Stimmenzahl entscheidet das Los. [5]Die Bewerber, auf die nach Satz 4 kein Sitz entfällt, sind in der Reihenfolge der von ihnen erreichten Stimmenzahlen als Ersatzpersonen ihres Wahlvorschlags festzustellen; Ersatzpersonen im Sinne des Satzes 3 bleiben auch die Bewerber, denen ein Sitz nach Satz 4 zugeteilt wird.

(3) [1]Bei der Wahl der Kreisräte werden die nach § 22 Abs. 6 Satz 1 der Landkreisordnung auf die einzelnen Wahlvorschläge in den Wahlkreisen entfallenen Sitze den Bewerbern nach Absatz 1 Sätze 1 und 2 zugeteilt. [2]Die Bewerber, auf die nach Satz 1 kein Sitz entfällt, sind in der Reihenfolge der von ihnen erreichten Stimmenzahlen als Ersatzpersonen ihres Wahlvorschlags für den Wahlkreis festzustellen. [3]Die den Parteien und Wählervereinigungen nach § 22 Abs. 6 Sätze 2 bis 6 der Landkreisordnung zugefallenen weiteren Sitze werden den nach Satz 1 nicht zum Zuge gekommenen Bewerbern in der Reihenfolge der von ihnen erreichten, durch die Zahl der in ihrem Wahlkreis zu wählenden Bewerber geteilten Stimmenzahlen (gleichwertige Stimmenzahlen) zugeteilt; bei gleicher Stimmenzahl entscheidet das Los. [4]Ein Bewerber wird bei der Zuteilung übergangen, wenn sein Wahlkreis nur aus einer Gemeinde besteht und durch diese Zuteilung auf diesen Wahlkreis mehr als zwei Fünftel der im Wahlgebiet insgesamt zu besetzenden Sitze entfielen. [5]Die Bewerber, auf die nach Satz 3 kein Sitz entfällt, sind in der Reihenfolge der von ihnen erreichten gleichwertigen Stimmenzahlen als Ersatzpersonen ihrer Partei oder Wählervereinigung festzustellen; Ersatzpersonen im Sinne des Satzes 2 bleiben auch die Bewerber, denen ein Sitz nach Satz 3 zugeteilt wird.

(3 a) weggefallen

(4) Entfallen bei der Wahl der Gemeinderäte auf einen Wahlvorschlag, bei der Wahl der Kreisräte auch auf eine Partei oder Wählervereinigung mehr Sitze, als Bewerber vorhanden sind, bleiben die überschüssigen Sitze unbesetzt.

(5) In den Fällen der Absätze 1 bis 3 werden auch Gewählte, die wegen eines Hinderungsgrundes nicht in die Vertretungskörperschaft eintreten können oder ausscheiden müssen, in der Reihenfolge der von

ihnen erreichten Stimmenzahlen Ersatzpersonen ihres Wahlvorschlags.

§ 27 Verteilung der Sitze auf die einzelnen Bewerber bei der Mehrheitswahl

(1) [1]Findet bei der Wahl der Gemeinderäte Mehrheitswahl statt, sind die Bewerber mit den höchsten Stimmenzahlen in der Reihenfolge dieser Zahlen gewählt. [2]Bei Stimmengleichheit entscheidet das Los. [3]Die nicht gewählten Bewerber sind in der Reihenfolge der auf sie entfallenen Stimmenzahlen als Ersatzpersonen festzustellen.

(2) [1]Findet im Falle der unechten Teilortswahl Mehrheitswahl statt, sind die Bewerber des einzelnen Wohnbezirks in der Reihenfolge der von ihnen erreichten Stimmenzahlen gewählt. [2]Bei Stimmengleichheit entscheidet das Los. [3]Die nicht gewählten Bewerber sind in der Reihenfolge der auf sie entfallenen Stimmenzahlen als Ersatzpersonen für den Wohnbezirk festzustellen.

(3) [1]Findet bei der Wahl der Kreisräte in einem Wahlkreis Mehrheitswahl statt, sind die Bewerber in der Reihenfolge der von ihnen erreichten Stimmenzahlen gewählt. [2]Bei Stimmengleichheit entscheidet das Los. [3]Die nicht gewählten Bewerber sind in der Reihenfolge der auf sie entfallenen Stimmenzahlen als Ersatzpersonen für den Wahlkreis festzustellen.

(4) In den Fällen der Absätze 1 bis 3 gilt § 26 Abs. 5 entsprechend.

§ 41 Antrag auf Einwohnerversammlung, Einwohnerantrag, Bürgerbegehren, Bürgerentscheid

(1) [1]Der Antrag auf eine Einwohnerversammlung und der Einwohnerantrag können nur von Einwohnern unterzeichnet werden, die im Zeitpunkt der Unterzeichnung das 16. Lebensjahr vollendet haben und seit mindestens drei Monaten in der Gemeinde wohnen. [2]§ 12 Absatz 1 Satz 2 der Gemeindeordnung gilt entsprechend. [3]Das Bürgerbegehren kann nur von Bürgern unterzeichnet werden, die im Zeitpunkt der Unterzeichnung wahlberechtigt sind.

(2) [1]Gegen die Zurückweisung eines Antrags auf eine Einwohnerversammlung, eines Einwohnerantrags und eines Bürgerbegehrens kann jeder Unterzeichner Anfechtungs- oder Verpflichtungsklage erhe-

ben. [2]Über den Widerspruch im Vorverfahren entscheidet die Rechtsaufsichtsbehörde.

(3) [1]Für die Durchführung des Bürgerentscheids gelten die Bestimmungen über die Wahl des Bürgermeisters mit Ausnahme des 5. Abschnitts entsprechend. [2]Der Bürgerentscheid kann am Tag der Wahl der Abgeordneten des Europäischen Parlaments aus der Bundesrepublik Deutschland, des Deutschen Bundestags, des Landtags, der Mitglieder der Regionalversammlung des Verbands Region Stuttgart, der Kreisräte, der Gemeinderäte, der Ortschaftsräte, der Bezirksbeiräte und des Bürgermeisters sowie am Tag einer Volksabstimmung durchgeführt werden. [3]§ 20 Satz 2 und 3 und § 37 Absatz 2 bis 4 gelten entsprechend; der Bürgermeister kann bestimmen, dass der Stimmzettel auch bei der persönlichen Stimmabgabe im Wahlraum in einem gemeinsamen Stimmzettelumschlag für kommunale Wahlen nach § 37 Abs. 4 Satz 4 abzugeben ist.

4.
Kommunalwahlordnung (KomWO)

vom 2. September 1983 (GBl. S. 459), zuletzt geändert durch Verordnung vom 13. Juli 2018 (GBl. S. 298)

– Auszug –

§ 13 Einreichung der Wahlvorschläge

[1]Wahlvorschläge können frühestens am Tag nach der Bekanntmachung der Wahl (§ 1) und müssen spätestens am 59. Tag vor der Wahl bis 18 Uhr beim Vorsitzenden des jeweils zuständigen Wahlausschusses (§ 8 Abs. 3 und § 50 Abs. 2 des Kommunalwahlgesetzes) schriftlich eingereicht werden. [2]Wahlvorschläge, die am ersten Tag der Einreichungsfrist oder, wenn dieser ein Samstag, ein Sonntag oder ein gesetzlicher Feiertag ist, bis zum nächsten Werktag jeweils vor 7.30 Uhr eingegangen sind, gelten als zum gleichen frühesten Zeitpunkt eingegangen. [3]Eine Partei oder Wählervereinigung kann nur einen Wahlvorschlag, bei der Wahl der Kreisräte nur einen Wahlvorschlag für jeden Wahlkreis, einreichen.

§ 18 Zulassung der Wahlvorschläge

(1) [1]Der Wahlausschuss prüft die eingegangenen Wahlvorschläge und beschließt über ihre Zulassung oder Zurückweisung spätestens am 52. Tag vor der Wahl. [2]Der Vorsitzende des Wahlausschusses lädt die Vertrauensleute der Wahlvorschläge zu der Sitzung, in der über die Zulassung entschieden wird. [3]Vor einer Entscheidung ist den erschienenen Vertrauensleuten der betroffenen Wahlvorschläge Gelegenheit zur Äußerung zu geben.

(2) Der Wahlausschuss hat Wahlvorschläge zurückzuweisen, die
1. verspätet eingegangen sind oder
2. den Vorschriften der Gemeindeordnung, der Landkreisordnung oder des Gesetzes über die Errichtung des Verbands Region Stuttgart, des Kommunalwahlgesetzes oder dieser Verordnung nicht entsprechen.

(3) [1]Beziehen sich die Beanstandungen nur auf einzelne Bewerber, so sind deren Namen aus dem Wahlvorschlag zu streichen. [2]Enthält ein Wahlvorschlag mehr Bewerber als zulässig, bei unechter Teilortswahl für einen Wohnbezirk, so sind die überzähligen Namen in der Reihenfolge von hinten zu streichen. [3]Die Namen von Bewerbern, die mit ihrer Zustimmung für dieselbe Wahl in mehrere Wahlvorschläge aufgenommen worden sind, sind in allen Wahlvorschlägen zu streichen.

(4) [1]Der Wahlausschuss stellt die zugelassenen Wahlvorschläge mit den in § 14 Abs. 1 bezeichneten Angaben, bei Unionsbürgern ohne Angabe der Staatsangehörigkeit, sowie ihre Reihenfolge fest. [2]Bei der Wahl der Gemeinderäte und der Kreisräte richtet sich die Reihenfolge der Wahlvorschläge der im Gemeinderat und Kreistag vertretenen Parteien und Wählervereinigungen nach ihren Stimmenzahlen bei der letzten regelmäßigen Wahl dieser Organe; bei Stimmengleichheit entscheidet das Los. [3]Die übrigen Wahlvorschläge schließen sich in der Reihenfolge ihres Eingangs an; bei gleichzeitigem Eingang entscheidet das Los. [4]Geben die Namen mehrerer Parteien oder Wählervereinigungen oder deren Kurzbezeichnungen zu Verwechslungen Anlass, so fügt der Wahlausschuss einem der Wahlvorschläge oder mehreren Wahlvorschlägen eine Unterscheidungsbezeichnung bei. [5]Fehlt bei einem Wahlvorschlag einer Wählervereinigung der Name oder das Kennwort oder gibt das Kennwort Anlass zu Verwechslungen mit dem Namen oder der Kurzbezeichnung einer Partei oder Wählervereinigung oder dem Kennwort einer Wählervereinigung, die bereits in dem zu wählenden Organ vertreten ist oder deren Wahlvorschlag früher eingereicht worden ist, so erhält der Wahlvorschlag den Namen des ersten Bewerbers.

(5) [1]Der Vorsitzende gibt die Entscheidung des Wahlausschusses in der Sitzung im Anschluss an die Beschlussfassung unter Angabe der Gründe bekannt und weist auf den zulässigen Rechtsbehelf hin. [2]Werden Wahlvorschläge zurückgewiesen oder Bewerber gestrichen, so hat der Vorsitzende die Entscheidungen den Vertrauensleuten sowie den betroffenen Bewerbern unverzüglich mit Rechtsbehelfsbelehrung zuzustellen.

(6) Die eingereichten Wahlvorschläge sind der Niederschrift über die Sitzung beizufügen.

§ 20 (Bewerbungen zur Bürgermeisterwahl)

(1) [1]Bewerbungen können bis 18 Uhr des letzten Tages der Einreichungsfrist beim Vorsitzenden des Gemeindewahlausschusses schriftlich eingereicht und zurückgenommen werden. [2]Bewerbungen, die am ersten Tag der Einreichungsfrist oder, wenn dieser ein Samstag, ein Sonntag oder ein gesetzlicher Feiertag ist, bis zum nächsten Werktag jeweils vor 7.30 Uhr eingegangen sind, gelten als zum gleichen frühesten Zeitpunkt eingegangen.

(2) Muss eine Bewerbung von wahlberechtigten Personen unterzeichnet sein (§ 10 Abs. 3 des Kommunalwahlgesetzes), so sind die Unterschriften auf amtlichen Formblättern nach dem Muster der Anlage 15 unter Beachtung folgender Vorschriften zu erbringen:

1. Die Formblätter werden nach Ausschreibung der Stelle auf Anforderung des Bewerbers vom Vorsitzenden des Gemeindewahlausschusses oder, wenn der Gemeindewahlausschuss noch nicht gebildet ist, vom Bürgermeister kostenfrei geliefert. Bei der Anforderung sind der Name und die Anschrift (Hauptwohnung) des Bewerbers anzugeben. Der Vorsitzende des Gemeindewahlausschusses oder, wenn der Gemeindewahlausschuss noch nicht gebildet ist, der Bürgermeister hat die in Satz 2 genannten Angaben sowie den Ort und die Termine für die Wahl und eine etwaige Neuwahl im Kopf der Formblätter zu vermerken.
2. Die Wahlberechtigten, die die Bewerbung unterstützen, müssen die Erklärung auf dem Formblatt persönlich und handschriftlich unterzeichnen; neben der Unterschrift sind Familienname, Vorname, Tag der Geburt und Anschrift (Hauptwohnung) des Unterzeichners sowie der Tag der Unterzeichnung anzugeben. Ein Unionsbürger, der nach § 26 des Bundesmeldegesetzes von der Meldepflicht befreit und nicht in das Melderegister eingetragen ist, hat dem Formblatt eine Versicherung an Eides statt mit den Angaben nach § 3 Abs. 4 Satz 2 anzuschließen. Ein Unionsbürger, der auf Grund von § 12 Abs. 1 Satz 2 der Gemeindeordnung wahlberechtigt ist und der nach § 26 des Bundesmeldegesetzes von der Meldepflicht befreit und nicht in das Melderegister eingetragen ist, hat in der eidesstattlichen Versicherung ferner zu erklären, in welchem Zeitraum er vor seinem Wegzug oder vor Verlegung der Hauptwohnung

in der Gemeinde seine Hauptwohnung hatte. § 3 Abs. 3 Satz 2 gilt entsprechend.

3. Hat jemand mehrere Bewerbungen für eine Wahl unterzeichnet, so sind seine Unterschriften für alle Bewerbungen dieser Wahl ungültig.

(3) [1]Der Bewerbung sind beizufügen

1. die erforderliche Zahl von Unterstützungsunterschriften, sofern die Bewerbung von wahlberechtigten Personen unterzeichnet sein muss (§ 10 Abs. 3 des Kommunalwahlgesetzes),
2. die nach § 10 Abs. 4 Satz 1 des Kommunalwahlgesetzes für jede Wahl gesondert auszustellende Wählbarkeitsbescheinigung nach dem Muster der Anlage 16,
3. die eidesstattliche Versicherung nach § 10 Abs. 4 Satz 3 des Kommunalwahlgesetzes, von einem Unionsbürger ferner die eidesstattliche Versicherung sowie auf Verlangen eine Bescheinigung der zuständigen Verwaltungsbehörde seines Herkunftsmitgliedstaates über die Wählbarkeit nach § 10 Abs. 4 Satz 4 des Kommunalwahlgesetzes.

[2]§ 14 Abs. 5 Satz 2 gilt entsprechend.

(4) [1]Der Vorsitzende des Gemeindewahlausschusses vermerkt auf jeder Bewerbung den Tag und die Uhrzeit des Eingangs. [2]Er prüft unverzüglich, ob die eingegangenen Bewerbungen vollständig sind und den Erfordernissen der Gemeindeordnung, des Kommunalwahlgesetzes und dieser Verordnung entsprechen. [3]Stellt er bei einer Bewerbung Mängel fest, so benachrichtigt er sofort den Bewerber und fordert ihn auf, behebbare Mängel rechtzeitig zu beseitigen.

(5) [1]Nach Ablauf der Einreichungsfrist können nur noch Mängel an sich gültiger Bewerbungen behoben werden. [2]Eine Bewerbung ist nicht gültig, wenn

1. die Form oder Frist nach Absatz 1 nicht gewahrt ist,
2. die nach § 10 Abs. 3 des Kommunalwahlgesetzes erforderlichen gültigen Unterschriften, bei Unionsbürgern, die nach § 26 des Bundesmeldegesetzes von der Meldepflicht befreit und nicht in das Melderegister eingetragen sind, mit dem Nachweis des Wahlrechts der Unterzeichner, fehlen, es sei denn, der Nachweis kann infolge

von Umständen, die der Bewerber nicht zu vertreten hat, nicht rechtzeitig erbracht werden,

3. die nach § 10 Abs. 4 Sätze 1 und 3 des Kommunalwahlgesetzes erforderliche Wählbarkeitsbescheinigung und eidesstattliche Versicherung oder bei einem Unionsbürger die nach § 10 Abs. 4 Satz 4 des Kommunalwahlgesetzes erforderlichen weiteren Nachweise fehlen; dies gilt nicht für die Wählbarkeitsbescheinigung sowie für die Bescheinigung der zuständigen Verwaltungsbehörde des Herkunftsmitgliedstaates eines Unionsbürgers, wenn diese Nachweise infolge von Umständen, die der Bewerber nicht zu vertreten hat, nicht rechtzeitig erbracht werden können.

[3]Nach der Entscheidung über die Zulassung der Bewerbungen (§ 10 Abs. 5 des Kommunalwahlgesetzes) können Mängel nicht mehr behoben werden.

(6) [1]Der Gemeindewahlausschuss stellt die zugelassenen Bewerbungen in der Reihenfolge ihres Eingangs fest; sind Bewerbungen gleichzeitig eingegangen, entscheidet über ihre Reihenfolge das Los. [2]Mehrere zugelassene Bewerbungen sind in der öffentlichen Bekanntmachung nach § 10 Abs. 6 des Kommunalwahlgesetzes in der nach Satz 1 festgestellten Reihenfolge aufzuführen. [3]Die Bekanntmachung enthält Namen, Vornamen, Beruf oder Stand, Jahr der Geburt und Anschrift (Hauptwohnung) der Bewerber. [4]Weist ein Bewerber bis zum Ablauf der Einreichungsfrist gegenüber dem Vorsitzenden des zuständigen Wahlausschusses nach, dass für ihn im Melderegister eine Auskunftssperre nach § 51 Absatz 1 bis 4 des Bundesmeldegesetzes besteht, ist anstelle der Anschrift (Hauptwohnung) eine Erreichbarkeitsanschrift zu verwenden; die Angabe eines Postfachs genügt nicht.

(7) [1]Der Vorsitzende gibt die Entscheidung des Gemeindewahlausschusses in der Sitzung im Anschluss an die Beschlussfassung unter Angabe der Gründe bekannt und weist auf den zulässigen Rechtsbehelf hin. [2]Wird ein Bewerber zurückgewiesen, so hat der Vorsitzende die Entscheidung dem Betroffenen unverzüglich mit Rechtsbehelfsbelehrung zuzustellen.

§ 36 Allgemeines über die Ermittlung und Feststellung des Wahlergebnisses im Wahlbezirk

(1) [1]Die Ermittlung und Feststellung des Wahlergebnisses im Wahlbezirk ist unmittelbar nach Ablauf der allgemeinen Wahlzeit ohne Unterbrechung im Wahlraum oder in unmittelbar verbundenen Nebenräumen vorzunehmen und abzuschließen. [2]Abweichungen sind nur aus besonderen Gründen und nur mit Zustimmung des Gemeindewahlausschusses zulässig. [3]In einem solchen Fall hat der Wahlvorsteher für die Versiegelung und sichere Aufbewahrung der ungeöffneten Wahlurne, der ungeöffneten Stimmzettelumschläge, der etwa bereits entnommenen Stimmzettel und entleerten Stimmzettelumschläge und der Wahlniederschrift mit ihren Anlagen zu sorgen. [4]In der Wahlniederschrift sind die Unterbrechung oder Verlegung der Sitzung und die Gründe anzugeben. [5]Die Sitzung ist so bald wie möglich fortzusetzen. [6]Der Vorsitzende gibt den Zeitpunkt des Wiederbeginns mündlich bekannt.

(2) [1]Der Wahlvorstand stellt als Wahlergebnis fest

1. die Zahl der Wahlberechtigten,
2. die Zahl der Wähler,
3. die Zahlen der gültigen und der ungültigen Stimmzettel,
4. die Zahl der insgesamt abgegebenen gültigen Stimmen,
5. bei Verhältniswahl die Zahlen der für die Bewerber der einzelnen Wahlvorschläge zusammen abgegebenen gültigen Stimmen,
6. die Zahlen der für die einzelnen Bewerber abgegebenen gültigen Stimmen.

[2]Der Wahlvorstand entscheidet über die Gültigkeit der abgegebenen Stimmzettel und Stimmen und über sonstige bei der Feststellung des Wahlergebnisses sich ergebende Fragen.

§ 37 Zählung der Wähler, der Stimmzettel und der gültigen Stimmen

(1) [1]Vor dem Öffnen der Wahlurne werden alle nicht benutzten Stimmzettelumschläge und Stimmzettel vom Tisch des Wahlvorstandes entfernt. [2]Sodann werden die Stimmzettelumschläge der Wahlurne entnommen und ungeöffnet gezählt; soweit keine Stimmzettelumschläge

zu verwenden waren, werden die Stimmzettel der Wahlurne entnommen, entfaltet und gezählt. [3]Zugleich werden die Zahl der Stimmabgabevermerke im Wählerverzeichnis und die Zahl der eingenommenen Wahlscheine festgestellt. [4]Ergibt sich dabei auch nach wiederholter Zählung keine Übereinstimmung, so ist dies in der Wahlniederschrift zu vermerken und, soweit möglich, zu erläutern.

(2) [1]Danach werden die Stimmzettelumschläge geöffnet und die Stimmzettel entnommen. [2]Sodann werden die Stimmzettel und Stimmen auf ihre Gültigkeit geprüft und die Stimmzettel sowie die für die einzelnen Bewerber abgegebenen gültigen Stimmen gezählt.

(3) [1]Auszusondern sind

1. leer abgegebene Stimmzettelumschläge,
2. Stimmzettel, die sofort als ungültig zu erkennen sind oder deren Gültigkeit fraglich erscheint,
3. Stimmzettel, auf denen die Gültigkeit einzelner Stimmen fraglich erscheint,
4. Stimmzettelumschläge, die mehrere Stimmzettel enthalten, samt den Stimmzetteln, wenn die Gültigkeit der Stimmabgabe fraglich erscheint.

[2]Ist der Stimmzettel wegen der Beschaffenheit des Stimmzettelumschlags oder deshalb ungültig, weil der Umschlag einen Gegenstand, einen beleidigenden oder auf die Person des Wählers hinweisenden Zusatz oder sonst einen Vorbehalt oder eine Äußerung nach § 23 Abs. 1 Nr. 4 des Kommunalwahlgesetzes enthält, so ist der Stimmzettelumschlag mit auszusondern. [3]Über die Gültigkeit dieser Stimmzettel und Stimmen beschließt der Wahlvorstand. [4]Diese Stimmzettel und Stimmzettelumschläge werden mit laufenden Nummern versehen.

(4) [1]Bei der Wahl der Gemeinderäte und der Kreisräte werden zur Zählung der Stimmen Zähllisten geführt. [2]In der Zählliste werden die nach jedem einzelnen Stimmzettel für die einzelnen Bewerber abgegebenen gültigen Stimmen fortlaufend vermerkt; die nach den nicht oder im ganzen gekennzeichneten Stimmzetteln (§ 19 Abs. 2 Satz 2 und Abs. 3 Satz 2 des Kommunalwahlgesetzes) auf die einzelnen Bewerber entfallenen Stimmen können in einer Summe in die Zählliste übernommen werden. [3]Die Zähllisten werden vom Listenführer und vom Wahlvorsteher unterzeichnet.

(5) Die Zahlen der für die einzelnen Bewerber abgegebenen Stimmen werden zur Zahl der insgesamt abgegebenen Stimmen, bei Verhältniswahl auch zu den Zahlen der für die Bewerber der einzelnen Wahlvorschläge zusammen abgegebenen Stimmen, zusammengestellt.

(6) [1]Prüf- und Zählvermerke dürfen auf den Stimmzetteln nur in der Weise angebracht werden, dass sie sich von der Kennzeichnung des Stimmzettels durch den Wähler eindeutig unterscheiden und diese uneingeschränkt erkennbar bleibt. [2]Sonstige Änderungen des Stimmzettels sind unzulässig.

(7) Die noch nicht ausgezählten, die nach Absatz 3 ausgesonderten und die ausgezählten gültigen Stimmzettel werden je gesondert verwahrt und unter Aufsicht behalten, die letztgenannten in der Reihenfolge, in der aus ihnen Stimmen in die Zähllisten übernommen wurden, bei der Bürgermeisterwahl getrennt nach den Bewerbern, für die die Stimme abgegeben worden ist.

(8) [1]Organisation und Ablauf des Zählgeschäfts im Einzelnen müssen so geregelt sein, dass die Öffentlichkeit, die Sicherheit und Nachprüfbarkeit der Ermittlung und Feststellung des Wahlergebnisses, die Aufsicht des Wahlvorstehers und eine gegenseitige Kontrolle der Mitglieder und Hilfskräfte des Wahlvorstandes gewährleistet sind. [2]Die Zählung kann durch Hilfskräfte vorbereitet werden. [3]Zur Zählung können Zählgruppen gebildet werden, die im Falle des Absatz 4 getrennte Zähllisten führen. [4]Zur Zählung kann die automatisierte Datenverarbeitung eingesetzt werden, wobei das Verfahren vom Gemeindewahlausschuss gebilligt sein muss. [5]Bei automatisierter Führung der Zähllisten ist ein Ausdruck herzustellen, in dem die einzelnen Zähllisten und deren Gesamtergebnis erfasst sind. [6]Der Ausdruck ist vom Wahlvorsteher und vom Listenführer zu unterzeichnen und der Wahlniederschrift beizufügen. [7]Werden die Stimmzettel im automatisierten Verfahren erfasst und gespeichert, ist ein Ausdruck der erfassten Stimmen herzustellen, der vom Wahlvorsteher und den mit der Eingabe der Daten beauftragten Personen zu unterzeichnen und der Wahlniederschrift beizufügen ist.

5. Landesbeamtengesetz (LBG)

vom 9. November 2010 (GBl. S. 793), zuletzt geändert durch Gesetz vom 19. Februar 2019 (GBl. S. 50, 53)

– Auszug –

§ 1 Geltungsbereich

Dieses Gesetz gilt für die Beamtinnen und Beamten des Landes, der Gemeinden und Gemeindeverbände sowie der sonstigen der Aufsicht des Landes unterstehenden Körperschaften, Anstalten und Stiftungen des öffentlichen Rechts.

§ 2 Dienstherrnfähigkeit

[1]Körperschaften, Anstalten und Stiftungen des öffentlichen Rechts kann durch Gesetz, Rechtsverordnung oder Satzung die Dienstherrnfähigkeit nach § 2 Nr. 2 des Beamtenstatusgesetzes (BeamtStG) verliehen werden. [2]Wird die Dienstherrnfähigkeit durch Satzung verliehen, bedarf diese der Genehmigung der Landesregierung.

§ 3 Begriffsbestimmungen

(1) Körperschaften im Sinne dieses Gesetzes sind juristische Personen des öffentlichen Rechts mit Dienstherrnfähigkeit.

(2) Oberste Dienstbehörde der Beamtin oder des Beamten ist die oberste Behörde des Dienstherrn, in deren Geschäftsbereich die Beamtin oder der Beamte ein Amt wahrnimmt oder bei Beendigung des Beamtenverhältnisses zuletzt wahrgenommen hat.

(3) [1]Dienstvorgesetzte sind diejenigen, die für beamtenrechtliche Entscheidungen über die persönlichen Angelegenheiten der ihnen nachgeordneten Beamtinnen und Beamten zuständig sind. [2]Die Dienstvorgesetzten werden durch Gesetz oder Rechtsverordnung bestimmt. [3]Sie können Beamtinnen oder Beamte ihrer Dienststelle mit der Wahrnehmung von Aufgaben des Dienstvorgesetzten beauftragen.

(4) [1]Vorgesetzte sind diejenigen, die dienstliche Anordnungen erteilen können. [2]Die Vorgesetzten bestimmen sich nach dem Aufbau der öffentlichen Verwaltung.

(5) Angehörige im Sinne dieses Gesetzes und von Rechtsverordnungen, zu denen dieses Gesetz oder das Beamtenstatusgesetz ermächtigen, sind die in § 20 Abs. 5 des Landesverwaltungsverfahrensgesetzes sowie die darüber hinaus in § 7 Abs. 3 des Pflegezeitgesetzes genannten Personen.

(6) Hinterbliebene im Sinne dieses Gesetzes und von Rechtsverordnungen, zu denen dieses Gesetz oder das Beamtenstatusgesetz ermächtigen, sind auch hinterbliebene Lebenspartnerinnen und Lebenspartner nach dem Lebenspartnerschaftsgesetz.

(7) Als Grundgehalt im Sinne dieses Gesetzes und der auf das Grundgehalt Bezug nehmenden Vorschriften des Beamtenstatusgesetzes gilt das Grundgehalt, in Besoldungsgruppen mit aufsteigenden Gehältern das Grundgehalt der höchsten Stufe, mit Amtszulagen und der Strukturzulage nach dem Landesbesoldungsgesetz Baden-Württemberg (LBesGBW); Stellenzulagen gelten nicht als Bestandteil des Grundgehalts.

§ 8 Führungsfunktionen auf Probe

(1) Ämter mit leitender Funktion im Sinne dieser Vorschrift sind die im Anhang genannten oder danach bestimmten Ämter, soweit sie nicht aufgrund anderer gesetzlicher Vorschriften im Beamtenverhältnis auf Zeit übertragen werden oder die Amtsträger richterliche Unabhängigkeit besitzen.

(2) [1]Ein Amt mit leitender Funktion wird zunächst im Beamtenverhältnis auf Probe übertragen. [2]Die regelmäßige Probezeit beträgt zwei Jahre; Zeiten einer Beurlaubung ohne Dienstbezüge gelten nicht als Probezeit. [3]Die oberste Dienstbehörde kann eine Verkürzung der Probezeit zulassen; die Mindestprobezeit beträgt ein Jahr. [4]Zeiten, in denen Beamtinnen oder Beamten die leitende Funktion nach Satz 1 bereits übertragen worden ist, sowie unmittelbar vorangegangene Zeiten, in denen Beamtinnen oder Beamten ein vergleichbares Amt mit leitender Funktion nach Satz 1 erfolgreich übertragen worden war, sollen auf die

Probezeit angerechnet werden. [5]Eine Verlängerung der Probezeit ist nicht zulässig.

(3) [1]In ein Amt mit leitender Funktion darf berufen werden, wer

1. sich in einem Beamtenverhältnis auf Lebenszeit oder einem Richterverhältnis auf Lebenszeit befindet und
2. in dieses Amt auch als Beamtin oder Beamter auf Lebenszeit berufen werden könnte.

[2]Vom Tage der Ernennung ruhen für die Dauer der Probezeit die Rechte und Pflichten aus dem Amt, das der Beamtin oder dem Beamten zuletzt im Beamtenverhältnis auf Lebenszeit oder im Richterverhältnis auf Lebenszeit übertragen worden ist, mit Ausnahme der Verschwiegenheitspflicht (§ 37 BeamtStG) und des Verbotes der Annahme von Belohnungen, Geschenken und sonstigen Vorteilen (§ 42 BeamtStG); das Beamtenverhältnis auf Lebenszeit oder das Richterverhältnis auf Lebenszeit besteht fort. [3]Dienstvergehen, die mit Bezug auf das Beamtenverhältnis auf Lebenszeit, das Richterverhältnis auf Lebenszeit oder das Beamtenverhältnis auf Probe begangen worden sind, werden so verfolgt, als stünde die Beamtin oder der Beamte nur im Beamtenverhältnis auf Lebenszeit oder Richterverhältnis auf Lebenszeit.

(4) [1]Die Beamtin oder der Beamte ist, außer in den Fällen des § 22 Abs. 5 BeamtStG, mit Beendigung des Beamtenverhältnisses auf Lebenszeit oder Richterverhältnisses auf Lebenszeit oder Beamtenverhältnisses auf Probe nach § 4 Abs. 3 Buchst. a BeamtStG oder Richterverhältnisses auf Probe nach §§ 10, 12 und 22 des Deutschen Richtergesetzes aus dem Beamtenverhältnis auf Probe nach Absatz 2 entlassen. [2]§ 22 Abs. 1 und 2, § 23 Abs. 1 bis 3 Satz 1 und § 30 Abs. 2 BeamtStG bleiben unberührt.

(5) [1]Mit dem erfolgreichen Abschluss der Probezeit ist der Beamtin oder dem Beamten das Amt mit leitender Funktion auf Dauer im Beamtenverhältnis auf Lebenszeit zu verleihen; eine erneute Berufung der Beamtin oder des Beamten in ein Beamtenverhältnis auf Probe zur Übertragung dieses Amtes innerhalb eines Jahres ist nicht zulässig. [2]Wird das Amt nicht auf Dauer verliehen, endet der Anspruch auf Besoldung aus diesem Amt. [3]Weitergehende Ansprüche bestehen nicht.

(6) [1]Die Beamtinnen und Beamten führen während ihrer Amtszeit im Dienst nur die Amtsbezeichnung des ihnen nach Absatz 2 übertragenen Amtes; nur diese darf auch außerhalb des Dienstes geführt werden. [2]Wird der Beamtin oder dem Beamten das Amt mit leitender Funktion nicht auf Dauer übertragen, darf die Amtsbezeichnung nach Satz 1 mit dem Ausscheiden aus dem Beamtenverhältnis auf Probe nicht weitergeführt werden.

(7) [1]Sofern zwingende dienstliche Gründe dies erfordern, darf abweichend von Absatz 3 Satz 1 in ein Amt mit leitender Funktion ausnahmsweise auch berufen werden,

1. wer sich in einem Beamtenverhältnis auf Probe nach § 4 Abs. 3 Buchst. a BeamtStG oder in einem Richterverhältnis auf Probe nach §§ 10, 12 und 22 des Deutschen Richtergesetzes befindet,
2. wer nach Art, Dauer und Wertigkeit dem Amt mit leitender Funktion vergleichbare Tätigkeiten bereits wahrgenommen hat und
3. wem nach dem erfolgreichen Abschluss der Probezeit nach Absatz 2 und der Probezeit nach § 19 dieses Gesetzes oder §§ 10, 12 und 22 des Deutschen Richtergesetzes dieses Amt durch Ernennung im Beamtenverhältnis auf Lebenszeit verliehen werden kann.

[2]Absatz 3 Satz 2 gilt für das Beamtenverhältnis oder Richterverhältnis auf Probe nach Satz 1 Nr. 1 entsprechend mit der Maßgabe, dass auch die Probezeit nach § 19 dieses Gesetzes oder §§ 10, 12 und 22 des Deutschen Richtergesetzes vom Ruhen des Beamtenverhältnisses oder Richterverhältnisses auf Probe ausgenommen ist.

§ 9 Ernennungszuständigkeit und Rechtsfolgen einer Ernennung

(1) Die Beamtinnen und Beamten der Gemeinden und Gemeindeverbände sowie der sonstigen der Aufsicht des Landes unterstehenden Körperschaften, Anstalten und Stiftungen des öffentlichen Rechts werden von den nach Gesetz, Rechtsverordnung oder Satzung hierfür zuständigen Stellen ernannt.

(2) Ernennungen werden mit dem Tage der Aushändigung der Ernennungsurkunde wirksam, wenn nicht in der Urkunde ausdrücklich ein späterer Tag bestimmt ist.

(3) Mit der Berufung in das Beamtenverhältnis erlischt ein privatrechtliches Arbeitsverhältnis zum Dienstherrn.

§ 38 Ruhestand von kommunalen Wahlbeamtinnen und Wahlbeamten wegen Ablaufs der Amtszeit

(1) Bei hauptamtlichen Bürgermeisterinnen und Bürgermeistern, Beigeordneten sowie Landrätinnen und Landräten tritt in den Fällen des § 37 Abs. 1 Satz 1 Nr. 3 das 60. Lebensjahr an die Stelle des 63. Lebensjahrs.

(2) [1]Hauptamtliche Bürgermeisterinnen und Bürgermeister, Landrätinnen und Landräte sowie hauptamtliche Amtsverweserinnen und Amtsverweser nach § 48 Abs. 3 GemO und § 39 Abs. 6 LKrO sind von der Rechtsaufsichtsbehörde, Beigeordnete von der Bürgermeisterin oder vom Bürgermeister unter Bestimmung einer angemessenen Frist zu der Erklärung aufzufordern, ob sie bereit sind, ihr Amt im Falle ihrer Wiederwahl unter nicht ungünstigeren Bedingungen weiter zu versehen. [2]Geben sie diese Erklärung nicht oder nicht fristgerecht ab, treten sie nicht nach § 37 Abs. 1 in den Ruhestand.

(3) Absatz 2 gilt nicht für Bürgermeisterinnen und Bürgermeister, Beigeordnete sowie Landrätinnen und Landräte, die am Tage der Beendigung der Amtszeit

1. das 57. Lebensjahr vollendet oder
2. eine Gesamtdienstzeit als Bürgermeisterin oder Bürgermeister, als Beigeordnete oder Beigeordneter und als Landrätin oder Landrat von 16 Jahren erreicht haben; Zeiten als Amtsverweserin oder Amtsverweser nach § 48 Abs. 3 GemO oder § 39 Abs. 6 LKrO sowie Zeiten nach § 37 Abs. 1 Satz 2 werden berücksichtigt.

(4) [1]Hauptamtliche Amtsverweserinnen und Amtsverweser nach § 48 Abs. 3 GemO und § 39 Abs. 6 LKrO treten nur dann mit Ablauf ihrer Amtszeit in den Ruhestand, wenn

1. die Amtszeit endet, weil eine rechtskräftige Entscheidung vorliegt, nach der die Wahl zur Bürgermeisterin oder zum Bürgermeister oder zur Landrätin oder zum Landrat ungültig ist, oder
2. die Beamtin oder der Beamte nicht erneut zur Amtsverweserin oder zum Amtsverweser bestellt wird, obwohl sie oder er dazu bereit ist, das Amt weiter zu versehen.

[2]Satz 1 Nr. 1 gilt nicht, wenn die Wahl für ungültig erklärt worden ist, weil die Bewerberin oder der Bewerber für die Wahl der Bürgermeisterin oder des Bürgermeisters bei der Wahl eine strafbare Handlung oder eine andere gegen ein Gesetz verstoßende Wahlbeeinflussung im Sinne des § 32 Abs. 1 Nr. 1 des Kommunalwahlgesetzes begangen hat oder ein Fall des § 32 Abs. 2 des Kommunalwahlgesetzes vorliegt; dies gilt für Amtsverweserinnen und Amtsverweser nach § 39 Abs. 6 LKrO entsprechend.

§ 41 Altersgrenzen für die Verabschiedung*

(1) [1]Ehrenbeamtinnen und Ehrenbeamte können, soweit gesetzlich nichts anderes bestimmt ist, verabschiedet werden, wenn sie

1. das 67. Lebensjahr vollendet haben oder
2. schwerbehindert im Sinne des § 2 Abs. 2 des Neunten Buches Sozialgesetzbuch sind und das 62. Lebensjahr vollendet haben.

[2]Sie sind zu verabschieden, wenn die sonstigen Voraussetzungen dieses Gesetzes oder des Beamtenstatusgesetzes für die Versetzung von Beamtinnen und Beamten in den einstweiligen Ruhestand oder in den Ruhestand gegeben sind.

(2) Ehrenamtliche Bürgermeisterinnen und Bürgermeister sowie ehrenamtliche Amtsverweserinnen und Amtsverweser nach § 48

---

* Gemäß Artikel 10 § 2 des Gesetzes vom 28. Oktober 2015 (GVBl. S. 870) gilt folgende Übergangsbestimmung:

(1) Hauptamtliche Bürgermeisterinnen und Bürgermeister, Landrätinnen und Landräte, Beigeordnete sowie hauptamtliche Amtsverweserinnen und Amtsverweser nach § 48 Absatz 3 der Gemeindeordnung und § 39 Absatz 6 der Landkreisordnung, deren Amtszeit am Tage vor dem Inkrafttreten dieses Gesetzes läuft und die in dieser Amtszeit ihr 68. Lebensjahr vollenden werden, erreichen die Altersgrenze nach § 36 Absatz 4 des Landesbeamtengesetzes in der vor Inkrafttreten dieses Gesetzes geltenden Fassung.

(2) Ehrenamtliche Bürgermeisterinnen und Bürgermeister sowie ehrenamtliche Amtsverweserinnen und Amtsverweser nach § 48 Absatz 3 der Gemeindeordnung, deren Amtszeit am Tage vor dem Inkrafttreten dieses Gesetzes läuft und die in dieser Amtszeit ihr 68. Lebensjahr vollenden werden, sind nach § 41 Absatz 2 des Landesbeamtengesetzes in der vor Inkrafttreten dieses Gesetzes geltenden Fassung zu verabschieden.

Abs. 3 GemO sind mit dem Ablauf des Monats zu verabschieden, in dem sie das 73. Lebensjahr vollenden.

§ 47 Diensteid

(1) Der zu leistende Diensteid hat folgenden Wortlaut:
„Ich schwöre, dass ich mein Amt nach bestem Wissen und Können führen, das Grundgesetz für die Bundesrepublik Deutschland, die Landesverfassung und das Recht achten und verteidigen und Gerechtigkeit gegen jedermann üben werde. So wahr mir Gott helfe."
(2) Der Eid kann auch ohne die Worte „So wahr mir Gott helfe" geleistet werden.
(3) Lehnt eine Beamtin oder ein Beamter die Ablegung des vorgeschriebenen Eides aus Glaubens- oder Gewissensgründen ab, können anstelle der Worte „Ich schwöre" auch die Worte „Ich gelobe" oder eine andere Beteuerungsformel gesprochen werden.
(4) [1]In den Fällen, in denen nach § 7 Abs. 3 BeamtStG eine Ausnahme von § 7 Abs. 1 Nr. 1 BeamtStG zugelassen worden ist, kann von einer Eidesleistung abgesehen werden. [2]Die Beamtin oder der Beamte hat zu geloben, die Amtspflichten gewissenhaft zu erfüllen.

§ 91 Ehrenbeamtinnen und Ehrenbeamte

(1) Für Ehrenbeamtinnen und Ehrenbeamte gelten die Vorschriften dieses Gesetzes und des Beamtenstatusgesetzes mit den sich aus der Natur des Ehrenbeamtenverhältnisses ergebenden Maßgaben:
1. Keine Anwendung finden insbesondere § 9 Abs. 3, § 11 Abs. 1, §§ 14 bis 24, §§ 36 bis 40, §§ 42 bis 46, § 54, § 62, §§ 64 und 65, § 68 sowie § 78.
2. Keine Anwendung finden insbesondere § 15, § 22 Abs. 1 Nr. 2 und Abs. 3, § 23 Abs. 1 Nr. 3 und 5, §§ 25 bis 32 sowie § 41 BeamtStG.
3. Die Berufung in ein Ehrenbeamtenverhältnis auf Zeit ist zulässig.

(2) Auf Ehrenbeamtinnen und Ehrenbeamte finden die Vorschriften über Besoldung und Versorgung keine Anwendung, soweit in diesen Vorschriften nichts anderes bestimmt ist.
(3) Im Übrigen regeln sich die Rechtsverhältnisse der Ehrenbeamtinnen und Ehrenbeamten nach den besonderen für die einzelnen Gruppen geltenden Vorschriften.

(4) Beamtinnen und Beamte haben die Berufung in ein Ehrenbeamtenverhältnis ihrem Dienstherrn anzuzeigen.
(5) Ehrenamtliche Bürgermeisterinnen und Bürgermeister, ehrenamtliche Amtsverweserinnen und Amtsverweser sowie ehrenamtliche Ortsvorsteherinnen und Ortsvorsteher können ihre Entlassung nach § 23 Abs. 1 Satz 1 Nr. 4 BeamtStG nur verlangen, wenn ein wichtiger Grund im Sinne von § 16 Abs. 1 Satz 2 GemO vorliegt.

§ 92 Kommunale Wahlbeamtinnen und Wahlbeamte

Für Bürgermeisterinnen und Bürgermeister, Landrätinnen und Landräte sowie Amtsverweserinnen und Amtsverweser gelten die Vorschriften des Beamtenstatusgesetzes und dieses Gesetzes mit folgenden Maßgaben:

1. Die Aufgaben der für die Ernennung zuständigen Stelle und der obersten Dienstbehörde nimmt die Rechtsaufsichtsbehörde wahr, soweit gesetzlich nichts anderes bestimmt ist. In den Fällen des § 44 Abs. 1, §§ 60 bis 66 und § 80 dieses Gesetzes, § 37 Abs. 3, §§ 39 und 42 BeamtStG sowie § 62 Abs. 3 LBeamtVGBW nimmt die Rechtsaufsichtsbehörde die Zuständigkeiten des Dienstvorgesetzten oder letzten Dienstvorgesetzten wahr.
2. Das Beamtenverhältnis der Bürgermeisterin oder des Bürgermeisters wird durch die rechtsgültige Wahl begründet und beginnt mit dem Amtsantritt.
3. Die Ernennungsurkunde für die Landrätin oder den Landrat wird von der stellvertretenden Vorsitzenden oder dem stellvertretenden Vorsitzenden des Kreistages ausgestellt und der Landrätin oder dem Landrat ausgehändigt; dies gilt für Amtsverweserinnen und Amtsverweser nach § 39 Abs. 6 LKrO entsprechend.
4. Die Ernennungsurkunde für die Amtsverweserin oder den Amtsverweser nach § 48 Abs. 2 und 3 GemO wird von der Stellvertreterin oder dem Stellvertreter der Bürgermeisterin oder des Bürgermeisters ausgestellt und der Amtsverweserin oder dem Amtsverweser bei Amtsantritt ausgehändigt.

Sachregister

Die **fettgedruckten Zahlen** vor dem Schrägstrich sind identisch mit der Ordnungsnummer, unter der das Gesetz/die Verordnung in der Textausgabe abgedruckt ist (siehe dazu die Inhaltsübersicht). Die Zahlen nach dem Schrägstrich verweisen auf die betreffende Vorschrift (= Paragraph), die zwischen Klammern stehenden Ziffern auf deren Absätze.

Beispiel:
1/33 (4) = § 33 Abs. 4 Gemeindeordnung
3/10 (1) = § 10 Abs. 1 Gesetz über kommunale Zusammenarbeit

Mehrere Verweisungen sind durch ein Semikolon getrennt.

Beispiel:
1/80 (2); **2**/38 (5) = § 80 Abs. 2 Gemeindeordnung; § 38 Abs. 5 Gemeindehaushaltsverordnung.